# 미디어와 문화

# 미디어와 문화

Media and Culture

안남일, 정영아 외

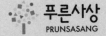

지난 2010년 8월 14일 고려대학교 한국학연구소는 미국 조지메이슨대학교(George Mason University)에서 "Korean Diasporas in a Global Context"라는 주제로 아시아 오픈 포럼(Asia Open Forum)을 개최한 바 있다. 이 포럼의 기획 및 실무를 담당한 필자는 인문지식의 구축과 해석 그리고 소통을 중요한 과제라고 인식하고 세계화와 지역화의 균형 잡힌 역량을 키우기 위한 방향성을 모색하였다. 특히 이 포럼은 학술 네트워킹을 통한 인문학적 지식정보 소통을 중요한 목적으로 삼았는데, 그것은 국가 간 인문학 연구 네트워크를 통한 인적 교류가 폭넓은 인문학 연구 기반을 마련할 수 있다는 판단에서였다.

그런데 포럼 현장에서 각 학문 영역에 속해있는 연구자들과 대화하면서 서로의 연구 영역에 대한 이해나 노하우의 공유가 잘 이루어지지 않고 있다는 사실을 확인할 수 있었다. 이것은 단순히 연구의 공통 의제나 제한된 공동 연구 등과 같은 문제라기보다는 각 학문 영역 연구자들과 소통을 촉진할 수 있는 네트워킹 컨트롤 역할의 부재에서 기인되었음을 알게 된 것이다.

『미디어와 문화』는 이처럼 각 학문 영역 연구자들의 인적 인프라를 바탕으로 한 소통을 목적으로 연구자 상호 간의 네트워크는 물론 다양한 인문학 연구의 방법론을 모색하고자 기획되었다. 단순히 외형적 성과물에만 주목하지 않고 지속 가능한 연구 테마를 만들어 연구자 상호 간의 연구 네트워크를 만들 수 있는 계기를 마련하고자 한 것이다. 그러므로 『미디어와 문화』는 학문적 소통을 위한 마당이며 동시에 연구자 상호 간의 공동 연구를 도모하고자 하는 의미 있는 출발이라고 생각한다.

미디어와 문화에 대한 이해는 현대인의 삶에 있어서 필수적인 요소인 만큼 『미디어와 문화』에서는 분야별 구성은 한국, 미국, 일본의 연구자들이 자유롭게 연구 방향성을 갖도록 했다. 하지만 논의된 내용들이 상호관련성을 가지고 있는 만큼 이론적 모색이나 단편적인 논의에 머무르지 않고 연구 네트워크의 현장에서 다양하게 활용될 수 있을 것이다.

김상민의 「잉여미학 : 뉴미디어 정치경제학 비판을 위한 노트」는 비판적 정치경제학, 과학기술학, 문화 연구, 미디어 연구 등의 영역에서 '잉여(剩餘; surplus)'의 탄생과 관련된 물적 기반, 조건, 환경을 추적하고 이 새로운 주체 혹은 존재/행동 방식이 어떻게 전 영역을 관통하여 작동하는지에 관한 연구이다.

미디어는 우리 욕망의 결절점이고 미디어가 엮여진 구조(네트워크)는 우리 욕망의 흐름과 분절을 표상하기 때문에 미디어는 삶의 모든 조건과 방식으로서의 문화가 되고 우리는 미디어에 의해 매개되는 불안정한 잉여의 존재들이 된다는 점에서 이 같은 잉여적 주체는 정보 테크놀로지와 신자유주의적 자본주의의 결합이 낳은 산물이며 또한 동시에 그 양자를 이끌어가는 동력이 되고 있음을 고찰하고 있다.

김현철의 「한일 TV드라마에 나타난 극적 구조와 대인관계의 특징 연구

: 〈白い巨塔〉과 〈하얀거탑〉을 중심으로」는 후지TV의 〈白い巨塔〉와 MBC의 〈하얀 거탑〉을 기본 텍스트로 삼아 공통적으로 가지고 있는 콘텐츠와 개별 텍스트들이 가지고 있는 독자성에 대한 연구이다.

전자는 원텍스트와 리메이크 텍스트가 공유하고 있는 구조 연구와 원래 콘텐츠가 TV 드라마 대본으로서 어떤 매력적인 특징을 가지고 있는가에 대한 연구를, 후자는 두 텍스트 간의 인물형, 장면 구성, 사건의 전개 등을 비교 연구하고 있다. 이를 통해 일본 텍스트와 유사하면서도 다른 한국적 텍스트만의 독자성과 한국적 TV 드라마가 가지고 있는 일본 TV 드라마와 다른 변별성을 고찰하고 있다.

세키네 히데유키의 「동북아 다층 정체성을 위한 문화, 그리고 미디어 전략」은 동북아 핵심 국가인 한 · 중 · 일의 정체성 조성에 관한 문제를 유럽연합(EU)의 정체성 형성과정에서 전개된 논의를 실마리로 한 · 중 · 일의 정체성 조성을 위한 효과적인 문화 미디어 전략에 관한 실험적인 연구이다.

EU통합과정에서 고안된 다층 정체성에 관한 아이디어를 동북아 문화 · 미디어 전략에 응용하는 방책을 통해서 동북아 문화 재구성, 국내지역 문화 및 소수민족 문화의 부각, 동북아 민속 공유 등 종래 강조되어온 국가 정체성 대신 동북아 내지 지역 정체성 조장에 대해 고찰하고 있다.

신혜영의 「미국 속의 한류 : 이해와 전망」은 미국 내에서 일고 있는 한류의 양상(한류를 소비하는 계층, 동기, 방법 등)을 통해 기존에 아시아권에 불었던 한류와의 공통점 및 차이점에 대한 연구이다.

미국 미디어에서 다루는 한류와 소그룹 문화로서의 한국 대중문화 그리고 미국의 한류 팬들에 대한 내용과 미국 대학생들과의 인터뷰를 통해 한국 대중문화를 접하게 된 계기, 이유, 팬 활동 및 경로 등 그들이 느끼는 한류에 대해 고찰하고 있다.

심상교의 「한국 전통굿의 문화콘텐츠적 특성 연구」는 동해안별신굿 세존굿의 〈당금애기〉에 내재한 문화콘텐츠 활용가능성 그리고 동해안별신굿의 공연적 특성과 축제성에 대한 연구이다. 지금까지 동해안별신굿은 제의적 관점에서 주로 해석되어 왔다는 점에서 문화콘텐츠적 활용가능성과 연행성 그리고 축제적 특성을 다루었다는 점에서 기존 연구와의 변별점을 가지고 있다.

동해안별신굿에 나타난 연출의 특성(공동창작, 개방형 무대, 신성 공간과 극적 공간, 상징성, 놀이적 상황, 관객 활용의 자유로움, 소품 활용의 현장성, 무악과의 하모니), 연극적 요소(종합적, 시간적, 대화적, 모방적, 연출적, 현장적), 그리고 축제적 특성(신성성, 놀이성, 완전성, 융합성, 모방성, 회귀성, 기복성)을 고찰하고 있다.

안남일·이용승의 「〈아이온〉의 스토리텔링에 관한 연구」는 엔씨소프트의 〈아이온〉을 분석 대상으로 삼아 디지털 게임의 재현 양상의 서사적 특징에 대한 연구이다.

'완성형 MMORPG'라는 목표를 가지고 개발된 〈아이온〉의 스토리텔링의 구조 분석을 통해 중심 스토리라인의 스토리텔링, 미션/퀘스트를 통한 서사의 확장, 패턴 지연의 서사, 응용형 스토리텔링 등 다양한 서사구조적 층위를 고찰하고 있다.

오동일의 「일본 비디오게임(Video Game)에 나타나는 일본 전통 놀이와 애니미즘(Animism) 문화의 특징」은 일본 이용자들의 특징을 보다 깊이 있게 이해하기 위하여 일본 비디오 게임 이면에 존재하는 일본 전통 놀이와 애니미즘 문화의 특징적 요소들에 대한 연구이다.

놀이와 비디오 게임 각각의 특성과 연관성을 문헌 연구를 토대로 접근하는 이론적 연구와 일본 전통 놀이의 토대를 일본 고유의 애니미즘 문화와 연관된 연구를 통해 일본 문화 속에 존재하고 있는 일본 전통 놀이의 유·무형적 특징 전반을 포괄적으로 고찰하고 있다.

이규탁의 「국내 대중음악의 장르 편중, 그리고 대중성에 관한 소고(小考)」는 '90세대'의 대두와 90년대 감수성의 부활이 무시하지 못할 흐름으로 자리 잡았음을 보여주는 동시에 현재 대중음악계에 새로운 흐름을 상징적으로 보여주는 사례라는 점에서 2000년대 이후 국내 대중음악의 새로운 흐름에 주목한 연구이다.

미디어와 시장의 접근성, 대중음악의 디지털화와 시장의 세분화 등 대중음악의 사회적 현상에 대한 문제점들을 통해 다양한 시장 창출에 의한 효율적 배급과 유통, 그리고 소비자의 의식 개혁 등에 대해 고찰하고 있다.

임영석의 「닮은 꼴의 서사—부재와 상실의 초상 : 영화 〈환상의 빛〉 〈사랑의 추억〉 〈세 가지 색, 블루〉」는 모티프가 삶에 대한 질문이라면 플롯은 그 질문의 답을 구하는 과정이자 작가의 세계관을 드러내는 방식인 것이라 전제하고 세 영화의 개성적이고 독창적인 플롯을 분석한 연구이다.

세 편의 영화는 유사한 모티프를 가지고 있지만 각각의 플롯을 통해 서로 다른 해석의 면모를 보이고 있다는 점에서 동시대를 살아가는 작가들의 공통 감각과 작가의 개인적인 체험 및 가치관을 보여준다는 것이다.

정영아의 「문화적 트랜스내셔널리즘 : 재미한인 1세대와 2세대의 경우」

는 재미 한인 교포 사회에서 소비되고 있는 한국의 트랜스내셔널 미디어 콘텐츠가 재미 한인 1세대 이민자들과 2세대 이민자들의 어떠한 사회문화적 요구에 부합하는지에 대한 연구이다.

세부적으로 트랜스내셔널리즘 이론이 생겨나게 된 역사적 배경과 담론의 진화과정, '문화적 트랜스내셔널리즘'을 구축하는 연결고리로서 트랜스내셔널리즘과 동화 이론의 상관관계, 트랜스내셔널 미디어 콘텐츠의 분석 등을 고찰하고 있다. 이를 통해 한국의 트랜스내셔널 미디어 콘텐츠를 소비하는 재미교포들의 주체적 향유와 선택적 취향이 한인 이민자들을 미국의 다른 이민자 공동체와 구분 짓는 '문화적 트랜스내셔널리즘'을 구성하고 있음을 밝히고자 하였다.

정재림의 「장자 '호접몽'과 서양 영화의 만남 : 영화 〈매트릭스〉와 〈오픈 유어 아이즈〉를 중심으로」는 두 영화의 사례를 분석하며 잘 알려진 동양의 '호접몽' 모티프가 서양 영화에서 어떻게 전유되는지를 밝히는 연구이다.

호접몽 모티프가 전유되는 양상을 『장자』의 텍스트를 통해 동양권과 서양권의 해석 차이와 서양 철학의 맥락에서 어떻게 의미화될 수 있는지를 살펴보고 두 편의 영화를 분석하는 과정을 통해 호접몽 모티프가 어떤 방식으로 활용·변용되는지, 그리고 그것이 갖는 의미가 무엇인지를 고찰하고 있다.

이상에서 『미디어와 문화』에 수록된 11편의 논문을 일별해 보았다. 『미디어와 문화』가 하나의 주제 아래 연구가 진행된 것이 아니라 일정 범주 안에서 연구자 개인별로 세부 주제를 선정했기 때문에 연구자의 강한 개성과 독창적인 견해들이 제시되었음을 확인할 수 있었다. 하지만 미디어, 문화 정체성, 한류, 문화콘텐츠, 대중음악, 트랜스내셔널리즘, 영화, 드라마, 게임 등 연구 주제의 상호관련성은 '미디어와 문화'의 맥락 안에서 함께 하고 있다고 하겠다.

다만 연구자 네트워크를 바탕으로 한 연구라는 점에서 연구 견해의 오류와 문제점이 내재되어 있을 수 있다. 이는 전적으로 연구자들의 몫이며, 지속적인 연구를 통해서 수정·보완해 나갈 것이다. 『미디어와 문화』를 접하는 여러 연구자들께서는 많은 질정과 더불어 애정 어린 관심을 부탁드린다.

『미디어와 문화』을 발간하면서 감사의 말씀을 드리고 싶다. 우선 대표저자의 기획의도를 이해해 주시고 적극적으로 동참해 주신 필진들에게 감사드린다. 특히 미국 측 연구자들의 교신에 힘써주신 조지메이슨대학교의 정영아 선생께 감사드린다.

책의 기획 단계에서부터 발간에 이르기까지 예상하지 못한 어려운 문제들로 인해 발간이 지연된 점은 참여 필진들께 송구스럽게 생각한다. 하지만 『미디어와 문화』의 발간을 통해서 연구자들과의 소통이 원활해지며 구축된 연구 네트워크를 통해 활발한 연구가 지속되기를 기대한다.

끝으로 변함없이 대표저자를 후원해 주시고 이 책의 출판을 흔쾌히 맡아 주신 푸른사상사 한봉숙 사장님과 편집진께 감사의 말씀을 전한다.

2012년 2월
대표저자 안남일 씀

# :: 잉여 미학

### 뉴미디어 정치경제학 비판을 위한 노트

김 상 민

언제부터인가 한국 사회를 배회하는 하나의 유령처럼, '잉여'는 갑자기 우리의 일상적 언어에 등장하여 습관처럼 사용되는 용어가 되었다. 물론 무수한 용어들이 인터넷이라는 소통의 네트워크를 통해 만들어지고 공유되고 또 사라진다. 하지만 이 '잉여'라는 호칭의 이면에는 무시할 수 없는 경제, 정치, 문화, 예술, 기술과 같은 다양한 사회적 요소들의 느슨한 결합이 존재한다. 우리는 잉여가 엮어내는 그 결합의 가능한 방식들을 살펴봄으로써 현재의 우리 사회에 대한 다양한 시각과 이해를 얻을 수 있을 것이다.

우선 '잉여(剩餘; surplus)'란 무엇인가? 사전적인 의미로는 (어떤 것을) 사용한 후 필요 이상으로 남아있는 것, 따라서 과잉으로 생산되어 당장 필요 없는 여분의 것, 나머지를 뜻한다. 가장 널리 알려진 '잉여' 개념은 마르크스의 『그룬트리세』, 『자본』과 『잉여 가치론』에서 사용된 것이다. 여기서 잉여는 자본의 순환 과정에서 노동(력)이 생산한 초과분의 가치, 즉 '잉여 가치'를 가리킨다. 잉여 가치는 자본주의적 경제가 지속적으로 재생산 될 수 있도록 만드는 근본적 동력이라고 이해할 수 있다.[1] 그러나 현

---

1 마르크스의 『자본』에 의하면, 어떤 상품의 가치($C$)는 불변자본[생산수단]($c$)과 가변자본[노동력]($v$) 그리고 잉여 가치($s$)의 합으로 이루어진다($C = c + v + s$). 그런데 "자본가가 상품[생산]에 지불하는 비용과 실제로 상품을 생산하는 데 드는 비용은 완전히 다른 수

재의 한국 사회에서 떠돌고 있는 개념으로서의 '잉여'는 조금 다른 의미를 가지고 있다. 생산의 영역에 참여하지 못하는 혹은 정상적인 경제활동에 포섭되지 못하는 주체들의 경제·문화적 조건, 즉 잉여적 삶을 가리킨다. 후자의 의미가 이 글이 다루려고 하는 주제에 부합한다. 정확하게는 후자의 잉여적 주체의 탄생이 어떠한 방식으로 전자의 물질적 기반과 결합하고 있는지가 이 글을 통해 밝혀지기를 바라는 바다. 미리 말하자면, 잉여는 배제됨으로써 누리는 여유인 동시에 오히려 그것의 무의미함과 무용성으로 인해 시스템 지속을 위한 가장 필수적인 존재이다.[2]

이 글은 비판적 정치경제학, 과학기술학, 문화 연구, 미디어 연구 등의 영역에서 이 잉여의 탄생과 관련된 물적 기반, 조건, 환경을 추적하고, 이 새로운 주체 혹은 존재·행동 방식이 어떻게 우리 삶의 전 영역을 관통하는지에 관해 고찰할 것이다. 결과적으로 잉여적 주체는 정보 테크놀로지와 신자유주의적 자본주의의 결합이 낳은 산물이며 또한 동시에 그 양자를 이끌어가는 동력이 되고 있음을 주장하려고 한다.

---

치다. 잉여 가치를 구성하는 상품 가치의 일부분에 대해 자본가는 아무것도 지불하지 않는다. 바로 그 이유로 노동자는 자신의 무보수 노동을 잉여 가치를 위해 지불한다"(Vol 3, p.118). 즉 잉여 가치의 원천은 오로지 생산과정에서 투여된 노동력의 잉여/착취인 것이다. 따라서 "잉여 가치와 잉여 가치율은 (…중략…) 조사해야 할 눈에 보이지 않는 본질이다. 반면 이윤율과 그에 따른 이윤으로서의 잉여 가치의 형태는 눈에 보이는 표면적 현상이다"(Vol 3, p.134). 자본축적의 핵심적인 논리는 이윤보다는 잉여 가치가 어떻게 형성되는지 에서 찾을 수 있다. (본 글에서 외서를 인용한 부분은 모두 필자의 번역임.)

2  잉여의 이러한 모순적인 특성은 데리다의 대체보충(supplement)이나 독/약(pharmakon)과 같은 개념들을 떠올리게 한다.

# 1. 잉여의 세 가지 풍경들

본격적인 잉여 탐구에 나서기 전에, 우리는 잉여 혹은 잉여 인간을 이해하기 위한 배경으로 몇 가지의 풍경을 들여다 볼 필요가 있겠다. 각자 독립적인 풍경들이면서도 잉여의 탄생을 설명하는 어떤 연결점들을 제공할 것이다.

풍경 1: 첫째로 문학적 혹은 언어적 영향이다. 한편으로, 일본 식민지 통치 시대의 소설가 손창섭(1922~2010)의 단편소설 『잉여 인간』(1955)과 19세기 러시아 리얼리즘 소설가 투르게네프의 『잉여 인간의 일기』(1852)가 있다. 비록 그 소설 속 배경이 지금 이곳에서의 잉여 인간의 조건과 차이가 있기는 하겠지만, 이들 소설을 통해 어느 정도 잉여라는 용어의 일상적 사용이 가능하였을 것이다. 다른 한편으로, 인터넷 사용자들의 언어문화가 잉여라는 용어의 유통을 확대했을 것이다. 잉여라는 용어가 널리 알려지기 시작한 것은 요컨대 디씨 인사이드의 디씨갤이나 MLBPark의 불펜, 클리앙, 소울드레서 등과 같은 동호회 게시판을 위주로 하는 웹사이트들을 통해서다. 그리고 인터넷 커뮤니티의 형태 뿐만 아니라 개인 블로그나 익명의 다수 혹은 개별적인 사용자들의 댓글이라는 형식을 통해서 자칭 잉여들이 등장하면서 유행처럼 쓰이기 시작했다. 잉여들은 자신의 전문적인 혹은 잡다한 지식이나 기술을 이용하여 타인들이 보기에 무의미한 시간낭비로 비춰질 수 있는 어떤 특정한 사안에 개입하고 이것을 '잉여짓'이라고 부른다.[3]

---

3  잉여라는 존재는 그 특성상 너드(nerd)나 긱(geek)과 같은 (새로운) 테크놀로지에 집착하는 젊은 사람들과도 유사한 면을 보이기도 하고, 오타쿠(otaku)와 같이 일본의 하위문화 팬들이나 특정 분야의 마니아들과도 유사해 보이기도 한다. 왜냐하면 근본적으로 생계유지와

풍경 2: 또 다른 배경은 1997년 모라토리움을 선언하고 IMF 관리 하에서 세계
화라는 이름으로 미국과 선진국 중심의 신자유주의로 국가 경제의 기조
를 노정함으로써 급격히 변화하기 시작한 경제–노동의 조건과 관계가
있다. 당시 무섭게 성장하던 한국의 경제가 좌초하면서, 정리해고, 청년
실업, 구조조정이 우리의 열악한 경제 현실을 가득 메웠다. 감원 조치된
직원들과 실업자뿐만 아니라 많은 수의 비정규직 노동자와 파견 노동자
를 양산해 내었다. 이러한 실직자와 비정규 노동력의 증가는, 마이크 데
이비스(Mike Davis)가 『슬럼, 지구를 뒤덮다(Planet of Slums)』의 「잉여 인
간성?」이라는 챕터에서 설명하듯이, 아주 값싸고 유연하며 파업의 걱정
도 없는 잉여적 인간들인 비정규(informal) 프롤레타리아의 무한정한 공
급을 의미한다. 직업 경쟁의 심화와 더불어 대학 입학률은 급격하게 늘
어나고 등록금은 치솟았으며 결과적으로 대졸 청년실업률은 증가하게
되었다. 이들 젊은 세대의 많은 부분이 스스로 잉여 인간으로 생각한다.
휴학하고 하루 종일 알바를 뛰어도 다음 학기 등록금을 내기엔 힘겹다.

풍경 3: 마지막으로, 과학과 테크놀로지, 그 중에서도 정보 커뮤니케이션 테
크놀로지의 빠른 발전을 들 수 있다. 미국의 상황과 유사하게, 1990년
대 중반부터 시작된 정보 테크놀로지의 발전과 그에 대한 전 국가적 열
망은 2000년대 초반 닷컴버블이 꺼지면서 위기를 겪기는 했지만 현재
까지 한국 사회의 첨단 기술–경제 이데올로기를 지배하는 핵심 테크놀
로지로 볼 수 있다. 그 이전까지의 (중)공업 중심의 수출경제는 서서히
정보 테크놀로지를 중심으로 재편되어가기 시작했다. 거의 모든 국민
이 휴대전화를 소유하고 대다수의 가정이 초고속 인터넷을 구축할 정
도로, 정보 테크놀로지에 대한 자본의 집중이 심화되었으며 국민들의
그것에 대한 의존도도 높아졌다. 대외적으로는 세계에서 가장 빠른 브

---

는 관계없는 행위들에 열광적으로 혹은 고집스럽게 매달리기 때문이다.

로드밴드 인터넷 망을 보유한 국가로 알려져 있다. 온라인 게임의 선두 국가로 기업은 물론 군대까지 게임 스포츠 팀을 운영하고 있다. 최근에는 온라인 게임에 빠진 아이들을 구하기 위한 명목으로 심야에는 청소년의 게임 접속을 금지시키는 법안이 시행되고 있다.

이 글이 주목하고자 하는 것은 이 세 가지 잉여의 풍경들이 서로서로 얽혀 관계 맺는 방식이다. 마지막의 테크놀로지 부분과 그것이 두 번째의 정치경제적인 풍경과 맺고 있는 불가분한 관계는 물론이고, 첫 번째의 언어·문학적 풍경이 나머지 둘과 맺게 되는 모종의 관계 또한 무시하지 못할 것이다. 문학이 그 시대의 물적 기반에 대한 시적 개입이고, 따라서 정치적 실천과 제작으로서의 포에틱스, 즉 '폴리에틱스'라는 것을 감안하면,[4] 세 가지 풍경 모두가 하나의 내러티브 속에서 전달될 수 있는 것이리라.

잉여가 중요한 것은 그것이 가져오는 어떤 새로운 풍경 때문이다. 그 풍경 속에서 우리는 궁극적으로 신체와 지각의 문제, 감각과 미적 실천의 문제를 끄집어 낼 수 있기 때문이다. 이를 위해서는 새로운 것의 도래를 설파하는(그러나 암울한 시선으로 바라보는) 일종의 미래학이 아니라, 이미 우리의 삶을 둘러싸고 치열하게 전개 중인 어떤 물적 조건들에 대한 분석이 필요하다. 나아가 잉여 가치의 문제를 넘어서, 잉여들의 가치와 잉여들이 창조해내는 가치는 무엇인가를 물어야 할 것이다.

---

**4** 문학의 영역에서 잉여적 주체들의 정치성에 대해 주목하고 있는 글로는 『세계의 문학』 2010년 겨울호에 실린 박슬기의 「폴리에틱스(polietics), 잉여들의 정치학 혹은 시학」이 있다.

## 2. 잉여라는 주체는 누구인가?

스스로 잉여라고 칭하는 사람들이 등장하고, 그것을 하나의 특별한 사회현상으로 주목하는 신문기사나 학자들의 글이 쓰이기 시작했다. 물론 잉여라고 자신을 칭하거나 잉여짓을 통해 스스로를 드러내는 사람들의 농담이나 자조적인 요소를 우선 이해해야 한다. 잉여는 되고 싶다고 해서 되는 것이 아니고, 되고 싶지 않다고 해도 될 수밖에 없는 경우가 많다. 이러한 자발적이고 자조적인 용어 사용은 어떤 '징후'를 보여주는 것이 사실이다. 농담이나 말실수가 실은 발화자도 의식하고 있지 못한 어떤 진실을 드러내는 것처럼. 누군가 남아도는 잉여 시간을 투여해서 만들어낸 블로그 글이나 게시물은 그에게 잉여(노동) 시간을 허락하고 그가 잉여적인 주체로 (비)생산되도록 허용한 기술-경제 시스템 덕분에 가능하다. 또한 자신의 잉여적 생산성은 그가 생산의 영역에서 잉여적 존재로 배제되었기 때문에 주어질 수 있는 것이다. 역설적이게도, 잉여적 생산의 주체는 그가 생산으로부터 배제되는 그 과정에서 잉여적으로 생산된다.

잉여적 주체와 관련해 특이한 것은, 대체로 컴퓨터와 네트워크의 사용에 익숙한 젊은 세대[5], 흔히 말해 인터넷과 더불어 나고 자란 세대와 관련

---

5  우리가 젊은 세대라고 칭할 수 있는 나이의 범위는 상당히 폭넓다. 또한 그 세대는 계속 성장 중이며 언젠가는 더 늙은 세대로 자연히 편입될 것이다. 따라서 이 세대의 구분이라는 것은 아무래도 모호한 표현임이 분명하다. 그러나 굳이 그 범위를 제시해야 한다면 아마 현재의 십대에서부터 사십대 초중반 정도까지를 포괄할 수 있을 것으로 본다. 보다 구체적으로 명시한다면 고등교육을 받고 있거나 취업준비 중인 십대 후반부터 삼십대 초반 정도가 될 것이다.

이 있다는 점이다. 이 글이 주목하고자 하는 것도 바로 이 부분이다. 왜 지금의 젊은 세대 혹은 인터넷 세대에게서 잉여가 회자되는가? 정확하고 투명한 대답은 불가능하다. 다만 유추할 수 있을 뿐인데, 그것은 지금의 젊은 세대가 놓여있는 여러 경제·사회·문화·정치·기술적 조건들이 잉여적 주체를 형성하도록, 즉 잉여라는 주체적 조건에 대한 자의식을 가지도록 발전되어 왔기 때문이다. 잉여의 탄생 배경은 오로지 다양한 물적·문화적 조건들이 어떤 방식으로 서로 연결되어 왔으며 어떤 지점에서 우발적으로 잉여를 불쑥 튀어나오게 했는지를 살펴봄으로써만 밝혀질 수 있을 것이다.

가장 먼저 떠올려 볼 수 있는 물적 조건들은 아마도 '88만원 세대'(우석훈)라고 칭해지는 20대 젊은이들의 사회·경제적 조건들이다. 교육기관은 효율과 스펙만을 최우선으로 하는 공부기계를 만들어 내는 공장이나 시장으로 변했다. 대학은 수직 서열화 되었고, 부모의 수입이나 최저임금의 수준에 비해 등록금은 턱없이 올랐다. 군대를 제대하고 대학을 졸업해도 제대로 된 직장을 구할 수 없다.[6] 고졸이나 지방대 출신은 직업 경쟁에서 훨씬 더 힘겨운 싸움을 하고 있다. 정의를 외치는 가장 부정한 무리들이 정치권력을 휘두르고 있으며, 국민의 자유롭게 말할 권리마저 한낱 괴담으로 혹은 유언비어로 비하되고 처벌되고 있다. 외적인 경제 지표는 사상최고치를 기록하고 있으나 서민들의 체감 경기는 빙하기를 지나고 있다. 이러한 상황에서도 이들은 거리에 나서기를 꺼리고 투표장에 나가지

---

**6** 남재량의 「신규 대졸자의 주요 집단별 고용 특성」(『월간 노동리뷰』, 한국노동연구원, 2011.5)을 참고하면, 학교를 다니지도 직장을 가지거나 직업훈련을 받지도 않는 일명 니트족(NEET)은 2011년 현재 전체 신규 대졸자 가운데 34.8%에 이른다.

도 않는다고 기성세대로부터 눈 흘김을 받고 있다. 승자가 모든 것을 독식하는 신자유주의적 무한 생존 경쟁의 룰을 어쩔 수 없이 받아들여야만 했던 "탈출구가 없는 세대," 그들이 잉여가 되는 것은 어쩌면 당연해 보인다. 이들 젊은 세대들의 답답한 현실은, 그들에게 탈출구가 주어지지 않았기 때문이기도 하지만 이미 잉여로 시스템 바깥에 방치되어 왔기 때문이기도 하다. 탈주할 의지가 없었기 때문이기도 하지만, 이미 탈구되어 있었기 때문이기도 하다. 잉여들은 "열정과 삽질 사이에서"(엄기호) 헤매면서 스스로의 자리를 찾아 나서야만 한다.

잉여 주체들의 이러한 정치—경제적 탈구를 시스템의 입장에서 해결할 수 있는 방안은 새로운 테크놀로지가 마련해 주었다고 해도 과언이 아니다. 정보 테크놀로지(IT), 즉 컴퓨터 산업과 디지털 문화의 등장과 보급이 넘쳐나는 잉여 문제에 대한 중요한 해결책이 되었다: 한편으로는 생산을 위해, 다른 한편으로는 소비를 위해. 미국의 일명 정보 초고속도로(information superhighway) 프로젝트를 벤치마킹한 국가 초고속정보통신 기반 구축 종합계획이 문민정부 출범과 동시 수립되어 1995년부터 시행되었다. 육체노동이 아닌 정보와 지식을 기반으로 이윤을 추구할 수 있는 정보 통신 산업은 많은 젊은이들에게 기대와 환상을 심어주기에 충분했다. 97년 말부터 2001년까지 외환위기와 대기업들의 부도, IMF 구제금융 요청이라는 전 국가적인 경제 위기와 더불어(혹은 경제 위기에도 불구하고) 국내의 인터넷 이용자수는 기하급수적으로 늘어났다.[7] 피씨방과 벤처

---

7 한국인터넷정보센터(KRNIC)의 2000년 분석보고서(박태훈, 「국내 인터넷 이용자수 급증

창업은 쌍으로 붐을 일으켰고, 야후, 구글, 애플과 같은 실리콘 밸리의 기적은 우리에게 누구나 컴퓨터 한 대만 있으면 프로그래밍이나 코딩으로 성공할 수 있다는 장밋빛 미래를 꿈꿀 수 있게 했다. 네이버, 싸이월드, 리니지와 같은 몇몇 벤처기업의 성공 신화는 잉여들에게 기회와 희망, 자본과 대기업에겐 값싼 투자대상, 국가에겐 장기적인 경제체질 개선과 넘쳐나는 잉여 인력의 해소라는 각각 다른 꿈을 심어주게 되었다.[8] 세계화라는 물결에 함께 밀려온, 경제 개방과 노동의 유연화, 규제 완화와 민영화, 적자생존과 양극화라는 신자유주의적 정책들은 어쩌면 개인의 능력만으로도 경제적 성공을 꿈꿀 수 있게 만든 정보 기술과 너무나 잘 어울렸다.[9] 비교적 적은 투자와 작은 설비로도 개인들의 지적 혹은 인지적 능력만으로 커다란 경제활동에 참여할 수 있는 기회가 보장되는 듯 했다. '신지식인'이라든가 '지식IN'이라든가 하는 것도 이러한 정보 기술과 지식기반 경제로의 전환이라는 맥락 속에서 나온 것이다. 그러나 우리는 또

---

요인 분석」)에 따르면, 우리나라 인터넷 이용자 수는 98년 12월 약 300만 명에서 99년 12월에는 약 1000만 명으로 3.5배 급증했다. 물론 그 이후로도 계속 꾸준히 증가하고 있는 추세지만 증가율이 그렇게 높은 기간은 없다. 참고로 피씨방 수는 98년 3,600개에서 99년 8월에는 12,000개로 단기간에 많은 수가 생겨난다.

**8** 통계청의 「경제활동인구조사」의 실업률 추이를 살펴보면, 97년 2.6%에서 98년 7.0%로 청년실업률은 97년 5.7%에서 98년 12.2%로 급격히 늘어난다. 물론 공식 통계에 취업준비생이나 구직단념자가 포함된다면 실제 실업률은 훨씬 더 높을 것이다. 이렇게 양산된 청년 실업자들은 다 어디로 갔을까?

**9** 정보 테크놀로지와 결합된 잉여적 존재 및 행동방식은 한국만의 특수한 현상을 넘어서 후기 산업사회 혹은 신자유주의 세계화 이후의 보편적 현상으로 자리매김될 수도 있을 것이다.

미디어와 문화

한 신지식인이라는 레토릭의 이면에 전국의 피씨방을 가득 메우던 스타크래프트 워리어들을 기억해야 할 것 같다. 지식인보다는 프로 게이머가 초등학생들의 장래희망이 되어버린 지금의 현실은 이 시절이 남긴 흔적일 테니까.

자발적인 잉여라는 호칭, 잉여적 주체들의 잉여행위가 왜 21세기 벽두에 한국이라는 특수한 공간에서 발생하였는가 하는 질문은 결국 글로벌한 현상으로서의 신자유주의적 질서의 재편이라는 어떤 보편적 경향에 비추어서 생각하지 않을 수 없다. 잉여적 주체는 분명 이 세계화의 흐름을 따르는 새로운 방식의 경제적 체제, 사회적 통치, 문화적 지배로부터 스스로 잉여로 호명함으로써 존재하는 어떤 새로운 "계급"인 동시에 "계급의 외부"(박슬기)인 것이다. 그렇다면 우리는 잉여적 주체를 굳이 젊은 세대로 규정지을 필요는 없지 않을까? 동시대를 살아가는 사람들의 다양한 경험이 각 세대의 입장에서 특수할 수 있지만 구조적인 측면에서는 그 특수성을 넘어서는 어떤 "문화적 토대"가 있을 것이기 때문이다.[10] 박슬기에 따르면,

> 이는 '세대'의 특징이 아니라, 후기 자본주의 한국 사회의 모두에게 공통된 경험이므로 세대의 범위를 넘어선다. 건담이 아니라 유희왕 카드거나, 스트

---

[10] 그렇기 때문에, X세대나 N세대, 심지어 G20세대나 P세대 등으로 젊은 세대를 규정짓는 것은 종종 무의미하다. 그들의 문화 향유 방식이나 정치경제적 대응 방식에 차이가 있다는 것을 강조함으로써 그들 세대가 마치 이전 혹은 이후의 세대들과 본질적인 차이가 있는 것으로 간주하는 것은 그들이 처한 구조적 혹은 계급적 보편성과 공통성을 무시할 위험이 있다.

리트 파이터가 아니라 스타크래프트라고 한들, 중요한 것은 비슷한 정치 문화적 경험의 토대가 불균등한 계급적 공동체 사이를 가로지르면서 새로운 계급적 상상력을 형성하고 있다는 점이다.(356)

따라서 우리가 잉여라고 부르는 주체는 (자본으로부터 소외되었다는 점에서) 계급적 특성을 유지하면서도 (오로지 경제적 심급에서의 대립이라는) 계급의 한계를 넘어서는 어떤 상상적 보편성을 지니고 있다. 일을 할수록 더 가난해지는 '워킹푸어', 즉 근로빈곤층의 증가와 그들의 빈곤이 대물림되는 상황은 더 이상 특별한 사람들에게만 해당되는 것이 아니다. 비정규직 교수(시간강사)와 영화 스텝이나 드라마 보조 작가, 이주노동자와 지방대생, 여성 노동자와 농민들, 빈곤 아동/청소년/노인과 자영업자들처럼 세대와 지역, 계급과 성차를 넘어서 거의 모든 이들이 워킹푸어라는 고통으로 내몰리고 있다.[11] 이러한 워킹푸어의 보편화는 따라서 전 국민의 잉여화라고 부를 수 있을 정도다.

비정규직, 워킹푸어, 파트타임 노동자, 알바, 계약직, 인턴, 이주노동자 등 다양한 이름을 통해 드러나는 것은 구조조정, 위기관리, 노동유연화, 선진화라는 자본의 신자유주의적 전략에 적나라하게 노출된 노동계급의 삶이다. 파올로 비르노(Paolo Virno), 안토니오 네그리(Antonio Negri), 마우리지오 라짜라토(Maurizio Lazzarato)를 비롯한 일련의 이탈리아 자율주의 영향 아래에 있는 사상가들은 포스트-포드주의 시대의 정치경제적

---

11 프레시안 특별취재팀의 『한국의 워킹푸어』(책으로 보는 세상, 2010)는 우리 사회의 다양한 노동자들의 삶을 가까이에서 있는 그대로 바라보고 있다.

미디어와 문화

조건의 변화('거대한 전환')에 따라 등장한 이러한 노동 주체를 '프리카리아트(precariat)', 즉 '불안정 무산계급'이라고 부른다. 이 개념은 불확실 혹은 불안정하다(precarious)[12]는 말과 무산계급인 프롤레타리아트(proletariat)의 합성어로, 세계화와 짝을 이룬 신자유주의라는 새로운 전 세계적 경제 체제의 등장으로 인해 노동자 서민 계급이 얼마나 불안정한 상황에 놓이게 되었는지를 설명하는 개념이 되었다. 또 하나의 유사한 주체의 개념으로 '코그니타리아트(cognitariat)', 즉 '인지 무산계급'이 있다. 이것 역시 이탈리아 마르크스주의자들의 주장 속에 드러난 개념인데, 인지 노동자(cognitive worker)와 프롤레타리아트의 합성어이다. 인지 무산계급은 후기 산업자본주의의 산물인 비물질적 노동(immaterial labor), 즉 커뮤니케이션, 정보, 지식 기반의 노동에 종사하는 노동자들이다. 그들에게 공장이라는 고정된 공간은 없으며 어디든 컴퓨터와 네트워크에 접근할 수 있는 곳이라면 일터가 된다. 그들이 생산하는 상품은 흔히 '콘텐츠'라는 이름으로 불리는데, 미디어 테크놀로지를 통해 언제 어디서든 접근, 공유, 유통, 소비가 가능한 것이다. 어떤 의미에서 정보의 소비자인 동시에 생산자가 됨으로써 모든 잉여는 인지 무산계급이 되었다.

그러나 불안정 무산계급이나 인지 무산계급은 실제로 존재하는 계급이 아니며, 이 글에서 조명하고 있는 잉여라는 계급 아닌 계급의 부분적 특

---

12 "Precarious"의 어원은 라틴어 *precarius*, "기도나 간청으로 획득한" 것에서 찾을 수 있다. 이것이 중세 법률 용어로 (본인의 의지가 아닌) "타인의 의지에 의존하는" 의미로, 나아가서 (그렇기 때문에) "위험하고 불확실한" 것을 뜻하게 되었다. 우리 시대의 프리카리아트도 결국 타인(자본)의 의지에 의존할 수밖에 없는 현실에 내몰려 있다.

성들을 공유하고 있을 뿐이다. 잉여는 어떤 특정한 범주의 사람들을 가리키지 않는다. 오히려 자크 랑시에르(Jacques Rancière)가 '몫 없는 자들(les sans-part; those without-share)'이라고 부르는 이름 없는 자들, 셈해지지 않는 자들에 가깝다. 어떤 특정한 정체성을 가진 집단(예를 들면, 노동자, 여성, 학생, 20대, 장애인, 당원 등)이라기보다는 그 정체성마저도 벗어남으로써 누구나 될 수 있는 혹은 무엇이든 할 수 있는 어떤 능력을 지닌 사람들이다. 특정한 부류의 사람들이나 계급만이 잉여의 위치로 배제되는 것은 아니다. 잉여는 주체의 공통성 때문이 아니라 차라리 공통성 없음으로 인해 잉여로 불린다.

## 3. 디지털 시대의 프롤레타리아트

비록 전통적인 의미에서 생산 도구로부터 배제된 노동 계급은 아니지만, 불안정 무산계급이나 인지 무산계급의 특성을 공유하고 있는 잉여적 주체들의 등장은 우리가 흔히 언론과 미디어를 통해 접하고 있고 실제로 겪고 있는 정치경제적 조건과 그에 수반하는 기술 환경의 도래와 밀접한 관련이 있음을 보았다. 이 글은 그 잉여적 주체의 등장과 디지털 시대의 도래는 동시 발생적 현상이며, 잉여는 모든 것이 디지털화 되고 네트워크화 되는 정보 사회의 무산계급이라는 것에 주목하고자 한다. 왜 잉여들이 뉴미디어 시대(인터넷과 컴퓨터의 시대)에 등장하(했)는가? 네트워크화된 사회관계와 디지털화된 문화는 어떻게 잉여를 만들어 내는가? 결론을 미리 말하자면, 잉여 인간은 디지털 뉴미디어 시대의 프롤레타리아트이고, 새로운 미디어 테크놀로지는 이들의 잉여적 시간과 파편화된 시간을 조직하기 위한 도구로서 다양한 역할을 수행한다.

하나의 계급으로 환원되지 않는, 다중(multitude)의 형태로 존재하는 잉여들은 한편으로는 개별적으로 폐쇄적인 혹은 개인적인 정체성에 갇혀있는 존재들이다. 2008년의 촛불집회에서 보았듯이, 이 개별적 존재들은 어떤 공동체로 존재하거나 하나의 계급으로 존재하지 않는 흩어져있는 존재들이다. 여고생, 패션과 미용, 야구, 예비군 등 어떤 하나의 정체성도 취미도 공유하지 않는 존재들이다. 그 공통성 없는 주체들이 이루는 잉여의 다양한 집단적 흐름과 느슨한 연합이 촛불이었다. 우리는 2008년 광화문을 메운 촛불과 더불어, 그리고 2011년 북아프리카와 중동에서의 일련의 반독재 혁명과 더불어, 이러한 공통성 없는 잉여 주체들이 사회적으로 어떤 의미 있는 흐름을 이루어내는 것이 가능하다는 것을 목격하고 있다. 개별적인 주체들, 개인화된 주체들을 거대한 저항의 한 흐름으로 만들어내는 것은 무엇인가? 많은 뉴미디어의 옹호자들, 새로운 정보 기술의 이상주의자들은 이 폭발적인 저항과 참여의 열기에 있어서 소셜 네트워크라는 정보−통신 테크놀로지의 역할이 결정적이라고 주장한다. 의사소통과 관계 맺기의 새로운 방식, 정보 생산과 소비의 새로운 방식은 이전에 상상할 수 없었던 것들을 가능하게 만들고 있다. 그러나 개개인들의 생각과 의지를 분산·결집시키는 이 전 지구적 네트워크와 디지털 미디어의 혁명적 역량은 언제나 한쪽 방향으로만 작동하지는 않는다. 개별적 잉여들을 결집시켜 혁명을 일으키는 바로 그 도구는 또한 잉여를 잉여로 내모는 도구들이며 그들을 감시하는 수단들이기도 하다. 나아가 잉여들의 창의력과 그들의 잉여적 생산성마저 동원할 수 있으며, 소비자를 생산자로 바꾸어 놓을 수도 있는 마술적 테크놀로지이다.

잉여는 노동을 하지도 생산을 하지도 않는다. 오히려 생산의 틀 바깥에서 부유하며 잉여의 시간을 소비 혹은 소모하는 것을 낙으로 삼는다. 노동으로부터 배제되었지만 비노동 혹은 무노동을 즐길 수도 있다는 것을 스스로 증명한다. 이 잉여 존재들은 생산의 입장에서나 정치의 입장에서나 아무런 쓸모가 없는 존재들이다. 이들의 잉여 행위는 시스템에 커다란 해를 끼치지 않을 뿐만 아니라, 시스템을 유지하고 재생산하는데에도 아무런 도움을 주지도 않는다. 시스템의 입장에서는, 정치, 경제, 문화의 시스템이 지속하기 위해서는 이 잉여들의 존재, 잉여들의 행위를 의미 있는 것으로 변화시켜 내어야만 한다. 흩어져 개별화되어 무의미하게 흘러가는 이 잉여의 시간과 행위들에는 뉴미디어 혹은 웹 2.0이라는 새로운 형식의 도구(커뮤니케이션, 생산, 소비, 분배의 도구)가 필수적이다.

개별화되어 흩어진 주체들에게 연결 - 접속의 도구로 네트워크를 제공하고, 그들이 서로 소통하고 협업하며 새로운 방식으로 생각, 노동, 행위, 감성을 공유할 수 있도록 하는 것. 미리 주어진, 산업적으로 생산되어 유통되는 문화적 상품의 한계를 넘어서, 잉여 소비자 스스로 콘텐츠를 생산해 내거나 그 생산의 과정에 참여함으로써 생산자의 위치로 흡수[13]되는 것. 이 과정은 네트워크를 통해 무한한 수의 참여를 이끌어 낼 때에만 의

---

13  이렇게 소비자가 생산자로 참여하여 만들어 낸 콘텐츠는 UCC(User Created Contents) 혹은 UGC(User Generated Contents)라는 이름으로 불리우며 다시 한 번 대중에 의해 유통 · 소비된다.

미디어와 문화

미가 생겨난다. 이 무수한 수의 참여가 바로 잉여의 파워를 이끌어 낸다. 소셜 네트워크나 소셜 미디어의 파워, 데이터 마이닝 기법을 이용한 광고와 홍보효과 및 개인정보의 수집은 수천만 혹은 수십억의 인구가 정보를 생산하고 데이터를 공유하며 관계를 확산해낼 때에만 유의미한 효과를 이루어 낸다. 이 과정이 지속되기 위해서는 참여자들(잉여들)이 그 생산의 과정에 포섭되어 있다는 사실을 깨닫지 못해야 한다. 혹은 알고 있더라도 그 서비스가 주는 혜택 때문에 그것을 포기하지 못한다. 잉여들은 오히려 그 상황에 대해 스스로 많은 자유를 누리고 있다고, 시스템으로부터 독립적이며 그것의 혜택을 이용하고 있을 뿐이라고 느껴야 한다. 보다 많은 자유, 보다 매끄러운 이동, 보다 빠르고 값싼 테크놀로지, 유비쿼터스와 같은 뉴미디어의 이데올로기가 잉여들의 모든 의심을 덮어야 한다. 구글, 페이스북과 같은 첨단 미디어 테크놀로지의 디자인, 알고리즘은 (코드화되어 사용자가 알 수도 없지만) 사용자가 일상적으로 체험하면서도 보이지 않는(느낄 수 없는) 투명한 문이어야 한다.

소셜 네트워크의 옹호자인 클레이 셔키(Clay Shirky)는 『많아지면 달라진다(Cognitive Surplus)』라는 책에서 노동자 혹은 대중에게 주어진 생산과 노동의 시간 이외의 자유 시간을 잉여 시간이라 부른다. 그는 생산력이 극도로 증가하고 소셜 미디어가 한창 발달중인 지금의 후기 산업사회에서 어떻게, 왜, 무엇을 통해 전 세계 지적인 시민들이 가진 자유 시간의 총합(즉 인지 잉여)이 중요하게 고려되어야 하는지를 살펴본다. 비록 그것이 왜 '지식' 잉여나 '지성' 잉여가 아니라 '인지' 잉여인지 충분히 설명하지 못하고 있지만, 셔키는 다수 대중이 (육체적 노동 과정이 아니라)

정신적 노동 과정을 통해 공동체 전체의 관심사나 이익에 기여할 수 있다고 본다. 각자의 노동 이외의 시간을 투여하면서 자신의 창의적 사유, 행위, 능력을 공동체에 기여하는 것은 텔레비전을 보면서 소모해버리는 잉여 시간 낭비에 비해 얼마나 값진 일인가. 셔키가 보기에, 이 잉여들의 시간과 능력을 적절하게 조절하고 효율적으로 통제하며 합당한 방향으로 이끌어내는 도구가 바로 소셜 네트워크 혹은 소셜 미디어와 같은 사회적 테크놀로지이다.

셔키의 '인지 잉여'가 지식인 혹은 교육받은 사람들의 자유 시간의 총합을 의미한다면, 한국 상황에서의 '잉여'는 그와 다른 것인가? 셔키에게서 인지 잉여가 생길 수 있는 요건은 경제활동(임금노동) 이외의 자유 시간이 보장되는 것이다. 생산적인 활동을 하고 난 이후 남는 시간을 어떻게 효율적이며 선하게 사용할 것인가의 문제다. 그러나 우리의 상황에서 잉여들의 시간은 여유로 주어진 시간이 아니라 '버려진' 혹은 '버림받은' 시간이다. 생산과 노동의 시간으로부터 버림받은 그래서 불안정한 (precarious) 주체들의 시간이다.

프랑스의 기술·해체주의 철학자인 베르나르 스티글러(Bernard Stiegler)는 『새로운 정치경제 비판을 위하여(For a New Critique of Political Economy)』에서 디지털 시대의 프롤레타리아(즉 잉여)는 디지털 생산 및 소비의 영역에서 참여자로 기여하지만 그 과정에서 발생하는 '지식의 상실'을 통해 결과적으로 소외되고 만다고 본다. 셔키가 소비자의 생산자로의 이행을 낙관적 시각으로 보고 있다면, 스티글러는 생산자(노동자)가 소비자로 전락하는 것을 비판적으로 바라본다. 달리 말해, 셔키는 인지 잉여를 조직화하고 사용자들의 참여를 축적함으로써 생산적이고 창의적인 일들을 해낼 수 있다고 보는 반면, 스티글러는 뉴미디어 기술 환경 속에서 생산 노동자가 제작 지식(savoir-faire)을 상실하고 소비대중이 삶의 지혜(savoir-vivre)를 상실함으로써 프롤레타리아화된다고 본다.

스티글러는 플라톤의 『파이드로스』와 그것을 참조하는 데리다의 「플라톤의 약국」에서 주요 개념들을 끌어내어 현재의 전 지구적 경제위기 상황을 철학적으로(따라서 또한 정치경제학적으로) 진단한다. 그에 따르면, 자동화와 디지털화에 의한 생산성 증가와 그로 인해 발생하는 실업 문제는 새로운 방식의 노동 혹은 전통적인 의미에서의 '노동의 종말'(제레미 리프킨)이라는 결과를 낳았다. 그런데 그는 이 디지털화된 네트워크의 테크놀로지는 새로운 노동 방식(비정규직, 임시직 등)을 강제할 뿐 아니라 노동자와 대중들의 기억과 지식을 외부화함으로써[14] 그들을 프롤레타리아화한다고 본다. 그 과정이 프롤레타리아화인 이유는, 그들이 주체적으로 사고하고 신체를 직접 사용하여 일하는 노동자가 아니라 기계에 지식을 전달함으로써 탈개별화된 노동자로서 생산을 위한 지식의 수단을 상실했기 때문이다. 오늘날의 소셜 네트워킹과 같은 테크놀로지는 외부적 회상기계로 작동하며, 그 과정 속에서 전례 없이 프롤레타리아화되는 것은 바로 소비자 대중의 '신경 시스템의 노동력'이다. 근력 시스템이 아닌 신경 시스템의 프롤레타리아들은 '인지 테크놀로지'와 더불어 완전히 지

---

**14** 기억과 지식을 외화한다는 말은 외부의 기억장치나 테크닉(글쓰기, 사진, 영화, 컴퓨터, 스마트폰 등)에 의존한다는 의미이다. 스티글러가 플라톤의 외부적 회상(*hypomnesis*) 혹은 기억기술(mnemotechnics)을 언급하는 것은 이러한 맥락에서이다.

식을 빼앗긴 순수한 '인지 노동력'을 갖게 된다. '인지 자본주의(cognitive capitalism)'라는 것은 바로 이러한 인지 프롤레타리아들의 인지 노동력, 다시 말해 잉여적 인지 혹은 인지 잉여를 가치 생산·축적의 대상으로 포섭하게 된 새로운 형태의 자본주의 체제를 가리킨다.[15]

셔키가 찬양해마지 않는 인지 잉여의 창조적, 자발적 참여를 통한 사회의 변화는 스티글러가 보기에 창의력과 지식을 상실함으로써 인지적 기능만으로(즉 잉여화된 인지만으로) 노동을 구성하는 인지 자본주의의 한 단면일 뿐이다.[16] 그러나 인지 잉여는 어떻게 그러한 방식으로 작동할 수 있었고 현재 작동중인 것일까? 왜 잉여 인간들은 인지적 능력만을 남긴 채 자기의 테크놀로지를 상실한 것일까? 무엇이 잉여(인간)를 인지 잉여로 이끌었을까? 잉여를 참여자로 유혹하고 끌어들이는 동시에 대상으로 통제하고 지배하는 그 과정에는 뉴미디어 혹은 웹 2.0이라는 방식의 소프트웨어 디자인과 알고리즘의 적용이 핵심적인 역할을 한다. 새

---

**15** 베르나르 파울레(Bernard Paulré)에 의하면, 인지 자본주의라는 용어에서 '인지(적)'라는 단어는 인지 과학이나 인지주의를 가리키는 것이 아니라 단순히 '지식(connaissance)'을 가리킨다. 인지 자본주의란 "지식의 축적이 중심을 차지하는 자본주의의 한 상태를 의미하지 인지주의가 발전된 자본주의를 특별히 가리키는 것은 아니다."

**16** 언뜻보면, 스티글러의 인지 개념은 지식이라기 보다는 신경이나 지각에 가까워 보인다. 스티글러가 노동 대중은 지식과 테크놀로지를 상실하고 오로지 인지 능력만을 가지게 되는 것처럼 보는 반면, 자율주의 이론가들은 인지 자본주의에서 대중의 지식이 일반화 혹은 보편화(마르크스의 용어로는 '일반 지능(general intellect)')의 과정을 거쳐 자본에 의해 전유·착취된다고 본다. 양자는 지식이나 인지에 대한 서로 다른 진단으로 보이지만, 인지와 지식이 착취의 대상, 즉 잉여-가치 생산의 원천이 되어가고 있다는 점에서는 동일한 맥락에 있다고 볼 수 있겠다.

로운 미디어 환경에서 잉여들은 자신이 테크놀로지의 도구를 주체적으로 이용한다고(혹은 상호작용한다고) 믿으며, 바로 그 순간 스스로 사유하고 기억하던 모든 것을 테크놀로지에 자발적으로 넘겨준다. 네트워크에 참여함으로써 자신이 적극적인 생산자라고 믿는 순간 실은 네트워크에 의해 소비되고 있는 것이다. 새로운 경제체제, 새로운 자본주의라는 것은 새로운 테크놀로지의 이 역설적 메커니즘에서 새로운 이윤추구의 가능성에 주목하는 것에 다름 아니다. 전통적인 이데올로기의 호명 방식(알튀세르)이나 대중의 동의(그람시)와도 크게 다르지 않은 이러한 방식의 자발적 혹은 무의식적 순응과 참여는 눈에 보이지 않는 미적인 혹은 문화적인 표피에의 매혹과 연관이 있다. 그 미적 매혹이 컨트롤된 사회와 잉여적 존재들의 비경제적 경제활동, 탈계급적 정치활동을 매개하는 주요한 도구이다.

## 4. 잉여의 미적 기반

뉴미디어 저술가인 니콜라스 카(Nicholas Carr)의 『생각하지 않는 사람들(The Shallows)』은 어떻게 뉴미디어 시대의 대중이 지배적인 미디어 네트워크, 즉 인터넷에 자신들의 주목(attention)을 빼앗기게 되는지에 관한 책인데 많은 신경-심리학적 혹은 인지 과학적 분석을 참조하고 있다. 카는 온라인 환경이 "겉핥기식 읽기, 급하고 산만한 사고, 피상적인 학습"을 유발하며, 인터넷을 통한 멀티태스킹이 우리의 두뇌, 우리의 생각이 작동하는 방식, 지각의 패턴을 변화(악화)시키고 있다고 단언한다. 인터넷을 통한 과도한 자극들이 불협하고 우리의 의식적-무의식적 사유를 단락시킴으로써 깊이 있게 혹은 창의적으로 생각할 수 있는 능력을 퇴화시킨다는 것이다. 따라서 그는 네트워크화된 환경 속에서 다양한 작업을 동시에 하는 것은 일면 효율적으로 보이지만 결과적으로 두뇌의 기억력과 단기적 작업 역량에 과도한 부하가 걸린다는 점을 강조한다. 우리는 스크린에 주목하지만 우리의 두뇌는 산만하게 받아들인다. 카는 그 역설적인 상황을 이렇게 묘사 한다:

> 인터넷은 우리의 주목을 붙들어 매지만 오로지 그것을 흩트리기 위해서일 뿐이다. 우리는 미디어 그 자체에, 깜빡이는 스크린에 강렬하게 집중한다. 하지만 미디어에 의해 경쟁적인 메시지들과 자극들이 속사포같이 전달됨으로써 우리는 산만해진다.(118)

인터넷의 파도를 타넘는 행위(surfing)와 인터넷에 몰입(immersion)하는 행위는 서로 대립되는 것임에도 우리는 그 둘을 잘 구분하지 못한다. 매 순간 푸쉬되는 문자 메시지와 페이스북 친구들의 소식과 뉴스에 집중하고, 구글이 제공하는 맞춤형 정보들에 자신의 지식을 맡겨 놓은 채, 우리는 과연 무언가에 몰입했다고 할 수 있을까? 문제는 단순히 인터넷을 사용하면서 집중력이 떨어졌다는 것이 아니다. 우리는 주목하는 능력을 점점 상실해 가고 있다는 것이다. 그런 의미에서 카의 주장은 스티글러가 비판하는 외부적 회상기계로서 인터넷이 지식, 사고, 기억을 외부화함으로써 우리가 스스로 주체적 능력을 잃고 프롤레타리아로 전락하고 있다는 주장과 일맥상통한다.

무엇인가에 집중, 주목한다는 것은 다른 무엇인가에 대해 산만해진다는 의미인가? 네트워크에 몰입하면 현실에 대해 무관심해지는 것인가? 무언가로부터 산만하다는 것은 그 무엇의 통제로부터 자유롭다는 의미가 아닌가? 현실에 무관심해지면 사회적 간섭에 대해 자유로워지는 것인가? 셔키는 『많아지면 달라진다』의 초반부에서 18세기 초 영국 런던 노동자들에게서 싸고 독한 술인 진(gin)의 소비가 폭발적으로 늘었던 까닭을 설명한다. 도시로 대거 이주한 노동자들이 진을 폭음했던 것은 한잔 들이킴으로써 노동으로 힘들고 지친 심신의 고통을 잠시나마 잊고 잠들 수 있게 해주었기 때문이었다. 그것은 국가에 의한 금주조치에도 불구하고 해결할 수 없었던 사회적 문제였다.[17]

20세기에 들어서는, 노동자들의 시름을 달래주고 여가를 아무 생각 없이 무감각하게 보낼 수 있게 해주는 것이 새로운 테크놀로지를 통한 엔터테인먼트의 형태로 대중화되었다. 음주가 없어지거나 줄어든 것은 아니지만 여가의 활용방식이 서서히 영화 관람이나 텔레비전 시청으로 대체되었다. 노동자들의 무료한 잉여 시간을 채워주고 고된 노동의 피로를 달래주는 것들은 점점 큰 산업으로 성장한다. 산업으로서의 싸구려 대중문화는 노동의 잉여와 여가를 달래주는 것을 넘어서 대중의 의식과 무의식을 점령하고 체제에 대한 비판이나 저항 의식을 무디게 하는 역할을 하는 지점

---

17 수전 벅-모스(Susan Buck-Morss)는 「미학과 마취술」이라는 글에서 19세기에 발전한 마취술(anaesthetics), 즉 무감각의 기술은 전쟁이나 공장 노동의 충격으로 파편화되고 황폐해진 근대인들의 신경을 진정시키려는 목적으로 사용된 여러 약물들(마약, 술 등)의 무분별한 사용과 동시적이라는 점에 주목한다.

까지 도달하게 된다. 아도르노와 호르크하이머가 『계몽의 변증법』에서 문화 산업을 비판하는 것은 이러한 이유에서다. 문화 산업은 노동자 대중의 주목을 빼앗아 간다. 그것은 대중의 현실에 대한 정확한 인식을 방해하며, 대중은 화려하고 매끈하며 달착지근한 표피적 위안에 모든 것을 내맡긴다. 이러한 상황에서 기 드보르(Guy Debord)의 『스펙타클의 사회』는 현대사회의 시각적 화려함과 상품화된 이미지가 어떻게 대중들의 주목을 빼앗았는지, 어떻게 노동자와 상품의 분리(소외)를 가져오는지, 그리하여 어떻게 세계의 프롤레타리아화로 귀결되는지를 설파한다. 현대의 스펙타클은 인간을 이미지의 환영에 의해 소비되는 존재로 만든다. 잉여는 스펙타클의 영향력 아래에서 자본의 이데올로기에 포섭된다. 스펙타클의 가장 큰힘은 잉여들의 주목을 끌고 현실에 대해 산만해지도록 만드는 능력이다.

잉여는 주목을 빼앗기는 사람들이다. 주목하는 시간을 오로지 자신만을 위해 사용하지 못하는 사람들이다. 대부분의 네트워크 이상주의자들은 특정한 목적을 위해 잉여들의 주목이 전유(appropriate)되거나 동원(mobilize)되는 상황에 대해 긍정적인 시선을 던진다. 자율적이고 자발적인 참여에 의한 잉여 지능의 나눔으로 칭송되어진다. 그러나 새로운 비즈니스 모델의 창출, 새로운 산업 동력의 개발이 오로지 이 인지 잉여의 전유와 동원을 통해서만 가능하다는 사실에 대해서는 함구한다. 그렇게 빼앗기는 주목은 일종의 노동의 등가물이다. 그것도 지식이나 기술이 배제된 노동이다. 이것이 스티글러가 말하는 '인지 노동력'의 본질일 것이다. 이는 다른 한편으로 조너던 벨러(Jonathan Beller)가 주장하는 '주목 경제(attention economy)'에서 핵심이 되는 '영화적 생산방식(cinematic mode of production)'과 동일한 과정일 것이다: "영화와 그것을 뒤이은(여전히 동시대적이긴 하지만) 형식들, 특히 텔레비전, 비디오, 컴퓨터와 인터넷은 관람자들이 일해야 하는 탈영토화 된 공장들이다. 즉 그 공장에서 우리는 가치−생산적인 노동을 수행 한다"(1). 말하자면 현재의 잉여들은 컴퓨터와 인터넷이라는 탈영토화 된 공장[18]에서 어떤 잉여의 가치를 생산하는 노동을 하고 있다는 것이다. 그 매체가 무엇이건 잉여들은 그것을 누리는 과정, 그것에 주목을 **빼앗기는** 그 과정을 통해 생산적인 일을 하고 있다. 인터넷으로 여가시간을 보내는 것이 왜 가치를 생산하는 노동이란 말인가? 영화를 보면서 쉬고 있는데 그것을 왜 노동이라고 부르며, 인터넷상의 정보를 소비하고 있는데 왜 생산이라고 부르는가?

쉽게 생각하면 이렇다. 전 세계 수십억 명의 사용자를 보유하고 또 그 수가 계속해서 늘고 있는 페이스북과 구글이라는 서비스 제공 회사들은 그 사용자의 숫자와 정보 사용량에 따라 그 회사의 가치가 판단된다. 사용자들이 무료로 제공된 서비스를 사용하여 끊임없이 문서를 작성해서 이메일을 보내고, 직접 찍은 사진이나 영상을 유투브와 블로그에 업로드하며, 친구들과 잡담을 나누면서 자신의 개인 정보를 공유하고 있는 사이에, 2011년 현재 페이스북은 그 가치가 190억 달러가 넘으며 구글은 1700억 달러가 넘는 상상을 초월한 기업브랜드로 성장한다. 구글과 페이스북

---

[18]  유비쿼터스 환경이나 자율주의자들이 말하는 '사회적 공장(social factory)'과 같이 직장이나 공장 이외의 장소 어디건 생산의 장소가 되었다는 것을 의미한다. 그렇다고 할 때, 화이트칼라, 농민, 학생, 주부와 같은 전통적인 비공장노동자들까지 노동 계급으로 포괄해야 하는 문제가 발생한다.

의 기능들은 전자메일이 애초에 그러했듯이 업무를 여가 생활에까지 연장시키기도 하고 일상생활 자체를 업무처럼 만들기도 한다. 잉여 사용자들은 그 기능들을 사용할 뿐이지만 알 수 없는 어떤 메커니즘을 따른 잉여의 수익(기본적으로는 광고의 중개·노출 수익)이 그들 기업에 발생한다. 그렇다고 한들 어떤가. 구글과 페이스북은 전 세계 사람들을 연결해 주는 '사회적 미디어'이고 심지어 중동의 시민혁명까지 촉발하는 '혁명적 도구'가 아닌가 말이다. 그러나 우리는 이 혁명적 도구가 얼마나 억압적 도구로 곧장 치환 가능한지, 효율적 작업 시스템이 감시와 관리의 시스템과 호환되는지 잊는 경향이 있다. 마치 새로운 미디어에 대한 '몰입'을 찬양하다가 그것이 가져다주는 '집중력 결핍'이라는 부작용을 잊는 것처럼. 어떤 의미에서 웹 2.0의 시대, 뉴미디어의 시대에 그 두 가지(몰입과 집중력 결핍)는 동일한 하나의 목표를 가지고 있는데, 그것은 새로운 생산방식을 통한 잉여 주체의, 따라서 잉여 가치의 창출이다.

## 5. 주목의 경제, 인지 자본주의

뉴미디어 산업과 자본(즉 '주목의 경제')의 관점에서는, 이 과정에서 어떻게 사용자들의 주목과 몰입을 미디어 자체로 끌어들일 수 있는가 하는 것이 가장 중요한 문제로 대두된다. 나아가 그 주목·몰입의 과정에서 (자신에 대한 혹은 현실에 대한) 집중력을 상실한 채 지속적으로 새로운 정보와 관계를 생산, 공유, 소비하도록 만들 수 있는가가 그들의 핵심적인 관심사다. 이 새로운 시장의 가능성을 보장하는 것은 미적·문화적 기반이다. 집단 지성(collective intelligence), 오픈 소스(open source), 무료 · 자유노동(free labor), 참여 문화(participatory culture)는 잉여들의 지적 · 정서적 · 감정적 · 인지적 노동(비물질적 노동)의 사이클이 무한 재생산 될 수 있는 토대를 제공한다. 미적―문화적 기반은 현실의 정치경제와 분리된 것이 아니라 그것의 추동력이 된다. 그런 의미에서 사용자 · 컴퓨터 인터페이스는 우리 시대의 대표적인 문화 · 경제 인터페이스로 작동한다.

이를테면 소셜 네트워킹을 통한 '공유(sharing)'의 윤리는 미적―문화적 기반 위에서 작동중인 가장 유용한 정치경제적 가치 생산의 도구일 것이다. 하지만 우리는 사용자의 주목과 몰입을 전유하는 가장 극단화된 예를 온라인 게임 혹은 비디오 게임에서 찾을 수 있다. 닉 다이어―위더포드와 그리그 드 푸터의『제국의 게임(Games of Empire)』에 따르면, 오늘날 컴퓨터 게임은 젊은 세대의 "미디어 섭취의 주식(主食)"이 되었으며, 디지털 플레이는 엄청난 규모의 산업 기업체가 되었다. 전 세계 게임 산업은 수익에 있어서 이미 할리우드를 넘어섰으며, 영화 산업과 마찬가지로 북미와 유럽, 일본 등의 발전된 나라들로부터 세계 구석구석으로 플레이어들을 찾아 나서고 있다. 세계에서 가장 강한 게임 문화를 가졌다는 한국과 이를 뒤이은 중국 게임 문화의 성장은 거대 미디어―게임 산업의 주요한 관심거리가 되고 있다. 우리나라의 게임시장 규모도 점점 커지고 있으며, 그와 비례하여 컴퓨터 게임으로 여가를 보내는 사람들의 비율이 텔레비전을 시청하는 사람들의 비율보다 높아졌다.[19] 잉여들의 잉여 시간만큼

---

**19** 한국콘텐츠진흥원의『2010 대한민국 게임 백서』에 따르면, 2009년 국내 게임 시장의 규

컴퓨터 게임에 더 적절한 것은 없어 보인다. 심지어 게임을 통한 인지 잉여의 소비는 또 다른 생산을 낳고, 게임 문화 속에서는 소비와 생산, 놀이와 노동 사이의 구분이 불분명해진다.[20]

이제 가족들이 저녁시간에 텔레비전 앞에 오순도순 둘러앉아 방송을 시청하는 것보다 각자, 혹은(온라인에서) 친구들과 함께 온라인 게임을 하는 것이 더 자연스럽다. 텔레비전 시청보다 인터넷 접속에 더 많은 시간을 보내고 있다. 청소년들의 인터넷 게임에 대한 과몰입을 법률적 규제를 통해 통제하려는 시도가 이어지고 있다. 게임중독이라는 말은 더 이상 과장된 표현이 아니다. 게이머의 정서적·감응적·신체적 몰입과 주목을 그 핵심으로 요구하는 온라인 게임은 역설적이게도 깊이 주목할 수 있는 능력 자체를 파괴하는 효과를 가져 온다. 스티글러의 또 다른 책, 『청춘과 그들 세대 돌보기(Taking Care of Youth and the Generation)』는 정신 테크놀로지(psychotechnologies)에 의한 젊은 세대들의 '깊은 주의력(deep attention)'의 결핍이라는 현상과 그들의 개인적 주의력(주목)을 결정적

---

모는 6조 5806억 원이며, 2010년 컴퓨터 게임으로 여가를 보내는 이들의 비율이 28.3%로 텔레비전을 보면서 여가를 보내는 이들(22.1%)보다 높게 나타났다. 게임 플레이어는 하루에 74.9분을 게임에 썼으며 전년도에 비해 10.7분이 늘었다. 2009년 게임 산업 종사자는 4만 3천여 명으로 2006년 '바다이야기' 사태로 줄었던 종사자가 점점 늘고 있는 추세다.

20  게임 머니의 교환과 골드 파밍(gold farming)은 대표적인 잉여 시간 소비인 놀이(게임)가 어떻게 경제적 가치를 생산하는지를 보여주는 직접적인 예가 될 것이다. 에드워드 카스트로노바(Edward Castronova)의 _Synthetic Worlds: The Business and Culture of Online Games_(The University of Chicago Press, 2005)와 줄리언 디벨(Julian Dibbell)의 _Play Money: Or, How I Quit My Day Job and Made Millions Trading Virtual Loot_(Basic Books, 2006)은 사이버(버추얼) 경제와 현실 경제 사이의 활발한 소통을 보여준다.

인 자원으로 삼을 수밖에 없는 주목의 경제학을 다루고 있다.[21] 뉴미디어를 통한 문화적 테크놀로지는 이제 '정보' 자체보다는 그것에 대한 '주목'에 더 관심을 기울이고 있다. 개인의 주목은 한정된 자원이고 그것을 끌어들이기 위한 산업적 관심은 필사적이다. 우선은 내용적 선정성이 손쉬운 방법이다. 선정적인 인터넷 뉴스 기사의 제목은 그야말로 그 짧은 주목의 시간을 빼앗기 위한 치열한 '낚시'의 미끼다. 올드미디어건 뉴미디어건 개인들의 주목을 더 자주 더 오래 확보하기 위해서는 그들의 주목이 다른 곳으로 향하기 전에 또 다른 미끼를 던져야 하고 그 자극의 강도는 강렬하고 속도는 빨라야 한다. 또한 무엇보다 그 자극은 반복적이어야 한다. 모든 미디어 경제의 논리는 주목이나 주의력 확보를 중심으로 재편성된다.

스티글러가 참조하고 있는 미디어·영문학자인 캐서린 헤일즈(N. Katherine Hayles)는 요즘의 젊은 혹은 어린 세대에서 급격히 증가하고 있는 주의력 결핍 장애(ADD) 혹은 주의력 결핍 과잉행동 장애(ADHD) 보다 더 정확하게는 '자극 추구(search for stimulation)' 장애라고 불러야 한다고 주장한다(190). 그들이 보다 더 빠르고 큰 자극을 원하게 된 것은 그만큼 그들이(새로운) 미디어의 특성들에 과다하게 노출되어 왔다는 것을 의미한다. 이 짧고 강렬한 미디어 자극의 반복은 우리의(특히 어린이와 청소년의) 두뇌가 조직·구성되는 방식(synaptogenesis)을 그 이전의 세대와는 완전히 다르게 만들고 있다. 그러나 헤일즈는 과연 책을 읽는 것과

---

21  벨러의 '주목 경제'와 스티글러의 '주목의 경제'는 동일한 수준에서 이해할 수 있을 것이다.

같은 '깊은 주의력'이 미디어 스크린을 통한 '과잉 주의력(hyper attention)' 보다 나은 것인지에 대해서는 더 심도 있는 논의가 더 필요하다고 본다. 온라인 게임과 같은 미디어를 통해서 빠른 속도로 변화하는 정보 환경에 재빨리 적응하는 능력이 향상될 수도 있기 때문이다. 또한 과잉 주의력이 이미 일상생활과 고등교육의 과정 속에 편입되어 있는 상황에서, 현재의 미디어 포화상태와 만연한 과잉 주의력에 대한 비판적인 입장만을 고수하는 것은 현실에 대한 눈가림일 뿐이기도 하기 때문이다. 교육자로서 헤일즈는 뉴미디어를 배제하지 않는 다양한 교육방식의 실험과 개발을 통해 상반된 두 가지 주의력 사이의 조화와 상호작용을 이루도록 만드는 것이 교육자들 자신의 책임이라고 본다.

뉴미디어를 통한 과잉된 몰입 혹은 잉여의 주목은 우리에게 새로운 인지와 감각 능력을 가져다주지만, 그와 동시에 그 방식은 시각적 주목(눈의 움직임을 유도)을 넘어서 이제 촉각적 주목(손의 움직임을 유도)과 온 신체의 주목으로 향하고 있다. 인지 자본주의나 주목의 경제는 결국 우리의 주목(주의력), 우리의 인지 능력, 우리의 지식과 언어를 새로운 미디어 테크놀로지를 통해 외화하고 분절화[22]함으로써 하나의 특이한 주체가 성립하는 '개별화'라는 과정을 허물어버린다. 따라서 칸트가 "과감히 알려고 하라(Sapere Aude)! 너 자신의 오성을 사용할 용기를 가져라"고 외쳤던 '계몽'의 모토는 뉴미디어의 시대에 이르러 어쩌면 그 유효기간이 끝나버렸는지도 모른다. 지식을 구하고 자신의 이성과 오성의 힘을 믿기에는 자

---

22　데리다를 참조하는 스티글러에 따르면 그램화(grammatization)라고 할 수 있겠다.

아나 주체라는 존재가 희미해져 버렸다. 빠르게 흘러가는 정보를 따라가는 잉여적 인지만 남았다. 뉴미디어 테크놀로지와 그것에 기반하는 자본주의 혹은 인지 자본주의는 잉여 주체를 배제하거나 포획하는 하나의 거대한 프로그램이 되었고, 지식의 담지자로서의 주체는 사라지려는 중이다. 주체는 인지 잉여 노동자가 되거나 잉여 정보 소비자가 되고 있다.

## 6. 잉여의 잠재력

애초에 모든 미디어(그림, 책, 신문, 사진, 영화, 컴퓨터, 인터넷)는 독자, 관람자, 시청자 혹은 사용자의 주목을 끌어들이는 것이 그들의 중요한 목적은 아닐까? 즉 지금의 미디어가 정도의 차이는 있겠지만 근본적으로 주목을 유도한다는 목적의 측면에서는 별다른 차이가 없을 수도 있다. 그렇다면 우리는 미디어들 사이의 차이를 어떻게 찾을 수 있는 것일까? 혹은 컴퓨터와 인터넷이라는 뉴미디어의 문화적 특이성들은 어디에서 오는 것일까? 그런 의문에 마주할 때, 뉴미디어 시대의 인지 자본주의, 주목의 경제가 주목하는 인지의 노동화와 노동의 인지화라는 현상들이 중요해 보인다.

인지의 노동화가 인지라는 두뇌 신경작용이 노동 시장에서 거래의 대상으로서 상품이 된다는 것을 가리킨다면, 노동의 인지화는 노동 일반이 인지적인 측면으로 통합된다는 것을 뜻한다. 물론 이 두 가지는 인지 자본주의라는 하나의 본질에 대한 두 속성이다. 인지 자본주의적 생산 방식은 단순히 인지 노동의 착취를 그 특징으로 하지 않는다. 잉여의 참여를 전유하는 과정(예를 들면 오픈소스)에서, 뉴미디어라는 매체 자체의 형식을 소비하는 동시에 그것의 내용물을 생산하는 과정에서, 인지는 노동이 되고 노동은 인지가 된다. 인지 자본주의는 인지와 노동 사이의 관계 재설정인 동시에 (지식 없는) 인지의 심미화(aestheticization)를 가져온다. 이 과정은 피할 수 없는 것이지만 두려워하거나 맹목적으로 추종할 것은 아니다. 굳이 근대의 역사를 되돌아본다면, 아도르노와는 달리 발터 벤야민은 영화를 대하는 노동자 대중의 산만한(distracted) 지각의 힘을 믿었다:

> 한 예술 작품 앞에서 집중하는 사람은 그것에 흡수된다. 그는 작품 속으로 들어간다. 전설에 따르면 중국의 한 화가 자신이 그린 그림을 감상하다가 그림 속으로 들어 가버린 것처럼. 반대로, 산만한 대중들은 예술 작품을 그들 자신에게 흡수한다. 대중들의 물결은 작품의 주위를 찰랑거린다. 대중들의 파도로 작품을 둘러싼다.(40)

디지털 미디어의 시대가 우리의, 젊은 세대의 두뇌를 망치고 있다고 반복하는 진단은 공허하다. 또한 네트워크 사회에서 주목하는 능력의 상실과 산만함 혹은 과도한 자극의 충만 이라는 현상만으로 암울한 미래를 예측하는 것은 무모하다. 벤야민의 주장처럼, 산만함의 상태에서 획득한 지각의 방식은 새로운 이해라는 과업을 수행할 수 있는 가능성을 지니고 있다. 근대인의 프롤레타리아화가 증가하는 것과 대중의 형성이 증가하는 것이 동일한 과정의 두 양상이듯이, 인지 자본주의 하에서 인지 잉여 주체들의 프롤레타리아트화는 궁극적으로 그 어떤 파시즘적 강요나 이데올로기적 통제도 산만함의 무기로 관통하고 마는 잉여 대중의 증가를 의미한다. 스티글러가 이러한 잉여의 시대, 인지·주목·지식 해체의 세대를 염려(taking care)하는 것은 대중이라는 무정형의 주체(들) 이전에 개별화의 조건이 상실되는 것에 대한 철학(자)의 책임감으로 이해할 수 있겠다. 잉여적 주체는 대중이라는 거대한 흐름 속으로 희미하게 사라지는 존재인 동시에 그 흐름 속에서 여전히 인지하고 사유하는 개인으로 솟아오르는 그런 주체이다. 따라서 잉여들은 프로토콜이나 알고리즘의 형태로 탈중심화 이후에도 존재하는 통제를 극복하기 위해 미디어의 내부에서 정치적 상황들에 전술적으로, 나아가 미적으로 개입한다. 그러한 잉여 행위들은 맥켄지 워크(McKenzie Wark)가 '해커'라고 부르는 계급의 특성을 공유할 것이다: "많은 종류의 경험으로부터 많은 종류의 지식을 생산하는 해커들은 모든 생산 계급들의 집단 경험과 더불어 일할 때 계급 형성과 실천에 대한 새로운 지식을 또한 생산할 수 있는 잠재력이 있다"([044]). 잉여들 또한 새로운 인식과 실천, 새로운 감각과 지각 방식을 만들어 낼 충분한 잠재력을 지니고 있다. 그들은 무엇보다 창조적이고 긍정적이다.

미디어는 우리 욕망의 결절점이다. 미디어가 엮여진 구조(네트워크)는 우리 욕망의 흐름과 분절을 표상한다. 새로운 미디어는 그 욕망의 네트워크 속으로 우리가 직접 들어갈 수 있도록 길을 연다. 그 속에서 우리의 힘으로 모든 시스템을 투명하게 만들 수 있다는 것을 증명하도록 한다.(무언가를 매개함으로써) 보여주어야 하지만 스스로를 보이지 말아야 하는 역설적인 중간 존재로서 미디어는 우리로 하여금 그 투명함을 진리라고 믿도록 만든다. 그럼으로써 미디어는 삶의 모든 조건과 방식으로서의 문화가 되고, 우리는 미디어에 의해 매개되는 불안정한 잉여의 존재들이 된다. 이 불안정한 잉여 존재는 새로운 미디어 문화를 생산하는 원천인 동시에 반문화(anti-culture)의 가능성을 품은 모순의 씨앗이다. 한국의 촛불에서, 아마존의 밀림에서, 중동과 북아프리카의 사막에서, 뉴욕과 런던과 파리에서, 전 세계 곳곳에서 잉여들은 소셜 네트워크를 통한 혁명과 더불어 현 시스템의 한계와 위기를 몸소 증명하고 또 극복하는 중이다.

미디어와 문화

# :: 한일 TV드라마에 나타난 극적 구조와 대인관계의 특징 연구

### 〈白い巨塔〉과 〈하얀 거탑〉을 중심으로

김 현 철

# 1. 머리말

TV드라마는 민감한 대중들의 기호를 적극적으로 반영하는 대표적인 장르이다. TV드라마는 시청률이라는 수치를 근거로 대중들의 지지도를 측정하고, 동시대 대중들의 암묵적인 동의를 전제로 방영되는 매체적 특징을 갖고 있다. 즉 드라마의 시청률은 시청자들의 욕구를 충족시킬 때 나타나는 결과물이며, 이 시청률은 작품의 가치를 평가하는 중요한 잣대로 이용된다. 이러한 TV드라마의 속성을 감안할 때, 2007년 MBC에서 방영된 〈하얀 거탑〉은 한국 드라마의 특징과 대중들의 무의식적 욕망을 잘 표현해낸 작품이라고 할 수 있다. 왜냐하면, 〈하얀 거탑〉은 시청자들로부터 2007년 최고품질의 드라마로서 인정받았기 때문이다.[1]

MBC 주말 드라마 〈하얀 거탑〉(연출 안판석, 극본 이기원)은 2007년 1월 6일부터 3월 11일까지 총20화에 걸쳐 방영되었다. 〈하얀 거탑〉은 일

---

1  2006년 11월부터 2007년 3월까지 방송된 TV드라마 중에서 〈하얀 거탑〉이 최고의 드라마로 평가되었다. '재미, 감동, 유익, 주제 소재, 표현, 리얼리티, 시나리오, 연기, 연출 영상'이라는 항목에서 모두 높은 점수를 받으며 드라마 세부 품질 평가에서 최고품질의 드라마로서 선정되었다. 주창윤 · 최명길, 『텔레비전 드라마 수용자의 품질평가에 관한 연구』, 방송문화진흥회, 2007, 56쪽 참조.

본의 〈白い巨塔〉를 리메이크한 작품이다. 일본의 〈白い巨塔(시로이 쿄토)〉라는 원작 콘텐츠는 소설로 시작하여, TV드라마, 영화, 라디오 드라마로 각색되면서 다양한 장르로 퍼져나간 원소스 멀티유즈(One Source Multi-Use)의 대표적인 작품이다.[2] 주간지 선데이마이니치(サンデー毎日)에 연재된 야마자키토요코(山崎豊子)의 〈白い巨塔〉(1963~1968)는 엄청난 인기를 발판으로 1965년과 1969년에 각각 단행본 소설로 발간되었다. 이러한 인기는 1965년 문화방송의 라디오 드라마, 1966년 영화화, 1967년 텔레비전 아사히의 TV드라마(26화), 1978년 후지 텔레비전의 TV드라마(31화), 1990년 텔레비전 아사히의 TV드라마(2화), 2003년 후지 텔레비전의 TV드라마(21화)로 만들어 지면서 확대 재생산되었다. 특히, 2003년 10월부터 2004년 3월까지 방송된 '후지 텔레비전 개국45주년 기념드라마' 〈白い巨塔〉는 관동지역(関東地区)의 평균시청률 23.7%라는 높은 시청률을 기록하기도 했다.[3]

이렇게 일본의 대중들로부터 충성도가 높은 〈白い巨塔〉를 리메이크한 작품이 바로 MBC의 주말 TV드라마 〈하얀 거탑〉이다. 리메이크는 보통 기존 작품의 인기도에 편승하여 안전하게 제작하려는 의도에서 시도되는 경우가 많다. 그렇기 때문에 원작에 비해 질적으로 떨어지는 작품들이 대

---

2  정재혁은 〈하얀 거탑〉은 시대와 장소를 바꿔 가며 현실을 풍자하다가 2007년에는 한국적인 콘텐츠로 재생산되었다고 서술하였다. 정재혁, 「한국판으로 부활한 일본 원작 드라마 〈하얀 거탑〉의 모든 것」, 『씨네21』, 씨네21, 2007.1, 124~127쪽 참조.

3  비디오리서치(ビデオリサーチ)의 조사 결과에 의하면, 21회 최종회 시청률은 32.1%(2004년 3월 18일)로 연간 방송시청률로서는 전체 4위, 드라마로서는 전체 1위의 기록을 세웠다. http://www.videor.co.jp/data/ratedata/04best30.htm 참조.

부분이다. 그러나 〈하얀 거탑〉의 경우에는 일본의 〈白い巨塔〉를 리메이크한 작품임에도 불구하고, 시청자들의 만족도가 매우 높은 수작으로 재탄생되었다. 그렇다면, 일본의 〈白い巨塔〉가 한국의 〈하얀 거탑〉으로 리메이크되는 과정에서 다양한 변용이 일어났다고 가정할 수 있다. 그 이유를 크게 두 가지로 예상할 수 있다. 첫째, 〈白い巨塔〉라는 콘텐츠 자체가 가지고 있는 TV드라마로서의 매력적인 요소이다. 이러한 요소는 지금까지 반복적으로 리메이크하는 과정에서 확인되었다. 하지만 〈白い巨塔〉의 드라마 텍스트가 일본이 아닌 외국, 즉 한국의 대중들에게도 매력적인 대상이라는 것은 〈하얀 거탑〉이 가진 보편성 때문이다. 한국의 대중들에게도 매력적인 드라마로서의 구조가 무엇인가를 구체적으로 살펴보는 것은 매우 의미 있는 작업이 될 것이다. 둘째, 〈白い巨塔〉가 〈하얀 거탑〉으로 리메이크화하는 과정에는 한국 시청자들의 기호를 만족시킬 만한 창조적 변용이 일어났다고 가정할 수 있다. 즉, 한국의 〈하얀 거탑〉에서는 일본의 〈白い巨塔〉에서 나타나지 않은 한국적 정서가 잘 표현되었다고 볼 수 있다.

위의 두 가지 가정을 증명하기 위해서 〈白い巨塔〉와 〈하얀 거탑〉의 텍스트를 비교, 대조하고자 한다. 이 과정에서 분석의 대상이 될 〈白い巨塔〉의 텍스트로는 〈하얀 거탑〉이 방송되기 직전에 만들어진 2003년 후지텔레비전의 드라마를 선정했다. 후지텔레비전의 〈白い巨塔〉와 MBC의 〈하얀 거탑〉은 각각 2003년과 2007년에 만들어졌다는 시기적인 유사성과 일본과 한국에서 화제를 불러일으킨 대표적인 TV드라마라는 공통점을 가지고 있기 때문에 비교 대상으로 선정하였다.

연구의 방법론은 우선 〈白い巨塔〉와 〈하얀 거탑〉[4]이 공통적으로 가지고 있는 콘텐츠를 분석하는 것부터 시작할 것이다. TV드라마라는 영상물텍스트라는 속성으로 인해 비교 대상은 DVD 〈白い巨塔〉(第1部　第2部, 発売元：フジテレビ映像企画部)와 DVD 〈하얀 거탑〉(제1부 제2부, 発売元：Korea Entertainment, CJ Media Japan)으로 삼았다. 원텍스트는 DVD 〈白い巨塔〉로 하고, 리메이크 텍스트는 DVD 〈하얀 거탑〉을 지칭하는 개념으로 사용할 것이다. 원텍스트와 리메이크 텍스트가 공유하고 있는 구조에 대해서 살펴보고, 원래 콘텐츠가 TV드라마 대본으로서 어떤 매력적인 특징을 가지고 있는가에 대해서 논의할 것이다.

이러한 논의가 끝나면, 각각의 개별 텍스트들이 가지고 있는 독자성에 대해서 분석하고자 한다. 이 과정에서는 주로 원텍스트 DVD 〈白い巨塔〉와 리메이크텍스트 DVD 〈하얀 거탑〉이 어떻게 다른 인물형, 장면 구성, 사건의 전개 등이 일어나는가에 주목할 것이다. 이러한 과정에서 자연스럽게 리메이크 텍스트인 〈하얀 거탑〉의 특징이 드러날 것이며, 이러한 특징은 곧 한국 시청자들의 기호를 반영하는 것이라고 예상할 수 있다.

이 과정에서 자연스럽게 일본과 한국의 TV드라마 콘텐츠가 가지고 있는 독자성이 드러날 것이다. 1990년대 후반부터 일본에서는 한류(韓流)라는 이름으로 한국의 대중문화콘텐츠가 매우 강력한 힘을 발휘하고 있다. 그러나 지금까지 다양한 연구결과에도 불구하고, 일본 대중들이 한국의

---

**4**　앞으로 〈白い巨塔〉는 2003년 방송된 일본 후지텔레비전의 TV드라마 작품을, 〈하얀 거탑〉은 2007년 방송된 한국의 MBC TV드라마를 지칭한다. 다른 리메이크 작품을 인용할 때에는 방송매체와 방송시기를 기술할 것이다.

드라마에서 어떤 매력을 느끼고 있는가에 대해서는 구체적으로 밝혀지지 않았다. 그러므로 이 글에서는 〈白い巨塔〉와 〈하얀 거탑〉의 비교를 통하여 일본 텍스트와 유사하면서도 다른 한국적 텍스트만의 독자성을 살펴보고, 한국적 TV드라마가 가지고 있는 일본 TV드라마와 다른 변별성에 대해서도 논의해 보고자 한다.

## 2. 원텍스트와 리메이크 텍스트의 공통구조

### 1) 흥미진진한 대결구도와 극복 가능한 장애물

〈白い巨塔〉와 〈하얀 거탑〉의 이야기 구조는 '대결'이 중심을 이룬다. 주인공을 중심으로 한 세력과 그 반대세력의 대결로 이야기를 전개시켜나가는 방식이다. 대결은 크게 제1부와 제2부로 나눌 수 있다. 제1부에서는 '병원 내의 권력 쟁취'를 위한 대결이고, 제2부에서는 '의료행위의 정당성'을 두고 조직과 개인의 대결이 벌어진다. 그러면 구체적으로 대결구도가 이야기 전개에서 어떠한 역할을 하고 있는가에 대해서 살펴보기로 하자.

〈白い巨塔〉의 제1부는 제1화부터 제10화까지로 '병원 내의 권력 쟁취'의 부분이다. 대결의 주체는 자이젠 고로(財前五郎)와 아즈마 테이조(東貞蔵)이다. 배경은 국립나니와대학(国立浪速大学)의 제일외과(第一外科)이며, 젊고 야심만만한 자이젠(財前) 조교수(助敎授)가 주인공으로 등장한다. 그는 퇴임을 1년 앞둔 아즈마(東) 교수(敎授)의 뒤를 이어 교수가 될 것이라고 확신하고 있다. 그러나 교수 승진에 절대적인 권한을 갖고 있는 아즈마는 건방진 자이젠보다는 모교 도토대학(東都大学)의 후배인 기쿠가와 노보루

(菊川昇)를 후임으로 앉히고 싶어 한다.

이처럼 국립의과대학이라는 폐쇄적이고 봉건적인 집단 내에서 절대적인 권력을 가진 아즈마 교수와 야심가인 자이젠 조교수의 대결은 처음부터 결론이 나와 있는 듯 보인다. 그러나 약자였던 자이젠에게 강력한 조력자들이 힘을 실어 주기 시작하면서 이야기는 점점 흥미진진해진다.[5] 조력자들의 등장으로 아즈마와 자이젠의 대결은 어느 정도 힘의 균형이 이루어진다. 이 지점에서 사자와 여우의 싸움은 힘센 사자와 영악한 여우의 대결이라는 차원으로 변화한다.[6] 자이젠에게 불리했던 형세는 조력자들의 합세로 인하여 아즈마 교수의 독단을 견제하고, 한 치 앞도 예상할 수 없는 흥미진진한 싸움의 전개로 나아가게 된다.

이러한 대결의 구도 속에서 끊임없이 작은 전투들이 벌어지는 것도 대결 구도의 흥미를 배가시키는 요소이다. 대결 과정에서 자이젠의 작은 실수들은 위기상황을 만들고, 이러한 상황을 극복하는 일화들이 긴장감과 흥미로움을 제공한다. 제2화에서 췌장암 수술의 은폐와 발각, 제6화에서 교수선출 위원에 오오코우치(大河內) 교수의 등장 등이 대표적인 예이다. 특이한 사례의 수술을 집도하려는 욕망은 아즈마 교수나 우가이 의학부

---

5　〈白い巨塔〉의 3화에서는 장인인 자이젠마타이치(財前又一)의 주선으로, 지역 의사회장(地区医師会長)인 이와타쥬키치(岩田重吉)와 우가이료이치(鵜飼良一) 의학부장(医学部長)이 자이젠 고로를 적극적으로 지지하기로 약속한다.

6　적대하는 세력은 동일한 힘을 가져야 하지만, 물리적으로 똑같은 힘을 가진다는 의미는 아니다. 독자들은 재치와 영리함으로 사나운 힘을 물리치는 이야기를 더 좋아하기 때문이다. 로널드 B. 토비아스, 김석만 역, 『인간의 마음을 사로잡는 스무 가지 플롯』, 풀빛, 2007(개정판), 210~212쪽 참조.

장과 심각한 갈등을 초래한다. 또, 평소 건방지고 독선적인 성품은 오오코우치 교수와 같은 스승으로부터 의사로서 자격 미달이라는 평가를 받기도 한다. 이처럼 자이젠이 열망하는 교수의 자리를 얻기 위해서는 너무도 많은 난관들이 존재한다. 이렇게 작은 난관들을 만들어 놓고, 하나씩 해결해 나가면서 이야기를 전개시켜나가는 방식은 TV드라마의 전략이기도 하다. 〈白い巨塔〉는 매주 1회씩 방송하는 TV드라마 특성상, 끊임없이 시청자들이 다음 주 방송을 보고 싶게 만들어야 한다. 약 1시간 반의 시간 속에서 전체적인 이야기를 전개시켜나가며, 동시에 매회 새로운 사건과 흥미진진한 갈등관계를 제공해야 한다. 시청자들은 매주 사건이 어떻게 해결될 것인가를 기대하지만, 그 기대와 달리 사건은 해결되지 않고 더욱 심화된 갈등관계로 발전할 뿐이다. 이 과정에서 기존의 갈등관계와 새로운 사건들이 복잡하게 얽히고설키어 어떻게 전개될지 궁금증을 불러일으키는 전략을 사용하는 것이다. 이러한 측면에서 〈白い巨塔〉에 나타난 '대결구도의 흥미로움'과 '위기탈출의 긴장감 조성' 방식은 매력적인 TV드라마 구조로서의 보편성을 갖고 있는 것이다.

MBC의 〈하얀 거탑〉에서도 〈白い巨塔〉의 대결 구조는 그대로 이어지고 있다. 〈白い巨塔〉와 마찬가지로 제1화부터 제9화까지가 제1부에 해당한다. 제1부의 대결구도는 명인대학의 장준혁과 이주완의 갈등으로 전개된다. 장준혁은 퇴임을 앞둔 이주완 과장의 후임으로 자신이 가장 적합하다고 생각한다. 그러나 건방지고 공명심이 높은 장준혁에게 후임 자리를 물려주고 싶은 생각이 없는 이주완 과장은 자신의 후임으로 존스홉킨스 병원의 젊고 유능한 의사 노민국을 불러들인다. 심장외과의 실력

자 노민국의 등장으로 장준혁은 불리한 상황에 처하지만, 부원장 우용길과 동창회장 유필상이 절대적인 우군으로 등장하면서 위기상황은 일단 벗어나게 된다.

대결의 긴장감 고조는 '장준혁과 노민국의 수술대결'에서 극대화된다. 〈하얀 거탑〉에서는 원텍스트에 없었던 수술 대결이라는 장면을 삽입하여 대결의 긴장감을 고조시켰다. 제5화에서 장준혁과 노민국은 외과 의사로서 자존심을 건 대결을 펼친다. 한국 최초로 간, 췌장, 신장을 동시에 이식하는 수술이기 때문에 명인대학 뿐만 아니라 언론에서도 주목하고, 이 수술에서 장준혁과 노민국은 자신들의 명예를 걸고 실력대결을 벌인다. 이러한 대결 상황을 만든 것은 바로 이주완 과장이다. 이주완 과장은 의사로서 노민국의 실력을 증명할 수 있는 절호의 기회를 만들고 싶었던 것이다. 그래서 수술실에서 갑자기 정신을 잃고 쓰러지는 연기까지 감행한다. 이런 돌발적인 상황에서 노민국이 자연스럽게 수술실의 스텝으로 참여하게 된다.

이제 본격적인 대결은 수술실에서 벌어진다. 장준혁과 노민국은 수술의 방법부터 첨예하게 대립각을 세운다. 이때, 노련한 이주완 과장이 나서서 교통정리를 하고, 은근히 노민국에게 유리한 방법으로 수술을 유도한다. 또한, 노민국은 이주완 과장이 사전 수술에서 실패한 사실을 덮어주기 위해 의도적으로 어려운 수술방법을 선택한다. 이렇게 승승장구하는 노민국과 달리 장준혁은 사전 체크를 소홀히 한 탓에 작은 실수를 범하고 만다. 수술실의 대결은 완전히 노민국의 승리로 끝나는 듯 보인다. 하지만 위기상황에 봉착한 장준혁은 노민국이 실시한 췌장수술의 문제점을 지적하고, 다시 상황은 장준혁의 승리로 역전되어 버린다.

　게임처럼 벌어지는 대결은 끊임없이 긴장감을 만들어 낸다. 누가 보더라도 노민국의 승리로 끝날 것 같던 게임에서 장준혁은 기막히게 역전승을 거둔다. 이처럼 주인공 장준혁은 반복되는 위기상황 속에서도 냉철한 판단력과 범상치 않은 능력으로 위기상황을 극복하는 인물이다. 이렇게 대결 구도 속에서 반복적으로 위기의 상황을 만들어 놓고, 그 상황을 하나씩 극복해 나가는 구성은 전체적인 대결 구조와 맞물리면서 〈하얀 거탑〉의 재미를 배가시켜 나가는 역할을 하고 있다.

　대결구도는 제2부에서 더욱 심화된다. 〈白い巨塔〉의 제11화부터 제21화까지인 제2부는 재판정에서 벌어지는 법정 대결이 중심을 이룬다. 자이젠(財前)에게 식도암 수술을 받은 사사키요우헤(佐々木庸平)가 사망하고, 그 원인은 자이젠이 폐암의 가능성을 간과해버린 결과 때문이다. 제2부의 의료재판은 사실을 숨기려는 병원 측과 사실을 밝히려는 유족 측의 대결이 중심을 이룬다. 사실을 숨기려는 측은 국립나니와대학병원이라는 거대한 조직이다. 부정할 수 없는 과오를 범한 자이젠 교수를 옹호하려는 세력은 병원으로 상징되는 의료체계 그 자체이다. 숙련된 의사라도 위험성이 높은 수술을 시행할 수밖에 없는 의료 현실을 감안하면, 환자의 사망은 어쩔 수 없는 결과라며 합리화한다. 이런 왜곡된 현실에 적극적으로 반기를 드는 인물이 국립나니와대학 제일내과 조교수인 사토미슈지(里見脩二)이다. 사토미(里見)는 자이젠과 의과대학의 동급생이자 라이벌이며 친구인 존재이다. 하지만, 사토미는 자이젠과 완전히 반대되는 신념을 가진 의사이다. 출세에는 전혀 관심이 없고, 더 많은 환자에게 도움을 주기 위해 매일 밤늦게까지 연구에 몰두하는 인물로, 항상 자이젠과 병원 내에서 크고 작은 대립의 중심에 서 있다. 사토미는 진실을 은폐하려는 병원 관계자들의 태도에 강한 거부감을 갖고, 병원을 떠날 각오까지 하며 사사키요우헤 유족의 소송에 증인으로 참가한다.

드라마는 매회 숨기려는 쪽과 밝히려는 쪽의 긴장감 넘치는 싸움이 반복되면서 흥미를 고조시킨다. 이야기가 전개되면 될수록 유족들은 점점 불리한 상황에 처하게 된다. 제12화에서는 사사키(佐々木)의 유족들조차도 거대한 병원과 소송하는 것 자체에 대해서 엄청난 부담감을 느끼게 된다. 제13화에서는 병원 측 변호사가 진료에 참여한 의사와 간호사를 모아 놓고 사실의 날조를 주도한다. 제14화에서는 의학부장이며 제일내과 교수인 우가이(鵜飼)가 증언을 하려는 사토미에게 협박을 가한다. 제15화에서는 교수부인회 구레나이회(くれない会)에서 사토미의 부인에게도 증언을 못하도록 압력을 가한다. 이러한 장면들이 누적되면서, 의료과실이라는 사건은 은폐될 수밖에 없는 듯 보인다. 그러나 은폐하려는 병원 측의 과도한 압력은 결국 담당 의사였던 야나기하라히로시(柳原弘)의 반발을 불러일으키고, 사건은 새로운 국면에 접어들게 된다. 결국 야나기하라히로시의 고백으로 인하여, 재판은 원고 측이 승소하고 자이젠은 법정에서 지병으로 쓰러지고 만다.

〈하얀 거탑〉에서도 〈白い巨塔〉와 마찬가지로 제10화부터 제20화까지는 의료사고와 법정 투쟁으로 구성되어 있다. 장준혁과 최도영의 대결은 제2부의 핵심적인 대립이다. 장준혁과 병원 측은 끊임없이 사실을 왜곡하거나 숨기려고 하고, 최도영과 변호사, 유가족 측은 사실을 있는 그대로 밝히려고 한다.

이처럼 〈白い巨塔〉와 〈하얀 거탑〉은 동일한 대결구도라는 틀 속에서 다양한 장애물을 설치해 놓고 그것을 하나씩 넘어가는 이야기로 사건을 전개시켜나가고 있다. 매주 시청자들의 관심과 흥미를 끌어내야 하는 TV 드라마 속성으로 인해, 시청자들의 관심을 끌만한 적당한 수준의 장애물을 설치했던 것이다.[7] 주인공 앞에는 끊임없이 장애물이 존재하고, 그 장애물을 주인공은 적대자(antagonist)와의 갈등 속에서 하나씩 뛰어 넘어가야 한다.

이와 같이 〈白い巨塔〉와 〈하얀 거탑〉은 대결 구도라는 전체의 틀 속에서도 적절한 난이도를 가진 장애물을 설치하여, 주인공들이 그 장애물을 하나씩 넘어가는 이야기 구조로 되어 있다. 이러한 이야기 전개는 달성하기 어려운 목표이기는 하지만, 주인공의 열정을 통하여 충분히 실현 가능성도 가지고 있기 때문에 매력적인 이야기 구조를 만들어 낼 수 있는 것이다.

## 2) 대립관계의 중층성과 권선징악의 결말

〈白い巨塔〉와 〈하얀 거탑〉의 대립구조가 기본적인 뼈대라면, 이 뼈대인 구조가 제대로 서 있을 수 있게 만드는 근육과 같은 역할을 인물들이 담당하고 있다. 등장인물들은 대립각을 세우며 반대편에 서 있는 것처럼 보이지만, 그 거리는 일정하지 않다. 때로는 가까워지기도 하고 때로는

---

7 주인공과 맞부딪히는 장애물은 대등한 역학관계를 가지고 있어야 한다. 장애물이 너무 약하거나 강력하면 스토리 자체가 약화될 수 있기 때문이다. D 하워드·E 마블리, 심산 역, 『시나리오 가이드』, 한겨레신문사, 1999, 85쪽 참조.

미디어와 문화

완전히 등을 돌려 멀어지기도 한다.

〈白い巨塔〉의 제1부에서 대립의 축은 은사(恩師)인 아즈마(東) 교수와 제자인 자이젠(財前) 조교수이다. 표면적인 대립의 원인은 '교수'라는 자리에 적합한 인물이 누구인가라는 견해차이이다. 아즈마(東) 교수는 자신보다 항상 주목을 받는 자이젠이 늘 못마땅하다. 제1화에서부터 아즈마와 자이젠의 불편한 관계가 적나라하게 노출된다. 자이젠은 오사카지사(大阪知事)의 수술을 성공시켜, 연일 식도암 수술의 젊은 권위자로 매스컴의 주목을 받는다. 아즈마 교수는 이러한 상황을 은근히 즐기고 있는 자이젠을 의사로서 함량미달이라고 단정 짓고, 새로운 후보를 내세우기 위해 은밀히 사전작업을 시작한다.

두 사람의 갈등관계는 이상론과 현실론이 복잡하게 얽혀있지만, 대립의 이유는 단순명료하다.[8] 아즈마 교수가 생각하는 이상적인 자신의 후임은 의사로서 실력과 인격을 함께 갖춘 인물이다. 그러나 현실적인 후보인 자이젠은 수술 실력만 뛰어날 뿐, 의사로서 자질은 완전히 수준미달이다. 이러한 아즈마 교수의 생각과 반대되는 지점에 자이젠이 서 있다. 자이젠은 아즈마 교수의 후임으로 적합한 현실적인 후보는 자신 밖에 없다고 믿고 있다. 자신보다 외과의사로서 뛰어난 실력과 자질을 갖춘 인물은 없으

---

8  박명진은 소설 〈白い巨塔〉이 '이상(理想), 명분(名分)↔현실(現實), 실용(實用)'의 대립이라는 무거운 주제를 가지고 있지만, 선명한 선악(善惡)대결구도, 치밀한 사건전개, 인물 내면의 섬세하고 사실적인 묘사로 대중적인 인기를 끌었다고 평가하였다. 박명진, 「TV드라마 〈하얀 거탑〉에 나타난 영상미학과 각색의 의미 연구」, 『한민족문화연구』 31, 한민족문화학회, 2009, 526쪽 참조.

며, 현직의 아즈마 교수와 자신을 비교해도 절대로 뒤떨어질 것이 없다고 자부하고 있다.

이처럼 아즈마와 자이젠은 국립나니와대학을 이끌어 갈 차기 교수로서 누가 적합한가라는 문제에 완전히 반대되는 생각을 갖고 있다. 이러한 생각이 두 사람의 대립각을 더 날카롭게 만드는 기능을 한다. 이렇게 두 인물 사이에는 정서적인 교류는 완전히 단절된 채 대립만 존재할 뿐이다. 이러한 단순 대립은 두 인물이 어떻게 투쟁하는가에 초점을 맞추게 되고, 그 싸움에서 수단과 방법을 가리지 않는 권모술수가 난무한다. 이러한 대립 속에서 시청자들은 누가 승리할 것인가를 관전하고, 이 진흙탕 속의 싸움 속에서 구경꾼으로서 재미를 만끽하는 것이다.

〈白い巨塔〉에서는 단순한 대립관계와 더불어 복잡 미묘한 대립관계도 동시에 존재한다. 복잡한 거리감각을 갖고 갈등하는 대표적인 인물이 바로 자이젠(財前)과 사토미(里見)이다. 이 두 인물의 갈등은 이야기를 심화·발전시키는 원동력으로 작용한다. 제1화부터 자이젠과 사토미는 완전히 다른 생각을 갖고 있는 인물이다. 그러나 이 두 인물은 '훌륭한 의사'라는 목적은 일치한다. 즉, 각각 다른 방식으로 의사라는 길을 걸어간다. 자이젠에게 의사란 부조리한 의료현실을 인식하면서도, 상황에 굴복하지 않고 최대한 적극적으로 환자를 치료하는 존재이다.[9] 이에 비해 사

---

9  자이젠은 환자는 그저 전문가인 의사의 판단에 따라 모든 것을 맡겨야 한다는 봉건적인 Paternalism의 인식에 사로 잡혀 있었다. 그래서 충분한 의사소통을 기반으로 한 '설명과 동의(informed consent)'의 방식을 완전히 무시했던 것이다. 笠井哲, 「医療倫理から見た『白い巨塔』の意義について」, 『研究紀要』48, 福島工業高等専門学校, 2007, pp.65~68 참조.

토미에게 의사는 의료현실보다는 환자의 입장에 서서 환자를 치료할 수 있는 최선의 방법을 언제나 고민하는 존재이다. 이러한 의식의 차이로 인해 두 사람은 언제나 대립하지만, 결국 같은 목표를 향하고 있기 때문에 이상론과 현실론이 맞부딪치더라도 기본적으로는 인정할 것은 정확히 인정하고 있다.

〈그림 1〉 제1화

里　見: 医者である限りどんな場合でも患者の命を守るために全力を尽くすべきじゃないのか。

財　前: 医者は神様じゃない。人間だから。

사토미: 의사인 한 어떤 경우에도 환자의 생명을 지키기 위해서 전력을 다해야 하는 것 아냐?

자이젠: 의사는 신이 아냐. 인간이니까.

〈그림 2〉 제2화

里　見: 財前, 内科医の自分から見ても見事なオペだった。膵臓ガンのオペをこれほど完璧にできる人間は君をおいてほかにはいないと思う。

財　前: 君に褒めてもらえるとはな。

里　見: いや, すばらしいよ。

사토미: 자이젠, 내과의사인 내가 보더라도 정말 멋진 수술이야. 췌장암의 수술을 이렇게 완벽하게 할 수 있는 사람은 자네밖에 없다고 생각해.

자이젠: 너한테 칭찬을 받을 줄이야.

사토미: 아니야, 훌륭해.

〈그림 1〉 제1화                              〈그림 2〉 제2화

  위의 대화와 〈그림 1〉, 〈그림 2〉는 자이젠과 사토미의 관계를 상징적으로 보여주는 장면이다. 제1화와 제2화는 우가이(鵜飼) 교수가 오진한 환자를 수술할 것인가, 말 것인가를 두고 대립을 하는 사건이 중심을 이룬다. 그러나 이러한 대립 속에서도 두 사람은 의사로서 뜨거운 열정만은 절대로 의심하지 않는다. 〈그림 1〉은 병원내의 권력자 우가이 교수가 오진한 환자라는 사실을 알고 수술을 망설이는 자이젠에게 사토미는 의사로서의 본분을 강조한다. 〈그림 2〉는 우가이 교수와 아즈마(東) 교수 몰래 수술을 성공시키고, 사토미와 자이젠은 서로에게 찬사를 보내며 상대방의 실력을 인정하며 악수를 나눈다.

  이처럼 〈白い巨塔〉에서 자이젠과 사토미는 대립 축을 이루고 있지만, 단순히 적대적 관계로 그치지는 않는다. 완전히 다른 신념을 가지고 있지만, 두 사람은 서로에게 연민을 느끼며 정서적으로 교류하는 독특한 대립 관계이다. 즉, 이들은 '진정한 의사'라는 목표를 달성하기 위해 좋은 라이벌로서 서로를 격려하기도 하고 때로는 자극하기도 한다. 이러한 특징은 〈하얀 거탑〉에서도 그대로 유지되고 있는 대립축이다.

  그러나 두 사람의 현실론과 이상론은 제2부 법정재판에서는 완전히 대

립 관계로 바뀌어 버린다. 이러한 적나라한 대립구도는 〈白い巨塔〉와 〈하얀 거탑〉이 거의 일치한다. 〈하얀 거탑〉의 경우를 살펴보기로 하자. 제2부에서 장준혁의 목표는 명인대학의 외과 과장을 지키는 것이고, 최도영의 목표는 의료사고라는 진실을 밝히는 것이다. 즉, 장준혁의 목표는 진실의 은폐이며, 최도영의 목표는 진실의 드러내기이다. 진실이 드러나면, 장준혁은 명인대학을 떠나야 하고 그것은 바로 의사라는 목표달성의 좌절이다. 명인대학은 장준혁에게는 높은 수준의 수술경험을 제공할 수 있는 유일한 장소이다. 이에 비해 최도영은 많은 환자를 구하기 위해서는 병원의 문제를 밝히고, 개선책을 찾는 것이 더 중요하다고 믿는다.

그러나 이러한 대결의 상황 속에서 장준혁과 최도영은 여전히 친구라는 관계를 유지하고 있다. 〈하얀 거탑〉에서는 특히 두 사람의 친구관계가 강조된다. 즉, 장준혁과 최도영은 법정에서는 완전히 반대편에 서 있지만, 이 상황이 종료되면 언제라도 다시 친구관계로 돌아갈 수 있는 친밀감을 유지하고 있다.

다음으로는 〈하얀 거탑〉의 제2부의 결말구조를 살펴보기로 하자. 의료재판의 과정을 통하여, 장준혁은 부조리하고 음습한 속성을 가진 거대집단의 중심인물이 되고, 최도영은 작고 힘없고 순수한 개인을 대표하는 상징적 인물이 된다. 이 싸움은 시작부터 도저히 상대가 되지 않는 것처럼 보인다. 병원이란 거대한 조직을 지키려는 음험한 세력의 힘은 개인들로서는 도저히 대적할 수 없는 크기를 가지고 있다. 일반적인 상황에서 이러한 재판은 최도영의 실패로 돌아갈 것은 뻔하다.

그러나 〈하얀 거탑〉에서는 장준혁의 패배와 최도영의 승리라는 권선징

악의 결말을 취하고 있다. 이러한 결말은 대중성을 무시할 수 없는 TV드라마라는 매체적인 특성과도 긴밀하게 연결되어 있다. 즉, 시청자들은 무의식적으로 음험하고 거대한 집단의 보호를 받고 있는 장준혁 보다는, 힘없고 약한 개인을 상징하는 최도영 쪽의 승리로 끝나는 것을 염원하고 있기 때문이다.[10] 이것은 원래 원작소설 〈白い巨塔〉이 대중오락소설이란 태생적인 측면을 감안한다면 당연한 결말일지도 모른다.[11]

### 3) 비극적 주인공과 매력적 결함

〈白い巨塔〉와 〈하얀 거탑〉에는 '자이젠 고로(財前五郎)'와 '장준혁'이라는 매력적인 주인공이 등장한다. 제2의 주인공으로 불리는 '사토미슈지(里見脩二)'와 '최도영'이 등장하지만, 이들의 역할은 '자이젠(財前)'과 '장준혁'을 부각시키는 기능에 그치고 있다.

〈白い巨塔〉의 주인공인 자이젠은 뛰어난 실력을 갖춘 외과의사이지만, 그 이외의 것은 모두 결핍된 인물이다. 〈白い巨塔〉의 세계는 개인의 실력보다는 개인을 둘러싸고 있는 인맥이나 학연으로 연결된 그물망이 더 중

---

10  배선애는 TV드라마의 '행복한 결말'이 '오락성'과 관련된 사실에 주목했다. 현실에서는 도저히 실현 불가능한 것이라도 그럴 듯하게 꾸며진 TV 속의 판타지를 보며 대중들은 위안을 얻는다는 것이다. 그렇기 때문에 TV드라마는 강박적으로 행복한 결말로 끝맺으려는 속성이 강하다는 것이다. 배선애, 「매체전환에 따른 TV드라마의 대중성 확보 방식 연구」, 『민족문학사연구』 41, 민족문학사학회, 2009, 354~355쪽 참조.

11  원작 『하얀 거탑』은 대중오락소설로서 대학병원과 의사회, 대학동창회 등 개인의 이해를 철저하게 지배하는 집단주의적 인간관계를 테마로 하고 있다. 시미즈 미즈히사, 임명신 역, 「〈하얀 거탑〉과 시대의 리얼리티」, 『플랫폼』 3, 인천문화재단, 2007, 37쪽 참조.

요한 요소로 작용하고 있다. 이해관계로 뒤얽힌 〈白い巨塔〉의 세계는 어둡고 암담하다. 이처럼 〈白い巨塔〉의 세계는 인간의 이성으로 도저히 이해할 수 없는 불가해한 힘이 장악하고 있다는 '비극적 비전'이 깔려있다.[12] 이 상황 속에서도 자이젠은 끊임없이 자신의 운명과 대항하며, 격렬한 고통 속에서 욕망을 성취하기 위해서 노력하고 있는 것이다.

이렇게 부조리하고 비합리적인 질서 속에서도 굴하지 않고 행동하는 인물이 바로 자이젠이다. 그는 어둡고 암울한 세계 속에서도 자신의 욕망을 실현하고자 노력한다. 그러나 자이젠의 욕망은 다양한 스펙트럼으로 존재하기 때문에 모든 것을 다 이룰 수는 없는 한계성을 가지고 있다. 그의 욕망은 크게 '사회적 욕망'과 '개인적 욕망'으로 나눌 수 있다.

'사회적 욕망'이란 병원이란 조직 내에서 최고의 명성을 가진 의사가 되는 것이다. 이 욕망을 실현하기 위해서 자이젠은 너무나 불리한 상황에 놓여 있다. 하지만 결혼이란 방법을 통하여 이 문제를 간단히 해결한다. 재력과 인맥을 가진 자이젠 집안의 데릴사위로 들어가, 욕망을 실현할 수 있는 발판을 마련한다. 아즈마 교수와 대립할 때도 자이젠은 장인 자이젠 마타이치(財前又一)의 강력한 힘을 빌려서 대등하게 싸울 수 있었다. 결국 자이젠은 나니와대학의 제일외과 교수 자리를 얻게 된다. 그러나 이러한 사회적 욕망을 달성한 자이젠에게 성취감이나 만족감이라고는 전혀 찾아볼 수 없다. 여전히 전과 다름없이 무언가가 결핍된 상태일 뿐이다. 수술

---

12 '비극적 비전'에는 비합리적이고 비이성적인 세계에 대한 인식과 해결 불가능에 대한 근원적인 공포가 깔려 있다. 머리 크리거, 김미예 역, 「비극과 비극적 비전」, 『비극과 희극 그 의미와 형식』, 고려대 출판부, 1995, 30~31쪽 참조.

이 끝나면, 애인인 하나모리케이코(花森ケイ子)를 찾아가 외로움과 쓸쓸함을 달래려고 하지만, 그것도 일시적일 뿐 여전히 알 수 없는 결핍감에 시달린다. 자이젠의 외로움과 쓸쓸함은 바로 '개인적 욕망'의 거세에서 기인한 것이다.

자이젠은 '사회적 욕망'을 성취하기 위해 '개인적 욕망'은 대부분 봉인해 버렸다. 자이젠 집안의 데릴사위로 들어가면서 시골에 있는 어머니와도 단절되어 버린다. 시골에서 고독하게 살고 있는 어머니에 대한 안타까움을 마음 속 깊이 담아 두고 있지만, 제대로 표현하지 못한다. 그리고 데릴사위로 들어가 물질적 풍요와 인맥은 얻었지만, 애정 없는 부부관계를 지속하면서 점점 감정은 메말라 간다. 부인인 자이젠쿄쿄(財前杏子)는 부유한 가정에서 자라 항상 기분 내키는 대로 행동하는 인물이다. 남편인 자이젠고로도 단지 자신의 허영심을 채워줄 상대일 뿐이다.

더욱 자이젠을 피폐하게 만드는 것은 진정한 친구가 없다는 것이다. 자이젠이 가장 신뢰하는 친구는 사토미(里見)였다. 그러나 사회적 욕망을 성취하는 과정에서 사토미와 대립하면서 두 사람의 사이는 점점 멀어지기만 한다. 결국 재판정에서 반대증인으로 나서는 사토미와 싸우면서 자이젠은 점점 고독한 인물이 되어 버린다. 이처럼 〈白い巨塔〉의 자이젠은 자신을 둘러싼 세계와 홀로 맞서는 인물이며, 이 과정에서 그는 제어할 수 없는 욕망과 냉철한 이성 사이에서 스스로 자괴감을 느끼며 점점 피폐해진다.

이와 함께 비극적 주인공의 인물형을 더욱 매력적으로 만드는 요소는 〈白い巨塔〉의 자이젠과 〈하얀 거탑〉의 장준혁의 '성격적 결함(hamartia)'

이다. 〈하얀 거탑〉의 장준혁을 중심으로, 그를 파멸로 이끌어 가는 성격적 결함을 살펴보기로 하자. 장준혁은 자신의 행동이 항상 정당하다고 생각하고, 그와 반대되는 의견을 가진 인물은 적대자로 규정해버린다.

제3화

장준혁: 왜 이렇게 인생이 힘든거냐?

최도영: 쓸데없는데 신경을 쓰니까 더 그렇겠지. 의사로서만 충실해봐. 그럼, 좀 덜 힘들 테니까.

장준혁: 난 그렇게는 못 살아!

최도영: 그럼, 앞으로 더 힘들겠지.

장준혁: 내가 잘못 온 것 같다.

제12화

장준혁: 너 이 문제 나올 때마다 계속 그 소리하는데, 내가 잘못했단 근거 있어? 증거 있냐고?

최도영: 뭐?

장준혁: 뭘, 뭐야? 증거 가져와. 내가 뭘 잘못했는지 보여 달라고. 저쪽에서 왜 저러는데, 증거가 없기 때문이야. 왜? 잘못한 게 없으니까, 찾을 수가 없거든. 있지도 않은 거 어떻게 찾겠어?

최도영: 준혁아.

장준혁: 다시 말하는데, 난 아무 잘못 없어.

위의 장면은 장준혁의 성격적 문제가 잘 드러나는 대목이다. 장준혁의 독선적이고 자기중심적인 성격은 절친한 최도영과도 멀어지게 만드는 요인이다. 제3화에서는 장준혁은 외과 과장이 되기 위해 의사회 회장인 유필상과 피곤한 술자리를 마치고, 지쳐서 병원으로 돌아온다. 모두가 퇴근한 병원에 남아 연구에 몰두하고 있는 친구 최도영을 찾아가 삶이 피곤하다며 푸념을 늘어놓는다. 외과 과장 자리에만 집착하는 장준혁에게 최도영은 좀 더 의사로서 충실하라는 충고를 한다. 이러한 충고를 "난 그렇게 못 살아!"라고 단칼에 잘라 버린다. 장준혁은 자신의 행동과 생각에 절대적인 신념을 갖고, 친구의 조언조차도 무시해버리는 오만함을 가지고 있다. 제12화에서 장준혁은 거짓과 진실까지도 구별하지 못하는 어리석은 인물로 전락해 버린다. 자기 합리화를 하려는 과도한 욕망은 의료과실에 대해서 누구보다 잘 알고 있는 최도영에게까지 억지 논리를 펼치는 것이다.

이와 같이 장준혁은 주변 상황의 논리나 힘에 의해서가 아니라, 자신의 의지로 잘못된 선택을 한다. 이러한 자기합리화는 스스로가 고통을 겪게 되는 계기로 작용하고, 고독하게 싸우는 상황을 초래하게 만든다. 그러나 장준혁은 여전히 매력적인 존재로서 빛을 발한다. 어떠한 상황 속에서도 절대로 자신의 논리를 굽히지 않고, 무모할 정도로 당당하다는 것이다. 끝까지 타협을 거부하고, 자신의 정당성을 주장한다. 이처럼 무모하고 오만한 태도는 죽음 앞에 둔 마지막 상황에서도 여전하다.

장준혁이라는 인물이 가진 매력적인 결함은 인간의 근원적인 한계성과 연결되어 있다. 시청자의 입장에서 본 장준혁의 삶은 모순으로 가득 찬 사회 속에서 고군분투하며 살아가는 현대의 소시민의 삶과도 비슷하다.[13]

---

**13** 길지혜는 인터넷 게시판을 분석하여, 시청자들의 반응을 연구하였다. 그 결과, 시청자들이 〈하얀 거탑〉의 드라마 속 세계와 현실 세계를 연계하여 인식하고 있다는 것을 밝혔다. 특히, 권모술수가 판을 치는 사회현실을 비판하면서도, 자신들의 욕망을 대변하고 그 욕

영웅적인 존재라면 부조리한 현실을 근원적으로 개혁할 수 있지만, 평범한 소시민들은 어쩔 수 없이 부조리한 현실을 인내하며 살 수 밖에 없다. 그렇기 때문에 부조리한 현실 상황 속에서도 열정적으로 살아가며, 자신의 욕망을 쟁취해 나가는 삶의 방식이 하나의 판타지로서 지지를 받을 수 있는 것이다.

암에 걸려 죽음을 맞이하는 마지막 장면에서도 장준혁은 재판결과에 불복한다는 서신을 남기고, 의학의 발전을 위해서 자신의 시신을 기증하는 인물이다. 이러한 오만함에 시청자들은 환호할 수밖에 없는 것이다. 장준혁은 이미 선악이란 평면적인 판단 기준을 넘어서 버린 인물이다. 그는 선과 악, 이성과 감성, 합리성과 비합리성, 이상과 현실이란 이분법적 세계 속에서 좌충우돌하며, 자신의 욕망을 실현하기 위해 노력했다. 결말에 가서 인간이 극복할 수없는 한계인 죽음을 맞이하지만, 이 한계상황 속에서도 꿋꿋하게 자신의 욕망을 굽히지 않고, 끝까지 반항하려는 자세를 취하고 있다.[14] 장준혁은 누구보다도 치열하게 자신만의 방식으로 열정적으로 삶을 살아간 인물이다. 이러한 장준혁의 열정과 오만함에 시청자들은 대리만족을 하고, 감정적으로도 그의 삶의 방식을 지지하게 되는

---

망을 쟁취하는 캐릭터인 장준혁에 공감하고 긍정적인 평가를 하고 있다는 것이다. 길지혜, 「리메이크 드라마 〈하얀 거탑〉은 어떻게 한국화되었는가?」, 경희대 대학원 석사학위 논문, 2008, 91쪽 참조.

14  까뮈는 부조리한 삶을 인식하고, 포기하거나 자살을 선택하기 보다는 차원 높은 성실성을 가지고 꿋꿋하게 무의미한 삶을 반항하며 살아가는 인간의 모습에서 진정한 인간 존재의 의미를 찾으려고 했다. 알버트 까뮈, 김화영 역, 『시지프 신화』, 책세상, 1997, 70~73쪽 참조.

것이다.

## 3. 원텍스트와 리메이크 텍스트의 거리

### 1) 이성적 세계와 감성적 세계

〈하얀 거탑〉은 〈白い巨塔〉의 기본적인 대결 구도, 인물들의 중층적 대립관계, 매력적인 비극적 주인공이라는 특성을 그대로 유지하고 있다. 그러나 이러한 전체적인 틀은 거의 그대로 유지하고 있지만, 세부적인 인물의 설정과 형상화에는 차이가 있다. 이 차이를 만들어 내는 가장 근본적인 이유는 '극적 세계의 설정'이 다르기 때문이다. 〈白い巨塔〉가 '이성적 세계', '차가운 현실', '무미건조한 인간관계'를 극적 세계로 설정하고 있다면, 〈하얀 거탑〉은 '감성적 세계', '따뜻한 현실', '끈끈한 인간애'로 설정되어 있다.

〈하얀 거탑〉의 특징은 '눈물'을 자극하는 장면에서 뚜렷하게 나타난다. 제3화에서는 어린 암 환자인 '진주'가 등장한다. 눈물겨운 어린 암 환자의 투병생활은 제4화, 제5화, 제7화, 제8화로 이어진다. 이와 동시에 외과 과장 자리를 차지하려는 장준혁 측과 이를 저지하려는 이주완 측의 음험한 암투가 전개된다. 결국 장준혁은 그토록 열망했던 외과 과장 자리를 차지하고, 어린 암 환자는 모든 사람들이 지켜보는 가운데 조용히 숨을 거둔다. 〈하얀 거탑〉의 어린 암 환자 진주에 해당하는 인물로 〈白い巨塔〉에서는 제약회사 영업사원인 하야시다가나코(林田加奈子)가 등장한다. 그녀는 나니와대학을 담당했던 영업사원이었지만, 의사들과의 친분관계는 거의

〈그림 3〉 제7화　　　　　　　　〈그림 4〉 제7화

〈그림 5〉 제8화　　　　　　　　〈그림 6〉 제8화

존재하지 않는다. 진주와 마찬가지로 암에 걸린 하야시다(林田)도 제4화, 제5화, 제6화, 제7화에 등장한다. 마찬가지로 이야기는 자이젠 측과 아즈마 교수측이 혈투를 벌이는 과정 속에서 동시에 전개된다.

　위 그림은 〈白い巨塔〉와 〈하얀 거탑〉의 이성적 세계와 감성적 세계를 뚜렷하게 보여주는 대목이다. 〈그림 3〉은 사토미가 하야시다(林田)의 죽음을 알리는 편지를 받고, 마지막으로 헤어진 병원 내 버스 정류장에서 과거를 회상하는 장면이다. 그녀의 죽음에 슬퍼하는 사람은 사토미(里見)뿐이다. 나니와대학의 의사들과 그녀는 형식적인 관계일 뿐이었다. 오히려 말기 암 환자의 입원은 병원 측에 피해를 주는 것이라며 퇴원을 강요하기도 한다. 〈그림 3〉의 장면에서 하야시다의 마지막 대사인 "선생님한테는 신세를 졌지만, 이곳은 마지막을 보낼 병원은 아니었어요.(先生にお世話になったけど, ここは最期の時を過ごす病院じゃなかった。)"라는 목소리가 독백처럼 들린다. 그리고 〈그림 4〉의 장면으로 이어진다. 사토미는 인간의 존엄성을 무시하고 있는 의료 체계에 대해 강한 불신감을 갖고 있다. 그러나 그를 압도하는 듯한 거대한 병원건물은 여전히 폐쇄적이고 봉건적인 조직일 뿐이다. 이처럼 〈白い巨塔〉의 세계는 감성보다는 이성, 따뜻함보다는 차가움, 끈끈한 인간애보다는 무미건조한 인간관계라는 질서가 강력한 힘을 발휘하고 있다.

그러나 〈하얀 거탑〉에서는 완전히 반대되는 세계관이 지배하고 있다. 〈그림 5〉는 장준혁과 어머니의 애절한 모자관계가 그려진다. 장준혁은 외과 과장이라는 현실적 욕망을 달성하기 위해 인간적인 순수함을 완전히 포기하고, 권모술수의 진흙탕 싸움에 뛰어든다. 그에게 양심의 가책이라고는 찾아볼 수 없다. 그러나 사회적 욕망의 실현과정에서 잃어버린 개인적 욕망에 대한 허전함은 부정할 수 없다. 시골 어머니 집까지 찾아가서 직접 얼굴을 보지 못하고, 방문 앞에서 전화통화를 하는 장면은 장준혁의 인간적인 면모를 부각시킨다. 즉 〈하얀 거탑〉의 세계 속에서 가장 이성적이고 차갑고 무미건조한 인간성을 가진 장준혁조차도 마음 속 깊은 곳에는 따뜻하고 끈끈한 인간애를 간직하고 있다. 이러한 특징은 시청자로 하여금 〈하얀 거탑〉을 이성적이기 보다 감성적으로 바라보기를 유도하고 있는 것이다.

이러한 특징은 〈그림 6〉의 장면으로 이어지면서, 더욱 절정에 이른다. 장준혁이 시골 어머니를 방문하고 돌아오는 장면에 이어서, 곧바로 어린 암 환자 진주가 숨을 거둔다. 진주에게 관심을 가졌던 모든 사람들이 함께 모여 마지막 가는 길을 지켜보고 있다. 어린이 난치병 환자라는 설정은 시청자들의 눈물샘을 공략하기 가장 쉬운 설정이다. 아무런 죄도 없는 어린아이가 극심한 고통 속에서 숨을 거두는 장면은 시청자들을 감상적으로 만들기 아주 쉽다. 결국 〈하얀 거탑〉에서는 어린 암 환자 진주의 죽음을 통하여, 감성적이고 따뜻하고 끈끈한 인간애를 강조하고 있다.

이러한 감성적 세계는 변호사의 논리적인 진술 대목에서도 두드러지게 나타난다. 제13화에서 피해자 측의 변호사는 장준혁이 의사로서 주의의무(注意義務) 결여를 지적하고 있다. 그러나 변호사가 실제로 강조하는 부분은 아래의 밑줄 친 대목이다.

> 의사의 재량행위에 대해서는 원고들도 인정합니다. 하지만 재량권을 넘어서 의사가 의도적으로 환자를 방치했거나 실력에 대한 과신으로 환자를 소홀히 했다면 그것은 이 신성한 법정에서 권리라고 외칠 가치도 없을 것입니다. 의사의 재량 내 범위에 속하기 위해서는 환자를 정확히 파악하고 또 환자를 치료한다는 목적에 적합한 판단이 있어야 합니다. 여기에 다른 개인적인 의도나 사정이 개입되는 것은 안 되는 것은 물론입니다. 이것이 바로 국민이 모든 의사에게 요구하는 주의의무입니다. 하지만 피고 장준혁은 과연 그렇게 했을까요? 개인적인 사정이나 의도를 개입시키지 않았습니까? <u>그 속에서 피고 장준혁으로부터 적절한 치료를 받지 못하고 고통 속에 숨겨간 망인과 이를 지켜 본 원고 측의 그 정신적 고통을 상상이나 해봤습니까?</u> 따라서 앞으로 원고 측은 여러 정황과 근거를 통해서 피고 장준혁의 주의의무 결여를 구체적으로 입증해 나가겠습니다.

변호사가 강조하고 있는 부분은 원고 측의 육체적 정신적 고통이다. 이렇게 마지막 진술을 하면서 변호사도 자신의 감정을 주체하지 못하고, 눈가에 눈물이 맺힌다. 그리고 권순일 부인은 닭똥 같은 눈물을 주르륵 흘

린다. 이렇게 감정에 호소하는 원고 측 변호사의 마지막 진술과 함께 긴
장감 넘치는 빠른 템포의 배경음악이 흐른다. 이 배경음악은 장준혁과 변
호사들의 불안과 초조한 표정과 겹쳐지면서, 방청석에서 재판을 보고 있
던 사람들을 몰입하게 만든다. 이러한 감동은 시청자들에게도 파급되는
효과를 의도한 것이다.

결국 〈하얀 거탑〉과 〈白い巨塔〉는 완전히 다른 세계를 배경으로 하고
있다. 〈하얀 거탑〉 속의 세계는 집단주의라는 어둠이 깔려 있지만, 그 속
에서도 의사와 환자, 선배와 후배, 어머니와 아들, 남편과 아내, 남자와
여자 모두가 따뜻하고 끈끈한 인간애를 끊임없이 갈구하고 있다. 이러한
세계관 자체의 차이로 인해 〈하얀 거탑〉은 〈白い巨塔〉와는 완전히 다른
정서적 분위기를 가진 한국적 TV드라마로 재탄생한 것이다.

## 2) 인간관계의 친밀도와 정서적 거리

감성적인 세계의 논리가 지배하는 〈하얀 거탑〉은 등장인물들의 인간관
계도 〈白い巨塔〉와는 다르다. 그 대표적인 관계가 바로 장준혁과 최도영
의 관계이다. 〈白い巨塔〉에서는 자이젠(財前)과 사토미(里見)는 인생의 목
표나 삶의 방식을 달리하는 '라이벌 관계'에 무게 중심을 두고 있다. 이에
비해 〈하얀 거탑〉의 장준혁과 최도영은 라이벌이기는 하지만 인간적으로
서로를 걱정하는 '친구 관계'가 더 강조되어 있다.

최도영: 너 나한테 그랬지? 너 자신을 믿는다고. 절대 포기하지 않는다고. 너
처럼 나도 그러면 안 돼?

장준혁: 안 돼. 난 그래도 넌 안 돼. 아니, 못해.

최도영: 할 수 있어.

장준혁: 할 수 없어.

최도영: (큰 목소리로)할거야. 절대 포기 못해. 나도 할 거야.(울부짖으며) 나
　　　 도, 나도 너처럼 날 믿고…

장준혁: 네가 아니라, 기적이 존재한다는 걸 믿고 싶겠지. 그러지 마라 도영
　　　 아!

최도영: 너 해줄 수 있어 없어. 그것만 이야기해.

장준혁: 수술 해줄게. 단 종양이 확연하게 줄어든다면.

　위 장면은 〈白い巨塔〉에서는 나타나지 않는 친구로서의 끈끈한 우정이
강조되는 대목이다. 〈하얀 거탑〉의 제7화에서 장준혁과 최도영은 대학시
절 자주 가던 주점에서 흉금을 터놓고 술을 마신다. 이미 취해버린 최도
영은 말기 암의 어린 환자를 구하기 위해 위험한 항암제를 쓰겠다고 선언
한다. 의사로서 치료할 수 있는 한계를 넘어선 상황에서 최도영은 친구인
장준혁에게 인간적인 고뇌를 털어 놓는다. 술 취한 목소리로 울부짖으며
"나도 할 거야!"라는 대목에서 장준혁의 결단성에 대한 부러움도 들어 있
다. 이렇게 두 사람은 가장 힘들고 어려운 시기에 늘 옆에 있어줄 수 있는
진정한 친구인 것이다.

　장준혁에게도 최도영은 둘도 없는 친구이다. 왜냐하면, 직함이나 사회
적 지위에 상관없이 인간 장준혁을 있는 그대로 봐주는 사람은 어머니와
친구 최도영 밖에 없기 때문이다. 어머니와 최도영만이 장준혁을 "준혁
아!"라고 친근하게 이름을 불러 준다. 제19화에서 담관암에 걸린 장준혁
이 자신의 병세를 확인하기 위해 최도영을 찾았을 때도 부드러운 목소리

로 이름을 불러 주고 조심해서 돌아가라고 따뜻하게 말해주는 존재이다. 그러나 이러한 친밀한 친구관계의 강조는 전체적인 대립구도에 이질감을 만들어 내는 요소로 작용하기도 한다. 그것은 바로 친구인 장준혁의 반대쪽에 서서 증언하는 최도영의 태도이다. 이렇게 인간적으로 가까운 친구에게 치명적인 상처를 줄 수 있는 증언을 할 수 있는가에 대한 시청자들의 비판적 의견이 돌출되었다.[15] 시청자들이 최도영이란 인물에 공감하지 못한 이유는 바로 인간적인 친밀도가 이렇게 깊은 관계임에도 불구하고, 재판과정에서 원고 측의 증인으로 과연 나설 수 있느냐는 것이다. 이러한 문제제기는 친구라는 한국적인 정서를 강조하면서도 〈白い巨塔〉의 라이벌 대립구도를 그대로 차용하면서 발생한 균열이라고 할 수 있다.

〈하얀 거탑〉의 주인공 장준혁은 시청자들로부터 절대적인 지지를 받은 인물형이다. 〈白い巨塔〉의 자이젠(財前)보다 〈하얀 거탑〉의 장준혁이 시청자들의 공감대를 확보할 수 있었던 것은 한국 대중들의 욕망을 대변하고 있기 때문이다. 장준혁의 욕망은 대중들의 '평등주의 심성'을 자극하는 요소가 내재되어 있다.[16] 시청자들은 시골 출신의 가난한 의과대학생인 장준혁이 사회적으로 성공하는 과정을 흥미진진하게 바라보고 있는

---

**15** 시청자들 가운데 다수가 원리원칙에만 집착하는 최도영 같은 인물에게 매력을 못 느끼며, 그의 행동에도 공감하기 힘들다는 의견이 많았다. 길지혜, 앞의 논문, 93쪽 참조.

**16** 송호근은 한국인에게 책임과 의무가 결여된 평등주의가 1987년 민주화 이후 나타나기 시작했다고 주장했다. 이러한 평등주의 심성이 긍정적인 '성취동기', 부정적인 '시기와 질투', 사회적인 차원의 '분노와 불신', '존경의 철회(withdrawal of respect)', '자기부정' 등의 감정과 의식의 유형으로 복합적으로 나타났다고 분석했다. 송호근, 『한국의 평등주의, 그 마음의 습관』, 삼성경제연구소, 2006, 63~72쪽 참조.

미디어와 문화

것이다. 이 과정에서 장준혁은 욕망의 성취를 위해 비도덕적인 방법까지 동원하지만, 이러한 시도도 합리화할 수 있는 여지가 존재한다. 비윤리적인 엘리트 집단 속에서 살아남기 위해서는 어쩔 수 없는 선택이라는 관점이다. 이러한 합리화의 배경에는 뉴스나 언론매체에 자주 등장하는 공적 권위를 형성하는 고위관직, 대기업 기업주, 판검사, 의사, 교수, 전문 경영인, 은행가 등의 지배층이 도덕과 윤리를 무시하고, 비정상적인 방법으로 자신의 이익을 추구하는 현실과 연결되면서, 자기합리화라는 정당성을 획득하게 된다.

그리고, 〈하얀 거탑〉에서는 인간적으로 불쌍한 인물로 장준혁을 형상화하면서, 대중들의 연민을 불러 일으켰다. 장준혁은 언제나 따뜻한 인간적인 정(情)에 굶주려 있다. 제4화에서는 시어머니와 며느리의 평범한 고부관계가 묘사되고 있다. 장준혁은 좋은 남편, 좋은 아들이 되고 싶지만, 그것을 동시에 만족시킬 수 있는 방법은 없다. 편안하게 하룻밤도 아들집에서 자지 못하고, 시골로 내려가려는 어머니가 아들로서 안타깝기만 하다. 장준혁의 이러한 안타까움은 어머니를 자신의 승용차에 태우고, 직접 시골집까지 모시고 내려가는 장면으로 형상화된다. 그리고 시골집 앞에서 먼저 들어가라고 손짓하는 아들과 멀어져 가는 아들의 자동차를 쓸쓸히 바라보는 어머니의 눈빛은 한국인이라면 누구나 공감할 수 있는 감상적인 장면이다. 이처럼 사회적인 욕망을 성취하기 위해 고군분투하는 장준혁에게는 누구도 모르는 쓸쓸함과 외로움이 있고, 이것을 시청자들은 생생하게 눈앞에서 목격하게 된다. 이러한 장면을 여러 곳에 반복적으로 배치하여, 장준혁과 시청자의 심리적 거리는 지속적으로 좁

〈그림 7〉〈白い巨塔〉 〈그림 8〉〈하얀 거탑〉

혀지게 되고, 그 결과 시청자들은 장준혁에게 적극적인 지지를 보낼 수 밖에 없는 것이다.

### 3) 반복적 장면구성과 연민의 공감대

〈白い巨塔〉와 〈하얀 거탑〉은 각각 제21화와 제20화로 구성되어 있다. TV드라마가 영화와 다른 점으로 이렇게 긴 방영시간을 갖고 있기 때문에 강조하려는 장면을 반복적으로 제시할 수 있다는 것이다. 〈白い巨塔〉와 〈하얀 거탑〉의 차이를 가장 극명하게 보여주는 장면은 바로 드라마가 시작되는 장면의 처리이다.

〈그림7〉은 〈白い巨塔〉가 매회 시작되는 부분에서 반복적으로 제시되는 이미지이며, 느린 파이프 오르간의 웅장한 배경 음악이 깔린다. 〈그림 8〉은 〈하얀 거탑〉의 시작장면으로 수많은 인파, 병원의 의사들과 환자들, 도시의 수많은 불빛 등이 이미지로 처리되고, 템포가 빠르고 경쾌한 배경 음악이 흐른다. 이러한 장면은 20여 회씩 방영되는 드라마에서 반복적으로 제시되기 때문에 전체적인 분위기를 만들어 가는데 큰 역할을 한다.

〈그림7〉의 높은 탑과 음산한 날씨의 이미지는 〈白い巨塔〉에서 강조하

고 있는 '집단주의의 어둠', '치열하고 음산한 권력투쟁', '부조리한 세상'을 그대로 표현하고 있다. 즉 봉건적이고 폐쇄적인 인습이 그대로 존속하고 있는 시대 속에서 어떻게 살아가야 하는가에 대한 질문을 던지고 있다. 그러나 〈하얀 거탑〉은 오히려 '개인'의 문제를 강조하고 있다. 인간 군상들의 욕망, 거대한 조직 속의 개인들이 강조되면서 장준혁과 그를 둘러싼 인물들의 욕망들이 어떻게 나타나는가에 집중하고 있는 것이다. 그렇기 때문에 시작 장면부터 수많은 인간 군상들을 보여주면서 개인들의 욕망에 집중하고 있다.

　이와 같이 시대와 집단을 강조하고 있는 〈白い巨塔〉와 개인을 강조하고 있는 〈하얀 거탑〉은 장면을 만드는 방식에도 차이가 있다. 즉, 〈하얀 거탑〉은 개인의 심리 묘사에 집중하는 경향이 강하게 나타난다. 〈하얀 거탑〉에서는 위기상황 속의 개인들의 감정을 시청자들에게 부각시키기 위해서 반복적으로 눈빛을 강조한다. 즉, 다양한 심리와 상황에 따른 감정의 변화를 눈빛으로 표현하고, 이것을 시청자들에게 반복적으로 보여주면서 감정이입하도록 유도하는 것이다.[17]

　〈그림9〉는 외과 과장 선거에서 본교출신의 문상명 교수라는 강력한 라이벌이 등장했다는 소식을 듣고, 심리적으로 흔들리는 장준혁의 감정적 변화를 클로즈 업 숏(close up shot)으로 제시하고 있다. 그리고 〈그림10〉은 장준혁, 노민국, 문상명의 3파전으로 전개될 외과 과장 선거의 전략을 짜

---

17 　박명진은 〈하얀 거탑〉의 극접사 기법을 사용하는 이유를 시대의 흐름이나 사회구조보다는 인간의 내면이나 심상분석을 향하고 있다고 설명하였다. 박명진, 앞의 논문, 532~533쪽 참조.

한일 TV드라마에 나타난 극적 구조와 대인관계의 특징 연구

〈그림 9〉 제6화 장준혁          〈그림 10〉 제6화 장준혁

기 위해 장인인 민충식과 만나는 장면이다. 이러한 위기 상황에서 노련한 민충식과 달리, 장준혁은 불안감을 감추지 못하고 동요하고 있다. 이러한 심리를 드러내기 위해 눈을 크게 확대하는 익스트림 클로즈 업 숏(extreme close up shot)으로 처리했다. 이처럼 〈하얀 거탑〉에서는 인물들의 심리를 강조하기 위해 클로즈 업 숏(close up shot)를 빈번하게 사용하고 있다. 이러한 숏의 특징은 의도적으로 배경을 무시하고, 인물의 심리에 집중하는 방식이다. 이렇게 반복적으로 클로즈 업 숏을 사용하는 이유는 시청자들에게 인물들의 심리적 불안과 동요를 강조하기 위한 전략이다. 이야기의 전개에 맞추어 시청자들은 장준혁의 미묘한 감정의 변화를 쉽게 이해하고, 그가 느끼는 불안, 희열, 고통, 번민을 보다 깊이 있게 이해할 수 있도록 만들려는 전략이다.

　〈하얀 거탑〉은 장준혁의 치열한 삶과 허망한 죽음으로 끝나는 드라마이다. 이것은 〈白い巨塔〉의 자이젠과 사토미의 대립구조를 바탕으로 하고 있지만, 무게 중심은 역시 장준혁에게 쏠려 있다. 이러한 특징은 장준혁이 죽음을 맞이하는 마지막 대목에서 더욱 잘 나타난다. 제18화부터 장준혁은 재판에서 패배하고 추락하는 인물이 되어 버린다. 그리고 담관암

　　　　　　　　　　　　　　　　　　　　　　　　　미디어와 문화

이라는 중병까지 앓게 되면서 그를 바라보는 등장인물들의 시각은 연민으로 통일된다. 장준혁과 대립하며 그를 증오했던 인물들까지 모두 연민의 시선으로 바라보기 시작한다. 이러한 상황에서 시청자들도 예외일 수는 없다.

제19화에서는 극심한 통증을 참으며 '어머니와 전화하는 장면'이 있다. 이 장면에서 흐르는 감상적인 음악은 정서적으로 장준혁의 상황에 공감할 것을 강요한다. 또한 점점 쇠약해지는 상황에서 부국원들은 눈물을 감추지 못한다. 권모술수에 노련한 장인인 민충식 마저도 눈물을 억제하지 못한다. 이제 〈하얀 거탑〉의 분위기는 죽음을 앞둔 장준혁에게 눈물이라는 공감의 표시를 해야 한다. 제20화에서도 죽음을 앞둔 장준혁의 공감대 만들기는 더욱 절정에 이른다. 이처럼 〈하얀 거탑〉은 제18화, 제19화, 제20화에 걸쳐서 장준혁의 죽음과 주변 사람들의 슬픔이라는 도식을 강조하고 있다.

그 결과 〈白い巨塔〉에서 제기했던 봉건적인 집단권력, 시대의 리얼리티, 개인과 집단의 충돌이라는 주제는 약화될 수밖에 없는 것이다. 〈하얀 거탑〉은 "대학 병원을 배경으로 한 천재 의사의 야망을 향한 끝없는 질주와 그 종말"[18]을 보여 주는 드라마이다. 이처럼 〈하얀 거탑〉은 〈白い巨塔〉라는 원텍스트와 다른 입장에서 조직의 최정상까지 올라갔다가 추락하는 장준혁을 내세워 그의 삶을 조명하고 있다. 이러한 이야기의 전개는 사회

---

18 〈하얀 거탑〉의 기획 의도는 '인간이란 무엇인가?'라는 화두를 던져놓고, 그것에 대한 자기성찰을 하게 만드는 것이 목적이었다고 밝히고 있다. http://www.imbc.com/broad/tv/drama/whitepower/concept/index.html

적으로 성공에 대한 열망과 평등주의를 지향하는 대중들의 욕망과 일치하면서 공감대를 형성하는 것이다.

## 4. 맺음말

TV드라마 〈白い巨塔〉와 〈하얀 거탑〉은 동일한 텍스트를 바탕으로 만들어졌지만, 한국과 일본의 시청자를 대상으로 하고 있기 때문에 공통점과 차이점이 동시에 존재하고 있었다. 우선, 〈白い巨塔〉와 〈하얀 거탑〉이 TV드라마로서 높은 인기와 시청률을 기록한 구조적 특징부터 살펴보았다. 그 결과, '흥미진진한 대결구도와 극복 가능한 장애물', '대립관계의 중층성과 권선징악의 결말', '비극적 주인공과 매력적 결함'이라는 특징이 나타난다는 것을 알 수 있었다.

'흥미진진한 대결구도와 극복 가능한 장애물'에서는 구조적 특징을 살펴보았다. 〈白い巨塔〉와 〈하얀 거탑〉은 기본적으로 병원내의 권력쟁취와 법정 진실공방이라는 대결구도가 기본적인 틀이다. 즉, TV드라마의 속성상 매주 끊임없이 시청자들의 눈길을 사로잡을 수 있는 긴장감을 만들어 내야하고, 그 역할을 자이젠과 아즈마(장준혁과 이주완), 자이젠과 사토미(장준혁과 최도영)가 맡았다. 또한, 이러한 대결구도 속에서 적절한 난이도를 가진 위기들을 잘 배치하여, 인물들이 그 위기를 넘기는 과정을 통하여 극적 긴장감을 만들어 냈다. '대립관계의 중층성과 권선징악의 결말'에서는 등장인물의 인간관계와 결말구조의 특징을 살펴보았다. 〈白い巨塔〉와 〈하얀 거탑〉의 인물들의 대립은 단순 대립과 복합적인 대립이라는 중층성을 가지고 있었다. 이러한 중층성으로 인해 때로는 치열하게 벌어지는 싸움을 즐기면 되는 장면이 있는가 하면, 때로는 등장인물들의 대결자체가 무엇을 위한 대립인가조차 알 수 없는 장면이 만들어지기도 했다. 이러한 중층성으로 인해 드라마를 시청하는 대중들은 단순 흥미만족과 근원적 존재의미의 성찰이라는 다양한 욕구를 충족시킬 수 있었다. 또한 TV드라마라는 상업콘텐츠의 속성상, 대중적인 판타지를 반영하는 권선징악의 결말도 〈白い巨塔〉와 〈하얀 거탑〉을 인기 드라마로 만드는 중요한 요소이다. '비극적 주인공과 매력적 결함'에서는 매력적인 주인공의 성격설정에 대해서 살펴보았다. 자이젠(장준혁)은 한계상황 속에서도 불굴의 의지를 갖고 자신의 운명에 대항하는 비극적 주인공의 면모를 갖추고 있었다. 또한, 그는 죽음이라는 한계상황 앞에서도 열정과 오만함을 버리지 않고 당당하게 맞서는 모습에서 시청자들은 인간의 존재론적 의미를 다시 한 번 진지하게 성찰하고, 감정적 차원에서 그 삶의 방식에 지지를 보내게 되었던 것이다.

다음으로 〈白い巨塔〉가 〈하얀 거탑〉으로 어떻게 창조적 변용이 일어났는가를 살펴보았다. 첫 번째, 〈하얀 거탑〉은 〈白い巨塔〉와 완전히 다른 세계관을 가지고 있었다. 〈白い巨塔〉가 이성적 세계, 차가운 현실, 무미건조한 인간관계를 바탕으로 하고 있다면, 〈하얀 거탑〉은 감성적 세계, 따뜻한 현실, 끈끈한 인간애를 바탕으로 하고 있었다. 그 결과, 분위기가 완전히 다른 〈하얀 거탑〉이 만들어 진 것이다. 두 번째, 〈하얀 거탑〉은 인물들의 심리적 거리가 〈白い巨塔〉와는 완전히 달랐다. 장준혁과 최도영은 라이벌이기 보다도 정서적으로 가까운 친구로 설정되었다. 또한, 장준혁과 시청자들의 심리적 거리도 과도하게 가까운 것이 특징이다. 장준혁의 왜곡된 출세욕망까지도 시청자들이 공감할 수 있도록 그에게 연민의 정을 불러일으키는 여러 장면들을 배치했던 것이다. 세 번째, 〈하얀 거탑〉은 시대와 집단을 강조하는 〈白い巨塔〉와 달리 집단 속의 개인을 강조하고 있다. 특히, 장준혁이라는 개인의 내면심리를 부각시키기 위해 반복적으로 클로즈 업 숏(close up shot)를 적극적으로 사용하여, 인물의 불안과 동요까지도 시청자들이 직접 느낄 수 있도록 유도했던 것이다.

이와 같이 〈하얀 거탑〉은 〈白い巨塔〉와 대립구조, 인물들의 관계, 주인공의 설정은 비슷하지만, 실제로 집중하고 있는 것은 인간 장준혁이라는 '개인'이다. 그렇기 때문에 〈하얀 거탑〉에서는 개인들 사이의 감성적이고 따뜻하며 끈끈한 인간애가 중요한 화두가 될 수밖에 없었다. 주인공 장준혁이 사회적 욕망을 실현해 가면서, 정작 중요한 따뜻한 인간관계를 잃어가고 있다는 것을 강조하고 있는 것이다. 그 중에서도 가장 의미 있는 관계는 친구인 최도영과의 관계이다. 또한, 드라마의 장면구성은 장준혁과 시청자들의 공감대를 만들기 위해서 미묘한 감정의 변화까지 반복적으로 보여주는 클로즈업 장면을 적극적으로 이용하여, 시청자들의 감정이입을 유도하고 있다. 결국, 드라마가 회를 거듭하면 할수록 시청자들은 장준혁의 삶과 죽음을 지켜보며, 연민의 시각으로 바라보다가 그의 사회적 성공에 대한 열망에 대중적인 욕망까지 결합시키며 절대적인 지지를 보내는 것이다.

이처럼 〈하얀 거탑〉은 표면적으로는 대립구조를 바탕으로 하고 있지만, 그 이면에는 사람사이의 정(情)을 중시하는 한국적 인정주의(人情主義)

가 깊이 뿌리내리고 있었다. 최종적으로 시청자들에게 '인간이란 무엇인가?'라는 질문에 대해서 〈하얀 거탑〉은 인간이란 끊임없이 욕망하는 존재이며, 그 욕망을 성취한다고 해도 결핍은 여전히 존재할 수밖에 없다고 결론짓고 있다. 결국, 원초적인 불안과 삶의 고통을 치유할 수 있는 방법은 따뜻한 인간관계밖에 없다고 역설하고 있는 것이다.

# :: 동북아 다층 정체성을 위한 문화, 그리고 미디어 전략

세키네 히데유키
(関根英行)

# 1. 머리말

1997년의 아시아 외환위기를 계기로 그동안 '동아시아 공동체'에 관한 논의가 활발하게 이루어져 왔다. 현재 그 공동체에 어떤 국가가 포함될 것인지는 유동적이지만,[1] 유력 국가인 동북아 한·중·일[2]은 비교적 상호 신뢰관계가 낮아서 이러한 구상이 바로 실현되기에는 어려움이 많다. 그러나 미래지향적인 시각에서 '동아시아 공통체'의 필요성과 타당성이 있다고 인정된다면, 이를 향한 기초 작업을 미리 해두어야 할 필요가 있을 것이다. 이와 관련된 다양한 작업 중에서 특히 중요한 안건은 동북아의 핵심 국가인 한·중·일의 정체성 조성이 될 것이다.

---

[1] 협의의 동아시아는 한·중·일 등 아시아의 동북부를 가리키며 광의의 동아시아는 거기에 동남시아를 포함한다. 더구나 2006년부터 시작한 '동아시아 수뇌회의'는 한·중·일, 동남시아, 호주, 뉴질랜드, 인도까지 포함했으며 현재는 몽골이나 파키스탄까지 동아시아에 포함하는 움직임도 있다. 이처럼 '동아시아' 개념은 정치·경제·사회 등의 계기에 좌우되는 자의적인 개념이 될 수밖에 없다.

[2] '동북아'의 범주에 관해서 여러 정의가 병행되고 있다. 국제연합의 아시아 분류에 중앙아시아, 동아시아, 남아시아, 동남아시아, 서아시아로 동북아시아라는 범주가 설정되어 있지 않다. http://unstats.un.org/unsd/methods/m49/m49regin.htm
동북아를 '동아시아'와 '북아시아'를 합한 광의의 개념으로는 남·북한, 중국, 일본, 대만, 몽골, 시베리아, 러시아 극동을 포함할 수 있지만 여기서 편의상 한·중·일 만을 대상으로 고찰하고자 한다.

정체성의 형성에는 다양한 요인이 작용하겠지만[3] 문화와 미디어의 역할의 중요성은 두말 할 나위가 없다. 한류로 대표되는 동북아의 대중문화 교류는 젊은 층을 중심으로 아시아에 거대한 공감대를 조성하고 있는데, 이것이 정체성의 공유로 이어질 것인지는 좀 더 지켜보아야 할 사항이다. 한편 과거 근대국가의 형성기에는 신문이라는 미디어가 오늘날의 대중문화의 기능을 맡아왔다. 최근에는 예술·오락과 같은 문화콘텐츠와 정보를 전하는 뉴스 간의 차별성이 없어짐에 따라, 두 매체 간의 차이가 사라지고 있는 추세가 지적되고 있다(구자순, 2009, 40쪽). 즉 이제 문화와 미디어는 지식이나 가치관까지 포함하여 하나의 총체로 파악해야 하며, 정체성 조성과 관련된 논의도 그러한 맥락에서 이루어질 필요가 있다.

새로운 정체성에 대한 시대적 요구가 제기되고 있는 오늘날, 문화와 미디어가 효과적으로 제 역할을 다할 수 있는 방안이 요청되고 있다고 생각한다. 따라서 일찍이 공동체를 구축하고자 노력해 온 유럽연합(EU)의 시도에서 많은 시사점을 얻을 수 있을 것이다. 여기서 필자는 EU의 정체성을 형성하는 작업을 검토하여 동북아의 문화와 미디어를 통한 정체성 조성 작업에 응용할 수 있는 실마리를 찾고자 한다.

먼저 동북아 정체성 형성의 장애 요소로 작용하고 있는 한·중·일의

---

**3** 예를 들어 유럽통계청의 조사(2003)에 의하면, '이하의 항목 중에서 어느 것이 실현된다면 자신을 '유럽인'이라 느낄 것 같습니까?'에 대한 회답(복수회답)으로서 ①지역 내의 자유로운 여행, ②지역 내의 자유로운 취학·취직, ③지역공동체 가입, ④지역 공통 통화 도입, ⑤유럽 여권(ID) 도입, ⑥이문화 인식, ⑦다언어 습득 등이 상위에 올라갔다(阿部, 2006, p.37).

민족주의에 대해서 살펴보고자 한다. 구체적으로는 그 정치적 배경과 미디어와의 관계, 그리고 최근에 세간의 주목을 받고 있는 대중문화의 가능성과 그 한계에 대해서 서술할 것이다. 다음으로 민족주의의 부정적 작용을 완화시키는 방안으로서 EU에서 시행되어 있는 다층 정체성 모델을 살펴보고자 한다. 마지막으로 동북아에서 다층 정체성을 형성하기 위한 전략으로서 대중문화와 민속 문화의 활용 전략을 고찰하고자 한다.

## 2. 민족주의와 미디어 및 대중문화

### 1) 한 · 중 · 일 민족주의의 배경과 속성

오늘날 동북아인의 정체성 형성이 과제로 부상하고 있다는 사실은 그만큼 동북아인으로서의 정체성이 결여되어 있다는 사실을 반증한다. 이때 동북아 삼국은 문화적인 차이가 크기 때문에 통합이 어렵다는 말을 들수 있다.

그런데 동남아시아를 보면, '동남아시아 국가연합(ASEAN)' 속에서 조화로운 정체성을 형성하고 있는 것처럼 보이지만 거기에는 불교 · 천주교 · 회교 등 다양한 종교와 여러 언어가 병립하고 있다. 이에 비하면 동북아는 적어도 문화적으로는 훨씬 균일화되어 있다. 신흥공업지역(NIEs)이 부흥했던 80년대 당시 유교식 자본주의가 각광을 받았던 것이나 오늘날의 '동아시아 공동체' 논의에서 유교적 가치가 거론되는 것[4]도 이러한

---

4  예를 들어 그간 일본에서는 아시아적 가치에 대해서 관심을 기울이지 않았으며 한국에

사실을 반증한다고 할 수 있다.

　이는 문화적 차이나 다양성 자체가 공동체 의식을 조성하는 데 큰 장애가 되지 않음을 말해준다. 정체성 형성에 역기능으로 작용하는 원인을 찾는다면 오히려 민족주의에서 오는 차이에 주목해야 할 것이다.[5] 민족주의는 근대의 산물로 생각되고 있지만 사실 한·중·일 삼국의 민족주의는 근대 이전부터 존재해 왔다.[6] 동북아에서는 오랫동안 중화사상이란 이데올로기가 군림해 왔는데 이에 대한 반발로 한국과 일본은 유사 중화주의를 만들어 대응해 왔다. 명나라 멸망 후 한국은 예의 종주국으로서 일본

---

서는 서구적 패러다임이 주류를 이루고 있기 때문에 유교와 같은 아시아적 가치관에 호의적이지 않다는 지적(張元碩, 2004, pp.40~41)이나 '시민주의적인 유교정신'을 아시아적 가치로서 '동아시아 공동체' 구상에서 중시해야 한다는 지적(新藤, 2007, pp.238~244)이 있다.

**5** 민족주의 이외에 정체성 형성을 저해하는 요인으로서 국가·정치체제와 이에 따른 이데올로기 문제도 들 수 있을 것이다. 근대 이후 한·중·일이 채용해온 국가 체제는 입헌군주제(천황군주제), 사회주의체제, 군사독재체제, 공화제 등 다양하며 현재 민주제를 택하고 있다 할지라도 역사가 일천하기 때문에 과거의 잔재에서 완전히 벗어나지 못한 면도 없지 않다. 여기서는 논점을 한정시키기 위해서 민족주의에 초점을 맞추고자 한다.

**6** 본래의 민족주의는 국가가 아니라 민족을 중심으로 생각되는 사상이다. 이것이 국가주의와 결부되는 이유는 민족주의 이념으로 여러 민족을 정치적으로 하나로 합치려는 운동이 일어나기 쉽기 때문이다. 미국처럼 다민족으로 형성된 나라에서는 오히려 민족주의와 국가주의는 대립된다. 특정한 민족을 우대하는 다민족 국가의 경우는 그 우대된 민족의 민족주의가 지지기반이 되지만 당연히 탄압·냉대 받은 쪽의 민족주의와는 대립된다. 영어에서는 국가주의와 민족주의는 Nationalism로 표기하여 단어로서의 차이는 없다. 세계적으로 보면 20세기에 민족자결 원칙이 제창된 후 두 가지의 의미 차이는 감소되는 경향이 있다. 복수의 민족으로 구성되어 있는 국가가 복수민족의 권리를 주장할 경우는 ethnicity로 불린다.

을 무시한 한편, 일본 역시도 황국사상으로 한국과 중국을 멸시하였다(古田, 2005, p.71~75).

근대의 민족주의의 역기능은 주로 일본 제국주의에 의한 것으로서, 그것이 동북아에 남긴 상처는 작지 않았다. 한일합병과 만주국 건국 후의 일본은 일본·만주·중국의 '동아협동체'를 제의하였다가 그것이 중국으로부터 거절당하자 동남아시아 침략을 감행하여 '대동아공영권' 건설을 기도했다. 이러한 역사적 경험은 오늘날 야스쿠니 신사(靖国神社) 참배, UN안보리 가입, 종군위안부 등 일련의 과거사 문제를 야기하고 있을 뿐만 아니라 아시아에 공동체를 조성하려는 시도에 대한 경계심을 불러일으키기도 한다. 이러한 역사적 경험들은 한·중·일 사이의 동질성을 인정하기 힘들게 할 뿐만 아니라, 이(異)문화로서 서로를 있는 그대로 받아들이는 것조차도 어렵게 만들고 있는 것이다.[7]

그런데 오늘날의 민족주의의 역기능을 역사적 경험 탓만으로는 돌릴 수 없는 면이 있다는 것도 또한 사실이다. 슈민(舒旻)에 의하면, 민족주의 감정의 정치적 이용방식에 관해서 유럽과 동아시아를 비교한 결과 유럽에서는 민족주의를 이용하는 주체는 주로 극우나 극좌 정당에 한정되지만 동아시아에서는 주류 정당에서도 적극적으로 활용한다는 것이다. 또한 유럽의 민족주의가 거론하는 이슈는 이민이나 수입 반대와 같은 국내

---

7  특히 '일선동조론'이 남긴 후유증 때문에 한국과 일본의 문화적 동질성에 관한 언급은 일종의 금기였다(세키네, 2007, 411~415쪽). 또한 그동안 한국의 민족문화의 기원을 북방계 문화에서만 찾고 남방계 문화에서 찾지 않았던 이유는 '대동아공영권'을 정당화한 일본의 남방계 문화 연구에 대한 경계 때문이기도 한다(金貞培, 1973, 85~88쪽).

문제가 대부분이지만 동아시아의 경우는 영토 문제나 과거사 문제와 같은 '타자'를 향한 국외문제에 집중되고 있다고 한다. 그 배경에는 경제모델과 정치모델의 모색 및 구축이나 전통문화의 재평가와 같은 '근대국가' 건설에 힘을 써야 할 동아시아 국가들만의 사정이 깔려 있다고 한다. 이러한 상황에서는 영토나 주권보호가 우선시되는 경향이 있다는 것이다 (舒旻, 2005, pp.30~33).

이러한 견해는 앞으로 동아시아에서 정치·경제 시스템이 제대로 구축된 후에는 정치권에서 민족주의 감정을 동원하는 시도 자체가 감소하거나 그 이슈가 이주노동자나 FTA문제와 같은 국내 문제 쪽으로 이행될 가능성이 있음을 시사한다.[8] 이처럼 민족주의로부터 유래된 문제는 모두 역사적인 경위로만 돌릴 수 있는 것이 아니라, 현재의 정치적 사정에 따른 여러 맥락에서 나타날 수가 있는 것이다.

## 2) 국민 정체성과 미디어

근대 민족주의가 구성원 사이에 정착되기 위하여 미디어가 맡은 역할은 지대했다. 베네딕트 앤더슨(Benedict Anderson, 1936~)은 근대국가는 예전에 사람들이 목숨을 바쳤던 종교 공동체나 왕국에 대한 의식을 해체하는 대신에 '상상의 공동체'로서의 국민의식, 즉 국민 정체성(national

---

**8** 예를 들어 최근 일본에서는 국내 대학생보다 중국 대학생을 채용하는 일본 기업이 늘면서 논쟁거리가 되어 있다. '국민경제와 안전보장을 상실한 일본의 경제인(国民経済と安全保障を喪失した日本の経済人)'(2010.11.26)

http://www.youtube.com/watch?v=zqR-AQoxji8(검색일 2011.8.28)

identity)을 재구성했다고 하는데 그 성공에는 신문을 비롯한 미디어가 중요한 역할을 했음을 지적하였다(アンダーソン, 1997, p.98).

그의 국민의식, 즉 국민 정체성(national identity) 조성의 결과로서 만들어진 '상상의 공동체'와 이를 이루기 위한 미디어의 기능은 초창기 근대국가에서 밝혀진 것이지만 이러한 공동체 형성의 임의성은 유독 근대에서만 볼 수 있는 것은 아닐 것이다. 오늘날의 국가에서도 국민 정체성 조성은 국가 운영에서 중요한 과제이기 때문에 교육이나 미디어를 통해서 끊임없이 투자가 이루어지고 있다. 현재 한 · 중 · 일 삼국의 미디어와 정치의 관계는 다음과 같이 개관할 수 있다.

한국 미디어는 1987년 이전까지는 권위주의적 정부의 강력한 통제를 받았으나 그 후의 미디어와 정부의 관계는 '종속'에서 '유착'으로 변했다. 1997년의 외환위기를 계기로 관료들의 기득권과 대기업 중심의 경제 권력이 위축된 상황에서 미디어는 독자적인 권력 집단으로 등장하게 되어 비판적 시민단체와 더불어 권력을 감시하는 핵심 세력이 되었다고 한다(김성해 · 심두보, 2010, 21~22쪽). 한편, 이명박 정부의 미디어 정책이 독재적 권위주의와 무한경쟁 시장주의라는 두 축 위에서 계획 · 시행되어 있다(김성재, 2008, 87쪽)는 비판적인 평가도 있다. 이러한 논자들의 견해 차이는 한국 미디어의 당파성과 복잡성을 말해준다.

다음으로 일본의 미디어와 정치의 관련성에 대해서는 '기자단' 관행을 들 수 있다. 이는 주류 언론사 기자들이 정당이나 주요 기업체 내에 기자단을 설치, 운영함으로써 정보를 통제하는 관행이다. 하지만 이로 인해 정보원과 기자 간이 유착함으로써 감시견으로서의 역할이 약화되고 있

미디어와 문화

다는 지적이 있다(김성해 · 심두보, 18~19쪽). 또 일본에서는 인권옹호를 목적으로 '인권침해구제 법안'을 제정하려는 움직임이 있는데 이 법안에 대해서는 인권옹호를 구실로 공권력이 언론 · 표현활동에 개입하여 통제하려는 의도가 깔려 있다는 우려의 목소리가 있다(『산케이 신문』, 2011.8.3)[9].

마지막으로 중국 미디어는 모택동의 '선전 선동 이론'의 영향 아래 공산당의 통제를 받고 있으며 당에 대한 봉사를 주요 책무로 삼고 있다. 그 목적을 위해서라면 사실을 왜곡할 수도 있으며 당은 정치적 판단에 따라 뉴스를 언제 어떻게 보도할 것인지를 자의로 결정할 수도 있다. 그러나 세계무역기구(WTO) 가입으로 정부의 시장경제 정책에 따라 미디어를 산업의 수단으로 보는 시각을 가지게 되어 2003년에는 신문이나 간행물을 사기업으로 전환시켰다. 그러나 주요 해외 라디오 방송수신이 제한되어 있거나 인터넷 포털 사이트는 공산당의 검열을 받고 있으며[10] 언론자유 억압은 세계 최고수준이다(김성해 · 심두보, 19~21쪽).

고전적인 언론 이론인 '언론의 4이론(Four Theories of the Press)'에 의하면, 세계의 언론은 대체로 다음의 네 가지로 분류할 수 있다고 한다. 즉 정부 정책을 지지하여 국가에 봉사하는 입장(권위주의 이론), 진실의 발

---

9  http://sankei.jp.msn.com/politics/news/110803/plc11080302580001-n1.htm(검색일 2011.8.28)

10  인터넷을 규제하는 여러 법이 중국 정부에 의해 만들어져, 지방의 국유인터넷 서비스 프로바이다의 일부, 중국 정부, 상사, 단체에 의한 검열제도가 활발하게 시행되고 있다. 홍콩이나 마카오를 제외한 본토 내에서는 중국당국에 의해 정치적, 신조적 콘텐츠가 검열을 받고 있다.

견을 돕고 정부를 감시하는 입장(자유주의 이론), 언론이 여론, 소비자, 직업윤리에 의해 감시받아야 한다는 입장(사회책임 이론), 그리고 사회제도의 성공과 지속 등에 기여하는 입장(소비에트 공산주의 이론)이다(Sibbert · Paterson · Schramm, 1956). 사회주의 국가가 몰락한 오늘날, 현대 미디어를 분석하는데 적합하지 않을 수 있지만 한 · 중 · 일의 미디어에 대해 다음과 같이 적용할 수 있지 않을까 생각한다.

우선 한국은 최근 20년 사이에 '권위주의 이론'에서 '자유주의 이론' 쪽으로 급속히 이행하였다고 할 수 있지만 지지하는 정치적 입장에 따라 그 이행 정도에 차이가 나는 것 같다. 그리고 일본의 미디어는 '자유주의 이론'에 속하고 있는 것처럼 보이지만 겉으로 나타나지는 않는 수면 하에서는 여전히 '권위주의 이론'적인 요소를 온존(溫存)하고 있는 것 같다. 그런가 하면 한편에서는 '사회책임 이론'에 따른 찬반논쟁도 벌어지고 있다고 할 수 있다. 또한 중국 미디어는 '권위주의 이론'과 '소비에트 공산주의 이론'적인 성격을 상당히 유지하고 있다는 점에서 한국이나 일본과는 거리가 멀다고 할 수 있다.

위와 같이 한 · 중 · 일의 미디어는 어떤 형태든 간에 각기 배경을 달리하면서도 국민 정체성을 조성하는데 중요한 역할을 해왔으며 정도의 차이는 있어도 여전히 근대국가의 잔재가 확인된다는 점에서 공통점이 있다. 특히 근대국가 건설을 방불케 하는 사업이 펼쳐져 있는 중국에서는 국민 정체성 조성에 미디어의 역할이 지대하다고 할 수 있다. 한편 이미 이러한 단계를 넘은 일본이나 한국의 미디어는 국가에 봉사하는 입장에서 독자적인 입장을 확보할 수 있다 할지라도 동북아 정체성을 만들어나

가야 한다는 인식이나 합의는 찾아보기 어려운 상황이다.

### 3) 대중문화의 가능성과 한계

그렇다면 미디어가 지니고 있는 한계성을 벗어나 바람직한 동북아 정체성을 구축하는데 순기능을 다할 수 있는 방법은 무엇일까? 다음으로는 최근 급속히 발전을 이룬 동북아의 대중문화의 가능성에 대해서 고찰해 보고자 한다.

우선 대중문화가 한·중·일 삼국의 바람직한 정체성 형성에 미치는 긍정적인 효과와 그 가능성을 지적한다면 우선 모두가 발신원이 될 수 있기 때문에 일방통행이 아니라 평등한 관계를 구축할 수 있다는 점을 들 수 있다. 그리고 대중문화의 최대 수용자인 청소년은 정체성의 가변성이 높기 때문에(大野, 2007, 9쪽) 세대가 바뀜에 따라 국민 전체에 미칠 수 있는 큰 변화를 기대할 수 있다는 점을 들 수 있다.

한편 다음과 같은 한계도 지니고 있을 것이다. 대중문화는 어디까지나 민간의 시장 개척의 결과로 산출되는 것이므로 상대적으로 정부와 밀접한 관계에 있는 미디어와 달리 그 효과는 제한적일 수밖에 없다. 그럼에도 불구하고 대중문화와 미디어 간의 경계가 없어지는 추세에 있기 때문에 대중문화 교류가 미디어 정책에 영향을 미칠 가능성을 배제할 수가 없다. 아시아의 민주화가 진전되더라도 서구식 민주주의를 거부했던 중국조차도 '대중'이나 '여론'의 영향력이 커지고 있는데(毛里, 2006, 205쪽) 그 배경과 이러한 현상은 무관하지 않을 것이다.

그런데 대중문화와 정부 당국의 정책과 관련해서 더 심각한 현상도 진

행되고 있다. 대중문화가 민간의 몫이란 것이 기존의 상식이었지만 최근에는 대중문화가 국가전략으로서 적극적으로 활용되고 있다는 점에 주의를 기울일 필요가 있다. 나이(Joseph S. Nye, Jr., 1937~)에 의해 제창된 '소프트 파워' 전략이 바로 이것이다. 이것이 나타난 배경에는 쇠퇴하기 시작한 미국의 패권을 다시 세우는 과정이 있었다고 한다. 즉 군사나 경제와 같은 하드 파워의 행사와 함께 미국적 문화나 가치관을 세계를 향해 적극적으로 보급함으로써 강제나 보수가 아닌 '매력'을 통해서 원하는 결과를 얻으려고 하는 데 목적이 있는 것이다(ナイ, 2004, pp.10~34).

이러한 아이디어의 중요성을 깨닫게 된 중국은 현재 소프트 파워 전략의 일환으로 문화 수출이나 미디어의 대외적 전개를 가속화시키고 있다(戴智軻, 2010, pp.62). 몇 년 전에 일본 애니메이션에는 일본적 가치관이나 정치적 발상을 확산시키려는 저의가 깔려 있다는 비판(『大公報』, 2006.5.31)이 제기된 적이 있는데 이것 역시 소프트 파워의 관점에서 나온 말이라 할 수 있다. 이처럼 대중문화마저도 민족주의(국가주의)에서 자유로울 수가 없는 것이 현실이다. 이는 대중문화가 국민 정체성 전략에 이용되고 있음을 보여주는 것이며 그 만큼 동북아 정체성을 조성하는 것이 간단하지 않음을 말해준다.

# 3. 다층 정체성 모델

위와 같이 국민 정체성을 극복하기 어려운 미디어나 대중문화의 한계가 있다 할지라도 그 긍정적인 측면을 동북아 정체성 조성에 효과적으로 살릴 수 있는 방안은 없는 것일까? 그러한 작업을 시행하기 전에 먼저 초국가 공동체의 정체성이 어떤 속성을 지니고 있는지 EU의 시도를 통해 고찰해보고자 한다.

EU 구성원들의 정체성에서 특징적인 것은 복수의 정체성을 다층적으로 지니고 있다는 점이다(川本, 2003, p.3). 가지타 다카미치(梶田 孝道, 1947~2006)는 이러한 EU 구성원들의 정체성을 '3공간 병존 모델'로서 이론화시켜 국민국가 단위로 이루어지던 기존의 국제관계나 사회현상 분석의 한계를 극복하려고 했다. 그에 의하면, EU 통합이 진전됨에 따라 'EU' · '국가' · '민족(지역)'이라는 세 가지의 공간이 병존하게 되며 이에 따라 사람들도 세 가지 수준의 정체성을 갖게 되었다고 한다. 그것이 EU 내에서 일어나는 여러 분쟁을 완화시키는 데 순기능 역할을 하게 되었다는 것이다(梶田, 1993, pp.4~124).

가령 EU처럼 '국가'보다 상위 수준의 정체성이 마련될 경우, '민족(지역)' 간의 대립관계가 상쇄됨으로써 '민족(지역)' 대 '민족(지역)'이란 형태의 전면 충돌이 일어나기 어려운 환경이 조성된다. 새로 생긴 'EU 시민'이나 '지역 시민'과 같은 정체성은 기존의 '국민'이란 정체성을 상대화시킴으로써 서로 배타적이 되지 않으면서 상대방을 수용하게 된다는 것이다. 이처럼 동시에 귀속할 수 있는 세 가지 정체성을 문맥에 따라 자유롭게 선택하게 되는데 가지타는 이를 '융통성이 있는 정체성(flexible identity)'이라 불렀다.[11] '융통성이 있는 정체성'에서 가상되는 정체성의

---

11  이 용어는 원래 하버마스(Jürgen Habermas, 1929~ )가 사용한 것이었는데 알베르토 멜루

조합은 다음과 같이 여덟 가지가 있다.

〈그림 1〉 유럽의 다양한 정체성 관계

| | 1 | 2 | 3 | 4 | 5 | 6 | 7 | 8 |
|---|---|---|---|---|---|---|---|---|
| EU | + | + | + | − | + | − | − | − |
| 국가 | + | + | − | + | − | + | − | − |
| 민족(지역) | + | − | + | + | − | − | + | − |

출전: 梶田, p.42

〈그림 1〉은 'EU'·'국가'·'민족(지역)'의 각 공간의 정체성 소유 여부를 +, − 로 제시한 것이다. 예를 들어 기존의 일반적인 국민국가의 국민의 정체성은 6(−·+·−)에 해당되며 유럽주의자나 세계연방주의자는 5(+·−·−)에, 국가로부터 분리 및 독립을 원하는 사람들은 7(−·−·+)에 해당된다. 그러나 사람들의 정체성이 '3공간 병존 모델'이 보여주는 쪽으로 이행하게 되면 다양성이 생기고 5(+·−·−), 6(−·+·−), 7(−·−·+)과 같은 배타적인 선택을 할 필요가 없어진다(梶田, pp.50~124). 요컨대 EU 통합이 진행되면서 +를 복수, 즉 둘 이상을 포함하는 '융통성이 있는 정체성'이 증가함으로써 여러 집단이 공존하기 쉬운 환경이 조성되었다는 것이다.

물론 이러한 다층 정체성은 다양한 양상을 보이고 있다. 예컨대 중앙집

치(Alberto Melucci, 1943~2003)가 현대 선진사회에서 정체성의 불확실성을 강조하기 위해서 사용했다. 가지타는 이 용어를 유럽인의 복수 사회 공간에 대한 귀속의식을 표현하는데 적절하다는 판단 하에 사용했다.

미디어와 문화

권제 하에서 국민으로서의 균일성이 강조되어 온 프랑스는 '민족(지역)' 정체성이 약하기 때문에 2(+ · + · −)에 해당될 것이다. 한편 네 가지의 자치 지역(스코틀랜드 · 잉글랜드 · 웨일스 · 북아일랜드)으로 구성되어 있는 영국이나 주가 중앙정부와 별도로 독자적인 외교를 하고 있는 정도의 연방제를 채택하고 있는 독일은 '민족(지역)' 정체성이 강하기 때문에 1(+ · + · +)에 해당될 것이다.

위의 모델은 원래 EU와 같은 초국가 공동체 내의 민족분쟁과 정체성의 관련성을 설명하기 위해 고안된 것이지만, 동북아에도 적용할 수 있을 것이다. 예를 들어 지금까지 강조해온 한국인이란 '국가' 정체성을 약화시키는 대신에 '동북아'라는 상위 정체성과 부산과 같은 '지역' 정체성을 부각시킴으로써 한 · 중 · 일 간의 갈등 해소에 이바지하게 할 수가 있을 것이다.

물론 이러한 모델을 한 · 중 · 일에 바로 적용시키는 데 문제가 없는 것은 아니다. 많은 소수민족을 포섭하는 것이 다민족국가를 표방해온 중국과 단일민족을 표방해 온 한국과 일본의 세 가지 공간의 위상이 같을 수가 없기 때문이다. 확실히 한국에는 화교[12], 일본에는 아이누, 오키나와(沖繩), 재일한국인, 화교[13]와 같은 소수민족이 존재하며 이주노동자도 여기

---

**12** 대한민국의 화교 자치구는 5 · 16혁명(1969)에 따른 새 법령에 따라 '화교협회'로 개편되었다. 이는 원래 한국 동사무소가 해야 할 화교의 호적등본, 혼인신고, 사망신고, 출생신고, 국적증명 · 상실, 유산상속, 신원증명서 등 각종 증명서를 발급해 사실상 자치기관 기능을 하고 있다. 따라서 외국인에 대한 정책 제정에서 화교가 간과되는 경우가 많다. http://blog.naver.com/dryuan/50080682497(검색일 2011.8.28)

**13** 아이누는 일본인에 거의 동화되면서 자치체를 가지고 있지 않으며 오키나와는 오키나와 현으로서 지방자치체가 되어 있다. 재일한국인 및 조선인의 자치체로서는 한국계 '재일본

에 포함시킬 수 있겠지만 이들은 중국의 소수민족과 여러 면에서 차원이 다르다.

이러한 차이점을 감수하면 '민족(지역)' 위상이 강한 중국은 영국이나 독일, 한국과 일본은 프랑스와 가까운 형태로 볼 수 있다. 따라서 중국은 4(− · + · +)에서 1(+ · + · +)로, 한국과 일본이 6(− · + · −)에서 2(+ · + · −) 및 4(− · + · +)로 이행하게 되면 '융통성이 있는 정체성'이 형성되는 셈이다.

그런데 이 모델에서는 +가 둘 이상이 있는 '융통성이 있는 정체성'이 증가하면 여러 집단이 공존하기 쉬운 환경이 조성된다는 논리를 펴고 있지만, 필자는 무조건 둘 이상 존재하기만 하면 되는 것이 아니라 '민족(지역)' 수준의 정체성이 충분히 보장받고 있다는 조건이 필요하다고 생각한다. 고사카이 도시아키(小坂井敏昌, 1956~)에 의하면, 사람은 자신의 정체성이 완전히 보장될 때 비로소 외부 문화를 수용할 수 있게 되며 자주적으로 변화할 수 있게 되는 속성을 지니고 있다고 한다. 따라서 소수파가 정체성을 확보할 수 있는 환경이 마련되지 않으면 그들과 다수파의 갈등은 줄일 수가 없는 법이다(小阪井, 2002, pp.160~174). 그의 견해에 따라 '지역(민족)' 정체성을 필수로 잡을 경우, 1(+ · + · +), 3(+ · − · +), 4(− · + · +)만이 명실 공히 분쟁을 해소할 수 있는 '융통성이 있는 정체성'으로 인정된다. 그런데 동북아 정체성을 지향하는 한에서 '동북아'도 필수

---

대한민국민단'(민단)과 북한계 '재일본조선인총연합회'(조선총련)'가 있다. 화교는 '일본화교화인연합총회', '동경화교총회', '요코하마(横浜)화교총회', '요코하마화교청년회'가 있다.

가 되기 때문에 한국과 일본의 경우는 6(- · + · -)에서 1(+ · + · +)로, 즉 '국가' 정체성을 약화시키면서 '동북아' 정체성과 '민족(지역)' 정체성을 동시에 강화하는 방책이 강구되어야 할 것이다.

여기서 우리가 명심해야 할 것은 이러한 모델에 따라 사회적인 갈등이나 충돌을 제거할 수 있는 것이 아니라는 점이다. 인간이 사회적 존재인 한에서 '민족'이나 '국가'뿐만 아니라 종교, 직업과 같은 다른 범주로부터도 자유로울 수가 없기 때문에 현재의 범주가 다른 범주로 대치된다 하더라도 '내부' 대 '외부'로 범주화된 구도 자체는 없어지지 않는다(小阪井, p.19). 따라서 위와 같은 공간적 개념의 이동을 통해서 민족 분쟁을 완전히 없앨 수는 없다. 어디까지나 분쟁을 완화시켜서 보다 나은 환경을 조성하는데 만족해야 할 것이다.

## 4. 다층 정체성을 위한 문화 미디어 전략

### 1) '동북아' 정체성을 위한 대중문화

위의 모델을 한 · 중 · 일의 문화 활동에 적용할 경우, 두 가지의 방향을 모색할 수 있지 않을까 생각된다. 하나는 지금까지 '국가' 수준에서 이루어졌던 문화 활동의 비중을 약화시키는 대신에 상위의 '동북아' 수준과 하위의 '민족(지역)' 수준의 문화 활동 비중을 강화시키는 방향이다. 또 하나는 '국가' 수준을 매개로 삼지 않고 '민족(지역)' 수준에서 이루어지는 문화 활동을 직접 '동북아' 수준의 문화 활동과 연결시켜서 양자를 동시에 강화하는 방안을 고려해 볼 수 있다.

그런데 오늘날의 대중문화는 상당한 인프라와 인재를 갖추어야 하며 유통이나 소비 규모도 크기 때문에 지역이나 소수민족 단위로는 감당하기 어렵다. 따라서 대중문화는 동북아 정체성을 조성하기 위한 문화 전략에서만 적합하다고 할 수 있다. 지금까지는 대중문화 사업은 주로 국가 위주로 이루어져 왔지만 한·중·일의 구성원 모두가 '우리의 것'으로 인식할 수 있는 공동제작[14]을 양적·질적으로 확대해 나가는 방향을 모색해야 할 것이다. 예를 들어 할리우드에서 중국인 배우가 일본의 게이샤(芸者) 역할을 하는 영화가 만들어졌으며 대만에서는 일본 만화의 원작을 대만인 배우가 일본어와 중국어로 연기한 드라마가 제작되어 화제를 모은 적이 있다. 이러한 문화콘텐츠는 정작 어느 나라의 것인지 딱 잘라서 단정지을 수는 없다. 이와 같은 시도를 한·중·일 사이에 확대해나가면 '동북아' 정체성 형성에 도움이 될 것으로 생각된다. 사실은 이러한 시도는 과거 10년 사이에 급속도로 진행되어 왔다.

우선 드라마나 영화 분야를 예로 들면 2000년에 들어서면서 다음과 같이 단기간에 많은 발전을 거두었다. 2002년에는 역사상 처음으로 캐스트·스탭 모두 한일 공동으로 〈프렌즈〉가 제작되었다. 한국과 일본의 인기배우가 배역을 맡아 홍콩·일본·한국 3개국에서 촬영되어 높은 시청률을 기

---

**14** 실은 국제공동제작이란 어떤 영화를 가리키는 것인가에 대한 명확한 정의는 없는 실정이다. 일본 국제공동제작 지원사업(J-Pitch사업)에서는 복수의 나라에 의한 출자와 일본의 프로듀서가 참가하는 것으로 하고 있으며 중국전영합작제편공사(中国電影合作製片公司)에서는 중국 출자 1/3 정도의 중국인 스탭·캐스트의 참가로 규정하고 있다. 그 외에 자금 조달이 어려운 감독에게 복수의 국가에서 출자하는 경우 등 다양한 형태도 있을 수 있다.

미디어와 문화

록하였다.[15] 2005년에는 일본 드라마 사상 최고 시청률을 기록했던 〈101번째 프러포즈〉(1991)가 한·중 합작으로 〈第101次求婚(101번째 프러포즈)〉로서 리메이크되어 중국 24개 방송국에서 방영되어 14개국에 수출되었다. 이는 원작이 일본이며 제작과 캐스트가 한·중에서 이루어진 경우다.[16]

2011년에는 한국 영화사상 최고의 제작비를 들여 한·중·일의 많은 캐스트와 스탭이 동원되면서 영화 '마이웨이'가 제작되었다. 제2차 세계대전이란 민감한 배경에서 성숙된 인간 드라마로 제작된 점에서 의미 있는 작품이 되었다. 또한 2012년에는 한·중·일 3개국에 의한 최초의 공동제작 드라마 〈스트레인저 6〉이 방송된다. 중국에서 제작하여 한국과 일본의 기업들이 참가하는 형태로 제작되었다.

이와 같이 동북아의 공동제작은 '한류'라는 순풍과 한·일 간의 민족문제의 역풍이 번갈아가며 조심스럽게 2개국 간에서 시작된 후 10년 후에는 3개국 공동제작이 가능해진 것이다. 이러한 흐름은 드라마나 영화뿐이 아니라 다른 분야의 대중문화도 유사할 것이다. 이에 따라 지속적인 제작이 가능한 여건도 갖추게 되있다. 예를 들어 2011년 8월에는 SM엔터테이먼트, 아시아 콘텐츠 센터와 같은 한국과 일본 미디어 관련 기업과 한국 정부 기관이 11억엔(약 149억원)을 출자하여 23억엔(약 322억원) 규모의

---

15 http://ja.wikipedia.org/wiki/%E3%83%95%E3%83%AC%E3%83%B3%E3%82%BA_(2002%E5%B9%B4%E3%81%AE%E3%83%86%E3%83%AC%E3%83%93%E3%83%89%E3%83%A9%E3%83%9E)(검색일 2011.8.28)

16 http://media.daum.net/culture/book/view.html?cateid=1022&newsid=20060424094412965&p=tvreport(검색일 2011.8.28)

한·일 드라마 공동제작을 지원하는 펀드가 설립된 바 있다.

물론 한일 공동제작을 위한 펀드는 한국정부 입장에서는 '소프트 파워' 효과에 대한 기대에서 시작했을 것이고 미디어 기업들에게는 어디까지나 비즈니스 기회로서 출발한 것이다. 향후 국가나 기업의 이익을 넘어 동북아의 공동 이익을 위한 명확한 목표와 방향을 제시하여 유기적으로 추진해 나아갈 주체가 필요할 것이다.

### 2) '민족(지역)'과 '동북아'를 연결하는 민속문화

다음으로 '민족(지역)' 정체성을 조성하기 위한 전략에는 어떤 문화가 효율적일까? 필자는 지금까지 대중문화만큼 세간의 주목을 받지 못했지만 오랜 역사와 전통을 지니면서 민간에 깊이 뿌리 내린 '민속문화'의 활용을 제시하고자 한다.

이러한 문화를 연구대상으로 하는 연구 분야로서는 민속학이나 문화인류학을 들 수 있다. 그 중에서 민속학[17]은 근대화가 진행됨에 따라 많은 민속자료가 상실되어 가고 있었던 상황에서 민족주의 고조나 전통문화에 대한 낭만주의적 동경을 계기로 탄생한 학문이다. 즉 원래부터 '상상의 공동체' 건설을 위한 정체성 형성 기능을 갖춘 학문으로 출발했던 것이다. 그런

---

**17** 시대와 논자에 따라 정의가 다양하지만 '풍속이나 습관, 전설, 민화, 가요, 생활 용구, 가옥 등 예부터 민간에서 전승되어 온 유·무형의 민속자료를 바탕으로, 생활 속에서 전승되어 온 현상의 역사적 변천을 밝힘으로써 현재 생활문화를 상대적으로 설명하려는 학문' (「民俗学」, ウィキペディア).
http://ja.wikipedia.org/wiki/%E6%B0%91%E4%BF%97%E5%AD%A6(검색일 2011.8.30)

데 그 지식 체계의 범주화는 반드시 '국가' 수준에서만 이루어졌던 것이 아니라 사회적 요구에 따라 유동적이었다. 일본의 예를 들자면 일본 민속학의 창시자인 야나기타 구니오(柳田國男, 1875~1962)는 '일본'이란 테두리 속에서 지식체계를 구성했지만 향토사 편찬 붐이 일어난 고도경제성장기(1955~1973)에는 구조기능주의 인류학의 영향과 맞물려 '국가' 보다 작은 '지역사회'라는 범주 속에서 구성되는 '지역민속학'이 유행한 바 있다(由谷, 2000, p.60).

그리고 19세기 후반의 민족학에서는 민속문화를 포함해 물질문화, 경제형태, 사회, 종교, 예술 등으로 된 문화의 단위, 즉 문화복합(cultural complex)을 오세아니아나 아프리카와 같은 세계 규모의 범주 속에서 구성하려는 '문화권설([독]Kulturkreislehre)'이 융성한 바 있다(大林, 1994, p.668).[18] 또한 실현되지는 않았지만 제국주의 시대 말기의 일본에서는 '대동아공영권' 구축의 방도로서 '동아민족학'이라는 구성도 있었다.[19]

이와 같이 민속문화 연구는 19세기에서 오늘날까지 시대적 요구에 따라 다양한 범주가 설정되어 왔던 것이다. 이러한 과거의 시도에서 비추어 보면, 21세기의 요청에 응할 수 있는 새로운 민족문화 연구도 기대할 수

---

[18] 제2차 세계대전 후, 세계규모 모델을 제시한 문화권설은 이론과 실제가 맞지 않는 점이 드러났으며 또한 고고학을 중심으로 학계에서 토착 문화 발전을 중시하는 사조가 융성됨에 따라 급속히 쇠퇴하였다.

[19] 1943년, 오카 마사오(岡正雄, 1898~1982)에 의해 제창된 것. 대동아공영권에 속하는 각 민족들을 연구할 때 한편으로는 민족주의에 입각하여 단일민족론적 민족학(민속학)을, 다른 한편으로는 민족 간의 동질성과 계통관계를 강조하여 혼합민족론적 민족학을 동시에 구축하려는 구상이 있었다(세키네, 2011, p.268).

있으며 이를 토대로 문화콘텐츠 사업으로 발전시킬 수도 있다. 즉 한·중·일의 '민족(지역)' 수준에서 수집된 민속문화를 '국가' 수준을 거치지 않고 다이렉트로 '동북아' 수준에서 문화콘텐츠화시킴으로써 '동북아' 구성원 모두가 공유할 수 있는 문화의 산출을 도모하자는 것이다.

사실은 이러한 시도 역시 예부터 시도된 바 있다. 한국에서는 '한국 민담'이라는 하나의 체계가 있는데 원래부터 그러한 형태로 존재한 것이 아니라 각 지역에 전해진 민담들을 '한국'이란 범주 속에서 재구성한 것이다. 마찬가지로 8세기에 편찬된 일본 신화[20]나 19세기에 편집된 핀란드 서사시 '칼레발라(Kalevala)'[21]도 이러한 방식으로 재구성된 것이다. 이처럼 '상상의 공동체'를 위한 민속문화의 활용은 예부터 사용되어 왔던 고전적인 문화콘텐츠 구성방식이었던 것이며 오늘날 '동북아'라는 범주에서 재구성하는 작업도 결코 비현실적인 시도는 아닐 것이다.

이러한 작업은 대중문화와 비교해 소프트 파워로서의 효력이나 비즈니스로서의 효율성이 약하기 때문에 국가와 민간이 적극적으로 관여하지 않을 수가 있다. 그런 만큼 국가나 기업의 이익을 넘어 동북아의 공동 이

---

**20**  일본신화는 중앙집권제가 수립됨에 따라 당시의 일본 강역 내에 산재되어 있었던 신화들을 천황족(天皇族)의 왕권신화를 중심으로 편집한 것이다.

**21**  핀란드에서 독특한 전설이나 전승이 다수 존재하는 것은 17세기경부터 알리기 시작하였는데 1809년에 핀란드가 러시아 제국에 편입된 것을 계기로 민족의식이 고조되며 민족 전승이 고유의 문화로 인식하게 되었다. '칼레발라'는 러시아 제국에서 독립(1917)을 이끄는 데도 구심체가 되었다(「カレワラ」, ウィキペディア).
http://ja.wikipedia.org/wiki/%E3%82%AB%E3%83%AC%E3%83%AF%E3%83%A9(2011.8.25 검색)

익을 위한 목표와 방향을 제시하면서 추진해 나가는 주체가 요구된다. 예를 들어 유네스코 세계유산 등록제도나 각국의 문화재 등록제도와 같은 성격을 지니면서 동북아 문화로 인정하는 '동북아 문화 위원회'와 같은 기구의 성립이 바람직할 것이다.

### 4) 다층 정체성과 미디어의 역할

문화콘텐츠와 미디어 간의 차이가 없어짐에 따라 두 정책 간에 차이가 사라지고 있는 오늘날의 상황을 감안하면 위에서 살펴본 문화 전략과 미디어는 표리일체로 움직이게 될 것으로 전망된다. 그런데 앞에서 살펴본 바와 같이 한·중·일의 미디어는 국민 정체성 조성을 주된 역할로 삼았다는 공통된 경험을 가지고 있는 것은 사실이지만 아직까지는 역사적 경험이나 정치체제의 차이로 인해 일률적으로 논할 수 있는 상황에는 이르지 못한 것 같다.

'3공간 병존 모델'에 따른 미디어의 역할은 위에서 살펴본 대중문화와 민속문화의 전략을 지원하는 방향으로 가야 할 것이다. 구체적으로 말하자면, 양적으로는 '국가' 수준의 문화 보도를 줄여서 '민족(지역)' 수준과 '동북아' 수준의 문화를 비중 있게 다루어야 할 것이다. 질적으로는 '동북아' 수준에서 공통되는 가치관이나 시각을 토대로 하면서도 '민족(지역)' 수준의 문화 가치를 부각시키는 조화로운 보도 방식이 요구된다.

미디어가 국가 권력으로부터 얼마나 독립된 영역을 확고히 할 수 있는지, 그리고 영리를 추구하는 산업체이기도 한 미디어가 얼마나 공적인 사명감을 가지고 행동할 것인지는 추정하기 어려운 부분이다. 하지만 '언론의 4이론'이 보여주는 것처럼 '진실의 발견을 돕고 정부를 감시한다'는 '자유주의 이론'에 입각하는 모습을 기대하고자 한다.

## 5. 맺음말

'동아시아 공동체'에 관한 논의가 이루어지고 있는 가운데 정치·경제 못지않게 구성원의 정체성이 중요하게 인식되면서, 이에 도움을 줄 수 있는 문화나 미디어의 역할에 대한 기대가 높아지고 있다. 그런데 동북아의 주요 국가인 한·중·일은 오래 전부터 적지 않은 문화적 동질성을 지니고 있음에도 불구하고 동북아 구성원으로서의 정체성을 공유하기가 쉽지 않은 상황에 놓여 있다. 그 저변에는 전근대까지 거슬러 올라갈 수 있는 민족주의와 아직 치유되지 않는 제국주의의 상처가 깔려 있다. 최근 대중문화 교류의 진전이 한·중·일의 상호이해를 진전시킬 가능성을 예견하고 있는 한편, 대중문화의 국가전략 이용도 제기되고 있으며 여전히 장애물이 산적되어 있는 것이 사실이다.

본고는 이러한 민족주의의 부정적 작용을 완화시키기 위한 방도로서 EU통합에 유효하게 작용한 다층 정체성에 관한 아이디어를 동북아 문화·미디어 전략에 응용해보려는 하나의 시도였다. EU통합이 진행되면서 구성원 사이에 생긴 'EU'·'국가'·'민족(지역)' 세 가지의 다층 정체성은 대립관계를 상쇄시키면서 민족 간의 분쟁을 완화시키는 효과가 확인되고 있다. 이 모델에 의하면, 종래 강조되어온 '국민' 정체성 대신에 '동북아' 내지 '민족(지역)' 정체성이 형성됨에 따라 동북아 내의 여러 분쟁을 해소하는 방향으로 나아간다는 것이다.

문화 활동을 통해서 다층 정체성 형성에 이바지하게 할 경우 지금까지 강조되어 온 '국가' 수준의 문화 활동을 약화시켜서 한·중·일 구성원 모두가 우리 것으로 인식할 수 있는 '동북아' 수준의 문화와 국내의 지역이나 소수민족 공동체가 소유한 '민족(지역)' 수준의 문화를 부각시키는 방향으로 전개되어야 할 것이다.

본고에서는 대중문화와 민속문화를 하나의 사례로 삼아 그 활용 방책을 고찰해보았다. 대중문화의 경우는 최근 십수 년간 추진되어 온 한·중·일 간의 공동제작을 비롯한 문화교류를 늘려서 '동북아'의 구성원 모두가 우리 것으로 공감대를 지닐 수 있는 대중문화를 양적·질적으로 확대해나가는 것을 제안하였다.

그리고 민속문화의 경우는 '민족(지역)' 수준의 문화를 '동북아' 수준에서 재편집·재구성하는 방향을 모색하였다. 즉 국내의 지역이나 소수민족의 민속문화를 '동북아 민속'으로 문화콘텐츠화시키는 방안이다. 그런데 현시점에서는 국가나 산업체 주도 하에서 이루어지기를 기대하기 어려운 관계로 초국가적인 기구의 구축을 검토해 볼 필요성을 제기하였다.

콘텐츠와 정보의 차이가 없어짐에 따라 문화와 미디어의 경계가 소멸되어 가는 오늘날, 미디어 전략은 문화전략과 맞물려 나아가게 될 것이다. 그러나 아직까지 한·중·일 삼국의 언론은 국가체제나 역사적 축적의 차이로 인해 같은 수준으로 논할 수 있는 단계가 아닌 것을 인정할 수밖에 없다.

권력이나 이익을 떠나 진실의 발견을 돕고 정부를 감시하는 기능을 확보한다는 미디어 본래의 사명은 미디어가 추구해야 할 영원한 과제일지 모른다. 동북아 정체성의 형성을 지원한다는 것은 바로 이러한 영역에서의 시도라고 할 수 있다. 문화와 미디어가 함께 가는 추세를 감안하면 오히려 문화교류가 미디어의 견인차 역할을 하고 그 체질을 변환시키는 계기가 되기를 바라지 않을 수 없다.

이상, 동북아의 분쟁을 감소시키기 위한 방도로서 문화활동을 통한 다층적 정체성을 형성하는 전략을 고찰해보았다. 다만 통신기술이 발달된 오늘날에는 국가나 민족과 같은 지리적 공간에 구애받지 않는 공동체가 조성되고 있으며 이에 따라 정체성도 다양해지고 있다. 그 규모나 영향력을 예측하기는 어렵지만 이것이 동북아 정체성 형성에 커다란 변수로 작용할 수도 있다. 동북아 정체성의 행방은 이러한 부분까지 고려 대상에 포함시켜야 할 것이다.

:: 미국 속의 한류

이해와 전망

신 혜 영

# 1. 서론

아시아 국가들에서 거세게 일고 있는 한류라는 현상은 이제 이 현상에 관한 논문이 나올 만큼 학계에서도 주목할 만한 이슈가 되었다. 아시아권에서 한국의 드라마나 영화, 가요 등에 열광하는 이유에 대해서 서구 지배적 대중문화를 벗어나 비슷한 문화를 가진 한국의 대중문화를 선택했다는 논거는 흥미롭다. 가사 내용도 잘 모르면서 사이먼 앤 가펑클, 비틀즈 등을 들으면서 감동했고, 자막이 있는 할리우드 영화를 보고 미국이란 나라를 처음 알았던 나의 청소년 시절이 떠올랐다. 그때는 그냥 음악을 좀 안다고 으스대고 싶으면 팝송을 아는 것은 필수였고, 왠지 할리우드 영화를 보는 것이 한국 영화를 보는 것보다 더 세련되게 느껴지던 시절이었다. 좀 더 앞서간다는 친구는 마이클잭슨의 뮤직비디오를 구입해서 비디오를 틀어 주었고, 그 비디오를 본 여운은 오래 남았다. 나만 모르면 또래 그룹의 대화에 낄 수 없어서, 혹은 친구가 원하는 선물을 하고 싶어서, 카세트테이프에 부지런히 녹음했던 팝송에 대한 기억은 기성세대들이 기억하는 청소년 시절의 추억일 것이다. 그렇다면 최근까지 아시아인들을 열광하게 했던 서구의 가수, 영화, 팝송 등의 대중문화가 문화나 사고가 다른 아시아인들에게 침투했던 것처럼, 우리의 엔터테인먼트 사업도 미국을 비롯한 서구 사회에 영향을 줄 수 있을까. 필자는 미국 대학에서 한국어와 문화를 가르치며 미국의 젊은이들을 가까이에서 지켜보면서 이제 한류의 바람이 이곳까지 서서히 불어오고 있음을 느낀다. 본고에서 필자는 여덟 명의 미국인 대학생들과의 인터뷰를 통해 미국에 불고 있는 한류를 점검해 보려고 한다. 그리고 서구 대중문화로 감성을 키웠던 한국의 현 기성세대처럼, 미국의 많은 젊은이들이 한국 음악과 드라마를 즐기면서 그들의 감성을 키울 수 있을지 짚어보고자 한다.

### 1) 문제 제기

본고에서는 우선 미국 내에서 일고 있는 한류의 양상을 알아보고자 한다. 한류를 소비하는 계층, 동기, 방법 등을 통해 기존에 아시아권에 불었던 한류와의 공통점 및 차이점을 분석해 보고자 한다. 두 부분으로 구성된 본고의 첫 번째 부분은 미국 미디어에서 다루는 한류와 소그룹 문화로서의 한국 대중문화 그리고 미국의 한류 팬들에 대한 내용이 다루어질 것이다. 두 번째 부분은 여덟 명의 미국 대학생들과의 인터뷰를 통해 한국 대중문화를 접하게 된 계기, 이유, 팬 활동 및 경로 등 그들이 느끼는 한류를 고찰하려고 한다.


## 2. 미국 미디어에 나타난 한류와 팬들

일본이나 중국은 물론, 베트남, 필리핀, 태국 등의 아시아 국가에 한국 음악과 드라마 등이 큰 인기를 얻고 있는 현상을 미국 언론들도 주목하기 시작했다. 하지만 이 언론들은 '한류'라는 현상을 아직 아시아권에만 일고 있는 현상으로 국한하면서 한국 대중문화가 다른 아시아권에서 큰 호응을 받는 이유는 같은 아시아 문화권이라는 데 있다고 보도했다.

『월스트리트 저널』은 한류라는 단어는 〈겨울연가〉와 〈대장금〉, 〈이산〉이라는 한국 드라마가 방영된 5년 전쯤에 생긴 용어인데 그 드라마들이 아시아 전역에서 재방송되면서 큰 반향을 일으킨 데서 유래되었다고 보도했다. 그 신문은 계속해서 한국의 남녀 아이돌 그룹들이 아시아 지역 텔레비전에 소개되었고, 보아와 비는 미국 시장에 진출하기도 했다고 전했다. 더욱이 한국 영화 〈올드보이〉와 〈너는 내 운명〉은 예술성을 인정받아 인기를 끌어 영화제에서 상을 받기도 했다고 덧붙였다.[1]

미국의 전문 뉴스 채널인 CNN은 '한류'라는 용어는 아시아 지역을 휩쓴 엔터테인먼트 산업을 뜻하는 것으로, 아시아 지역은 물론 그 이외의 지역도 한류의 영향권에 있으며 어떤 이들은 이런 현상을 '한류우드(hallyu-wood)'라고 부르기도 한다[2]고 보도했다. CNN 뉴스는 KBS의 성태호 씨의 말을 인용해서 한국의 문화산업이 타 국가에서 성공할 수 있었던 이유는 다른 국가 특히 서구의 엔터테인먼트에 비해서 고품질, 싼 가격의 콘텐츠에 있다고 전했다. 이 보도에 따르면 한국 대중문화가 아시아에서 성공한 이유 중의 하나는 드라마에서 보이는 동양적 문화 때문이다.

---

1  http://online.wsj.com/article/SB124267698913031617.html
2  미국의 영화가 전 세계적으로 큰 인기를 끌면서 미국 영화가 대다수 제작되는 할리우드라는 지역을 미국 영화를 나타낼 때 사용하는데 이 할리우드를 한류에 빗대서 쓴 말이다. 그만큼 한국의 엔터테인먼트가 세계적으로 인기가 있다는 뜻이다.

성 씨의 주장대로 언어가 달라도 아시아인들은 동양적 정신세계에 동감한다. 그들은 모두 부모님을 존경하고, 계급적이며 유교적인 사회에 살고 있다. 그런 문화적인 배경을 바탕으로, 그들은 비슷한 생각을 하고 느끼며 정서적인 교감을 나눈다. 그러므로 아시아인들에게 한국 드라마의 콘텐츠에는 서구 드라마가 갖는 문화적인 이질감이 적다고 할 수 있다.[3]

세계화에 따른 문화적 교류가 더욱 활발해 지면서 아시아권 국가가 더 이상 미국의 대중문화의 지배적인 영향권 아래에 있지 않다는 주장을 편 중국 푸단대학교(Fudan University of China) 지안 카이(Jian Cai) 교수도, 아시아인들이 좀 더 그들과 비슷한 문화를 선택한 이유에 대해 언급하면서 한국의 대중문화가 아시아의 가치와 정서를 나타내고 있다는 점에 주목한다. 카이 교수는 한 웹사이트에 기고한 글에서 특히 중국과 한국의 문화가 상당히 유사한데 특히 사람들의 가치관, 사상, 사회구조, 감정표현 등에서 아주 비슷하게 나타난다고 주장했다. 그렇지만 중국의 경우에는 지난 세기 동안 문화혁명이나, 5·4혁명 등으로 인해 유교적 영향이 사라지면서 전통 문화의 부재 현상이 나타났다고 덧붙였다. 카이 교수는 중국인들이 한국 드라마를 통해서 연장자 공경 문화, 가족 중심 사상, 아들 선호 사상 등의 전통적 유교문화를 본다고 했다. 또한 한국 드라마에 나타나는 중국 전통적 문화와의 연계성이 중국인들에게 잃어버렸던 과거의 화려한 문화에 대한 향수를 불러일으키고, 결국 전통 문화의 부흥을 가져

---

**3** http://articles.cnn.com/2010-12-31/world/korea.entertainment_1_korean-wave-exports-content?_s=PM:WORLD

오는데 한류가 일조했다는 것을 알 수 있다고 덧붙였다.[4]

그렇지만 이제 미국 미디어에서 다루는 한류는 동양 문화를 근간으로 하는 아시아권에서만 발생하는 문화적 흐름이 아닌, 서구로 유입되는 새로운 문화현상이라는 점에 중점을 둔 보도가 이루어져야 할 것 같다. 얼마 전 한국의 몇몇 뉴스에서 보도한 것처럼 이제 한류는 아시아를 넘어 유럽으로 진출하고 있다. 슈퍼주니어, 소녀시대, 샤이니 등 인기 한류가수들이 소속된 SM엔터테인먼트의 공연 브랜드 SM타운이 프랑스 파리에서 콘서트를 연다고 발표한 후 온라인을 통해 티켓 예매를 시작하자마자 15분 만에 전석이 매진되는 놀라운 광경이 연출되었다. 게다가 다른 유럽 국가에서 온 유럽 현지의 한류 팬들은 파리 루브르 박물관 앞에 모여 콘서트 연장을 위한 시위에 돌입하기까지 했을 정도로 한국 아이돌 그룹의 인기는 대단하다. 추가 공연을 위한 티켓도 10분 만에 매진된 사실을 보더라도 유럽에서 한류의 바람이 불기 시작했음을 알 수 있다. 예매가 시작되자 유럽의 대표적인 티켓 예매사이트 라이브네이션과 프낙 등의 홈페이지는 접속자가 폭주해 서버가 일시 정지되는 해프닝이 발생하기도 했다고 SM 측은 전했다.[5]

얼마 전에는 프랑스에서 온 샤이니 팬들과 샤이니의 팬 미팅도 있었다. 이처럼 한류는 이제 아시아권을 넘어 서구권으로 확대되고 있으며, 서구의 팬들도 아시아의 팬들이 그동안 보여 주었던 것처럼 적극적으로 참여

---

4 http://journeyeast.tripod.com/korean_wave_in_china.html

5 http://www.joongdo.co.kr/jsp/article/article_view.jsp?pq=201105170145

하는 팬 활동을 통해 능동적으로 한류를 창출할 것으로 기대된다. 같은 아시아 문화권이기 때문에 서구의 대중문화보다 더 쉽고 빠르게 다른 국가에 진출할 수 있었다는 것을 이제는 어떻게 설명할 것인가?

필자는 이 뉴스를 보면서 대학교에서 필자의 한국어 수업을 듣는 미국 학생들을 떠올렸다. 김치를 먹어 본적은 없어도 슈퍼주니어 멤버의 이름을 모두 알고, 〈내 이름은 김삼순〉이라는 드라마에서 왜 삼순이가 자신의 이름을 싫어했는지는 이해 못 했다면서도, 그 드라마에 나오는 현빈이 현재 군대에 복무 중이라는 것을 알 만큼 자신이 좋아하는 스타에 대해서는 한국 팬들만큼 관심이 많은 미국의 학생들이 그들이다. CNN이 보도했던 아시아인들이 동양적 정서를 교감할 수 있다는 이유로 한국 드라마에 열광한다는 사실은 유럽이나 미국 같은 서방세계에는 적용할 수 없는 말일 것 같다. 왜냐하면 이 논거로는 한국이나 동양 문화에 대한 이해나 배경지식 없이도 한국 드라마에 빠지는 미국의 한류 팬들을 설명할 수 없기 때문이다.

### 1) 문화와 소그룹

국제화 시대 이전의 '문화'라는 정의가 자신이 태어나서 자란 곳에서 습득되는 산물이라면, 국제화 시대에서의 문화는 자신이 속한 '지역'을 뛰어넘는 개념이 되었다. 심지어는 최근의 한류에서 보이듯이 언어와 풍습마저도 더 이상 문제가 되지 않는 경우도 있다. 이제 생활양식과는 별개로 즐기는 문화, 즉 대중문화는 각 개인이 선택하는 시대가 온 것이다. 미국인으로 태어나 점심으로 인도와 일본 음식을 즐겨 먹으면서 인터넷을 통해 다운로드 받은 MP3에 있는 한국 가수들의 음악을 듣는 시대에 살고 있는 것이다. 다른 이들과 차별화 되고 싶은 젊은이들의 욕망은 패션, 음식, 음악, 영화 등 여러 가지로 표출되며 같은 또래의 사람들과는 다른 자신만의 문화 취향이 한류를 더욱 부추기는 지도 모른다. 때로는 이 독특한 문화를 통해 자신만의 아이디어를 창출하는 경우도 있는데, 미술을 전공해 여러 가지 디자인을 하고 있는 한 학생의 경우 한국의 아이돌 그룹의 얼굴을 테마로 신발이나 티셔츠에 프린팅하면서 다른 학생들과 자신을 차별화시키기도 한다.

미국에서 한국 대중문화 마니아들은 이 문화를 K-pop이라고 부른다. 『타임』지의 정의에 따르면 K-pop은 Korean pop이나 Korean popular music의 약자로 힙합, 알앤비, 전자 음악, 가요 등 한국에서 만들어진 대중음악을 뜻한다. 음악 이외에도, 한국의 아이돌 그룹과 가수들의 스타일이나 패션에 대한 관심이 급증하면서 각 아시아 국가의 청년층 사이의 인기 있는 소그룹 문화를 지칭하기도 한다.[6] 미국에 있는 한국 대중문화 마니아들은 K-pop이란 용어를 좀 더 넓은 의미로 사용하는데 미국 젊은이들 사이에서 이 용어는 한국 음악이외에도, 드라마, 영화 등 대중문화를 일컫는 말로 사용되고 있다.[7] 하지만 K-pop은 우리가 생각하는 모든 시대나 장르의 대중문화를 일컫는 말은 아니고 주로 한국의 청소년들이 즐기는 아이돌 그룹의 노래라던가, 트렌디 드라마[8] 혹은 흥행에 성공한 한국 영

---

6  TIME Magazine: Korean Pop—Show Me the Money. Retrieved on 2011.2.20.

7  본고에서는 한국 대중문화와 K-pop을 같은 의미로 사용하였다.

8  DongA.com 시사용어 사전의 정의에 따르면 트렌디 드라마란 인기 탤런트를 주인공

화 정도로 한정된다. 그런 이유로 미국에서 K-pop을 좋아한다는 말은 그리 넓은 범위의 한국 대중문화를 뜻하는 것이 아니므로, K-pop 마니아들은 금방 서로의 관심사를 인식하고 교감하며 교류할 수 있다.

## 2) 미국의 한국 대중문화 마니아들

흔히 외국인들에게 한국 문화를 전달한다고 하면 우리는 한국의 전통적인 것들을 떠올린다. 판소리, 부채춤, 사물놀이 등이 그것인데 우리가 이런 것들을 대표적인 한국의 문화라고 생각하는 이유는 그 역사성과 고유성에서 찾을 수 있다. 그래서 이곳 미국에서 열리는 한국 문화 행사나 한국의 날 행사 등에 가보면 주로 한국의 전통음식들과, 전통 무용, 판소리, 태권도 시범 등이 대다수였다. 요즘은 비보이나 한국노래 경연 등 좀 더 다양한 연령층을 겨냥한 여러 장르의 공연이 펼쳐지기도 하는데 실제로 한국 내에서도 젊은이들은 이런 전통적인 산물들에 크게 열광하지 않는 것이 사실이다.

필자는 미국의 교육현장에서 미국 대학생들의 한국 문화 습득 양상을 보면서 한류의 보급과 변화를 직접 체험하게 됐다. 10여 년의 교육 기간 동안 한국어 수업을 듣는 학생들의 분포도는 물론 한국어 및 한국 문화 습득 동기, 방법 및 양상 등의 측면에서 여러 변화를 목격하게 됐다.

첫 번째 변화는 한국계 학생들이 주로 듣던 수업에 여러 인종의 학생들

---

으로 내세워 도시풍의 생활, 첨단패션, 신세대의 사고방식 등을 주요 소재로 젊은 계층의 취향을 파고드는 영화나 TV드라마를 지칭한다. http://www.donga.com/fbin/dict?n=sisa&a=v&d=8106

의 수가 증가했다는 점이다. 백인 학생의 수가 증가했음은 물론 영어가 모국어가 아닌 타 인종의 이민자 학생들의 숫자도 빠르게 증가하고 있다. 주로 동남아시아 출신의 이민자 학생들이 다수이지만 인도, 중동 혹은 남미계의 학생들도 종종 눈에 띈다. 흑인의 증가 추세는 최근 2, 3년 이내에 발생하고 있는 흥미로운 현상이다. 얼마 전에 만난 워싱턴 D.C. 근교의 메릴랜드 주의 흑인 밀집지역의 고등학교에서 영어를 가르치는 미국인 선생님이 필자가 한국어 강사라는 사실을 알고, 근래에 자신의 흑인 학생들 덕분에 한국 노래를 알게 됐다고 하면서 왜 흑인 학생들이 문화적으로 멀게 느껴지는 한국 노래에 열광하는지 모르겠다고 했다.

두 번째 변화는 한국 문화에 대한 학생들의 반응이다. 강의 초창기인 2000년대 초반에는 학생들이 한국 음악을 알고 듣는 수준이었다면 최근에는 친구들과 수업 전후에 같이 노래를 불러본다든지, 한국 노래방에 가서 최근에 들었던 노래를 연습해 본다든지 하는 직접적으로 참여해서 즐기는 형태를 보인다. 한국의 대중문화가 한류 마니아인 미국 대학생들에게 그냥 듣고 즐기는 수준에서 이제는 직접 참여하고 느끼는 문화가 되었음을 감지할 수 있다.

세 번째는 한국 문화 중 미국인들에게 알려진 보편적인 것보다 특수한 것을 즐긴다는 점이다. 2000년대 초반에는 제일 좋아하는 음식으로 불고기, 갈비, 비빔밥 등 널리 알려진 음식을 꼽는 경우가 대다수였지만 최근에는 떡볶이나 팥빙수, 김밥 등 한국의 청소년들이 좋아하지만 외국인들이 좋아하기 힘들 것이라고 여겨졌던 음식에 열광한다. 이처럼 한류 마니아들은 매운 음식이나, 미국에서 식재료로 쓰지 않는 음식 등 다른 미국인들이 먹지 못하는 음식을 먹을 수 있다는 것을 자신이 차별화되는 것으로 간주하고 자랑스러워한다.

이처럼 미국의 한류 팬들이 한국의 또래 문화를 실시간으로 즐길 수 있는 것은 미디어와 인터넷의 영향이 크다고 하겠다. 특히 인터넷 라디오를 통해 24시간 자신이 좋아하는 최신곡들을 들을 수 있고, 채팅을 통해서 직접 특정 가수나 그룹, 노래 등에 대해서 정보도 나누고 의견도 교환할 수 있다는 것이 그것이다. 이는 인터넷이라는 매개체를 통해 미국뿐 아니라 아시아나 유럽에 있는 팬들과의 실시간 채팅을 할 수 있어서 문화적 공동체를 이루어 같이 교감하면서 즐길 수 있다는 점에서 큰 의미를 찾을 수 있겠다.

10여 년 전의 학생들이 호기심에 한국어 강좌를 듣거나 한국 식당을 방문했다가 한국이란 나라에 대해서 더 알고 싶어서 한국 문화를 공부한 반면 지금의 학생들은 빅뱅과 샤이니, 혹은 소녀시대, 〈내 이름은 김삼순〉, 〈시크릿 가든〉에 빠졌다가 그들이 사용하는 언어가 한국어인 것을 알게 되고, 그들의 이름이 한국어이며, 그들의 나라가 한국이란 것을 인식하게 된다. 그러므로 대학에서 한국어 강좌를 듣기 이전인 중·고등학교 때 이미 그들은 한국의 대중문화를 즐기고 있었고, 드라마에 나오는 배우들이 먹는 음식을 먹어보기 위해 한국 식당에 가며, 아이돌 그룹이 부르는 노래 제목이나 가사를 더 잘 이해하고 싶어서 한국어를 수강하게 된 것이다. 한국에 한 번도 다녀오지 않았어도, 한국이라는 나라를 가깝게 느끼는 한류에 빠진 젊은이들, 한국 문화를 즐기면서 작은 그들만의 공동체를 형성하는 이들이 미국의 한류 팬들이다.

# 3. 미국 내 대학생들의 한류에 대한 반응 연구

## 1) 연구 대상 및 방법

본고에서는 한류에 대한 미국 대학생 팬들의 반응을 질적 연구방법을 통해 연구하였다. 필자는 우선 워싱턴 D.C.와 근교에 위치한 대학에서 한국어 수업을 적어도 한 학기 이상 들었던 학생 여덟 명을 심층 인터뷰했다. 1학년에 재학 중인 네 명 중 두 명은 백인 여학생이고 한 명은 흑인 여학생, 그리고 나머지 한 명은 인도계 미국인 여학생이다. 두 명은 2학년인데 한 명은 백인이고 다른 한 명은 중국계 미국인 여학생이다. 3학년과 4학년에 재학 중인 학생은 각각 한 명씩이며 모두 백인이다. 이들 중 네 명은 워싱턴 D.C. 근교에서 태어나서 자랐고, 한 명은 텍사스 출신이고, 다른 세 명은 뉴저지 출신이다.

인터뷰는 직접면접방식으로 이루어졌으며 세 그룹으로 나누어 진행되었다. 각각 1시간의 인터뷰 시간이 소요되었으며, 자유로운 대화 형태의 인터뷰를 위해서 단답형 질문이 아닌 서술형 질문이 주로 사용되었으며, 연구 대상자들의 자유로운 대화도 허용되었다. 대체적으로 다루었던 인터뷰 내용은 한국 대중문화를 접하게 된 계기, K-pop을 이용하는 매체, 좋아하는 가수 그룹 및 드라마, K-pop을 좋아하는 이유, K-pop 관련 개인이나 그룹 활동 등이었다.

## 2) K-pop을 접하게 된 계기

처음 K-pop을 접하게 된 계기는 다양하지만 아시아계 친구를 통해서 처음 알게 된 경우가 가장 많았다. 이는 아시아권에 불고 있는 한류의 영향과 무관하지 않음을 보여 주는 좋은 예다. 미국의 아시아계 학생들은 방학 때 부모의 고향을 방문했다가 현지에서 인기 있는 한국 노래나 드라마를 알게 된 후 미국에 돌아와 미국인 친구들에게 소개하는 경우가 종종 있다. 한국의 조기유학 바람이 불면서 미국에서 중·고등학교를 다니는 학생들을 통해 한국 대중문화를 알게 된 경우도 있다. 혹은 케이블 방송을 통해 한국 드라마를 보게 되기도 한다. 미국 내에 한국 이민자의 수가 증가하면서 한인 타운이 형성되고 자체 한국어 지역 방송이나 신문 등의 미디어, 혹은 문화 행사 등을 통해 미국 현지인들에게 한국의 문화를 알릴 기회가 늘어남에 따라 한인 밀집 지역에 사는 미국 학생들이 한인 친구나, TV 방송 등을 통해 한국 대중문화를 접하게 되는 것이다.

제인과 미셸, 엘리자베스, 캐리, 수잔은 한국 유학생을 포함한 아시아계 미국인 학교 친구를 통해서, 킴벌리와 알리아는 한국 미디어를 통해서 처음 K-pop을 알게 되었다. 중국계 미국인인 민의 경우에는 중국 드라마를 보다가 자연스럽게 한국 드라마를 알게 되었다. 백인 학생인 제인은 텍사스에 살던 중학교 2학년 때 처음 한국 대중문화를 접하게 되었다.[9]

> 중국계 미국인 친구로부터 중국에 다녀오면서 사온 일본 가요가 담긴 시디를 선물 받았었어요. 그런데 그 음악은 한국 가수 세븐이 일본어로 부른 노래였고, 그 후로 보아나 비 등 일본에서 유명한 한국 가수들의 노래를 일본어로

---

[9] 연구 대상자들의 이름은 모두 가명으로 사용되었다.

듣기 시작했어요. 마침 일본 게임에 빠져있었던 때라서 일본어에 관심이 많았는데, 즐겨 듣던 노래가 한국 가수들이 일본어로 부른 노래들이었던 거예요. 그것을 계기로 자연스럽게 한국 음악에 빠져들게 되었고, 한국 드라마로 관심을 넓혀갔어요. 요즘 즐겨 보는 드라마는 〈시크릿 가든〉이고 제가 제일 좋아하는 드라마는 〈내 이름은 김삼순〉이에요.

제인은 이후에 고등학교에 진학하면서 한국 학생의 비율이 높은 학교에 다니게 되었다. 이를 계기로 단지 호기심에서 시작되었던 한국 대중문화에 대한 관심이 좀 더 적극적으로 친구들과 공유하고 즐기는 취미 활동이 된 것이다. 그런 K-pop에 대한 관심 때문에 제인은 한국어와 한국문화에까지 관심을 갖기 시작했다.

한국 음악에 빠지면서 한국어가 배우고 싶어서 어머니를 졸라 동네에 있는 재미교포 학생들을 위한 토요 한글학교에도 다니게 되었어요. 교포학생들은 다들 초등학생들로 저보다 훨씬 어렸지만, 한국어를 배워서 한국 노래 뜻도 알고 자막 없이 드라마도 볼 수 있을 거라는 기대감 때문에 즐거운 학교생활을 할 수 있었어요. 말은 그 학생들보다 훨씬 못 했지만 읽고 쓰는 것은 제가 더 잘한 것 같아요.

대학생이 되어서 필자의 수업을 듣고 있는 이 학생은 한국 음악이나 드라마를 통해 익힌 단어나 표현과 필자의 한국어 수업에서 배운 내용들을 적절히 조합하면서 아주 빠른 속도로 한국어를 습득했다.

또 다른 백인 학생인 미셸은 뉴저지 출신으로 70%가 백인, 15%의 아시아계 학생들이 다니던 고등학교에 재학했다. 처음 한국 문화를 접한 것은 고등학교 3학년 때인데 중국인 친구를 통해서 '샤이니'의 노래를 듣게 되었는데, 처음 듣는 순간 팬이 되었다고 한다. 지금도 여전히 샤이니의 열렬한 팬인 그녀는 내년쯤 교환학생으로 한국에 갈 계획을 세우고 있다. 한국에 가면 샤이니의 콘서트에 가겠다는 결심을 하고 있다.

> 여러 아이돌 그룹을 좋아하지만, 특히 좋아하는 그룹은 샤이니에요. 그 중에서 민호를 제일 좋아해요. 한국어를 배우게 된 것도 좀 더 K-pop을 이해하고 즐기기 위해서예요.

킴벌리는 한인 밀집 지역에 사는 흑인 학생이다. 한국인이 다수 살고 있는 관계로 그 지역에 케이블 방송에서 24시간 방영되는 한국어 채널이 있는데, 우연히 채널을 돌리다가 〈내 이름은 김삼순〉이라는 드라마를 보게 되었다. 그런데 그 드라마가 너무 재미있어서 계속 시청을 하다 보니 드라마를 통해 한국이란 나라를 많이 배우게 되었다. 그 전에는 전혀 한국에 대한 배경지식이 없었는데, 그 드라마 속의 주인공 '현빈'에 빠지게 되면서 영어로 된 한국 엔터테인먼트 뉴스나 웹사이트 등을 통해 다른 드라마 등도 시청하게 되었다. 〈풀하우스〉를 시청하면서 가수 비를 알게 되었고 킴벌리 씨의 모든 가족이 비의 팬이 되었다.

> 이제는 저와 여동생들은 물론 어머니마저도 비의 팬이 되어서, 우리 집에서 비에 대한 안 좋은 이야기를 하면 큰일 날 거예요. 가끔 동생들과 한국말을 하기도 하는데, 어려운 말은 아니고 그냥 "배고파"나 "맛있어" 정도예요.

그녀는 가수 비를 알게 된 후에 한국 노래에 빠지게 되었고, 그러면서 아이돌 그룹에 관심을 갖게 되었다.

알리아는 인도계 미국인이다. 알리아는 2008년에 미국 텔레비전에서 방영되던 코미디 쇼인 〈Mad TV〉에서 한국인 코미디언인 바비 리를 보게 되었다고 한다. 그때 그 사람에게 관심이 생겨서 유투브에서 그 사람을 찾아보려고 했는데 〈연애편지〉라는 한국의 쇼 프로그램이 연결되었다고 한다. 그 프로가 계기가 되어서 한국 가수들을 알게 되고 한국 음악을 듣게 되었는데 처음부터 매료되었다고 한다. 그 후로는 현재 활동하고 있는 유명 아이돌 그룹의 노래는 물론 멤버의 이름까지도 모두 알만큼 열성 팬이 되었고, 각각의 멤버들이 그룹 활동 이외에 어떤 활동을 하고 있는지조차 실시간으로 알고 있다고 한다.

처음에 〈연애편지〉라는 쇼를 봤을 때 재미있다고 생각은 했지만 어느 나라 프로그램인지 어느 나라 말인지 전혀 몰랐어요. 다음날 친하게 지내던 한국계 친구에게 그 프로그램에 대해서 이야기 했더니 한국 프로그램이라고 하더라고요. 제가 다닌 고등학교는 다양한 인종이 다니던 학교여서 제 친구들도 인종이 다양했어요. 그 후 한국 친구를 통해 좀 더 많은 정보를 받아서 한국 노래를 듣기 시작했어요.

수잔의 경우에는 고등학교 때 한국 유학생 친구들과 친하게 지냈는데, 그 친구들을 통해서 가수 비를 알게 되었다. 그 후에 비의 팬이 되어서 비가 부른 노래는 물론 그가 출연한 드라마까지 보게 되었는데 〈이 죽일 놈의 사랑〉이라는 드라마를 감명 깊게 봤다고 한다. 그때는 자막의 삽입이 보편화 되지 않아서 한국인 친구가 번역을 해주었다고 전했다.

| 이름 | 성별 | 학년 | 인종 | K-pop을 처음 접한 시기 | K-pop을 알게 된 계기 | 최초의 K-pop |
|------|------|------|------|------|------|------|
| 제인 | 여자 | 1 | 백인 | 중학교 | 중국계 친구 | 세븐 (가수) |
| 미셸 | 여자 | 1 | 백인 | 고등학교 | 중국계 친구 | 샤이니 (아이돌 그룹) |
| 킴벌리 | 여자 | 1 | 흑인 | 고등학교 | 한국TV방송 | 내 이름은 김삼순 (드라마) |
| 알리아 | 여자 | 1 | 인도계 | 고등학교 | 유투브 | 연애편지 (예능프로) |
| 민 | 여자 | 2 | 중국계 | 고등하교 | 중국 드라마 | 풀 하우스 (드라마) |
| 엘리자베스 | 여자 | 3 | 백인 | 고등학교 | 한국 유학생 | 내 이름은 김삼순 (드라마) |
| 캐리 | 여자 | 2 | 백인 | 중학교 | 필리핀계 친구 | 내 이름은 김삼순 (드라마) |
| 수잔 | 여자 | 4 | 백인 | 고등학교 | 한국 유학생 | 비 (가수) |

〈인터뷰 대상자 프로파일〉

### 3) K-pop을 접하는 경로

한국 대중음악을 듣는 경로는 주로 유투브(youtube)이다. 유투브는 개인
이 동영상을 올려 서로 교환해서 볼 수 있는 웹사이트로 2005년에 만들어
진 이후 미국 젊은이들 사이 상당히 인기 있는 사이트가 되었다.[10] 영어로
도 찾기 기능이 가능하고 한국의 아이돌 그룹들이 노래 제목이나 그룹 이
름들을 영어로도 제공하기 때문에 원하는 그룹이나 곡명을 찾는데 어렵
지 않아서 미국의 한류 팬들이 가장 많이 이용하는 사이트다. 드라마의

---

10 Hopkins, Jim (October 11, 2006). "Surprise! There's a third YouTube co-founder". USA
   Today. Retrieved November 29, 2008.

경우에는 포탈 mysoju.com, dramafever.com, dramacrazy.com 등 한국 영화나 드라마들을 한곳에서 찾아볼 수 있는 사이트를 애용하고 있는데, 특히 드라마 제목이 영어로 제공되고 영어 자막도 같이 볼 수 있어서, 한국어를 전혀 모르는 미국 팬들도 한국 드라마를 어려움 없이 시청할 수 있다. 또한 킴벌리의 경우처럼 한인 타운에 살고 있는 미국인들은 지역 한국 방송에서 내보내는 한국 드라마나 가요프로그램을 통해 K-pop을 즐기기도 한다. 또한 이들 한류 팬들은 한국 음악 시디나 영화, 드라마, 디브이디 등을 파는 영어로 된 포털 사이트를 통해 직접 시디나 디브이디를 구입해서 소장하기도 하는데, 특히 자신이 좋아하는 그룹의 노래나 드라마의 디브이디는 모두 소장하려고 노력한다.

## 4) 팬 활동 형태와 K-pop 공동체

제인과 미셸은 같은 그룹을 좋아한다는 공통점으로 친구가 되었다. 이들이 서로 정보를 교환하면서 같이 음악이나 드라마를 즐기는 친구들이 각각 네다섯 명 정도 되는데, 주로 미국인 친구들이고 한국 학생들도 한두 명이 있다고 말했다. 제인과 미셸은 거의 하루 종일 한국 노래를 듣는다. 캠퍼스에서 생활하는 그들은 강의실을 오갈 때 MP3에 저장된 한국 음악을 들으면서 다닌다. 제인의 MP3는 한국 최신 가요로만 채워져 있는데 100곡 정도 되어 보였고, 인터뷰에 참여했던 다른 학생들의 경우에도 MP3의 3분의 2 이상이 한국 젊은 층에서 유행하는 최신 한국 노래였다. 공부하는 시간을 제외하고 기숙사에서 혼자 있을 때 한국에서 최근에 방송되고 있는 텔레비전을 본다. 한국에서 〈마이더스〉라는 드라마가 유행을 할 때 미셸이 필자에게 그 드라마를 아느냐고 물었다. 필자도 그 드라마를 보고 있었기 때문에 우리는 금세 그 드라마 이야기를 하게 되었는데, 필자가 그 드라마 주인공인 김희애와 장혁에 대해서 아는지 물어 봤더니 잘 모른다고 대답했다. 미셸이 좋아하는 종류의 드라마는 한국의 또래 학생들이 좋아하는 〈시크릿 가든〉이나 〈마이걸〉 같은 류의 트렌디 드라마인데, 〈마이더스〉를 보는 이유는 〈파스타〉에 조연으로 나왔던 '노민우'를 보기 위해서라고 했다.

〈파스타〉라는 드라마를 봤는데 거기에 조연으로 나온 노민우를 봤어요. 그때 팬이 되어서 그 사람이 출연하는 드라마를 모두 보게 됐어요. 사실 마이더스에 나오는 주인공은 누구인지 잘 모르겠어요. 그런데 그 사람이 그룹 출신의 가수라는 것을 알고 있나요?

그들이 말하는 한국 드라마의 스토리는 항상 비슷하게 전개된다. 착한 여자와 나쁜 여자, 돈 많은 남자와 가난한 남자의 등장, 어긋난 사랑과 불치병으로 인한 죽음 등이 그것이다. 그래도 이야기가 빠르게 전개되고, 내용이 복잡하게 얽혀 있고 긴장감이 있기 때문에 다음 내용이 궁금해서 계속 보게 된다고 한다. 가수에 빠졌다가 그 가수가 출연하는 드라마나 쇼 프로를 보게 되면서 다양한 영역의 한국 대중문화를 알게 되는 경우도 많았다.

킴벌리와 알리아는 한국어 수업 시간에 '하루'라는 단어를 배울 때 동시에 '빅뱅'을 외치면서 친해지게 되었다. 같은 수업을 듣고 있었지만, 같은 한국 그룹을 좋아하는지를 미처 몰랐던 그들은 금세 단짝 친구가 되었고 그동안 그들이 수집했던 자료를 바탕으로 인터넷 블로그인 〈헬로우 케이팝〉[11]에서 인터넷 라디오를 열게 된다.

알리아는 킴벌리를 만난 것은 행운이었다며 이렇게 말했다.

> 만약 그날 그 수업에서 '하루'라는 단어를 배우지 않았으면, 그래서 킴벌리와 제가 동시에 '빅뱅'을 언급하지 않았다면, 저는 이 수업에 저만큼 한국 노래를 좋아하는 친구가 있다는 것을 몰랐을 거예요. 다른 친구들도 한국 대중문화를 좋아하고 즐기지만 킴벌리와 저는 매일 만나서 K-pop이야기를 할 만큼 K-pop 마니아인데 상당한 동질감을 느끼고 있고 제가 좋아하는 아이돌 그룹에 대해서 실컷 대화할 수 있는 친구가 있어서 너무 좋아요. 킴벌리와 같이 이야기 하던 중에 우리의 대화를 더 많은 친구들과 나누면 재미있겠다는 생각을 하게 되었고, 그래서 인터넷 라디오를 열게 된 거예요.

인터뷰 대상자 중에 유일한 흑인인 킴벌리는 6년째 K-pop 마니아라고 자신을 소개하면서 알리아 같은 공동 관심사를 나눌 수 있는 친구를 만난 것이 너무 기쁘다고 전했다.

> 저는 한국 대중문화를 너무 좋아해서 한국에서 열린 콘테스트에 참가할 만큼 빠져 있었어요. 한국 라디오 프로그램에서 개최한 그 콘테스트에 뽑혀서 한국에 다녀올 수 있는 행운도 얻었어요. 그래서 한국에 한 번 가봤는데 너무 좋았어요. 그런데 팬 활동을 하다 보면 모이게 되는 팬 그룹 중에 저만 흑인인 경우도 종종 있어서 조금 이질감을 느낄 때도 있었어요. 제가 유일한 흑인이라서 더 눈에 띄기도 해서 조금 위축되기도 했는데 알리아처럼, 백인 아닌

---

[11] www.hellokpop.com

다른 인종의 K-pop팬들이 많아졌으면 좋겠고 흑인 팬들도 더 많아 졌으면 좋 겠어요.

수잔의 경우에는 한국 노래를 듣는 것은 물론 그 노래들을 따라 부르는 것을 즐긴다. 그녀는 한국 노래를 좋아하는 친구들과 가끔 한국 노래방에 가서 신나게 한국 노래를 부르는 것이 너무 즐겁다고 전했다.

한국에 교환학생으로 갔을 때 제일 좋았던 점은 한국 노래방에 자주 갈 수 있던 거였어요. 미국에 돌아온 후에는 노래방에 갈 기회가 많이 없어서 아쉬웠는데, 얼마 전에 워싱턴 D.C.에 한국 노래방이 생겨서 얼마나 기뻤는지 몰라요. 며칠 전에도 친구들하고 같이 가서 한국 노래를 실컷 부르고 왔어요.

그녀가 즐겨 부르는 노래는 드라마나 영화에 삽입된 발라드나 최신 아이돌 그룹의 노래 등 다양하다.

이렇듯 K-pop을 좋아하는 미국 대학생들은 자신이 좋아하는 가수, 음악, 배우, 드라마 등에 대해 같이 이야기를 나눌 수 있는 친구들과 어울리며 공동체를 형성하고 더 많은 정보를 교환하기도 하고 같이 드라마를 보거나 노래를 부르는 등의 취미 활동으로 한국 대중문화를 즐기고 있다고 볼 수 있다. 이러한 현상은 이미 아시아권의 팬들이 보여 주었던 한국 대중문화 소비 형태와 비슷한 양상이다. 아시아권 국가의 한류 팬들은 한국 대중문화를 즐기는 정도에 따라 다양한 층을 형성하고 있는데, 그냥 여가 활동으로 즐기기 위해서 한국 드라마나 노래를 즐기는 그룹이 있는 반면 일상생활에 한국 대중문화가 깊숙이 자리하거나, 정보를 교환할 수 있는 그룹을 형성해서 그룹 차원에서 팬 활동을 하는 등 한국 문화를 좀 더 적

극적으로 소비하는 층도 존재한다.[12]

## 5) 직접 참여하는 한류

예전의 한류가 교포 2세들 위주로 한국 대중문화를 수동적으로 접하는
현상을 보인데 반해, 최근 K-pop을 즐기는 젊은이들은 좀 더 능동적인
형태를 보인다. 한국의 엔터테인먼트 회사들이 끊임없이 미국이나 유럽
시장 진출을 시도하면서 한국 가수들이 미국에서 공연하는 기회가 많아
진 것도 능동적 문화체험을 가능하게 한 이유가 될 수 있다. 콘서트를 보
기 위한 표를 사고, 비행기 표를 사서 다른 주까지 가서 콘서트를 보는 소
비자들은 그곳에서 만난, 같은 문화를 즐기는 사람들과 자발적인 공동체
를 형성하면서 더 넓은 팬 그룹을 형성하게 된다. 본 연구의 대상자 학생
들의 경우에도 이런 적극적인 팬 활동을 보여주는데, 한국어 수업을 듣는
것도 이런 활동의 하나라고 볼 수 있다. 킴벌리는 한국어 수업에서 얻은
것은 한국어 능력뿐이 아니라고 한다.

> 사실 저는 한국 대중문화를 좋아하지만 사회 · 문화적 배경에 대한 지식이
> 전혀 없었어요. 그런데 한국어 수업 시간을 통해서 많은 것을 배웠어요. 그동
> 안 드라마를 보면서도 잘 이해하지 못 했던 한국의 가족 관계라든지, 사회적
> 인 상하 인간관계 같은 거요. 한국어를 배워서 드라마에 나오는 한국어 단어
> 들이 좀 더 잘 들리게 되어서도 기쁘지만, 드라마 내용을 이해하는데 이 수업
> 이 상당한 도움이 돼요.

---

12  Huat, C.B, & Iwabuchi, K. (Eds.), *East Asian Pop Culture: Analyzing the Korean Wave*, Hong
   Kong: Hong Kong Unviersity Press, 2008, p.88

연구 대상자 여덟 명 모두 대학교에 와서 한국어 수업을 들은 이유가 중·고등학교 때 즐기던 K-pop의 노래나 드라마를 더 잘 이해하고 싶었기 때문이라고 응답했다. 즐겨 보는 드라마에서 한국 배우들이 하는 이야기를 자막이 아닌 한국어로 이해하고 싶었다고 한다. 킴벌리와 알리아는 K-pop에 대한 뉴스나 정보, 물품 판매, 오디션 등의 다양한 콘텐츠를 제공하고 있는 인터넷 블로그인 〈헬로우 케이 팝스〉에서 '쉐익더김치'라는 24시간 라디오 방송을 공동으로 진행하고 있다. 이들은 올해 초 필자의 한국어 수업에서 처음 만나서 의기투합해 이 라디오를 열게 됐다. 이 라디오는 24시간 최신 한국 노래를 틀어 주는데, 미국은 물론 아시아, 호주, 유럽 등 전 세계의 한국 음악 팬들이 이 사이트에 접속해서 한국 노래를 듣는다. 미국 동부 시간으로 일요일 밤 10시에서 12시 사이에는 두 디제이가 직접 출연해서 한국 노래와 가수 혹은 배우들에 대한 이야기를 나눈다. 아이돌 가수들의 신변에 대한 이야기들이 주된 내용이다. 예를 들면 2PM의 닉쿤이 광고를 찍었는데, 그 광고가 어땠는지, 닉쿤의 태국 팬들의 반응은 어떤지, 그리고 소녀시대의 멤버 중에 누가 제일 호감이 가는지와 그 이유 등등, 마치 한국 청소년 팬들의 대화를 듣는 듯한 느낌이다. 이들은 일주일에 한 번 있는 방송을 위해서 매일 영어로 된 소속사 사이트나 엔터테인먼트 뉴스를 보는 등 한국에서 어떤 일이 일어나고 있는지 점검한다. 특히 이 라디오는 음악을 듣거나 방송을 들으면서 실시간 채팅을 할 수 있는데, 청취자 수가 천여 명에 이르고, 방송 중에 적극적으로 참여하는 채팅 회원만 50여 명에 이른다.

이렇게 팬들이 직접 공동체를 형성해서 정보를 나누고 콘서트 표를 공동

구매하는 등의 적극적인 활동은 미국에서의 한류 파급을 위해 상당히 고무적인 현상이다. 실제로 두터운 한류 팬 층을 형성하고 있는 일본의 경우 적극적인 팬 활동이 〈겨울연가〉라는 드라마의 신드롬을 일으켰다고 볼 수 있다. 일본을 강타했던 한국 드라마 〈겨울연가〉의 이미지는 미디어가 만들어 낸 것이 아니라 팬들에 의해서 형성되었다는 요시타가의 주장은 설득력이 있으며 앞으로 미국에서 한류의 방향을 제시해 준다. 일본의 경우, 팬들은 인터넷을 통해 자체적으로 정보를 공유하고 모임을 가졌었다. 팬들은 미디어가 그들이 이미 알고 있는 정보만을 보도한다면서 주요 언론 매체에 불만을 표시했는데[13] 이는 그들의 활동이 단지 미디어가 제공하는 정보를 수용하는 소극적인 태도에서 자체적으로 정보를 수집하고 공유하는 적극적인 형태로 바뀌었음을 보여 주는 좋은 예라고 할 수 있다.

### 6) K-pop을 즐기는 이유

필자와 인터뷰한 미국 대학생들이 좋아하는 한국 노래는 트로트나 발라드 등의 노래가 아닌 우리가 아주 서구적이라고 느끼는 아이돌 그룹의 댄스곡들이 주류이다. 연구 대상자가 공통적으로 좋아하는 한국의 가수나 그룹은 비, 에픽하이, 슈퍼 주니어, 샤이니, 2NE1, Miss A, 소녀시대, 비스트, 빅뱅, 동방신기, f(x) 등이었다. 아이돌 가수라고 하더라고 개별적으로 활동하는 가수보다 그룹으로 활동하는 그룹 가수가 더 인기가 많음을 알 수 있었다. 인터뷰를 했던 모든 학생들은 한국 가요(특히 아이돌 가

---

**13** Huat, C.B, & Iwabuchi, K. (Eds.), *Ibid.*

수의 노래)가 미국의 팝송과 비슷하게 들리지만, 좀 더 발전된 형태라고 입을 모았다. 그들은 특히 보이스와 믹싱, 춤 면에서 한국 노래가 낫다고 느낀다면서 미국 노래보다 더 자주 듣거나 아예 한국 음악만 듣는 경우도 있다고 한다. 알리아는 자신 스스로 인도계 미국인이어서 일반 미국인보다는 좀 더 보수적인 집에서 자랐다고 말하면서 한국의 아이돌 그룹의 뮤직비디오를 보면 미국 가수들의 뮤직비디오에 비해 더 순수한 느낌이 난다고 한다. 특히 미국의 팝이 다소 공격적이고 폭력적이라고 느껴지는 반면 한국 아이돌 그룹의 노래들은 가사나 율동, 리듬 등이 더 보수적이고 순수하게 느껴진다고 한다. 특이한 점은 이 학생들은 우리가 예능이라고 부르는 〈1박 2일〉이나 〈무한도전〉 등 한국의 리얼리티 쇼도 좋아한다는 것이다. 한류 마니아들은 '강호동'과 '유재석'을 알고 그들의 유머를 재미있어 한다. 이런 예능프로그램을 좋아하는 이유는 미국 대중매체에 자주 등장하는 선정성이나 폭력성이 없다는 점이다.

필자의 소견으로는 한국 트렌디 드라마에 등장하는 현대식 배경이 미국인들에게 낯설지 않은 것도 한국 드라마를 재미있어하는 이유 중 하나인 것 같다. 이미 미국에서 상당히 인기를 끌고 있는 현대나 기아 같은 한국 차, 미국 학생들이 즐겨 쓰는 엘지나 삼성 휴대 전화기, 미국 가정에서 널리 애용되고 있는 엘지, 삼성 등의 가전제품들이 등장하는 한국 드라마의 배경이 결코 낯설지 않다는 것이다. 그리고 한국의 젊은 드라마 팬들처럼 이들은 빠른 스토리 전개와 내용을 아주 흥미롭게 느끼며, 화제가 되는 재미있는 장면에 열광하기도 한다.

민은 한국 드라마에 나오는 남자들이 특히 너무 멋있다고 한다.

미국 남자 배우들도 멋있지만 그들은 한국 남자들에 비해 너무 남성성을 부각시켜서 강하게 느껴져요. 하지만 드라마 속에 나타난 한국 남자들은 부드러운 것 같아요. 한국 드라마의 줄거리도 재미있지만 극중 멋있는 남자가 많이 등장해서 한국 드라마를 자주 봐요. 요즘은 방학이라서 하루에 3~4편씩 볼 때도 있어요.

수잔의 경우에는 한국 드라마에 나오는 남성의 이미지 중에 '나쁜 남자'의 캐릭터에 끌린다고 한다. 미국 드라마에서는 흔히 볼 수 없는 독특한 캐릭터다. 겉으로는 퉁명스럽고, 여자에 대한 배려가 없는듯하지만 속으로는 따뜻하며 한 여자만을 사랑하게 되는 모습이라고 할 수 있다. 한국 드라마를 즐기는 미국 여학생들의 대화는 마치 한국 여학생 팬들의 대화와 흡사하다. 드라마 줄거리에 대한 것이거나 자신이 좋아하는 배우의 극중 캐릭터나 사생활 이야기 등이 주 내용이다.

### 7) 미국에서의 한류의 미래

K-pop에 빠진 미국 학생들은 좀 더 적극적으로 팬 활동을 하고 싶어 한다. 팬클럽에 가입해서 한국의 팬들과 대화도 나누고 싶어 하고, 좋아하는 배우가 나오는 드라마도 더 적극적으로 보고 싶어 한다. 하지만 한국의 공영방송이나 인터넷 홈페이지 등은 대부분 한국의 주민등록번호 입력을 요구한다. 그래서 실제로 한국어를 배워서 적극적으로 한국 사이트들을 찾아서 참여하고 싶은 희망이 현실화되기는 쉽지 않은 듯하다.

제인은 이 부분에 대해 불만을 토로한다.

미디어와 문화

아무래도 영어로 된 정보는 충분하지 않을 때가 많아요. 정확한 정보인지도 조금 의문이고요. 그래서 좀 더 많은 정보를 얻거나 유튜브나 영어로 된 드라마 포털 사이트에 없는 방송을 보고 싶어서 한국 포털 사이트나 방송국 사이트에 접속하려고 해도 회원가입이 외국인인 저로서는 불가능한 것처럼 보여서 포기했어요.

인터뷰에 응한 학생들이 공통적으로 아쉬워한 부분은 한국 가수들의 미국 공연에 대한 부분이다. 실제로 그들이 좋아하는 한국 아이돌 그룹은 한국 내 활동이나 아시아권 국가의 순회공연 등으로 바쁘기 때문에 멀리 미국까지 오기도 쉽지 않을 뿐만 아니라, 미국의 주요 도시 공연이라고 하면 한인 밀집 지역인 로스앤젤레스나 뉴욕 등의 대도시가 대부분이다. 동서부의 시차가 3시간이나 날 만큼 큰 영토를 가진 나라에서는 거리적으로 먼 곳에서 열리는 공연은 외국 공연과 별반 다르지 않다.

킴벌리는 로스앤젤레스 할리우드 볼에서 열린 한국 가수들의 공연에 다녀온 적이 있다고 언급하면서 워싱턴 D.C.에 그런 좋은 공연이 없음을 아쉬워했다.

저는 미국 어디라도, 제가 좋아하는 가수들의 공연이 있다면 갈 거예요. 한 가지 아쉬운 점은 미국의 수도인 워싱턴 D.C.에는 한국 아이돌 그룹의 공연이 없다는 것이에요. 사실 이곳에도 상당한 수의 K-pop팬들이 있는데 말이죠. 지난번에 할리우드 볼 콘서트에 가서 제가 좋아하는 가수들을 보고 직접 한국어로 인사도 했는데, 그때의 감격을 잊을 수가 없어요. 워싱턴 D.C.의 스미소니언 박물관에서는 매년 한국 영화제가 열릴 정도로 한국 문화에 대한 관심이 뜨거운데, 왜 한국 가수들의 공연이 없는지, 너무 아쉬워요.

이곳의 K-pop 마니아들은 한국의 팬들처럼 좋아하는 가수나 배우에 대한 더 많은 정보를 얻고 싶어 하고, 최근 근황을 알고 싶어 하며, 직접 그들의 얼굴이라도 보고 싶어 한다.

마지막으로 연구 참여자들이 불만을 토로한 부분은 한국 드라마의 영어 자막에 대한 부분이다. 이들은 한국 드라마를 거의 실시간으로 볼 만큼 한국 드라마에 빠져 있는 마니아들인데 영어 자막 서비스가 이들의 욕구를 충족시키지 못하고 있다는 것이다. 최신 드라마에는 영어 자막이 바로 제공되지 않으며, 제공되더라도 이해가 안 가는 번역이 상당수라는 것이다. 아무래도 이들이 영어를 모국어로 사용하는 문화 소비자이기 때문에 의미가 전달되지 못 하는 영어 번역이 답답하게 느껴질 때가 많을 수 있다. 그래서 알리아의 경우에는 한국어를 배운 이후에는 이해가 안 가는 자막이 있는 부분을 잠시 중지 시켜 놓고 대사에 나오는 단어를 듣고 온라인 한영사전을 찾아보기도 한다고 전했다.

> 한국 드라마를 너무 좋아하기 때문에 그냥 대충 볼 수가 없어요. 장면 하나하나 열심히 보다가 중요한 대사가 나오면 한국어로 기억하려고 노력해요. 그리고 영어 자막이 맞는지 확인도 해 보고요. 아무래도 제가 높은 수준이 아니니까 다 알아들을 수는 없지만, 중요한 단어들은 귀에 들어오거든요.

## 4. 결론

본고에서는 아시아권을 휩쓴 한류 바람이 문화, 사상 및 사회구조, 언어가 상이하게 다른 미국까지도 불어올 수 있는지에 대해 알아보고자 했다. 인터뷰를 통한 질적 방법론을 통해 미국의 한국 대중문화 소비자들의 이야기를 들어 보고자 필자가 대학에서 가르치는 한국어 수업을 들었던 미국 학생들과의 인터뷰를 통해 그들이 한류를 접하게 된 계기와 팬 활동 및 한국 대중문화에 빠진 이유에 대해서 살펴보았다. 연구 대상자들이 한류를 접하게 된 계기는 주로 한국 혹은 아시아계 친구나 인터넷, 텔레비전 등의 대중매체를 통해서이다. 특히, 동영상을 자유롭게 볼 수 있는 유투브라는 사이트가 큰 공헌을 했다고 해도 과언이 아닐 만큼 연구 대상자 모두가 가장 많이 이용하는 매체이다. 이 학생들이 주로 즐기는 장르는 가요, 영화, 드라마, 예능프로 등 다양하지만, 음악은 주로 아이돌 그룹이라고 불리는 그룹의 노래들을 즐겨 들으며, 아이돌이 등장하는 드라마나 예능을 찾아보기도 한다. 이들은 또한 한국에서 방영되는 최신 드라마를 영어 자막 서비스가 제공되는 드라마 포털 사이트를 이용해서 챙겨 본다. 아시아권의 한국 대중문화 소비자들은 한국의 동양적 문화와 그에 따른 가치관이나 생활 형태의 동질감에서 빠르게 한류의 팬이 되었다. 반면 미국의 소비자들은 그들이 한류에 빠진 이유에 대해 서구화된 한국의 모습 속에 그들과 다른 동양적인 사고나 행동양식이 공존하고 있어서 거부감이 들지 않으면서도 특이한 매력이 있다는 것 때문으로 설명한다. 또한 한국의 대중문화가 미국의 대중문화보다 덜 선정적이고, 폭력적이며 다소 보수적이면서 순수하게 느껴진다는 매력이 순수함을 지향하는 젊은이들을 K-pop에 빠지게 하는 것 같다.

필자는 본 연구를 통해 원더걸스가 미국 시장에 진출했던 것처럼 영어를 구사하면서 미국인의 취향에 맞는 공연을 보여주는 것만이 미국에서 한류를 성공적으로 이끄는 것은 아니라는 결론에 이르렀다. 연구 대상자와의 인터뷰와 필자의 경험에 의하면 미국 학생들이 한국 그룹이나 가수에 열광하는 것은 그들이 부르는 노래 가사 때문이 아니다. 우리가 예전에 팝송의 가사를 몰라도 비틀즈에 열광했던 것처럼, 그냥 한국적인 독특한 분위기에 끌리는 것이다. 인터넷을 삶의 일부분으로 삼고 있는 젊은이들에게는 물리적인 거리는 중요하지 않다. 중요한 것은 콘텐츠다. 극중에 멋진 모습을 보여 주는 인지도 있는 배우이다. 성룡이 미국에서 유명해질 수 있었던 것은 그가 완벽한 영어를 구사하며, 미국 문화를 완전히 이해하는 교포 2세의 모습이 아니라 외국인임이 느껴지는 악센트 있는 영어, 아시아인에 대한 시각에 부합되는 무술인 역할 등으로 미국인이 원하는 아시아 남성의 역할을 잘 소화해 냈기 때문이다. 하지만 성룡을 기억하는 미국의 팬들은 그가 아시아인 중에 인기 있는 배우라는 단서를 단다. 미국에서 만들어진 영화 속에 등장하는 성룡이 맡은 배역은 미국인들이 아시아인에게 가지는 편견에서 벗어나지 못하는 역할이기 때문이다.

이와는 대조적으로 본 연구대상자인 한국 드라마를 즐겨보는 미국 여대생들에게 인식된 드라마 주인공 남자는 '아시아인'이라는 단서가 붙지 않는다. 그냥 그 배우의 인종과 상관없이 멋진 남자일 뿐이다. 마치 레오나르도 디카프리오가 〈타이타닉〉에서 그려낸 멋진 모습처럼 말이다. 필자의 생각으로는 한류의 바람은 스스로 미국까지 불어오고 있다. 굳이 우리가 미국에서 한국 대중문화 사업을 일으키지 않아도, 아시아권에서 팬들이 한국 대중문화를 찾았던 것처럼, 미국인들도 인터넷 등의 미디어를 통해, 스스로 언어와 문화적 차이를 극복하면서 K-pop을 주체적으로 즐기는 한국 대중문화 소비자가 될 것으로 전망한다. 그러므로 한국 대중문화의 국외 판로에 대한 투자보다는 국내에서 만드는 문화콘텐츠의 질을 높이는 전략의 중요성이 강조되며, 한류의 파급 효과를 이용해 우리가 수출할 수 있는 음식, 관광, 한국어 등 다른 문화 아이템의 수출에 대한 노력이 필요하겠다. 더불어 한국 및 동양의 우수한 전통 사상이 서구인들에게 한류의 바람을 타고 전해지길 기대해 본다.

# :: 한국 전통굿의
# 문화콘텐츠적 특성 연구

심 상 교

# 1. 서론

본고는 동해안별신굿 세존굿의 〈당금애기〉[1]에 내재한 문화콘텐츠 활용 가능성 그리고 동해안별신굿의 공연적 특성과 축제성에 대해 연구한다. 지금까지 동해안별신굿은 제의적 관점에서 주로 해석되어 왔다. 본 연구는 기존의 연구관점과 달리 문화콘텐츠적 활용가능성과 연행성, 축제적 특성을 고찰한다.

동해안별신굿은 봉건제적 가치관이 지배하던 사회에서 어촌과 농촌의 세시풍속과 관련되어 주로 공연되었기 때문에 동해안별신굿의 여러 요소들은 제의적·사회정치적 조건 안에서 주로 해석되었다. 기존 관점에 문화콘텐츠적 요소를 살피는 일과 연행성과 축제성과 관련지어 확대할 필요가 있다.

굿과 문화콘텐츠는 어떻게 만날 수 있을까, 굿을 어떻게 문화콘텐츠로 변주시킬 수 있을까? 굿은 아날로그적 성격의 대표적 소통물이다. 반면, 문화콘텐츠는 기호화 상징화하는 디지털 시대의 대표적인 소통물이다. 상반된 성격의 굿과 문화콘텐츠가 서로 만나고 전자가 후자로 재창조

---

1 당금애기는 등장인물이고 〈당금애기〉는 무가 전체 즉, 작품을 의미한다.

되기 위해서는 굿에 대한 분석이 문화콘텐츠화에 적절해야 한다. 각종 대본에 활용할 수 있도록 화소의 '문화기획화 유용성'을 높이거나 상징성을 구체화하고 창의적 표현기법이 수용 가능한 소재[2]가 되도록 분석해야 한다. 그리고 아날로그적 성격과 디지털적 성격의 균형을 고려해야 하고 재미를 유발할 수 있는 요소를 찾아내는 분석도 병행해야 한다. 시대의 변화에도 불구하고 변하지 않는 것이 인간의 본성이라는 점을 분석 기저에 두어야 한다.

굿은 인간문화 원형 중 가장 원시적 형태의 소통물이다. 수많은 시대의 변화를 뚫고 현재에 이른다. 인간 삶의 다양한 요소를 반영하며 혹은 그런 요소들의 흐름에 밀리면서 독특한 세계를 구축해 왔다. 굿의 대중성과 여러 장르를 포괄하는 융합성 등을 잘 보여준다. 문화의 블랙홀처럼 다양한 장르를 흡수해 온 장르가 굿이기 때문에 굿 안에 집적된 다양한 요소가 새로운 경체가치로 창출되는 고찰은 적절하다.

놀이나 예술은 인간과 현재에 대한 통찰을 담는다. 인간과 현재에 대한 통찰은 현재의 인간 모습을 반영하는 것이면서 미래에 대한 전망을 포함한다. 이에 대한 종합적 논의를 위해서도 문화콘텐츠적 관점의 논의는 필요하다.

최근의 별신굿은 도시적 분위기도 반영한다. 어촌지역이지만 도심이 발달되어 있고, 어촌지역 출신으로 도회지에 나가 생활하는 사람이 많으며, 어민의 자손들 중에서 도회지에 나가 생활하는 사람도 많다. 그래서

---

2 문경일·배상빈, 『문화경제분석』, 홍릉과학출판사, 2006, 192쪽 참조.

굿의 내용이 어업에 관한 것만으로 한정되지 않고, 우리 삶의 전체와 관련된다. 삶의 전체와 관련을 맺되, 엄숙하고 장중한 분위기만이 있는 것이 아니라 많은 사람들의 관심을 유도하고 일반화된 매스미디어의 영향 때문에 공연상황에 다양한 매체의 대중적 공연 기법도 도입된다.

동해안별신굿은 현재 중요무형문화재 제82-가호로 지정되어 있으며 연행되는 지역은 1970년대까지는 160개[3] 이상이었으나 현재는 많이 줄어들었다. 지역적으로는 줄었으나 외적인 규모면에서는 성대해 졌다. 굿이 연행되는 굿당이 커졌고 마을 주민들이 굿을 관람하기 편하게 굿당을 꾸미며[4], 제물도 훨씬 풍부하게 차려지며 굿제단에 차려지는 지화나 장식[5] 등도 풍성해져서 '볼거리'도 많이 제공하고 있다.


## 2. 동해안별신굿 연구사 현황

동해안별신굿에 대한 연구는 무가채록 및 무가정리, 무가의 의미분석, 무무, 무악, 무극, 무구 등의 영역에서 연구가 진행되었다.

동해안 무속에 대한 연구는 1920년대 손진태[6]에 의해 본격적으로 시작

---

3  최길성, 『한국무속지』, 아세아문화사, 1992, 46~48쪽 참조.

4  겨울에 연행되는 동해안별신굿의 경우 튼튼하게 만들어진 천막 안에서는 선풍기가 돌아가야 할 정도로 보온과 관람의 안락이 배려된다.

5  80년대 이전의 동해안별신굿 연행 사진을 보면 지화가 8가지에 한 송이 정도가 차려진 경우도 볼 수 있으며 과일의 경우 서너 개가 진설된 경우도 있으나 요즘 굿제단은 지화의 경우 10가지에 한 지화당 10송이 이상이 놓여지며 제물도 과거(80년대 이전)보다 풍성하다.

6  孫晉泰, 『朝鮮神歌遺篇』, 鄕土硏究社, 1930, pp.177~204쪽 참조. 여기에서 손진태는 소장

되었다. 무가와 관련되어서는 김태곤[7], 이두현[8], 김선풍[9], 임재해[10], 정병호[11], 박경신[12], 이균옥[13], 정운성[14], 김헌선[15], 윤동환[16] 등이 뒤를 이었다. 일본 학자[17]의 연구도 있었고, 최길성의 「무속」[18], 임동권 등의 『무형문화재

---

자를 大巫 석성녀(石姓女)로 기록하였으나, 이후의 글에서 당시의 오문(誤聞)이었다고 고백하고, 한순이(韓順伊)의 소장본이라고 정정하였다. 孫晉泰, 「朝鮮佛敎의 國民文學」, 『佛敎』88, 10月, 佛敎社, 1931, 35~36쪽에서도 이런 사실을 밝혔다.

7  金泰坤, 『韓國巫歌集』 I, 集文堂, 1971, 193~388쪽 참조.

8  李杜鉉, 「東海岸別神굿」, 『無形文化財調査報告書』 第162號, 文化財管理局, 1984, 45~105쪽 참조.

9  金善豊, 『韓國口碑文學大系』 2-1 江原道 江陵・溟洲篇, 韓國精神文化硏究院, 1980, 405~481쪽・616~695쪽・716~902쪽 참조.
　金善豊, 『韓國口碑文學大系』 2-3 江原道 三陟郡篇, 韓國精神文化硏究院, 1981, 415~498쪽・582~658쪽・716~902쪽 참조.
　金善豊・金起高, 『韓國口碑文學大系』 2-4 江原道 東草市・襄陽郡篇, 韓國精神文化硏究院, 1983, 270~305쪽・524~581쪽 참조.

10  趙東一・林在海, 『韓國口碑文學大系』 7-2, 慶尙北道 慶州・月城篇, 韓國精神文化硏究院, 1980, 792~882쪽 참조.

11  鄭昞浩, 「굿놀이」, 無形文化財 調査報告書 15, 文化財管理局 文化財硏究所, 1991, 28~64쪽 참조.

12  朴敬伸, 『東海岸別神굿 巫歌』 1~5, 國學資料院, 1993; 朴敬伸, 『韓國의 別神굿 巫歌』 1~12, 國學資料院, 1999.

13  李均玉, 『동해안별신굿』, 박이정, 1998.

14  鄭云盛, 「東海岸 오기굿과 巫歌 硏究」, 관동대 대학원 석사학위논문, 1997.

15  김헌선, 『동해안 화랭이 김석출 오구굿 무가 사설집』, 월인, 2006.

16  윤동환, 『한국의 무가』 11, 민속원, 2007.

17  村山智順, 『部落祭』, 朝鮮總督府, 1937, 40~45쪽・61~71쪽 참조.

18  崔吉城・李輔亨, 「巫俗」, 『韓國民俗綜合調査報告書』, 慶尙南道篇, 文化財管理局, 1972, 187~280쪽 참조; 張籌根, 「巫俗」, 『韓國民俗綜合調査報告書』, 江原道篇, 文化財管理局, 1977, 172~219쪽 참조.

조사보고서』로 「강릉단오제」[19], 「꽃일」[20] 등이 있다. 1980년 이후 문화재 관리국 또는 국립문화재연구소에는 『강릉단오제 실측조사보고서』[21], 『동해안별신굿』[22], 그리고 전국 단위로 행해진 『무무』[23], 『굿놀이』[24], 『무구』[25], 『무·굿과 음식』[26] 등의 무형문화재 조사보고서와 기록도서를 발행했다.

동해안별신굿을 연극적 관점에서 연구한 논의도 여러 편이다. 이두현[27], 장휘주[28], 유인경[29], 신동흔[30], 한전기[31], 심상교[32], 최성진[33]의 연구가 있고,

---

19　任東權, 「江陵端午祭」, 『無形文化財 調査報告書』第9號, 文化財管理局, 1966, 281~420쪽 참조.

20　沈雨晟, 「꽃일(紙花匠)」, 『無形文化財 調査報告書』第106號, 文化財管理局, 1973, 647~687쪽 참조.

21　金善豊 外, 『江陵端午祭 實測調査報告書』, 文化財管理局, 1994.

22　박경신·장휘주, 『동해안별신굿』, 화산문화, 2002.

23　鄭昞浩, 『巫舞』, 無形文化財 調査報告書 8, 文化財管理局 文化財研究所, 1987.

24　鄭昞浩, 앞의 책, 1991.

25　國立文化財研究所 篇, 『巫具』, 서울시·경기도·강원도, 民俗苑, 2005, 221~316쪽 참조; 『巫具』, 경상도, 민속원, 2005, 17~84쪽·176~193쪽 참조.

26　國立文化財研究所 篇, 『巫·굿과 음식』3, 國立文化財研究所, 2005, 95~223쪽 참조..

27　李杜鉉, 「東海岸別神굿」, 『韓國文化人類學』13集, 韓國文化人類學會, 1981.

28　장휘주, 「慶尙道 東海岸 別神굿의 演行構造」, 『韓國音樂史學報』31集, 2003.

29　유인경, 「東海岸別神굿 거리굿의 祝祭劇的 性格」, 『國際語文』22集, 國際語文學會, 2002.

30　신동흔, 「민간연희의 존재방식과 그 생명력」, 『구비문학연구』10집, 한국구비문학회, 2000.

31　한전기, 「동해안별신굿의 공연특성 연구」, 청주대 대학원 석사학위논문, 1999.

32　심상교·이철우, 「東海岸別神굿 중 거리굿의 演劇的 特徵考察」, 『韓民族文化學會』8集, 韓民族文化學會, 2001.

　심상교, 「동해안별신굿 지화 연구 Ⅰ」, 『한국무속학』6집, 한국무속학회, 2003.

　심상교, 「영남동해안지역 동해안별신굿의 연행특성과 축제성」, 『한국무속학』10집, 2005.

　심상교, 「동해안별신굿의 축제성」, 『한일 축제문화 비교』(2006년 한일국제학술발표회), 주최:비교민속학회·輪島文化協會, 장소: 輪島文化會館, 2006.7.29.

　심상교, 「동해안별신굿의 연극적 특성 연구」, 『강원민속학』20집, 2006.9.30.

---

웹사이트 상[34]에서 관련 영상자료를 소개하고 있다.

## 3. 동해안별신굿의 개관

### 1) 동해안별신굿의 구성과 특성

동해안별신굿의 공연성과 축제성에 대한 연구는 굿의 내용적 측면과 굿의 전체구성, 굿의 연행적 특성, 각 지역마다의 특성, 각 석(굿)마다의 주요 특성 등에 대해 알아보자.

동해안별신굿은 지역마다 조금의 차이는 있지만 대략 내당굿은 1. 부정굿-2. 당맞이굿-3. 문굿-4. 가망굿-5. 세존굿-6. 제석굿-7. 군웅굿-8. 부인굿-9. 성주굿-10. 천왕굿-11. 손님굿-12. 황제굿-13. 대왕굿-14. 걸립굿-15. 대신굿 순으로 진행되고, 외당굿은 1. 가망굿-2. 세존굿-3. 심청굿-4. 제석굿-5. 산신굿-6. 용왕굿-7. 천왕굿-8. 지신굿-9. 장수굿-10. 월래굿-11. 영산맞이굿-12. 거리굿 순으로 진행된다.

내당굿은 대중적 공연성, 축제성이 어우러지는 가운데 풍어·풍농·안

---

심상교, 「동해안별신굿에 나타난 연극적 연출의 축제성 의미 연구」, 『비교민속학』 33집, 2007.

심상교, 「동해안별신굿의 문화콘텐츠화 가능성 연구」, 『한국학연구』 26집, 고려대 한국학연구소, 2007.

심상교, 「동북아 전통연희에 나타난 문화적 감성과 문화콘텐츠적 요소」, 『한민족문화연구』 22집, 한민족문화학회, 2007.

**33** 최성진, 「동해안별신굿의 계면굿 연구」, 대구대 대학원 석사학위논문, 2006.

**34** http://www.koreanfolk.net

녕·기복성을 띤다. 외당굿은 내당굿의 특성에 공연성이 더 확대된다.

동해안별신굿에는 굿당을 아름답게 꾸미는 장식물도 다양하다. 수십종의 지화, 용선, 초롱등, 수박등, 탑등, 허개등 등 얇은 색지로 만든 다양한 장식물이 굿당을 꾸민다. 그리고 곤반, 탈굿, 거리굿 등 연극적 요소가 뚜렷한 굿도 있다.

### 2) 동해안별신굿의 구조

청신－오신－송신은 굿의 기본구조다. 이는 무당중심의 구조다. 동해안별신굿에서 연행되는 굿도 이와 같은 구조로 분석할 수 있다. 그런데 이런 구조에는 굿과 동해안별신굿의 주체가 빠져있다. 동해안별신굿에서는 더욱 그렇다. 동해안별신굿위원회를 구성하고 동해안별신굿에 참여하여 동해안별신굿을 흥겹게 하는 마을 사람들이 배제된 구조인 것이다. 마을 사람들의 주체적 위상을 고려하여 청신－오신－송신의 구조에 '위민'를 넣는 것이 옳다. 그래서 청신－오신－위민－송신의 구조가 되는 것이 맞다.

'위민'이란 동해안별신굿을 지내는 마을 주민들이 주체가 되어 흥겹게 놀기도 하고 자신들을 위해 복을 비는 축원의 성격을 포함하는 용어다. 즉 동해안별신굿은 결국 마을 주민이 주체이고 마을 주민을 위한 것이라는 의미다. 신을 위하는 행위가 신에 대한 경외와 존경의 표시이면서 동시에 자신들의 안과태평과 재수발원을 희망하는 것이다. 신을 기리는 일과 축원이 동등한 가치와 위상으로 만나는 것이 동해안별신굿인 셈이다.

신을 모시고 흥겹게 하는 과정을 통해 복을 바는 점에서 청신－오신－송신의 구조는 유효하지만 굿은 굿 의뢰자의 관점을 더 확대할 필요가 있다. 동해안별신굿의 경우는 더욱 그렇다. 이 구조라면 신을 좌정시키고 이를 즐겁게 한 다음 송신하는 과정만 부각되지 굿 사이사이에 마을 사람들이 서로 인사하고 덕담을 나누며 춤추고 노래하며 즐거워하는 '놀음굿' 부분은 경시된다. 굿거리 사이사이에 진행되는 놀음굿이나 덕담을 나누는 과정을 보면 마을 사람들 자신의 즐거움을 만끽하기 위해 놀이하는 부분이 중요함을 볼 수 있다. 주민 즉, 인간이 주체가 되는 것이다.

## 4. 〈당금애기〉의 문화콘텐츠적 요소

〈당금애기〉의 판본은 여러 가지이나 본고에서는 빈순애가 구송하고 이균옥이 정리한 판본[35]을 논의의 대상으로 한다.

1. 삼한세존의 등장.
2. 삼한세존이 시주를 걷기 위해 서천서역국의 당금애기 집으로 감.
3. 부모와 형제는 모두 외출하고 당금애기는 하인들과만 집에 남음.
4. 삼한세존이 당금애기에게 시주를 청함.
5. 당금애기는 쌀을 시주하는데 삼한세존을 바랑에 구멍을 뚫어 쌀이 쏟아지게 함.
6. 삼한세존은 쌀을 젓가락으로 주워 담고, 주워 담는 동안 날이 저뭄.
7. 날이 저물자 삼한세존은 하룻밤 자고 가기를 청함.
8. 당금애기의 거절에도 삼한세존은 갖은 이유를 대며 하룻밤 머뭄.

---

[35] 빈순애 구술, 이균옥 채록, 「세존굿」, 『한국무속학』 2집, 한국무속학회, 2000.

9. 당금애기의 거부에도 불구하고 두 사람은 운명처럼 동침.

10. 다음 날, 삼한세존은 집을 떠나며 콩 3개를 주며 심부(尋父)시 이용하라 함.

11. 집에 돌아 온 부모 형제들은 당금애기가 임신한 것을 알고 당금애기를 산에다 버림.

12. 당금애기가 돌함에다 세 명의 아기 삼태자를 낳음.

13. 당금애기의 어머니가 당금애기와 손자들을 데리고 귀가.

14. 잘 자라던 손자들은 어느 날부터 아버지 없는 자식이라는 놀림을 받음.

15. 삼태자는 아버지를 찾기 위해 어머니가 준 콩을 심음.

16. 다음 날 엄청나게 자란 콩의 줄기를 따라 삼태자는 길을 나섬.

17. 콩의 줄기가 끝난 곳은 어느 절이었고 거기에서 아버지를 만남.

18. 아버지는 세 명의 자식에게 통과의례를 시켜 자식임을 확인.

19. 통과의례는 생선회를 먹고 생선 토해내기, 삼 년 전에 죽은 소뼈로 소 만들기.

20. 삼태자와 당금애기는 신직을 부여 받음.

만남과 이별이 사건 전개의 근간을 이루는 가운데 결혼과 탄생, 시련이 플롯을 엮는 끈으로 사용된다. 뚜렷한 서사구조가 형성되어 있음도 알 수 있다. 서사구조 안에는 여럿의 등장인물이 있으며 각 인물들은 각각의 개성을 지닌 채 서로 갈등하고 자신의 목표를 성취하기 위해 노력한다.

한 명의 무당이 소수의 반주자와 함께 어떤 이야기를 들려준다. 이런 〈당금애기〉는 고대 그리스에서 연극이 형성되던 당시의 모습과 유사하다. 유사한 점을 구체적으로 살펴보자.

첫째, 축제 즉, 굿이 열리는 가운데 연행되었다는 점이 유사하다. 초기 연극은 디오니소스축제와 관련을 맺고 당금애기는 마을굿과 관련을 맺는다. 신에게 제사를 올리며 다산과 풍요, 안녕과 행복을 기원하는 가운데 흥겹게 어울리는 점도 유사하다. 둘째, 극적 구조가 갖춰졌다는 점이 유사하다. 공연되는 작품에 근간되는 사건이 있고 등장인물들이 있으며 이들이 서로 갈등하고 갈등이 해소되는 점도 유사하다. 셋째, 신들을 주인공으로 내세우고 있다는 점이 유사하다. 고대 그리스의 초기 연극은 그리스 신화에 등장하는 인물들을 주인공으로 내세운다. 〈당금애기〉 역시 신화 속에 등장하는 인물들이 주인공이다. 넷째, 한 명의 주연배우에 의해 공연된다는 점이 유사하다. 초기연극에서는 배우 겸 작가가 이야기를 들려주듯 공연했는데 〈당금애기〉 역시 무녀가 주연 배우처럼 혼자서 〈당금애기〉 전 과정을 율격에 실어 들려준다. 다섯째, 코러스가 있다는 점이 유사하다. 초기 연극에서 코러스가 주요배역은 아니었지만 주연배우의 상대역을 맡기도 했다. 〈당금애기〉에서는 악사가 그런 역할을 맡는다. 코러스만큼의 비중은 없으나 굿이 진행되는 과정에서 없어서는 안 될 존재가 악사다. 악사는 사건 전개의 완급조절에 관여하며 내용 전개에 따른 관객의 감정변화와 진폭 조절에도 관여한다. 긴 대사를 통해 사건전개에 개입하지는 않지만 악사없이 무녀의 무가 구송은 불가하다. 여섯째, 율격에 실려 내용이 구송된다는 점도 유사하다. 운율이 있는 시처럼 구송된다. 초기 연극도 율격에 실려 시처럼 불려졌다. 이처럼 〈당금애기〉와 연극의 초기형태에 서로 유사한 점이 많다.

고대 그리스 시대의 연극은 이후 공연예술의 근간이 되었다. 〈당금애기〉에 들어 있는 고대 그리스 연극과의 유사점은 〈당금애기〉의 다른 장르로의 활용가능성을 보여 주는 것이다.

지금까지 동해안별신굿과 연극적 요소를 연결 지어 언급할 때 곤반이나 탈굿, 거리굿이 주로 논의되었다. 그래서 무극 혹은 굿놀이 등으로 불리며 논의되었다. 그런데 위에서 논의 된 것처럼 〈당금애기〉의 기본적 구성요인만을 고찰했는데 곤반, 탈굿, 거리굿에 못지않은 극적 요소가 있음을 알 수 있었다. 당금애기 뿐 아니라 손님굿, 심청굿, 성주굿, 천왕굿, 용왕굿에도 〈당금애기〉에 못지않은 극적 요소가 많다. 서사성이 강한 무가를 부르는 경우를 '연희창'[36]이라고 규정하기도 하는데 연희창이라는 용어 역시 굿에 연극적 요소가 많다는 점을 보여 주는 경우다.

## 1) 〈당금애기〉의 서사적 특성

〈당금애기〉의 서사적 특성에 대해 살펴보겠다. 〈당금애기〉의 등장인물들은 인간의 형상을 하고 있지만 신(神)적인 존재[37]다. 그들이 활동하는 장소나 내용도 인간세계와 닮았으나 비현실성이 짙은 가운데 허구적 세계의 환상성을 담고 있으며 신의 영역이라고 할 수밖에 없는 신성성을 보인다. 이런 점에서 〈당금애기〉는 신화라고 할 수 있다.

신들 사이에 일어나는 이러 저러한 사건들 대부분도 인간사의 그것과 유사하다. 다른 점은 인간세상에 일어나는 여러 자연 · 생명 · 심리 현상을 관장하고, 현실적으로 가능하지 않은 이적을 보이는 점이다. 〈당금애기〉에 이러한 신화적 특성이 그대로 나타난다.

당금애기는 대갓집 처녀인듯하지만 그녀의 부모와 오빠들은 천하공사

---

**36**  서대석, 『한국무가의 연구』, 문학사상사, 1980, 53쪽 참조.
**37**  환속한다는 판본도 있으나 대체적인 판본이 신직을 부여하고 부여받는 것으로 되어 있다.

지하공사를 나갔다. 당금애기 역시 신의 영역에 있는 존재임을 보여준다. 삼한세존의 등장으로 발생하는 사건도 인간세상의 일과 신의 영역의 일을 동시에 보여준다. 신의 세계를 인간을 통해 보여주는 신화의 예가 된다. 당금애기가 세존을 만나 하룻밤을 보내는 과정에도 인간의 영역과 신의 영역의 사건이 동시에 일어난다. 삼한세존의 행동과 심리에 신인(神人)의 복합적 모습이 특히 두드러진다. 당금애기의 임신 후 그에 대한 집안 식구들의 반응은 인간세상의 모습을 닮아 있으나 출산 후 자연과의 교감에서는 인간의 영역을 넘어선다. 출산 후 아들 세 명이 아버지를 찾아 가는 과정과 아들로 확인받는 과정도 인간세상에서는 현실적으로 일어나기 어려운 일들이다.

〈당금애기〉는 사이사이에 내밀한 심리가 들어가고 시련과 고난에 빠졌다 극복하는 과정이 개입되어 흥미진진한 플롯으로 형성되지만 크게 다섯 개의 화소로 이뤄진다. 1.만남, 2.이별, 3.출생, 4.재회, 5.입신(入神)[38]이 그것이다. 다섯 개의 화소는 세 아들의 출생 이전과 이후로 나눠진다. 전반부와 후반부는 각각 무엇을 의미하는가.

1.만남과 2.이별은 인간의 감정을 자극하는 화소다. 당금애기와 삼한세존이 만나 하룻밤을 보낸 후 이별한다. 혼자 남은 여신은 임신의 이유로 핍박받는다. 신의 세계지만 남녀의 만남과 이별, 그 과정에서 발생한 임신 등은 관객들이 관심을 갖기에 충분하다. 주인공 당금애기는 신적 형상에 인간적 심성이 적절히 융합되었기 때문에 연민의 감정 등을 강하게 자

---

[38] 여기서 입신은 입사처럼 '신의 세계에 들어가다'라는 의미로 쓴다.

극한다.

당금애기는 신적인 존재인데 자신의 정조가 위협받고 있는 상황에 대해 조금의 의심도 하지 않는다. 당금애기와 합방하려는 스님의 의도된 행위도 의심 없이 수용한다. 이런 점에서 당금애기의 인간적인 면모가 드러난다. 스님과의 첫 만남을 앞두고 설레는 마음을 나타내듯 치장하고 상대를 궁금해 하는 모습에서는 호기심 많은 순진한 소녀의 면모도 나타난다. 신분이나 의상의 색깔과 종류까지를 고려한다면 당금애기를 순결한 처녀로 인식할 수도 있다. 순진한 소녀이거나 순결한 처녀로 인식될 수 있는 인물이 의외의 난관에 봉착하고 급기야 버려지는 상황에 이른다. 이러한 고난은 관객의 연민을 불러일으키기에 충분하다. 만남과 이별이라는 자극적인 화소와 연민을 불러일으키는 고난은 극적 재미를 느끼도록 고안된 구성이다.

4.재회와 5.입신은 신의 탄생을 알리는 화소다. 난관에 처했던 당금애기는 신이적인 도움을 받아 난관에서 벗어나고 헤어졌던 남편 삼한세존과 재회한다. 당금애기의 세 아들은 아버지와 만난 후 시험을 거쳐 입신한다. 탄생이 재회로 이어졌고 재회는 다시 입신으로 이어졌다. 입신으로 마무리 된 점은 당금애기의 난관이 감격으로 승화됨을 의미한다. 희망하던 일들이 성취되면서 화해적 결말로 마무리된 것이다.

고난 극복은 우리 고전문학에서 많이 다뤄진 화소이다. 이 극복 과정에 감격적 요소가 들어가면 더 많은 애호층을 확보했다. 고난 극복은 화해적 결말로 이어질 수밖에 없는데 이런 내용이 남녀 간의 사랑 문제와 연결되면 더없는 대중적 요소가 되었다. 〈당금애기〉에는 고난 극복이 있고 감격적 요소도 있다. 남녀 간의 사랑문제도 중요한 부분으로 가미함으로써 여러 세대를 통해 대중적으로 애호되는 '대중적 고전문학'이 되었다.

재회 이후의 장면에서는 당금애기와 삼한세존의 재회보다 세 아들과 아버지의 만남에 더 의미를 둔다. 어미와 아내로서의 당금애기의 위상은 가려진다. 그보다는 세 아들의 존재가 부각되면서 세 아들과 아버지와의 관계가 전개의 중심이 된다. 세 아들과 아버지와의 관계가 확인되고 세 아들은 신이 된다. 모자관계나 부부관계보다 부자관계가 내용의 축이 된다. 이는 작품 후반부가 신의 탄생에 초점을 맞추는 것임을 의미한다. 작품의 전반부에서는 남녀 사랑문제에 초점을 맞추었으나 후반부마저 사랑문제 초점을 맞추면 굿에서 불리는 무가적 성격을 잃지 않기 위한 고려로 보인다.

세 아들 뿐만 아니라 당금애기도 신이 된다. 당금애기가 신으로 탄생되는 사건은 당금애기와 삼한세존의 관계가 완성됨을 보여주는 것이다. 신직부여를 통해 두 사람의 사랑이 완성되고 둘의 관계가 부부임이 확인된다. 작품전체를 완결 짓는 방식으로 사랑의 완성 즉 결혼의 확정을 선택한 것이다. 그러나 사랑의 완성을 남녀 간의 직접적 긴장 관계를 통해 성취하는 것이 아니라 간접적 관계 형성을 통해 완성을 일궈낸다.

그러면 〈당금애기〉는 왜 신의 탄생으로 초점을 이동하였는가? 그것도 생명의 신, 산신 탄생에 초점을 맞추는가? 그리고 그런 내용은 왜 오랫동안 관객들에게 애호되는가?

그 이유는 굿이 연행되는 이유와 연결될 것이다. 인간사에서 가장 중요한 일을 기원하려는 의도 때문이다. 〈당금애기〉를 통해 생명의 탄생과 안과태평, 시화연풍을 기원하는 것이다. 신의 탄생은 다산과 풍요, 안녕을 확약 받는 것을 의미한다. 굿이 연행되는 이유가 바로 이것이다. 굿에서 신의 탄생을 알리는 무가를 구송함으로써 다산과 풍요에 대한 기원과 이를 확약 받는 기쁨을 누리는 것이다. 〈당금애기〉가 무조신화적 측면도 있지만 관객과의 관계 속에서 보면 신의 탄생을 통해 마을 사람들의 종교적 기원에 부응하고 있는 것이다. 공연의 대중적 요인과 굿의 종교적 요인이 모두 충족되도록 연행되는 것이 〈당금애기〉인 것이다.

신의 탄생은 굿의 향유층인 마을 사람들에게는 고난 해소의 기대감을 갖게 한다. 고난에 처했던 당금애기와 아들들이 절대적 존재인 삼한세존의 도움을 받아 어려움을 극복했다. 이와 마찬가지로 고난에 처한 마을 사람들에게 신의 탄생은 자신들을 구원해 줄 절대적 존재가 된다. 마을 사람들의 기원이 신의 탄생을 통해 해소되는 것이다.

이상의 논의에서 보면 〈당금애기〉가 대중적인 굿이 된 연유는 인간 감정과 신이 영역이 적당한 비율로 섞인 서사에 원초적 심성에 부응하는 종교적 요인까지 갖추고 있기 때문인 것으로 보인다.

지금까지 당금애기의 서사적 특성을 구조적 측면에서 살폈다. 이제부터는 당금애기의 서사적 특성을 무당의 구송적 측면에서 살펴보겠다.

첫째, 무녀가 전체 내용을 주로 서사한다. 무가는 관객을 상대로 구송된다. 등장인물도 있다. 무당이 등장인물 한 역을 맡아 그 역의 대사를 하기도 한다. 그럼에도 소설처럼 상황전개나 인물의 심리를 전하는 서사가 이뤄진다. 그런데 〈당금애기〉에서의 서사가 소설과 다른 점은 공연상황을 반영하고 있다는 점이다. 일부에서 나타나는 특징이지만 '-같심니더',

'-는구나', '-있나' 등처럼 상황을 서사하되 무당이 서사내용의 전달자 역할을 하고 있음을 보여주기도 한다.[39]

서사는 행동보다 설명을 해야 될 부분에서 많이 발견된다. 내면심리를 드러내야 하고 비현실적인 내용 중에서 직접 보여주기 어려운 부분을 들려줄 때 서사를 이용하는 것이다. 많은 사건을 간략하게 요약해서 전달해야 될 경우나 집중적으로 보여주어야 할 경우에도 서사를 사용한다.

둘째, 무당의 구송은 소설[40]의 전지적 시점과 관찰자 시점을 넘나든다. 이러한 특성은 등장인물의 내면심리와 상황을 더 분명하게 드러내는데 일조한다.

내용전개와 상황에 대한 설명을 무당이 마치 소설 속의 작중화자가 되어 서술하듯 구송하는 경우가 많은데 보이는 상황만을 사실대로 들려주는가 하면 등장인물이나 상황에 개입하거나 간섭하기도 한다.

셋째, 대사형식과 노래형식이 반복된다. 〈당금애기〉가 대본이 역할을 하고 있음을 보여주는 경우다. 이 경우는 서사적 특성과 합쳐져 극적 흥미를 더한다. 무당 혼자 서사만을 이끌어 가면 공연물로서의 생명력은 약화되었을 것이다. 그런데 사건 전개의 전환점이나 특이한 상황 전개가 시작되거나 사건의 심각성이 정점으로 치달을 때 악사가 순간순간 개입한다. 서사에 호흡 조절을 하며 극적 흥미를 배가시키는 역할을 한다. 전개

---

**39**  그리스 희곡에서도 등장인물의 대사 속에 소설의 서사같은 부분도 있다. 그러나 배역을 각각 나눠서 하기 때문에 등장인물이 내용의 전달자처럼 대사하는 경우는 없다.

**40**  조남현, 『소설원론』, 고려원, 1993, 220~243쪽 참조.
권택영, 『소설을 어떻게 볼 것인가』, 동서문학사, 1992, 41~52쪽 참조.

상황을 서사하는 일은 없다. 그러나 드물게 특정 인물을 맡아 주무의 상대역이 되기도 한다. 노래는 무당이 부르는 것이지만 악사와 협연하지 않으면 안 된다. 서사성이 강하기 때문에 뮤지컬이나 오페라처럼 서사 내용을 노래에 얹어 풀어낸다. 공연적 상황에 재미를 더하기 위한 고안일 것이다.

## 2) 문화콘텐츠로의 변형

첫째 장르변주다. 장르변주는 특정의 작품을 문화콘텐츠화 하는데 효과적인 기법이 된다. 장르변주는 대본창작기술을 개발함으로써 얻어 질 수 있다. 이를 위해서는 '서사성의 공연성으로의 변화'[41]에 주목해야 한다. 〈당금애기〉는 그리스에서 연극이 형성되던 당시의 모습과 유사하다. 연극이 형식화의 완성을 이루기 직전의 모습을 〈당금애기〉에서 볼 수 있는 것이다. 〈당금애기〉와 연극의 유사점과 차이점을 앎으로써 장르변주의 특성을 알게 되고 이로부터 새로운 문화콘텐츠 생성에 도움 받을 점이 있을 것이다.

앞에서의 분석을 통해서 나타나듯이 문화콘텐츠화를 위한 장르변주를 위해서는 신인동형의 모습에서 나타나는 감정이입을 활용할 수 있고, 현실을 넘어서는 상상력도 활용할 수 있다. 한 존재의 이중적 모습을 통해 인간심리의 다양한 모습을 그리는 특성도 활용할 수 있다. 인간사의 화

---

41  최혜실, 『문화콘텐츠, 스토리텔링을 만나다』 SERI연구에세이 66, 삼성경제연구소, 2006, 121쪽 참조.

미디어와 문화

소를 근거로 내밀한 심리가 복합되는 점도 장르변주에 활용할 수 있을 것이다.

굿은 수천 년을 견뎌 온 대표적인 공연 장르다. 연극도 수천 년을 견뎌 온 공연 장르다. 오래 견딘 장르는 많은 것을 포용하는 특징이 있었거나 독립적이고 탄생에서부터 완전했기 때문에 지금까지 견뎌왔을 것이다. 굿의 포용적 특성과 연극이 성취한 형식의 완전성에서도 장르변주에 활용할 부분이 있을 것이다.

굿은 종교적 영역 혹은 민속적 영역에 남았고 연극은 예술적 영역에 남았다. 인간 심성의 가장 기저에 자리 잡도록 고안된 장치들과 이를 가장 높게 승화시키려는 장치들을 문화콘텐츠에 이용할 수도 있을 것이다.

〈당금애기〉는 굿의 속성과 연극적 속성을 모두 갖고 있다. 〈당금애기〉는 연극이 될 수도 있었을 것이다. 그런데 연극이 되지 않았다. 굿에서 독립하여 하나의 예술로 자리 잡을 수 있었음에도 계속 굿 속에 남은 이유 즉, 〈당금애기〉가 긴 생명력을 갖게 한 이유를 찾는 것이 〈당금애기〉를 문화콘텐츠화 하는데 도움을 줄 것이다. 이 부분에 대해서는 별고에서 좀 더 깊게 다루고자 한다.

둘째는 디지털과 아날로그의 균형성이다. 지난 25년 동안 사라진 물품은 대개 아날로그적인 것이었다.[42] 그 자리를 디지털 문화가 대체하고 있다. 그렇다 하더라도 디지털이 아날로그를 대체할 수는 없다. 아날로그와 디지털은 공존해야 한다. 균형이 깨지면 많은 문제가 나타날 수 있다.

---

42 『한국경제신문』, 2007년 6월 5일자 인터넷판.

따라서 디지털과 아날로그가 균형을 이루도록 해야 한다. 이는 디지털 시대에도 변함없을 인간의 본성과 관련된다.[43] 그래서 굿이 아날로그 시대에 만들어졌지만 상상력의 독특함으로 디지털 시대의 무한 변주에 어울린다.

신과 인간의 경계를 넘나드는 〈당금애기〉의 특성이 아날로그와 디지털의 경계를 넘나들며 균형을 맞추는 문화콘텐츠를 만들 때 유용할 것이다.

신적 형상에 인간적 심성이 융합되어 연민의 감정을 강하게 자극하는 특성이 이용될 수 있다. 감격을 이용해 희망하던 일들이 성취되면서 화해적 결말로 마무리되도록 하는 것도 이용될 수 있다. 결혼을 사랑의 완성 같은 소재로 구체적으로 이용될 수 있다. 그리고 시화연풍 안과태평같은 현실적인 요구를 문화콘텐츠에 반영시키는 방법도 있다. 신의 탄생 같은 절대자의 출현에 대한 기대를 담을 수도 있다. 그러면 인간 내면심리를 반영하는 심리적 리얼리즘을 만들 수도 있을 것이다.

〈당금애기〉는 전지적 시점과 관찰자적 시점을 혼용하여 서사성과 공연성을 넘나든다. 현재 시점에서 이런 특성을 콘텐츠로 활용하는 기법이 필요하다. 음악적 요소를 가미하는 것도 흥미로운 문화콘텐츠를 만드는 방법이 될 것이다.

셋째는 재미와 관련된다. 문화콘텐츠를 만들기 위해서는 '재미'[44]를 중

---

**43** 이광형, 「디지털 문화시대」, 『디지털 시대의 문화예술』, 문학과지성사, 1999, 25쪽 참조.

**44** 김학진 외, 『디지털 펀! 재미가 가치를 창조한다』 SERI연구에세이 80, 삼성경제연구소, 2007, 19~32쪽.

요한 요소로 반영해야 한다. 〈당금애기〉에 들어 있는 공연성이 문화콘텐츠에 재미를 반영하기 위한 방법 창출에 도움을 준다. 서사성이 강한 〈당금애기〉를 관객 앞에서 흥미롭게 보이기 위한 장치들이 바로 공연성이기 때문이다.

극적 흥미를 높이기 위해 고안된 여러 방법도 문화콘텐츠화에 유용하다. 연상 작용을 일으키도록 고안된 서사기법이 필요하다. 그리고 상상 속의 상황이 실제로 일어나고 있다는 착각을 유도하는 방법도 필요하다. 감정을 조절하는 장치를 내재시킬 필요가 있으며 관객과 직접 소통하는 방법도 이용할 필요가 있다.

# 5. 동해안별신굿의 연극성, 축제성

## 1) 연극성

동해안별신굿의 연극성을 살펴보자. 연극성 강한 놀이는 굿 사이사이에 연행된다. 연극성이 강한 이 연행은 축제성을 배가시키는데도 일조한다. 연극성이 강한 놀이는 탈굿, 곤반, 범굿, 거리굿 등이다. 심청굿에 앞서 행하는 맹인놀이 등노래굿 · 꽃노래굿에서 행하는 놀이와 뱃노래굿에서 무녀들과 마을 사람들이 배(용선)에 광목천을 걸고 이를 당기면서 노래 부르는 공연도 연극성을 보여주는 대표적인 예다. 무가로 불리기만 할 뿐 실제로 연행되지 않는 굿 중에서도 연극적 요소를 갖고 있는 것이 있다. 성주굿, 장수굿, 계면굿, 세존굿, 손님굿, 심청굿 등이 그렇고 별비나 시주를 받기 위해 고안된 무당들의 연기술도 연극적 요소를 갖추고 있다.

동해안별신굿은 무녀 한 사람과 악사들에 연행되는데 이들 연극적 놀이는 악사를 하던 화랑(남자무당)들이 대사를 주고받으며 다양한 동작을 소품을 이용하여 어떤 이야기를 전달한다. 곤반에는 세존곤반, 천왕곤반, 부인곤반 등이 있다.

세존곤반에는 악사, 상좌(제관·중도둑), 중잡이, 얼사촌 두 명이 등장한다. 중잡이가 얼사촌을 모아 마을의 도둑을 잡는 내용이다. 도둑은 고깔을 쓴 중으로 마을 제관이 맡는다. 중잡이가 중도둑을 잡아 마을에서 훔쳐간 재물을 다시 나눠준다. 불교에 대한 비판을 담은 다른 지역 탈놀이의 노장 과장을 연상시킨다. 중도둑은 대사가 없다. 중잡이를 맡은 남자무당과 악사가 대사를 주로 하며 얼사촌역을 맡은 남자무당 두 명이 객석을 오가며 기묘한 동작을 통해 관객을 웃긴다.

천왕곤반은 강관현신거리와 기생점고거리로 나뉘는데 사또현신거리에는 악사와 도리강관(監官), 고지기(창고지기), 사또, 무녀가 등장하고 기생점고거리에는 춘향, 춘향오래비, 사또(마을제관)가 등장한다. 사또현신거리는 강관이 복색을 갖추고 사또를 맞이하는 내용으로 되어있고 기생점고거리에서는 춘향이 오라비와 함께 기생복장을 갖추어 사또에게 권주를 하는 내용으로 되어 있다. 양반의 허세와 비정상적 권력이 비판된다. 다른 지역 탈놀이의 양반과장을 연상시킨다. 대사에는 욕설이 많이 들어 있다. 대체로 내용 전개는 대사 위주라기보다 행위 위주다. 다리를 벌린다거나 무대와 객석을 왔다 갔다 한다거나 과장된 몸짓을 한다거나 하는 것으로 이어간다.

부인곤반[45]은 지체 높은 왕성마누라 금성부인을 위해 광대를 사오고 술상을 차리는 등 해학적이고 골계적인 내용으로 되어 있다. 다른 지역 탈놀이의 양반 과장을 연상시킨다.

탈굿에는 악사와 할미, 영감, 서울애기, 싹불이, 의원, 간호원 등이 등장하며 내용은 처첩 간의 갈등으로 되어 있다. 다른 지역 탈놀이의 영감할미 과장을 연상시킨다. 영감과 할미가 부부 간인데 영감은 서울애기와 바람이 나 가출했다. 이 사실은 알게 된 할미가 아들인 싹불이와 함께 영감을 찾아간다. 영감을 찾아간 할미는 서울애기와 싸우게 되는데 이 과정에서 싸우는 당사자가 아닌 영감이 떠밀려 죽는다. 영감을 살리기 위해 의원과 간호원을 불러 치료를 하나 살리지 못한다. 무당을 불러 굿을 하니 영감이 살아난다. 갈등구조를 갖춘 굿으로 다른 굿에 비해 극적 장치가 분명하다.

범굿은 호탈굿이라고도 한다. 호환을 당하는 지역에서 이를 예방하고 호환을 당한 망자가 마을에 들어오기 때문에 이를 모시기 위해 하는 굿[46]이다. 구룡포(강사리)·감포에서 대표적으로 행해진다. 등장인물은 악사와 포수, 호랑이다. 포수가 범을 찾아다니는 노정기를 말하면서 악사에게 범을 잡아야 마을이 안과태평 하겠다며 범을 잡겠다며 의지를 드러낸 후 무대 옆쪽에 은폐하고 있던 범을 총으로 죽인다. 대사는 많지 않다. 범이 등장할 때 굿 관람객이 범가죽에 살짝 닿기만 해도 관람객에게 안 좋은

---

45  박경신·장휘주, 앞의 책, 100쪽 참조.
46  최길성, 앞의 책, 239쪽 참조.

일이 일어난다는 등의 설명이 이어져 무서운 분위기가 한껏 고조된 다음 범이 등장한다. 범의 가죽은 흰 종이에 검은색, 빨간색, 파란색 등의 사인펜으로 색칠하여 만든다. 범을 죽인 다음 범의 가죽(종이)을 태운다. 놀이성보다는 신성성이 강화된 형태다.

거리굿은 잡귀잡신을 먹이는 굿이다. 굿당에 진설된 제수와 지화 등을 모두 정리한 상태의 썰렁한 굿당에서 동해안별신굿의 마지막 순서로 연행된다. 다른 연극적 놀이들의 공연시간이 대개 30분 이내인 반면 거리굿은 최소 1시간이다. 등장인물은 수십 명이나 일인극 형식으로 진행된다. 악사와 화랑 두 사람이 연행한다. 수십 명의 등장인물은 갑자기 죽은 귀신, 억울하게 죽은 귀신, 어린 나이로 죽은 귀신, 익사한 귀신, 각종 질병으로 고생하다 죽은 귀신, 자살한 귀신 등 당사에 모셔질 만큼의 위치를 갖지 못하는 귀신들을 '먹이는' 굿이다. 질펀한 음담과 패설이 골계적 표현과 섞여 관객들을 즐겁게 한다. 신성성과 놀이성이 모두 강조되고 있는 굿이다.

이외에도 맹인거리나 등노래·꽃노래굿, 뱃노래굿 등에서 보이는 연행적 요소들도 연극적 놀이에 포함될 수 있다. 이들은 독립된 형식의 연극이나 놀이는 아니다. 굿이 진행되는 과정을 장식적으로 보여주기 위한 성격이 강하다. 그러나 신성성과 놀이성을 포괄하면서 동작만으로 특정한 내용을 전달하고 있기 때문에 연극적 놀이에 포함시킬 수 있다.

동해안별신굿에 나타난 연극성은 과장된 몸짓, 패설적 대사와 몸짓 등을 통해 볼 때 표현 형식은 세련되지 않았으나 내용전달을 위한 상징성과 골계성이 강화된 특성을 보인다고 말할 수 있다.

## 2) 연출적 특성

연출은 공연에 참여하는 여러 요소들이 유기적으로 맞물려 완성된 작품이 되도록 하는 공연 제요소의 총체다. 이러한 연출의 특성은 동해안별신굿의 연행적 특성의 하나가 된다.

연출적 특성은 먼저, 동해안별신굿이 예술작품임이 드러나도록 한다. 예술작품이 되도록 하는 요체는 놀이성이다. 이 놀이성은 굿의 주요특성인 기복의 신성성과 융합된다. 예술작품이 드러나도록 장치된 것은 서사구조 삽입, 행동의 다양화, 마을 제관의 배우화, 골계미의 삽입 등이다. 놀이성과 모방성[47]은 동해안별신굿의 대표적인 굿적 특성인데 이런 특성이 여기서 잘 드러난다. 굿이 열리는 상황 일체를 하나의 연행예술로 느끼고 그 속에 관객은 주인공으로 굿에 직접 참여하며 굿을 실제적 체험으로 기억하게 됨으로써 굿은 인간에게 무한한 총체적 만족감을 준다. 이 총체적 만족감의 핵심을 이루는 것이 연행적 상황이라고 할 수 있는데 연출이 이 부분을 두드러지게 하는 것이다.

두 번째 골계적 장치다. 거리굿이나 곤반, 범굿, 탈굿 등은 짧은 시간동안 많은 내용을 보여 주어야 한다. 압축적으로 극적 상황을 전달해야 하는 경우는 갈등을 첨예하게 만든다. 직접적 비판이 나타나고 갈등은 예각화된다. 그래서 짧은 시간 안에 관객에게 강한 인상이 남도록 한다. 이를 위해 선택한 장치가 골계다. 골계는 갈등을 첨예하게 하기보다 밋밋하게 한다. 골계는 해야 할 말은 하되 웃음 속에 그 핵심을 감추고 있는 꼴이다.

---

47 심상교, 앞의 논문, 2005, 167~176쪽.

세 번째, 한 사람에 의해 연출이 이뤄지는 것이 아니라 여러 사람에 의해 공동으로 굿이 완성되는 점이다. 동해안별신굿은 백 년 이상의 세월을 두고 형식실험을 해 왔다. 정본은 있으나 굿을 연행하는 양중과 무당에 따라 조금씩 달라지며 연행되는 상황과 지역에 따라서도 내용이 조금씩 변화된다. 현재의 동해안별신굿은 김석출 무계에서 전해져 오는 것이 연행된다.

굿이 공연되는 상황에는 관객 즉 마을 사람의 협조가 필수적이다. 마을 사람들은 관객의 위치를 넘어 등장인물이 되기도 하고 소품이 되기도 한다. 거리굿에서 마을 사람들은 바다 속의 바위가 되기도 하고, 암초가 되기도 하며, 선원이 되기도 한다. 마을 이장이 주무의 상대역을 맡아 '얼사촌'이 되어 주요 등장인물 역할을 하기도 한다. 용왕굿에서는 갈매기가 되기도 하며 등장인물이 되기도 한다. 곤반에서는 마을 제관이나 마을 사람들이 등장인물이 되기도 한다. 함께 어우러지는 굿판의 특성이 공동창작을 통해서도 드러나는 것이다.

꽃노래, 뱃노래, 등노래굿과 놀이굿의 경우는 무당 여러 명과 마을 사람들이 굿판 가운데서 어우러진다. 뱃노래굿의 경우는 무당과 마을 사람들이 굿판 전체를 해원과 상생의 공간으로 만들며 흥겨움을 통한 미적 쾌감과 신성성 체험을 통한 쾌감이 절정을 이루게 된다. 하나의 형식이 여러 사람들에 의해 공동창작으로 연행됨으로써 완성되는 경우이다.

네 번째, 신성 공간과 놀이 공간을 조화롭게 이용한다. 굿판은 제단, 무대, 객석 등 크게 세 부분으로 구분된다. 제물과 지화가 무구가 진설되어 있는 제단과 무당이 무가를 부르고 무악을 연주하는 무대, 마을 사람들이 앉아서 굿연행을 관람하는 객석 등으로 구분된다. 무대, 객석 등 공간의 위치와 무관하게 놀이성이 강화되면 놀이 공간이 되고 신성성이 강화되면 신성 공간이 된다.

다섯째, 개방형 무대를 쓴다. 굿이 놀아지는 굿당에서 무대와 객석의 구분 없이 즉, 신성 공간과 놀이 공간[48]의 공간적 구분 없이 굿이 펼쳐진다. 굿의 진행상 신성 공간과 놀이 공간의 형식적 구분은 있다. 그러나 관객과 함께 어우러지면서 관객을 등장인물로 활용하고 관객이 소품이 되기도 하는 연출 속에서 신성 공간과 놀이 공간의 형식적 구분은 의미가 없어진다. 통합된 공간 속에서 굿이 이뤄지는 것이다. 이러한 개방형 무대는 공연형식이기도 하지만 관객에게 심리적 만족을 주는 수단이 되기도 한다.

여섯째, 상징성을 극대화 한다. 굿은 실존하지 않은 대상과 관계되기 때문에 상징성이 강하다. 탈굿, 범굿, 거리굿, 곤반 등 연극적 상황이 강한 이러한 굿도 굿의 상징성 안에서 연행된다. 따라서 굿의 상징성을 이용한 연극적 굿이 연행된다. 범굿에서 종이를 이용해 호랑이 가죽을 대신한다거나, 곤반에서 동헌이나 기방 등을 실재하는 공간으로 설정하지 않은 채 상징적으로 처리한다. 관객을 무당의 상대역으로 이용하거나 소품으로 이용하는 경우도 상징성을 극대화하는 예에 해당한다. 거리굿에서 마을 이장을 주무의 상대역으로 등장시킨다. 마을 이장이라는 존재는 관객들에게 익숙한 사실이다. 그런데 무대에 등장시켜 새로운 역할을 부여하는 것은 익숙한 사실을 새로운 사실로 전이하게 하는 상징의 발생이다.

---

48  심상교, 위의 논문.

이장의 허리춤에는 짚으로 만든 성기를 매달기고 하는데 이 또한 굿의 상징성을 이용한 연출의 고안이라고 할 수 있다.

### 3) 축제적 특성

동해안별신굿이 진행되는 상황에 수반되는 이상의 특징들을 통해 동해안별신굿의 구체적 특성을 살펴보겠다. 대체로 다음 7가지로 정리할 수 있겠다. 신성성, 놀이성, 완전성, 융합성, 모방성, 회귀성, 기복성 등이다. 이들 특성은 독립적이기보다 서로 얽혀 융합된 상황에서 설명되어지는 것이 온당하다.

신성성은 회귀성, 기복성, 융합성, 완전성 등과 함께 설명되어 진다. 신성성은 일차적으로 동해안별신굿이 진행되는 상황의 숭고함이다. 어떤 대상에게 제사를 지내는 경건한 상황이 주는 신성성이 있고 어떤 염원을 공통적으로 드러내는 상황의 신성성이 있다. 제사를 지내는 행위는 존경과 숭배의 의미에 절대적 존재에 의탁하려는 성향까지를 드러낸다는 점에서 기복성과 융합성을 함께 보여주는 것이기도 하다. 신성성은 의식을 행하는 일체의 과정과 닿아 있기 때문에 의식을 행하는 과정의 여러 상황을 그대로 반영한다. 따라서 의식성이 신성성에 포괄된다 하겠다. 신성성은 위에서 언급한 절대 공간을 이루는 핵심이 되지만 이 신성성이 동해안별신굿 전체를 압도적이고 지속적으로 억압하지는 않는다. 놀이성, 모방성, 융합성이 더 강해 신성성이 '한 발 뒤로 물러난' 채 동해안별신굿이 진행되는 경우도 많다.

융합성은 마을 사람들 간의 화합과 절대적 존재에 더 근접하려는 욕망을 의미한다. 때문에 융합성은 화합과 대상에 대한 투기를 통해 기쁨을 얻는 상태를 의미한다. 동해안별신굿이 외적으로는 마을 사람들 간의 화합과 평화를 기원하는 것이지만 그 내면에는 절대적 존재에 자신을 더 근접시킴으로써 얻는 기쁨이 들어 있다. 절대적 존재와 자신을 융합시키려는 행동이 화합을 지향하는 마음과 합쳐지는 것은 동해안별신굿의 본질이라 하겠다.

회귀성은 근원이나 모태에 대한 성찰을 포함하며 이는 신성성과 관련된다. 하늘이나 조상신 등에 제사를 지내는 등 전통사상에 충실하려는 동해안별신굿의 모습이 회귀성을 드러낸다 할 것이며 이는 굿당이 갖는 절대 공간성을 가능하게 한다.

완전성은 동해안별신굿을 지내는 마을 사람들의 태도와 관련된다. 동해안별신굿은 완전한 것을 추구하거나 완전해지려는 노력을 한다. 어떤 맥락에서든 마을이 하나가 되도록 하고 모두가 행복해지기를 희망하고 이를 위해 모두가 정성과 노력을 집중한다. 이상향을 현실에 실현하려는 것과 다르지 않다. 이상향에 대한 희망은 완전성을 지향하는 즉, 완전한 세계를 갖고자 하는 인간 욕망의 표현이다. 따라서 신성성은 완전한 어떤 존재를 갖고자하는 욕망에서도 나타난다고 할 수 있다. 동해안별신굿이 진행되는 시간과 공간을 일상성에서 벗어나게 하는 신성성도 있다. 현실의 시간과 공간에서 동해안별신굿이 진행되고는 있지만 굿당에서는 이를 잊고 새로운 것을 추구하도록 하는 에너지를 제공하는데 이것이 굿이 갖고 있는 신성성 때문이라고 할 수 있겠다.

기복성은 축제의 현상으로 나타나는 기복성과 다르지 않다. 기복의 내용은 안과태평, 부귀공명, 자손발복, 풍어, 풍농, 좋은 데 가는 것 등이라 말한다. 동해안별신굿의 내용과 동해안별신굿을 주최하고 관람하는 사람들 모두가 이를 희망한다. 이는 동해안별신굿을 진행하는 구체적이면서 실제적인 이유가 된다.

놀이성은 일을 쉬고 휴식으로서 동해안별신굿에 참여한다는 의미이다. 동해안별신굿이 진행되는 동안 무당이 제공하는 각종 오락적 요소와 동해안별신굿의 신성성과 회귀성이 제공하는 절대 공간이 놀이성을 강화한다.

모방성은 동해안별신굿을 주관하는 무당이 절대 공간 안에서 벌이는 일체의 상황에서 만들어 진다. 무당은 무가에 등장하는 인물들을 모방한다. 무당은 신이 되기도 하고, 설화 속의 주인공이 되기도 하며, 희화화된 인물로 연기를 하기도 한다. 동해안별신굿을 보는 마을 사람들도 모방한다. 마을 사람들의 내면을 읽고 이를 춤과 노래로서 드러내는 것이다.

동해안별신굿은 감각적인 것의 의미의 구체적 표현으로 나타나는 모든 현상의 총체이며 이는 동해안별신굿의 축제적 특성으로 구현된다. 동해안별신굿이야말로 여러 문화형식 가운데 가장 자유로운 상징적 표현의 소산이다. 동해안별신굿의 내용이나 동기보다 이러한 축제적 특성이 동해안별신굿을 강화한다. 동해안별신굿의 축제적 특성이 큰 비중을 차지하는 것이다. 동해안별신굿을 만들어 내는 심층에 존재하는 인간의 정신은 이러한 축제적 특성에 자극받는다. 무의식적이며 무의식적인 인간의 정신은 어떤 공통된 목적을 지니고 있다. 동해안별신굿의 이러한 축제적 특성은 신화처럼 인간 생활에 보편적 원리가 된다. 동해안별신굿이 개별적이고 구체적인 물질적 형식으로부터 다른 것으로 변형되더라도 축제성의 기본 특성은 변함이 없다.

다양한 축제의 특성을 갖는 동해안별신굿은 사회적인 유대를 유지하고 표현하는 기능으로 발전되며 이는 사회적 사실로서의 '집합의식'[49]이 된다. 동해안별신굿의 원천은 물리적 세계나 자연현상이 아니라 사회가 동해안별신굿의 참된 모형이 되기 때문이다. 여러 곳의 동해안별신굿들이 축제적 특성에서 상당한 유사성을 드러낸다. 이러한 집합의식은 동해안별신굿의 보편적 양식들이 동해안별신굿을 찍어 낸 '틀'이며 각 마을의 동해안별신굿들은 그 틀에 나름대로의 특성을 쏟아 넣는다. 이로써 동해안별신굿은 집합의식, 즉 모든 인간에게 공통적으로 존재하는 조상 전래의 기억과 이미지들로 이루어진 공동의 '저수지'의 산물[50]이 될 것이다.

## 6. 결론

동해안별신굿 세존굿의 〈당금애기〉의 문화콘텐츠 활용가능성과 연극성과 축제성에 대해 고찰했다.

〈당금애기〉의 구성적 요소가 고대 그리스의 연극과 유사하다. 축제 즉, 굿이 열리는 가운데 연행되었다는 점. 극적 구조가 갖춰졌다는 점. 신들을 주인공으로 내세우고 있다는 점. 한 명의 주연배우에 의해 공연된다는 점. 코러스가 있다는 점. 율격에 실려 내용이 구송된다는 점 등이었다.

---

**49**  루시 메이어, 최길성 역, 『사회인류학 입문』, 계명대 출판부, 1983, 270쪽 참조.
**50**  비에라인, 현준만 역, 『세계의 유사신화』, 종로서적, 1996, 45쪽 참조.

〈당금애기〉에 들어 있는 고대 그리스 연극과의 유사점은 〈당금애기〉의 다른 장르로의 활용가능성을 보여 주는 것이다.

〈당금애기〉의 서사적 특성은 신과 인간의 세계가 적절히 교차되는 것이었다. 1.만남, 2.이별, 3.출생, 4.재회, 5.입신(入神)이 주요 화소인데 전반부는 인간의 감정을 자극하는 화소이고 후반부는 신의 탄생을 알리는 화소였다.

남녀의 사랑과 신의 문제를 모두 다룬 것은 〈당금애기〉의 서사성 강한 작품을 공연에 적절하게 하기 위한 고안이면서 동시에 대중적 측면까지를 고려한 장치였다. 〈당금애기〉의 서사성의 핵심은 인간 감정과 신이 영역이 적당한 비율로 섞인 서사에 원초적 심성에 부응하는 종교적 요인까지 갖춘 대중성이다.

문화콘텐츠로의 변형에는 장르변주, 디지털과 아날로그의 균형성, 재미가 중요하다. 신과 인간의 경계를 넘나드는 상상력과 작품 전개과정에서 보여주는 시점의 넘나듦도 활용가치가 높다. 극적 흥미를 높이기 위해 고안된 여러 요소들은 재미를 문화콘텐츠 속에 넣을 때 참고할 부분이다.

동해안별신굿에 나타난 연출의 특성은 첫째, 공동창작으로 되었다. 둘째, 개방형 무대(마당굿 형식)다. 셋째, 굿판을 두 개의 공간 즉, 신성 공간과 극적 공간으로 분할된다. 넷째, 상징성이 두드러졌다. 다섯째, 놀이적 상황을 만든다. 여섯째, 관객의 활용이 자유롭다. 일곱째, 소품활용의 현장성이 높다. 여덟째, 무악과 어우러진다.

동해안별신굿에 나타나는 연극적 요소를 종합적 요소, 시간적 요소, 대화적 요소, 모방적 요소, 연출적 요소, 현장적 요소로 나누어 볼 수도 있다.

동해안별신굿의 축제적 특성은 다음 7가지로 정리할 수 있다. 신성성, 놀이성, 완전성, 융합성, 모방성, 회귀성, 기복성이다. 이들 특성은 독립적이기보다 서로 얽혀 융합된 상황에서 설명되어진다.

# :: 〈아이온〉의 스토리텔링에 관한 연구

안 남 일 · 이 용 승

# 1. 서론: 스토리텔링, 디지털 스토리텔링

오늘날 매체 발전에 따른 삶의 방식의 변화는 필연적이라고 할 수 있는데, 최근 디지털 테크놀로지의 급격한 발전이 가져온 영향력은 그 어느 때보다도 크다고 하겠다. 특히 사용자의 역할이 강조되는 게임 분야에서 디지털 테크놀로지의 구현은 양적·질적 면에서 매우 폭넓은 성장을 가져왔는데 이는 오락적 잠재력뿐만 아니라 예술미학적 잠재력까지 담보하고 있기 때문으로 생각된다. 게임에 있어서의 상호작용성과 서사성은 이런 맥락에서 중요한데 단순 서사의 텍스트 중심에서 나아가 사용자들의 층위에 따른 변화, 그리고 상호작용에 대한 서사적 특징 등 어느 한 가지 측면에 한정되지 않고 있음을 주목할 필요가 있다.

일반적으로 시작과 중간 그리고 끝을 갖는 하나의 스토리로 선형적 조직을 가진다는 서사의 기존 개념에서 디지털 테크놀로지의 발전에 따른 변화의 개념으로 대두된 것이 디지털 스토리텔링이다. 기존의 서사가 말(음성) 중심의 화자와 청자의 관계 속에서 진행된다면, 디지털 스토리텔링은 의미 면에서는 유사하지만 사용자 간의 인터페이스의 상호 작용을 통한 피드백을 통해서 서사가 진행된다. 즉 스토리텔링이 텍스트 중심의 구술적 측면으로 사용되었다면 디지털 스토리텔링은 새로운 매체와의 교섭을 통해 변화된 이야기로 사용되었다고 할 수 있다.

오늘날 디지털 미디어의 특징이 쌍방향의 상호작용 커뮤니케이션을 가능하게 한다는 것과 디지털 정보를 사용한다는 것이라면 디지털 스토리텔링의 특징은 디지털 미디어의 특징에 완전복제성, 즉각적인 접근가능성, 조작가능성으로 대표되는 디지털 정보의 특성까지 포함한다. 디지털 매체는 상호작용성(interactivity), 네트워크성(networkability), 복합성(multimodality)이라는 특징을 가지는데 이 같은 특징은 인터넷 게임 매체에서 보다 명료하게 드러난다.[1]

노라 폴[2]은 디지털 스토리텔링의 기본적 요소로 비디오 · 사운드 · 텍스트 등의 요소인 미디어(Media), 콘텐츠와 사용자의 움직임을 의미하는 행동(Action), 비선형성 · 조작성 · 맞춤성 · 콘텐츠성 · 개방성 등의 구성요소로 이뤄진 관계(Relationship), 링크와 관련된 맥락(Context), 의사소통(Communication)의 5가지를 언급한 바 있다. 이 기본적 요소들은 많은 사용자들이 동시에 플레이할 수 있는 온라인 롤플레잉 게임, 즉 MMORPG(Massive Multi-player Online Role Playing Game)에서 구현하기가 용이한 분야라고 할 수 있다. 그것은 다수의 사용자들이 하나의 공간을 사용하여 서사를 형성해 나가는 다중접속 역할수행게임(MMORPG)의

---

1 '스토리텔링/디지털스토리텔링'에 대한 보다 자세한 사항은 拙稿, 『응용인문의 현장』, 푸른사상, 2009, 227~229쪽을 참조할 것.

2 http://www.inms.umn.edu/Elements
차종국, 『게임의 상호작용성과 서사 층위의 관계모델 개발』, 연세대 정보대학원 석사학위논문, 2006, 11~12쪽 참조.

경우 다수의 사용자가 참여하는 만큼 플레이가 이루어지는 상황 맥락에 따라 다양한 서사가 생성되기 때문이다.

본 논문에서는 엔씨소프트의 〈아이온〉을 분석 대상으로 삼고, 디지털 게임의 재현 양상의 서사적 특징을 살펴보고자 한다. 송재경[3]은 'KGC 2009'의 기조 강연에서 현실 세계를 바탕으로 만들 가상 세계의 구현이 목표였던 1세대 게임으로 〈울티마 온라인〉과 〈리니지〉를, 기존의 MMORPG 게임의 시스템을 집대성한 2세대 MMORPG 게임으로 〈월드 오브 워크래프트〉와 〈아이온〉을 제시한 바 있다. '완성형 MMORPG'라는 목표를 가지고 개발된 〈아이온〉의 스토리텔링의 구조 분석을 통해서 〈리니지 1, 2〉 이후 성공적인 성과를 올리지 못했던 엔씨소프트의 〈아이온〉이 높은 평가[4]를 받을 수 있는 요인이 무엇인지를 디지털 스토리텔링의

---

**3** 송재경: 대한민국의 게임 프로그래머이자 게임 개발자이다. MMORPG 〈리니지〉와 〈바람의 나라〉를 개발하는 데 주도적인 역할을 하였다.

**4** 게임트릭스(www.gametrics.com) 온라인게임 순위표 참조(2010년 4월 9일 기준).

| 순위 | 게임명 | 장르 | 개발사 |
|------|--------|------|--------|
| 1 | 아이온(73주 1위) | RPR | 엔씨소프트 |
| 2 | 서든어택 | FPS | 게임하이 |
| 3 | 스타크래프트 | RTS | 블리자드 |
| 4 | 워크래프트3 | RTS | 블리자드 |
| 5 | 월드 오브 워크래프트 | RPG | 블리자드 |
| 6 | 리니지 | RPG | 엔씨소프트 |
| 7 | 리니지2 | RPG | 엔씨소프트 |
| 8 | 스페셜포스 | FPS | 드래곤플라이 |
| 9 | 피파온라인2 | 스포츠 | EA/네오위즈게임즈 |
| 10 | 던전앤파이터 | RPG | 네오플 |

〈게임순위표〉

관점에서 해석하는 것을 목적으로 한다.

## 2. 〈아이온〉 개요

〈아이온〉이란 문자 그대로는 '(긴)시간, 영원'을 의미하는 그리스어로, 엔씨소프트가 서비스 중인 판타지 설정의 MMORPG 게임이다. 게임의 무대가 되는 '아트레이아(Atreia)' 세계의 중심에는 영원의 탑 '아이온'이 자리하고 있으며, 이 '아이온'을 중심으로 나누어진 대륙에는 각각 천계와 마계가 위치해 서로 대립하고 있다. 여기에 이 두 세력을 위협하는 용족(능동형 NPC)의 존재가 아트레이아의 갈등 구조를 복잡하게 만들고 있으며 '아이온'은 이런 세계관을 바탕으로 플레이어와 플레이어 간의 대립, 플레이어와 능동형 NPC의 대립이라는 입체적인 대립구조를 설정하고 있는 게임이다. 유저들은 각각 천족과 마족 중 하나의 세력을 선택해 반대세력과 대치하게 된다. 그러면서 동시에 플레이어들은 두 세력 공통의 적인 용족의 견제에 대해서도 대비를 해야 하는 특수한 상황 하에 놓여있다. 이것은 〈아이온〉이 기존의 MMORPG의 이원적 대립구조보다 복합적인 다원적 대립구조를 제시하고 있다는 것을 보여준다고 하겠다. 최종적으로 자신의 속한 세계의 영원한 생존을 위협하는 상대 진영을 격파하여 세계를 구원하는 세계 최고의 신이 되는 것을 게임의 목적으로 한다.

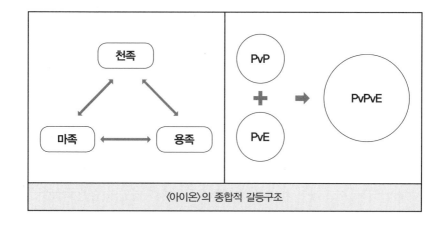

〈아이온〉의 종합적 갈등구조

# 3. 기존 MMORPG 게임과 〈아이온〉의 상관관계

뉴미디어의 특성을 공유하고 있는 게임의 미디어적 특성에 기초해 볼 때 어떠한 MMORPG 게임도 다른 MMORPG 게임과 고립되어 존재할 수는 없다. 새로운 MMORPG 게임은 기존의 MMORPG 게임을 분해·재결합시켜 발전적인 변화를 이루어 내는 과정을 거치기 때문이다. 이러한 관점에서 현재까지 좋은 평가를 받고 있는 〈월드 오브 워크래프트(World of warcraft)〉 역시 〈울티마 온라인(Ultima Online)〉[5]과 〈다크 에이지 오브 카멜롯(Dark Age of Camelot)〉[6] 등 기존의 MMORPG 게임의 기본

---

[5] 울티마의 세계를 배경으로 1997년 9월 30일에 발표한 온라인 게임이다. 당시 인터넷 환경을 사용해야 했고, 결제로는 신용카드를 주로 사용했음에도 불구하고 25만 유저들이 플레이 하는 등 엄청난 반향을 일으켰다. 현재 MMORPG의 근간을 다진 작품으로, 시대를 초월한 게임이라는 평가를 받고 있다.

[6] 아서 왕의 전설과 카멜롯 지역을 배경으로 하는 MMORPG이다. 3개의 진영으로 나뉘어져 각 진영 간의 전쟁(Realm Vs. Realm, RVR)을 게임의 핵심 테마로 하고 있다. 하이버니

미디어와 문화

구조를 계승하고 발전시킨 것으로 볼 수 있다. 이에 대한 계승·발전이라는 연장선상에서 〈아이온〉 역시 마찬가지로 자리매김 된다. 그러나 시스템이나 스토리텔링을 그대로 수용·답습한 것이 아니라는 측면에서 단순 모방이라고 할 수는 없으며 혁신적인 동시에 진화적인 결과물로 보는 것이 타당하다. 〈아이온〉에서는 크게 4가지의 기존 MMORPG 게임과의 연관성이 확인된다.

첫째, 한국형 MMORPG의 대표작인 〈리니지2〉와의 연관성이다. 〈리니지2〉의 경우 개발자의 스토리 라인을 표면적으로 드러내어 플레이어들에게 인지시키지 않고 게임의 공간과 퀘스트/시스템을 통한 스토리텔링이라는 기법을 통해 친교와 갈등구조를 이루어 내는 특징을 가지고 있다.[7] 개발과정에서 형성된 스토리텔링을 바탕으로 진행되면서 플레이어들 간의 우발적인 갈등 형성의 스토리텔링이 발현되도록 한 〈리니지2〉의 이러한 스토리텔링은 개방적 서사의 유도 가능성을 보여준 좋은 사례가 되었으며 이러한 게임의 공간과 퀘스트/시스템을 통한 스토리텔링의 시도는 〈아이온〉에서도 계승되었다.

〈아이온〉의 메인 테마는 PvPvE(Player vs Player vs Environment)로 PvP는 플레이어와 플레이어의 대립을 말하며, PvE는 플레이어와 몬스터와의 대

---

아, 알비온, 미드가드 3개의 진영은 제각각 독자적인 직업군과 개성적인 기술을 보유하며 특정 캐릭터를 제외하고 진영의 분위기에 맞추어 조절되어 있으며, 중앙의 전쟁 지역에 모여 상대 진영의 성과 보물을 빼앗는 고유의 설계를 가지고 있다.

7 拙稿, 앞의 책, 247~248쪽.

립을 말한다. 이 개념에는 종족, 레기온[8]뿐만 아니라 능동형 NPC 세력까지 대립구도의 한 축으로 등장한다. 이처럼 사람과 사람, 사람과 환경의 종합적 갈등 구조를 보여줄 수 있게 설정된 〈아이온〉의 게임 시스템 스토리텔링 구조는 플레이어가 단순한 참가자가 아니라 플레이어의 선택·행동을 통해 아이온의 세계를 변화시키고 그 힘에 의해 변환된 세계가 다시 플레이어들에게 영향을 미치게 유도한다. 개발과정에서 형성된 스토리텔링의 서사구조를 바탕으로 게임의 궁극적 목표인 우발적 갈등의 스토리텔링이 드러난다는 측면에서 〈아이온〉에 영향을 끼친 〈리니지2〉의 스토리텔링 기법의 영향을 확인 할 수 있다. 또한 PvP(Player vs Player) 시스템의 계승이라는 측면에서 혈맹은 상대 종족과 싸우기 위한 군대의 형태를 의미하는 레기온이나 같은 목표를 달성하기 위해 구성된 파티의 모임인 포스[9]로, 공성전은 어비스[10] 요새전의 형태로 변화·적용되었다.

---

8  아이온에서 레기온은 상대 종족과 싸우기 위한 군대의 형태를 의미하며 저레벨 레기온의 경우 친목을 목적으로 하여 성장단계를 두어 발전하는 형태를 지닌다. 또한 대규모 콘텐츠를 위한 기본 단위로 집단을 대상으로 하는 콘텐츠(요새전, RvR, 레이드) 등의 공동 목적을 위해 플레이어들을 규합하는 구심점 역할을 하기도 한다.

9  포스는 파티 4개(최대 24명)의 플레이어를 포함할 수 있는 집단의 개념으로 파티보다 한 단계 확장된 부대의 개념이다.

10  천계, 마계에 이은 제3의 공간. 총 3개의 공간(어비스 하부-어비스 상부-어비스 심층부)로 구성되어 있으며, 대부분이 허공에 떠 있는 부유섬이기 때문에 비행 상태로 이동하는 것이 기본이다. 이곳은 천족과 마족이 아무런 제약 없이 돌아다닐 수 있기 때문에 언제 어디서나 적대 종족과의 PvP가 일어날 수 있는 곳.

〈어비스〉

1. 천족, 마족, 용족이 직접적으로 대립하는 지역

2. 어비스 관련 미션/퀘스트가 있음(RvR 참가유도)

3. 요새 점령 상황에 따라 세력비가 변화해 물가나 세금 등에 영향을 미치기도 한다.

(어비스 요새전 유도)

둘째, 〈월드 오브 워크래프트〉의 퀘스트 중심 스토리텔링과의 연관성이다. 〈월드 오브 워크래프트〉는 퀘스트가 게임의 진행에 많은 부분을 차지하고 있는 MMORPG 게임이다. NPC와의 대화를 통해 퀘스트를 받고 해당 퀘스트를 해결해 받게 되는 보상을 통해 캐릭터를 성장시키도록 게임이 구성되어 있다. 〈워크래프트〉시리즈를 통해 지난 10여 년간 축적해온 기본적인 호드와 얼라이언스 세력 간의 갈등이라는 기반적 스토리를 퀘스트 간의 연계성을 통해 긴밀하게 구성하여 MMORPG 게임에 알맞은 서사 구조로 형상화한 것이 게임의 가장 두드러진 특징이라고 할 수 있다. 이전까지 MMORPG 게임 퀘스트의 스토리텔링이 가상세계의 구현이라는 목표에 치우쳐져 있었다는 점에서 게임으로서의 즐거움에 중심을 둔 〈월드 오브 워크래프트〉의 퀘스트를 통한 스토리텔링은 분명 차별화된 부분이 있다. 〈아이온〉 역시 이러한 〈월드 오브 워크래프트〉 형태의 퀘스트 중심 스토리텔링에 영향을 받았다. 〈아이온〉의 퀘스트는 크게 일반 퀘스트와 미션으로 구분된다. 일반 퀘스트는 소지역에서 발생하는 에피소드 중심의 소규모 중심인 반면에 미션은 게임 내에 흐르는 전반전인 이야기 흐름을 유저에게 알려주는 방식의 퀘스트로 그 배경 스토리가 대규모이다. 이러한 퀘스트나 미션은 특정 지역 진입, 특정 레벨 달성, NPC와의 조우 등 여러 조건들을 통해 시작되며 이를 완료하게 되면 키나, 경험치, 장비, 소모 아이템 등의 다양한 보상을 통해 캐릭터를 성장시킬 수 있다.

셋째, 〈다크 에이지 오브 카멜롯〉의 3개의 진영으로 나뉘어져 있는 진영 간의 전쟁이 이루어진다는 점에 대한 연관성이다. 〈다크 에이지 오브 카멜롯〉은 렐름 간의 전쟁(Realm Vs. Realm, RVR)을 게임의 핵심 테마로 하고 있다. 하이버니아, 알비온, 미드가드 3개의 진영은 중앙의 전쟁 지역에 모여 상대 진영의 성과 보물을 빼앗는 국가 간의 전쟁의 형태를 보여준다. 이것은 〈아이온〉에서 천족-마족-용족 간의 3개의 종족 간의 전쟁과 견제라는 형태로 구현되었다. 특히 〈아이온〉의 핵심 콘텐츠라고 할 수 있는 어비스 시스템은 이러한 진영 간의 전쟁이 보다 더 직접적이고 입체적으로 일어날 수 있도록 유도하는 공간이라는 측면에서 진일보한 형태로 구현되었다고 하겠다. 또한 3개의 진영 중 용족의 경우 플레이어들의 선택을 통해 형성된 세력이 아닌 능동형 NPC의 세력집단이라는 점은 〈아이온〉만이 가진 뚜렷한 특징이다.

넷째, 〈에버퀘스트〉 시리즈와의 연관성이다. 〈에버퀘스트〉가 MMORPG 게임들에 영향을 준 요소로는 레이드, 아이템 귀속시스템, PvP보다는 PvE 와 플레이어와 환경 간의 상호작용에 중심을 둔 게임 월드 디자인 등이 있다. 이러한 게임 시스템(레이드, 아이템 귀속시스템)은 〈아이온〉에서도 게임 시스템적으로 구현되었다. 더불어 〈에버퀘스트〉는 플레이어 간 거래활성화, 다른 플레이어와의 상호작용 및 트레이드스킬 연마, 트레이드스킬을 사용해 아이템 제작하기와 같은 게임 디자인적 요소들은 게임 내부라는 가상의 환경과 작용하여 플레이어 간의 커뮤니티를 통한 자발적 스토리텔링을 유도하는 측면이 강했다. 〈아이온〉 역시 게임월드의 디자인에 있어서 제작, 채집, 상점 및 우체통, 개인 상점, 타 유저와의 거래 등 다양한 상거래 시스템을 구현함으로서 게임 속에서의 플레이어와 가상환경과의 상호작용을 통한 자발적 스토리텔링의 발현이 가능하게 구축하였다.

리니지2(Lineage2)

출시일: 2003년 10월

개발사: NC소프트

내용: 중세시대를 배경으로 한 MMORPG 게임으로 전작인 리니지로부터 150년 전을 배경으로 한다.

특징: 우발적 갈등유도형 스토리텔링, 혈맹, 공성전

월드 오브 워크래프트(World of Warcraft, WOW)

출시일: 2004년 11월

개발사: 블리자드 엔터테인먼트

내용: 워크래프트의 세계관을 바탕으로 제작된 MMORPG 게임으로 퀘스트와 쉬운 게임의 구성으로 인기를 얻었다.

특징: 퀘스트 중심형 스토리텔링, 인스턴스 던전 시스템

아이온(Aion)

출시일: 2008년 11월

개발사: NC소프트

내용: 천족과 마족, 용족 간의 대립

다크 에이지 오브 카멜롯(Dark Age of Camelot)

출시일: 2001년 10월

개발사: 미식 엔터테인먼트, 일렉트로닉 아츠

내용: 아서왕의 전설과 카멜롯 지역을 배경으로 하는 MMORPG 게임으로 북유럽 신화를 바탕으로 한다.

특징: RvR(Realm vs Realm), 제한적 세력변화

에버퀘스트(EverQuest) 시리즈

출시일: 1999년 3월 이후 2004년 속편

개발사: 소니온라인엔터테인먼트

내용: 초기 텍스트 기반 MUD게임 방식으로 설계되었음

특징: PvE(플레이어vs환경)에 중심을 둔 게임

〈아이온과 기존 MMORPG 게임과의 연관성〉

# 4. 〈아이온〉의 스토리텔링

## 1) 〈아이온〉의 신화적 요소의 세계관

〈아이온〉은 천계와 마계의 극한대립, 그리고 이들 모두를 위협하는 용족과의 무한 전투를 배경으로 한다.

〈아이온〉의 역사

태초의 아트레이아는 영원의 탑을 중심으로 구성된 하나의 세계였다. 아트레이아 최초의 피조물이었던 용족은 점차 강대해진 힘으로 오만해져 창조주에 대항하고, 아트레이아 자체를 위협하는 존재로 변하게 된다. 이에 창조주는 세상의 근간인 영원의 탑을 지키기 위해 12주신을 세상에 보내 용족에게 대항하게 하지만, 어느 쪽도 우세를 갖지 못한 채 지속된 기나긴 전쟁의 끝에 세상은 대 파국을 맞게 된다.

갑작스런 대 파국으로 아이온-영원의 탑이 분열되면서, 용족은 결계 밖으로 쫓겨나게 되고, 아트레이아는 다시는 소통할 수 없는 두 세계로 갈라지게 된다. 갈라진 두 세계는 천계와 마계로 나뉘게 되고, 이들은 각각 수호하는 이상과 종족의 생존을 위해 상대 진영의 남은 탑을 파괴해야 하는 숙명을 안고 극한 대립의 상황에 놓이게 된다. 한편, 이들의 극한대립 사이에서 끊임없이 두 종족의 존재를 위협하는 용족의 존재는 천족과 마족 그리고 용족 간 무한 전투가 계속되는 원인이 되고 있다.

한편, 영원의 탑 분열로 세상의 에너지 흐름이 불안정해지며, 어비스(abyss)라고 불리는 이공간(異空間)이 생성되었다. 어비스는 대 파국 이후 생겨난 양쪽 세계 사이의 불가사의한 통로로써, 어비스가 열리면서 천계와 마계는 오랫동안 증폭된 증오를 서로에게 쏟아 붓기 시작하고, 용족의 재출현은 과거 대 전쟁이 다시 재현됨을 알리게 된다. 또한 생존을 위해 어비스를 지배해야만 하는 천족과 마족 앞에는 감춰졌던 진실이 하나씩 드러나기 시작한다.

이제 천계와 마계에서 인간으로 태어나는 플레이어들은 스스로 선택 받은 존재임을 증명함으로써 데바가 되어, 자신이 받드는 상급 신들의 수호자와 대변자로써의 사명을 다하고, 자신을 숭배하는 일반 주민들의 보호자 역할을 하게 된다.[11]

엔씨소프트의 전작인 〈리니지2〉가 배경신화의 스토리텔링에 있어서 그리스·로마 신화의 요소를 적절히 가미한 것[12]과 마찬가지로 〈아이온〉 역시 세계관의 설정에 있어서 다양한 신화의 요소를 차용했다.

특히, 중세 유럽을 배경으로 가상세계를 재현했던 〈리니지2〉와는 다르게 게임 속에 신화적인 세계를 구현하고자 했던 〈아이온〉은 보다 직접적인 방법으로 신화적 요소들을 세계관에 드러내고 있다. 〈아이온〉에서는 일반인들에게 친숙한 그리스·로마 신화의 요소 외에도 북부·게르만 신화, 인도 신화 등 다양한 지역의 신화 변용이 확인된다. 그 중 세계관 구성에 결정적인 영향을 준 것들은 다음과 같다.

첫째, '아트레이아 최초의 피조물이었던 용족은 점차 강대해진 힘으로 오만해져 창조주에 대항하고, 아트레이아 자체를 위협하는 존재로 변하게 된다.' 이상과 같은 〈아이온〉 세계에서의 창조주와 용족의 대립 설정은 보편적인 신화적 관점에서 해석이 가능하다.

신화학에 따르면 '인간의 세계'는 코스모스이어서 밖으로부터의 공격은

---

11  〈아이온〉 공식사이트의 자료.

12  拙稿, 앞의 책, 236쪽.

위그드라실은 북유럽 신화
에 나오는 신성한 우주의
물푸레나무 세계수의 일종,
북유럽 신화에 나오는 아홉
세계를 연결한다.

바벨탑은 구약성서에 고대
바빌로니아 사람들이 건설
했다고 기록되어 있는 탑

아이온이 두 동강 나기 전
의 과거의 세계. 현재의 천
계와 마계, 용계를 모두 포
함하는 하나의 세계

〈신화를 이용한 아이온의 게임 속 공간배경 설명〉

카오스로 변화시킬 위험성을 안고 있다. '인간의 세계'는 신들의 모범적
인 작업인 우주 창조를 모방하여 세워진 것이다. 그러므로 세계를 공격하
는 적은 신들의 적, 악마, 특히 악마의 두목으로 태초에 신들에게 정복당
했던 원초적인 용과 동일시되었다. '인간의 세계'에 대한 공격은 신들의
작업인 코스모스에 저항하여 그것을 무(無)로 돌려 버리려는 신화적인 용
의 복수 행위에 해당한다.[13]

〈아이온〉에서의 용족들 역시 신과 용의 대립을 통해 벌어지는 혼란이
라는 신화적 전통을 계승하고 있는 것이다. 용족의 우두머리로 등장하는

---

13  안진태, 『신화학 강의』, 열린책들, 2001, 333쪽.

미디어와 문화

용제의 경우 거대한 드래곤이라는 설정은 게르만 신화에서 인간과 신들에 대적하는 세력으로 등장한 서리 거인족, 그리스 신화에서 제우스를 비롯한 신들과 싸운 티탄족(거인)과 같으며, 용족들의 공격에서 인간들을 보호하기 위해 〈아이온〉이 쳐준 결계막은 게르만 신화에서 거인족의 공격을 막기 위해 미드가르드에 설치한 성채와 유사점이 있다.

둘째, 〈아이온〉의 배경신화에 따르면 창조주는 세상의 근간인 영원의 탑을 지키기 위해 12주신을 세상에 보내 용족에게 대항한다. 과거 용족에 대항하기 위해 창조된 12명의 강력한 수호신은 오랜 과거부터 현재까지 계속해서 살아온 불멸의 존재로 게임상에도 12주신이 기거하고 있는 공간이 실제하고 있다.

〈아이온〉 주신의 설정은 완전한 주기이자 우주적 질서를 상징하는 숫자 12를 근간으로 하여 그리스 신화의 올림포스 12신, 황도 12궁을 기반으로 하는 점성술, 천사(유대교, 기독교, 이슬람교)의 복합적인 결합의 산물이다. 별자리의 상응성이 인물 창조나 특성부여에 도움이 될 수 있다[14]는 점에 기초한 12주신을 통한 〈아이온〉의 클래스와 직업의 분류, 제우스를 중심으로 한 올림포스 12신의 인간에 대한 직접적인 간섭을 응용한 주신들의 게임 스토리나 진행에 대한 직접적 영향, 그리고 천사의 신과 인간사이의 중개자인 '신의 사자'로서의 역할을 반영한 배경신화 등을 통해 이를 확인 할 수 있다.

셋째, '갑작스런 대 파국으로 아이온(영원의 탑)이 분열되면서, 용족은

---

14  테리 브룩스, 『판타지 레퍼런스』, 들녘, 2002, 123쪽.

결계 밖으로 쫓겨나게 되고, 아트레이아는 다시는 소통할 수 없는 두 세계로 갈라지게 된다.'는 〈아이온〉의 공간적 배경의 신화적 설정은 바벨탑과 북구/게르만 신화 속 세계수 '이그드라실'과의 부분적인 공통점이 있다. 『구약성서』의 「창세기」 제11장에 나오는 바벨탑은 신을 경배하지 않은 인간들의 교만함을 상징하는 것으로 유명하다.[15]

하지만 〈아이온〉은 바벨탑의 이러한 직접적 상징성보다는 신이 바벨탑의 건설을 막기 위해 '인간들의 언어가 서로 통하지 않도록 만들고 사람들을 각지로 이주하게 했다'는 「창세기」의 내용적인 부분을 빌려와 게임설정에 적용시켰다. 게임 속에서 '영원의 탑'의 분열로 서로 다른 지역으로 나뉘어 살게 되고, 서로 의사소통 할 수 없게 된 천족과 마족의 설정은 「창세기」 내용의 변용인 것이다. 또한 북구/게르만 신화 속 나라인 아스가르드[16]와 생명의 근원을 상징하며 원형 대지의 축으로 3개의 층을 지탱하고 있는 '이그드라실(세계수)'은 〈아이온〉 '영원의 탑'에서 신화적 공간설정의 기본 틀을 제공해 주고 있다.

넷째, 천족과 마족의 대립이라는 설정 역시 인도 신화와 북구/게르만 신화에서 그 원형을 찾을 수 있다. 인도 신화인 『라마야나』[17]에는 신의 화신인 람(Ram)과 아수라인 라반(Ravan)의 전쟁이 나타난다. 본질적으로 선

---

15  모리노 다쿠미, 『고대유적』, 들녘, 2001, 28~29쪽.
16  아스가르드의 대지는 이중의 성벽으로 둘러싸여 있으며 인간들이 사는 '미드가르드', 거인국 '요툰헤임', 신들의 나라 '아스가르드'가 있다.
17  『라마야나』는 고대 인도의 산스크리트의 대서사시로 7편 2만 4천의 시구로 되어 있으며발미키의 작품이라고 추정하고 있다.

미디어와 문화

악의 이분법으로 나누어진 세력이 아닌 우주를 구성하는 상반되는 세력 간의 기능적인 구분을 통한 투쟁 모티브[18]는 〈아이온〉에서의 천족과 마족 간의 대립의 원형이 되었다. 또한, 북구/게르만 신화에 따르면 신화 속의 신족은 에시르(아스) 신족과 바니르(반) 신족으로 나뉘어있었다. 굴베이그라는 마녀에게 굴복당한 에시르 신족에 대한 바니르 신곡의 공격으로 북구/게르만 신화세계 최초의 전쟁이 벌어졌다. 아스 신족은 거인족의 재출현과 바니르(반) 신족과의 싸움이라는 두 가지 위기를 겪기도 한다. 이러한 신화의 내용은 천족과 마족, 용족이라는 삼자 대립의 전쟁을 중심 내용으로 하고 있는 〈아이온〉의 세계관과 공통점을 보인다.

다섯째, 〈아이온〉에서 발견되는 가장 대표적인 인도 신화적 요소의 차용은 '데바'[19]이다. 〈아이온〉에서의 '데바'는 12주신이 사용하던 오드를 사용할 수 있는 능력을 선천적으로 지닌 사람들을 말하는 것으로, 태어날 때는 인간의 외모와 다를 바 없지만 어느 순간 각성하게 되면 등에 날개를 펼쳐서 비행할 수 있으며 영원히 죽지 않는 불멸의 존재다.[20] 이러한 데바의 설정은 인도의 고대 신화에서 가져온 것이다. 인도 신화에서 데바

---

**18** 정광흠, 『인도의 신화와 종교』, 살림, 2006, 14~15쪽.

**19** "deva"의 이란어는 daeva이다. '신'이라는 뜻의 산스크리트어로, 인도 베다 시대의 많은 신들 가운데 하나이다. 자연의 어떤 힘과 동일하게 취급되느냐에 따라 대략 하늘의 신, 허공의 신, 땅의 신(바루나·인드라·소마)으로 나뉜다. 후기의 유일신 체계에서는 이 데바들이 하나의 최고신에게 종속되었다. 베다 시대에는 신을 데바와 아수라(이란어로는 ahura)의 2가지 부류로 나누었다(Britannica 백과사전 참조).

**20** 게임상에서는 캐릭터가 9레벨이 되면 받을 수 있는 미션을 완료하여 '데바'로 각성하게 된다.

는 불교, 힌두교, 베다교, 브라만교의 모든 제신의 신성에 붙여진 일반적인 이름을 의미한다. '데바'들은 하늘의 거주자들이다. 그들은 브라마, 비쉬누, 시바와 같이 '위대한 신성과는 반대로 결코 창조적 힘을 소유하지 않으며 그렇다고 전지전능하지도 않다. 그들은 우주의 힘, 가끔씩은 본성의 힘과 인간의 열정으로서만 상징화된다. 사람들은 신성의 세상에 속해 있는 모든 존재자를 데바라 불렀으며 이것은 물질적이거나 혹은 정신적인 어떤 힘이 부여된 모든 사람을 존중하기 위한 명칭이었다고 한다.[21] 이처럼 〈아이온〉에서 플레이어가 전지전능한 신이 아닌 인간이면서도 신에 가까운 존재인 데바가 되고자 하는 게임 초반의 설정은 인도 신화적 요소에서 차용된 것이다.

| 신화 | 대 파국의 시작 ① | 12주신의 등장 ② | 소통 없는 분열 ③ | 천족과 마족 ④ | 선택받은 존재 데바 ⑤ |
|---|---|---|---|---|---|
| 〈아이온〉의 세계관 | 용족과 창조주의 대립 *용제의 등장(드래곤) | '영원의 탑'을 지키기 위해 12 주신이 용족에게 대항 | 소통할 수 없는 두 세계로 갈라진 아트레이아 *아이온의 분열 | 천계와 마계의 증폭된 증오와 생존을 위한 투쟁 | 신들의 수호자이자 대변인 / 일반 주민들의 보호자 |
| 그리스/로마 신화 북구/게르만 신화 인도 신화 | 신들의 적 = 용 (보편신화적관점) *신화적인 용의 복수 행위 서리거인족(북구) 티탄족(그리스) | 12: 우주적 질서 올림포스 12신 점성술(황도12궁) 천사(신의 사자) | 바벨탑 = 인간 의사소통의 단절, 이주 위그드라실(북구/게르만: 우주수) | 아스신족 vs 반신족 vs 거인족 (북구/게르만) 데바 vs 아수라 (인도신화) | *데바: 하늘의 거주자들, 전지전능하지 않지만 신성의 세상에 속해 있는 존재 |

〈아이온의 신화와 그리스/로마, 북구/게르만, 인도 신화 비교〉

---

21 정광흠, 앞의 책, 333쪽.

## 2) 〈아이온〉의 중심 스토리라인의 스토리텔링

현재의 MMORPG 게임에서의 퀘스트 시스템은 보상을 위해 선택적으로 수행하는 퀘스트와 스토리와 연계되어 필수적으로 수행해야 하는 퀘스트로 나뉜다. 필수적인 퀘스트의 경우 선택적 퀘스트보다 더 높은 물질적 보상(아이템), 캐릭터의 성장(레벨상승), 새로운 지역으로의 이동과 기술의 습득을 제시함으로서 플레이어들의 필수 퀘스트 선택을 직접적으로 유도하고 있다. 〈아이온〉 역시 퀘스트를 필수적 퀘스트인 미션 퀘스트[22]와 일반 퀘스트로 나누어 플레이어들에게 제공하고 있다. 특히 필수 퀘스트인 미션에다가 게임의 핵심적인 스토리라인을 포함시킴으로서 메인 스토리라인을 강조하고 있다. 〈아이온〉의 스토리텔링 분석에서 미션을 통한 스토리라인을 살펴보는 것이 중요한 이유를 찾을 수 있는 대목이다.

〈아이온〉의 핵심적인 스토리라인은 천족과 마족의 스토리로 분화되어 있으며, 〈리니지2〉에서 소설을 통해 스토리라인을 외부적으로 노출시켰던 것[23]과 달리 마이크로 플롯의 형식을 통해 게임 내부적으로 스토리를 구현하고 있다. 마이크로 플롯으로 나뉘어 있는 게임 속 미션의 스토리를 선형적으로 재구성한 핵심적 스토리라인을 살펴보자.[24]

---

**22** 특정 지역이나 일정 레벨에 자동으로 획득되며 각각의 미션은 서로 연관성을 지닌다.

**23** 拙稿, 앞의 책, 230~233쪽.

**24** 핵심적 스토리라인은 본고의 연구를 위해서 기존의 선형적 서사물 형식으로 재구성한 것으로, 〈아이온〉 공식사이트에서는 제공되지 않음.

① '천족'의 중심 스토리

기억의 아티팩트를 찾기 위해 격전지인 카람마티스 지역에서 마족과의 싸움 중, 부하의 배신으로 용족인 오릿사에게 기습공격을 당한 주인공은 의식을 잃고 쓰러진다.

기억을 잃은 주인공은 칼리온 용병단의 일원으로 활동하게 된다. 용병으로 활동하며 농장과 숲을 위기에서 구하고 트몰리아 폐광에 있던 차원의 문을 파괴하여 '포에타의 수호자'로 칭송받게 된다. 데바인 페르노스와 숲의 주인인 다마누(엘림)의 도움으로 과거의 부분적인 기억을 되살린 주인공은 잃어버린 나머지 기억과 용족과의 전투를 위한 힘을 되찾기 위해 엘리시움에서 모두의 축복 속에 데바로 다시 태어난다.

데바가 된 주인공은 투르신 크랄과 레파르 혁명당 세력이 있는 베르테론으로 파견된다. 성소를 위협하는 크랄, 결계탑을 폭파하려는 레파르 혁명당, 차원의 문을 통해 공격해 오려는 용족의 음모 등을 저지한다. 뛰어난 능력으로 명성을 떨치던 중, 엘테낸 요새의 대장인 텔레마커스에게 불려간 주인공은 대 파국 때 용족의 공격으로 인해 급속한 사막화가 이루어진 엘테낸의 사막화를 막아줄 것을 부탁받는다. 잠시 다시 찾은 엘리시움에서 기억을 잃은 주인공을 찾아다니던 이카트로닉스(신기루 레기온의 배신자)를 만나 암살당할 위기를 맞이하기도 하지만 과거 부하였던 에쿠스(영혼)의 도움으로 이를 무사히 벗어나게 된다. 이후 엘테낸의 데바와 엘림들을 도와 신비샘을 되살린 주인공은 새로운 모험의 장소인 어비스로 떠난다.

어비스에서 주인공은 테미논 요새의 총사령관 타라니스의 요청으로 천족 포로를 구하고, 용족어를 익히는 등 천족의 일원으로서 하루하루를 보낸다. 페로노스의 조언으로 아티팩트를 발동해 신기루 레기온의 군단장이었던 자신의 과거와 신기루 레기온을 파멸로 이끈 원흉이 부하였던 이카로닉스라는 사실을 알게 된 주인공은 이카로닉스를 처단하고 레기온과 이카로닉스에게 살해된 에쿠스의 복수를 한다. 엘테넨으로 다시 돌아온 주인공은 유스티엘 주신의 선물인 신비샘을 파괴하려는 레파르 혁명단의 음모와 카이단 본진에서 차원의 문을 통해 천계 침입을 준비하고 있던 용족의 계획을 저지하고 엘테넨의 영웅이 된다. 하지만 휴식도 잠시, 레파르 혁명단과 폭풍의 아칸, 차원의 문을 통해 침입한 용족 등 힘든 난제가 산재해 있어 도움이 필요하다는 인테르디카의 군단장 페렌토의 편지를 받고 주인공은 인테르디카 요새로 향한다.

엘림족 지도자들의 요청으로 타락한 엘림족을 무찌르고, 데바를 데몬으로 변환시키는 저주의 키벨리스크를 파괴한다. 인테르디카에서 다시 만난 레파르 혁명단을 조사하던 중 주인공은 이들이 생체실험을 통해 합성성 생명체(RM-78c)를 만들고 있다는 사실을 알게 되고 이를 저지하지만 레파르 혁명단의 계획에 더 큰 의문을 가지게 된다. 또한, 지속된 침략 야욕을 보이고 있던 용족은 결국 세력을 확장하여 인테르디카로 침입해온다. 결국 피할 수 없는 싸움을 시작하게 된 주인공은 인드라투 군단과의 정면 대결을 결심하고 용족의 군단장인 인드라투를 제거하는 데 성공한다.

결전의 날은 다가오고 있음을 직감한 주인공은 용족과의 전쟁에 대비하기 위해 테오보모스 결계탑 마을에서 고대 유적 탐사를 하던 중 아이온의 대용족 전투 병기인 거신병 관련 자료를 입수한다. 결전을 준비하던 어느 날 다시 만난 페르노스는 잃어버린 나머지 기억을 되찾기 위해서는 과거의 임무였던 기억의 아티팩트 찾기를 마무리 할 것을 종용한다. 수많은 난관을 헤치고 돌아간 카람마티스에서 자신의 기억 속 공포의 대상이었던 용족의 군단장 오릿사를 무찌르고 기억의 아티팩트를 작동시키고 용제의 음모에 대한 기억의 단편을 떠올리게 된다. 그때 어디선가 나타난 레파르 혁명단의 수장인 레파르는 지금의 엘리시움이 거짓으로 물든 곳이라는 것을 주인공에게 알려준다. 과연 숨겨진 진실은 무엇일까, 온갖 의문들과 궁금증만이 더해간다.

### ② '마족'의 중심 스토리

나르삿스에 죽어있는 수많은 천족들, 천족 군단장 헬리온과 그의 레기온은 주인공에게 기습을 당한다. 결국 주인공과 헬리온은 결전을 벌이게 되고 사투 끝에 헬리온의 일격에 주인공은 쓰러진다.

이상한 꿈, 깨어난 주인공은 고아로 이스할겐에서 약탈을 일삼는 울고른 도적단의 일원이다. 실종된 두목의 딸을 찾던 중 만난 점쟁이 할멈에 의해 데바가 되는 자신의 미래를 보게 된다. 이후 도적단으로 명성을 날리던 중 차원의 문을 통해 침입하려던 용족의 계획을 저지하며 일약 도적단의 영웅으로 떠오른다. 미래에 대한 궁금증으로 찾아간 유배된 데바 무닌에게서 헬리온과의 싸움에서 쓰러지게 되는 자신의 미래를 알게 되고 자신의 미래를 바꿀 힘을 얻기 위해 판데모니움에서 데바로 다시 태어난다.

데바가 된 주인공은 용족의 유물(타아마트의 장검)로 모종의 음모를 꾸미던 레파르 혁명단의 계획과 검은 발톱 부족 라이칸이 설치한 차원의 문을 파괴하여 알트가르드를 침공하려는 용족의 시도를 좌절시킨다. 다시 만난 무닌에 의해 스쿨드를 찾아가게 된 주인공은 마계의 운명이 자신에게 달린 것을 알게 되고 운명의 공간에서 숙적 헬리온과의 가상전투를 통해 보다 성장한다.

모르헤임 요새의 군단장 아에기르의 호출을 받은 주인공은 데바의 능력을 흡수하여 스티그마 스톤을 만들던 레파르 혁명단을 응징하고 은빛 갈기 라이칸의 도움을 받아 차원의 문을 파괴하고 용족의 침입을 막는데 성공하여 모르헤임의 수호자의 칭호를 얻는다. 또한 어비스에서 마족 포로를 구출하고, 용족어를 익히며 마족의 일원으로 지내던 주인공은 불길한 예언에 시련을 겪고 갈등하기도 하지만 이를 극복해 낸다.

이후 지역을 옮겨 벨루스란 요새 대장의 지령을 수행하며 지낸다. 사람들에게 데바로 만들어 주겠다고 속인 뒤 납치해 데바 생성 실험체로 사용하던 레파르 혁명단의 음모를 저지하고 라이칸 부족과 교류하며 지내던 중 용족의 습격 사실을 알게 된다. 적의 본거지로 쳐들어간 주인공은 바카르마 군단(용족)과의 정면 대결을 통해 결계억제 장치를 파괴하여 벨루스란을 지켜낸다. 또한, 알 수 없는 전염병으로 주민의 대부분이 언데드가 되어버린 브루스트호닝에서 주인공은 언데드 창궐의 원인이 용제에게 있다는 사실을 밝혀낸다.

무닌에게서 '파멸의 데바'로써 '열세 번째 주신'이 될 운명을 타고났다는 사실을 듣게 된 주인공은 자신의 운명적 미래의 장애물인 헬리온과의 일전을 준비한다. 아트레이아의 새로운 별이 되기 위해 어비스의 심층부에 있는 운명의 균열로 들어간 주인공은 헬리온을 무찌르지만 내면의 어둠을 억제하지 못해 폭주하게 된다. 이때 어디선가 갑자기 나타난 레파르에게 도움을 받고 생명을 구한 주인공은 레파르에게서 이제까지 몰랐던 새로운 사실을 알게 된다. 운명을 바꾼 주인공은 앞으로 어떠한 길을 가게 될까, 새로운 미래의 모험이 주인공을 기다리고 있다.

이상의 스토리라인을 통해서 다음과 같은 사실들이 확인된다.

첫째, 〈아이온〉의 천족/마족의 중심 스토리 라인은 접근성 높은 대중적 MMORPG를 구현하기 위해 영웅 모험담의 전형적인 구조를 보여준다. 조셉 켐벨은 『천의 얼굴을 가진 영웅』에서 영웅이란 스스로의 힘으로 복종(자기 극복)의 기술을 완성한 인간[25]이라고 하였다. 인간인 주인공이 신(데바)이 되는 〈아이온〉의 영웅 모험담적 서사 설정은 게임의 중심스토리라인에 잘 나타나고 있으며, 특히 영웅이 되기 위한 열두 단계의 서사구조[26]가 〈아이온〉의 중심 스토리라인에 잘 반영되어 나타난다.

이를 정리해 보면 아래 표와 같다.

| 영웅 서사의 12단계 | | 천족의 중심 스토리 라인 | 마족의 중심 스토리 라인 |
|---|---|---|---|
| 1 | 일상세계 | 칼리온 용병단의 일원 | 울고른 도적단의 일원 |

---

25 조셉 캠벨, 『천의 얼굴을 가진 영웅』, 민음사, 2004, 29쪽.

26 조셉 캠벨은 영웅이 되기 위한 열두 단계의 서사구조로 (1)일상 세계(The Ordinary World), (2)모험의 소명(The Call to Adventure), (3)소명의 거부(Refusal of the Call), (4)조력자와의 만남(Meeting with the Mentor), (5)관문의 통과(Crossing the Threshold), (6)시험, 협력, 적들(Tests, Allies, Enemies), 신격의 여성과의 만남(Meeting with the Goddess), 아버지와의 화해(Atonement With The Father), (7)동굴에의 도착(Approaching the Cave), (8)시련(The Ordeal), (9)보상(The Reward), (10)되돌아감(The Road Back), (11)부활(Resurrection), (12)불로불사의 영약과 귀환(Returning with the Elixir)으로 구분하였다.
   조셉 캠벨, 위의 책.

| 2 | 모험의 소명 | 잃어버린 기억 | 미래에 대한 꿈 |
|---|---|---|---|
| 3 | 소명의 거부 | 용병단으로서의 일상 | 도적단의 일원으로서의 일상 |
| 4 | 조력자와의 만남 | 다마누, 페르노스와의 만남 | 점쟁이, 무닌(데바)과의 만남 |
| 5 | 관문의 통과 | 데바로의 의식 | 데바로의 의식 |
| 6 | 시험, 협력, 적들 | 어비스 관련 시험/ 에쿠스의 도움 크랄, 레파르 혁명당의 음모 | 어비스 관련 시험/ 스쿨드의 도움 라이칸, 레파르 혁명당 음모 |
| 7 | 동굴에의 도착 | 배신자 이카트로닉스와의 만남 | 헬리온과의 가상전투 |
| 8 | 시련 | 이카트로닉스와 용족 인드라투 제거 | 바카르마 군단(용족)과의 전투 |
| 9 | 보상 | 신기루 레기온의 복수성공 | 마족에의 능력인정 |
| 10 | 되돌아감 | 천족의 일상으로 귀환 | 마족의 일상으로 귀환 |
| 11 | 부활 | 용족 오릿사와의 결전 승리 잃어버린 기억을 찾음 | 헬리온(천족)과의 결전 승리 미래의 운명 변화 |
| 12 | 불사의 영약과 귀환 | 용족과의 전쟁 대비 레파르와의 만남 | 레파르와의 만남 |

〈아이온의 천족/마족 중심 스토리 라인에 나타난 영웅 서사의 12단계〉

〈아이온〉은 신화에서 발견되는 영웅 서사의 보편적인 구조를 게임의 중심 스토리라인에 구현하여 플레이어의 주체화 성장 과정을 구현하였다. 이는 신화의 보편적이고 공동체적인 무의식을 통해 게임에 플레이어의 능동적 참여를 유도하고, 대중성을 획득할 수 있다는 점에서 〈아이온〉이 지향하는 대중적 MMORPG 게임 기획의 의도[27]가 스토리텔링에

---

[27] 엔씨 소프트는 대중이 쉽고 재미있게 콘텐츠에 접근, 소비할 수 있는 완성형 MMORPG 게임의 제작을 〈아이온〉의 기획의도로 밝혔다.

〈『아이바 이야기』의 스토리 라인에 나타난 영웅 서사의 12단계〉

반영된 결과라 볼 수 있다. 이러한 기획의 의도는 〈아이온〉의 스토리를 기반으로 제작된 코믹북, 『아이바 이야기』[28]를 통해서 보다 분명하게 드러난다.

사용자의 몰입은 게임 시스템의 성패에 결정적인 역할을 하는 만큼 〈아이온〉은 이전의 기존 한국 온라인 게임에 비해서 스토리를 한층 강조하고 있다. 즉 〈아이온〉은 플레이어가 게임을 제대로 플레이하기 위해 따라갈 수밖에 없는 미션 퀘스트에 신화적 보편성을 따르는 중심 스토리라인을 스토리텔링 함으로써 보편성 있는 스토리 자체를 통한 사용자들의 강한 몰입을 유도하는 특징을 보여주고 있다.

둘째, 〈아이온〉은 한국형 온라인 게임인 〈리니지2〉에서와 마찬가지로 MMORPG 게임에서 스토리설정 상의 상호작용성을 높일 수 있는 코드인 '친교-경쟁-성장'의 스토리텔링의 코드가 중심 스토리라인 내에서 발견된다. 다만 〈리니지2〉에서의 친교가 혈맹의 유대 혹은 경쟁이 혈맹 간의

---

**28** 미국 시애틀 게임박람회에서 배포된 코믹북으로, 미국에 〈아이온〉의 스토리와 세계관을 소개하는 목적으로 제작되었다.

혼란과 대립을 나타내었던 것과 달리 〈아이온〉에서의 친교는 종족이라는 보다 확대된 커뮤니티(Community)의 유대 관계를 의미하고 있다. 아울러 〈아이온〉에서의 경쟁은 천족과 마족, 용족이라는 종족(국가) 간의 끝없는 세력 전쟁을 나타낸다는 점에서 서사의 확장성과 변화점을 찾을 수 있다.

셋째, 완성형 스토리, 선택형 스토리의 게임 내부적 결합의 강화를 통해 변화를 모색하고 있다. 이용욱은 『온라인게임 스토리텔링의 서사시학』에서 완성형 스토리는 게임 서사 외부에 있기 때문에 굳이 기억할 필요가 없고, 선택형 스토리는 선택에 따라 다양한 경우의 수가 발생하는데다 중요한 것은 과정이 아니라 퀘스트 완성 후에 주어지는 보상이기 때문에 과정을 기억하는 수고가 불필요하다[29]고 보았다. 하지만 〈아이온〉에서는 게임 외부적으로 주어지는 기반적 서사를 줄이고 그 중 일부를 게임의 내부로 들여오는 변화를 시도하였다.

〈아이온〉에서 천족/마족을 선택한 플레이어는 〈리니지2〉에서 오프닝 동영상과 유사한 측면의 역할을 하는 인트로 동영상을 통해 기반적 스토리를 게임 내부적으로 경험한다. 각각의 미션 퀘스트를 진행해가는 과정을 통해 플레이어가 보게 되는 이러한 동영상과 컷인들은 지속적으로 플레이어에게 기반적 스토리에 대한 관심을 유도한다. 즉, 동영상을 통한 기반적 스토리의 전달이 게임 외부적으로 진열되어 선택을 수동적으로 기다리고 있는 것이 아니라 미션을 수행하는 과정에서 자연스럽게 플레이어에게 제공되는 것이다. 미션 퀘스트의 중간 중간 동영상과 컷인은 플

---

29  이용욱, 『온라인게임 스토리텔링의 서사시학』, 글누림, 2009.

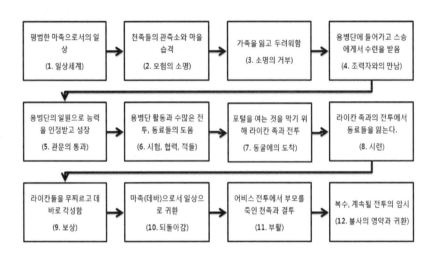

| | 천족 중심 스토리 | 마족 중심 스토리 |
|---|---|---|
| 친교 | 천족(페르노스)<br>인간(칼리온 용병단)<br>레기온(신기루 레기온)<br>엘림족(디마누) | 마족(무닌)<br>인간(울고른 도적단)<br>레기온<br>엘림족 |
| 경쟁 | 마족(카람마티스 지역분쟁)<br>용족(오릿사, 인드라투)<br>레파르 혁명당<br>투르신 크랄족 | 천족(헬리온)<br>용족<br>레파르 혁명당<br>검은 발톱 라이칸족 |
| 성장 | 용병단 활동<br>데바로의 의식<br>레파르 혁명당<br>배신자의 처단<br>어비스 입장<br>오릿사와의 대결에서 승리<br>잃어버린 과거의 기억 회복 | 도적단 활동<br>데바로의 의식<br>레파르 혁명당<br>어비스 입장<br>헬리온과의 대결에서 승리<br>불길한 예언의 극복 |

〈천족/마족 종족별 '친교-경쟁-성장' 구조〉

레이어에게 노출된다. 이러한 이유에서 중심 스토리 라인을 따라서 〈아이

       미디어와 문화

온〉을 플레이하는 게이머는 게임을 플레이하는 과정에서 게임의 외부 기반적 서사와 게임 내부적으로 주어진 서사에 자연스럽게 녹아드는 자신을 경험하게 된다.

넷째, 천족/마족의 스토리 라인에서 확인되는 차이점과 유사점을 통해서 PvPvE(Player vs Player vs Environment)라는 〈아이온〉 기본 컨셉을 반영한 스토리텔링을 시도하고 있다. 〈리니지2〉에서는 경쟁의 대상이 다른 플레이어였으며, 몬스터는 성장을 위한 도구적 측면이 강했다. 즉, 다른 불특정 혈맹들(플레이어들)을 상대로 한 PvP가 중심이 된 가상의 스토리 라인을 가지고 있었다.

하지만 〈아이온〉에서는 능동형 NPC 세력인 용족이 등장해 대륙의 세력판도에 영향을 미칠 수 있게 됨으로서 스토리상의 적대세력들을 게임을 플레이하는 과정에서 직접 만나게 되었다. PvP와 PvE가 유도될 수 있도록 짜임새 있는 중심 스토리가 제시되어 반대 플레이어 세력집단과 단순 사냥을 위한 몬스터가 아닌 능동형 NPC 집단 간의 인식의 차이가 모호해지면서 스토리를 통해 형성된 삼자 경쟁구도는 게임 시스템적 요소인 PvPvE가 자연스럽게 우발적 스토리(Random story)의 발현으로 유도될 수 있도록 하고 있다.

| | 차이점 | 유사점 및 특이사항 |
|---|---|---|
| 천족<br>스토리<br>라인 | • 주인공을 잃어버린 기억을 되찾고 싶어 하는 인물로 설정하여 영원한 순간 속에 있는 아이온의 시간[30]을 강조하는 효과를 기대함.<br><br>• 용족인 오딧사를 주인공의 공포의 대상(극복대상)으로 등장시켜 마족과의 대립보다 용족과의 대립을 보다 강조한 스토리.(PvE)<br><br>• 크랄과의 분쟁 | • 어비스에 관련한 스토리를 통해 천족과 마족이 대립관계에 있음을 알 수 있다.(PvP)<br><br>• 스토리 속 지속적인 차원의 문을 통한 용족의 침입 시도를 통해 용족과의 대립관계가 표면화 된다.(PvE) |
| 마족<br>스토리<br>라인 | • 천족의 주인공이 과거의 시간에 집착한다면, 마족의 주인공은 미래를 변화에 집착하게 하는 설정을 통해 아이온의 시간을 나타내는 설정상의 완성도를 높임.<br><br>• 헬리온과의 대립관계를 통해 용족과 마족의 대립관계보다 천족v마족의 대립이 보다 직접적으로 나타남.(PvP)<br><br>• 라이칸과의 분쟁 | • 레파르 혁명단과의 분쟁과 레파르의 등장을 통해 서사를 확장시킨다.(숨겨진 음모와 공공의 적에 대한 암시를 통해 천족과 마족의 협력의 가능성을 열어둠) |

〈천족/마족 종족별 중심 스토리 라인의 특성〉

## 3) 〈아이온〉의 미션/퀘스트를 통한 서사의 확장

### ① 패턴 지연의 서사

이정엽은 게임에서 스토리라 부를 수 있는 선형적인 서사는 몇몇의 롤

---

**30** 통시적이고 공시적인 파롤과 랑그의 시간은 사건 속에서 교차하며, 언어, 즉 문장이나 발화는 시간 속에서 일어나는 사건이다. 신화는 시간의 이 두 가지 범주에 세 번째 속성을 더해 영원이 순간 속에 있는 아이온의 시간, 신화적 시간을 만들어 낸다.

Lacoan, *The Language of the Self*, Johns Hopkins Univ, 1981, p.207.

최정은, 『동물, 괴물지, 엠블럼 중세의 지식과 상징』, 휴머니스트, 2005.

플레잉 게임이나 어드벤처 게임에서만 차용되고 있을 뿐이며 플레이어가 게임에 몰입하는 것은 잘 짜인 스토리를 소비하기 위해서가 아니라 게임이 재현하는 스토리의 외적인 요소들(그래픽, 인터페이스, 사운드, 시스템)에 몰입하는 것[31]이라 주장하였다. 하지만 게임에서의 스토리의 중요성이 논란의 대상이 된다거나, MMORPG 게임의 스토리텔링에서 사용자 중심의 스토리텔링만이 강조되던 시대는 〈월드 오브 워크래프트〉[32]의 성공과 더불어 변화의 기로에 섰다. 게임에서의 스토리의 중요성이 부각되고 미션과 퀘스트를 통한 개발자의 스토리텔링이 중시되는 서구형 온라인 게임인 〈월드 오브 워크래프트〉의 대중적 성공은 한국의 MMORPG 게임에도 영향을 주었다. 이 같은 잘 짜여진 스토리의 소비자로서의 대중들의 선호 경향을 수용한 대표적인 국산 MMORPG 게임이 〈아이온〉이다. 〈아이온〉은 한국형 온라인 게임의 특성에 서구형 온라인 게임의 특성인 다양한 플롯을 지닌 미션과 퀘스트를 콘텐츠로서 내장시켜 게임의 서사를 풍성하게 했다. 다양한 미션과 퀘스트는 서사 패턴의 반복과 확장을 통해 가능했던 것으로 플레이어가 게임에 내제된 스토리를 소비하며 게임의 기반적 서사에 대해 지속적으로 몰입하게 하는 효과를 거두었다. 이러한 관점에서 〈아이온〉의 미션과 퀘스트에서 패턴 반복과 확장의 과정을 분석해보는 것은 전반적인 스토리텔링 확장 과정을 유추해 볼 수 있다는 측면에서 의미가 있다.

---

31  이정엽, 『디지털 게임, 상상력의 새로운 영토』, 살림, 2005, 6쪽.

32  블리자드의 〈월드 오브 워크래프트〉의 경우 퀘스트 구조의 플롯들이 3천여 개 이상 내장되어 있다.

배주영은 『디지털 애니메이션 스토리텔링』에서 매체에 따른 스토리텔링의 차이를 언급하면서 '사건해결형', '주인공 성장형' 및 '세계 여행 및 구원형'으로 TV용 애니메이션 스토리텔링의 패턴 지연의 서사를 분류하였다. 또한 세 가지 내용·유형적 분류형 중에서 '주인공 성장형' 및 '세계 여행 및 구원형'이 게임 스토리텔링의 전형적인 기초가 되는 유형[33]이라고 보았다. 이를 바탕으로 〈아이온〉의 미션과 퀘스트를 분석한 결과 〈아이온〉에서도 '주인공 성장형' 및 '세계 여행 및 구원형'의 미션과 퀘스트가 발견되었다.[34]

| 천족 / 마족 지역 퀘스트 | | 주인공 성장형 미션/퀘스트 | | 여행과 세상 구원형 미션/퀘스트 | |
|---|---|---|---|---|---|
| | | 스토리 진행 | 성장(레벨) | 아이템 획득 | 보조자와의 만남 |
| 천족 | 포에타 (M:8, Q:32) | 용병단장의 호출 외 4개(미션)<br><br>새로운 임무 외 4개(일반 퀘스트)<br><br>*특징: 데바로 다시 태어나는 플레이어 | 캐루빔의 위협 외 2개(미션)<br><br>케루빔 사냥 외 11개(일반 퀘스트)<br><br>*전직 퀘스트(개인 성장)<br>* 특징: 2~3인 파티 플레이가 요구되는 미션 | 안젤리카 채집 외 6개(일반 퀘스트) | 칼레스의 부탁 외 6개(일반 퀘스트)<br><br>*특징: 엘림족과 데바인 무네와의 만남 |

---

33  배주영, 『디지털 애니메이션 스토리텔링』, 살림, 2005, 36~37쪽.
34  plaync(아이온 공식 사이트)의 파워북, 2010년 4월 기준.

미디어와 문화

| | | | | | |
|---|---|---|---|---|---|
| 천족 | 베르테론 (M:14,Q:81) | 베룰테론 대장의 지령 외 6개(미션) *특징: 본격적인 모험의 시작 | 베르테론 요새 정화 외 6개(미션) 무기의 장식 외 29개 위협받는 엘림(반복) 골치덩이캔서리드 (반복) 캔서리드 위협(반복) *특징: 파티플레이 필요 퀘스트 | *베르테론 요새 (가이오네의 부탁 외 7개) 발보아의 보물 외 27개(일반 퀘스트) *특징: 네임드 몬스터(희귀 아이템) | 도착하지 않는 방어구외 14개(일반 퀘스트) *톨바스 마을 (과욕의 결과 외 4개) *특징: 다른 상급 플레이어와의 교류 |
| | 엘리시움 (M:8,Q:157) | 과거의 임무 외 5개(미션) 용검의 주인이 될 기회 외 3개(일반 퀘스트) *특징: 모든 이야기의 중심지 | 외항으로 보낼 물건(반복) 외 28개 (일반 퀘스트) 어비스에 관한 지식 *명인의 전당(재봉의 달인 외 74개) 임무를 수행할 능력 *특징: 어비스 관련 미션/퀘스트 등장 | 오드의 반지 외 22개 엘리시움 훈장 모으기(반복) 엘리시움 훈장을 위해(반복, 파티) *특징: 아이템을 얻기 위한 파티형 퀘스트 증가 | 생명의 뜻 외 17개 어비스 기념품(반복) *공중운하(흐느끼는 에닌테 외 4개) *특징: 직업관련 스승과의 만남 |
| | 엘테넨 (M:15,Q:205) | 엘테넨 요새 대장 지령 외 10개(미션) 일반 퀘스트 10개 *특징: 천족과 마족의 대립구도 심화 | 만두리의 비밀 외 3개(미션) *엘테넨 요새(자연의 균형을 위해 외 13개) 엘테넨 요새를 제외한 지역 퀘스트 65개 특장: 본격적 PVPVE의 시작 | *엘테넨 요새(딱밥의 재료 외 22개) (일반 퀘스트) 엘테넨 요새를 제외한 일반 퀘스트 53개 *특징: 사냥을 통해서도 고성능 장비 획득가능 | *엘테넨 요새(엘림족의 안부 외 6개) (일반 퀘스트) 엘테넨 요새를 제외한 일반 퀘스트 33개 |

| | | | | | |
|---|---|---|---|---|---|
| 천족 | 인테르디카<br>(M:12, Q:190) | 인테르디카 요새 외 7개(미션)<br><br>인테르디카 결계탑 지원 외 7개<br><br>*특징: 용족과의 대립/ 숨겨진 진실 | 군당장 인드라투 외 3개(미션)<br><br>선임자의 고민 외 99개(일반 퀘스트)<br><br>*특징: 잠입, 파티형 퀘스트 증가 | 마석제거사 협회의 공문 외 64개(일반 퀘스트) | 어비스로의 전갈 외 16개(일반 퀘스트)<br><br>*특징: 잠입과 관련된 보조자들과의 만남 |
| | 테오보모스<br>(M:3,Q:87) | 칼리돈 유적(미션)<br><br>결계수호자의 부탁(미션)<br><br>각진 날 단도의 주인 외 4개(일반 퀘스트)<br><br>*특징: 고대유물과 용족과의 사건의 열쇠 | 테오보모스의 상흔(미션)<br><br>타우릭 움막의 화석 외 43개(일반 퀘스트)<br><br>고대 발동석의 작동법(어비스 퀘스트)<br><br>*특징: 고레벨의 싱글플레이 지원 | 우울증에 걸린 마지룽 외 19개(일반 퀘스트) | 결계 강화를 위한 방법 외 16개(일반 퀘스트) |
| 마족 | 이스할겐<br>(M:13,Q:35) | 단장의 지령 외 7개(미션)<br><br>도적단의 의리 외 3개(일반 퀘스트)<br><br>*특징: 2차 전직 | 도적단 식량확보 외 4개(미션)<br><br>스프리그의 반격 외 15(일반 퀘스트)<br><br>*특징: 소규모 파티 미션 | 상처엔 안누스 외 6개(일반 퀘스트) | 우르드의 부탁 외 7개(일반 퀘스트) |

| 족 | 지역 | | | | |
|---|---|---|---|---|---|
| | 알트가르드 (M:12,Q:84) | 혁명단 토벌 임무 외 7개(미션)<br><br>*특징: 마족과 아인족과의 갈등관계 | 알트가르드 요새 지원 외 3개(미션)<br><br>얼음호수의 크리스털 외 47개(일반 퀘스트)<br><br>*특징: 네임드 몬스터 / 파티플레이 필요 퀘스트의 등장 | 출생의 비밀 외 24개(일반 퀘스트)<br><br>*특징: '마계탈출'의 경우 천족 데바를 돕는 퀘스트 | 라이칸 사절의 부탁 외 10개(일반 퀘스트)<br><br>*특징: 라이칸어를 익힘 |
| 마<br>족 | 판데모니움 (M:9,Q:161) | 수에론 군단장의 지령 외 6개(미션)<br><br>미래의 위험 외 4개(일반 퀘스트)<br><br>*특징: 직업별 미션 구분(특성화) | 어비스에 대한 지식 외 2개(미션)<br><br>스승의 시험 외 103개(일반 퀘스트)<br><br>*특징: 어비스 관련 미션/퀘스트 등장/데바니온 퀘스트 | 문장이 세겨진 리본 외 29개(일반 퀘스트)<br><br>애주가의 부탁 등 파티형 퀘스트 본격등장(파티, 반복)<br><br>*특징: 제작관련 퀘스트/파티를 구성할 경우 퀘스트를 쉽게 완수할 수 있음 | 애끓는 모정 외 21개(일반 퀘스트)<br><br>어비스에 보낼 장검(반복)<br><br>*특징: 직업관련 스승과의 만남/어비스 관련 |
| | 모르헤임 (M:10,Q:199) | 모르헤임 요새 대장의 호출 외 4개(미션)<br><br>일반 퀘스트 12개<br><br>*특징: 엘림족을 살릴 방법 등의 퀘스트를 통해 잠입을 강제함 / 유저의 천족과 마족 대립관계 인식유도 | 돌로 변한 엘림 외 4개(미션)<br><br>*특징: 최후의 관문(어비스로 들어가기 위한 마지막 시험)<br><br>일반 퀘스트 84개<br><br>특징: 파티플레이용 퀘스트 대거등장/PvPvE의 본격시작 | 괜찮은 제안 외 75개(일반 퀘스트)<br><br>*특징: 채집관련 퀘스트 다수 등장/천계 잠입 퀘스트 | 은밀한 정보 외 26개(일반 퀘스트)<br><br>*특징: 연계형 퀘스트를 통한 NPC와의 관계형성 |

| 마족 | 벨루스란 (M:12, Q:191) | 벨루스란 요새 대장의 지령 외 8개 (미션)<br><br>*특징:파티플레이 필수 미션의 추가/다양한 적대 세력과의 대결 본격화<br><br>떨어지는 파편 조각 외 11개<br><br>*특징: 다양한 세력들과 스토리 형성 | 등대를 밝혀라 외 2개(미션)<br><br>떨어지는 파편 조각 외 102개(일반 퀘스트)<br><br>*특징: 파티형 퀘스트 증가 | 방치된 마석 관리 외 61개(일반 퀘스트)<br><br>*특징: 반복형 퀘스트의 증가 | 지그리테의 도움 요청 외 13개(일반 퀘스트)<br><br>*특징: 마족보호와 관련한 보조자와의 만남 |
|---|---|---|---|---|---|
| | 브루스호닌 (M:4, Q:87) | 오염의 비밀(미션)<br><br>*특징: 고레벨 인스턴스 던전인 아드마 성채 입장 | 언데드 토벌대장의 부탁 외 2개(미션)<br><br>용서받지 못할 자 외 53개(일반 퀘스트)<br><br>*특징: 저레벨용과 고레벨용 퀘스트 지원 | 떠나지 못하는 망령 외 24개(일반 퀘스트) | 잭스패너의 부탁 외 7개(일반 퀘스트) |

〈아이온의 미션/퀘스트를 통한 서사 패턴 반복과 확장〉

② 원형 이야기의 모티브를 활용한 응용형 스토리텔링

〈아이온〉에서는 원형 이야기를 응용한 스토리텔링의 시도를 미션/퀘스트를 통해 확인 할 수 있다. 특히, 우리나라의 설화를 활용한 미션/퀘스트의 내용은 주목해 볼만하다.

| | |
|---|---|
| 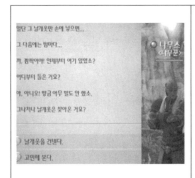 | **\* 님프의 날개옷(천족 퀘스트)**<br><br>1. 원형: 선녀와 나무꾼<br><br>2. 퀘스트 내용: 님프의 연못에서 목욕하러 온 아름다운 님프를 보았다고 고백하며 님프의 날개옷을 훔쳐달라고 부탁하는 나무스(NPC)<br><br>3. 확장: 이후 '옷을 훔친 범인', 나무스를 위한 도끼' 등으로 기존의 서사를 더욱 확장한다. |
| 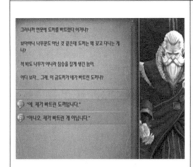 | **\* 잃어버린 도끼(마족 퀘스트)**<br><br>1. 원형: 금도끼 은도끼<br><br>2. 퀘스트 내용: 쇠도끼를 연못 속에 빠지게 되고 샘에서 늙은 궁나호그(데바)가 나타나 어떤 것이 자신의 도끼인지를 물어본다.<br><br>3. 특징: 거짓과 진실을 말할 경우 보상의 차이 있음 |
|  | **\* 불멸의 사랑(마족 퀘스트)**<br><br>1. 원형: 견우와 직녀<br><br>2. 퀘스트 내용: 패패롱과 연인인 사라린린이 드레이크들이 만들어준 다리를 이용해 서로의 사랑을 확인 한다.<br><br>3. 특징: '누구에게 전할 것인가'의 연계 퀘스트로 동영상으로 오작교와 유사한 다리가 만들어지는 것을 보여준다. |

〈아이온에 나타난 한국 설화의 변용〉

또한 다양한 영화에 대한 패러디도 확인이 가능한데, 해리포터의 내용을 응용한 '시리우스를 찾아서', 반지의 제왕의 내용을 응용한 '저주받은 목걸이', 캐러비안의 해적의 내용을 응용한 '잭 스패로우의 모자' 등이 대표적이다. 이처럼 〈아이온〉은 게임의 재미라는 측면에서 스토리텔링의 유연화와 다각화를 시도하였다. 단순히 성장(레벨업)을 위해 퀘스트를 통해 몬스터를 사냥하던 이전의 방식을 탈피하여 플레이어가 다양한 마이크로 플롯의 퀘스트 스토리 라인을 따라가며 자연스럽게 성장의 재미를 느낄 수 있도록 한 스토리텔링의 시도는 발전적이라 하겠다.

### 4) 우발적 스토리(Random story) 발생 유도

① PvPvE: 능동형 NPC의 활용한 스토리텔링 유도(용족)

PvPvE(Player vs Player vs Environment)는 〈아이온〉의 게임 시스템과 스토리텔링의 핵심이다. 이것은 플레이어들 간의 경쟁을 유발했던 〈리니지 2〉의 공간과 퀘스트/시스템을 통한 스토리텔링이나 제한된 상호작용의 틀 속에 스토리의 수동적 소비를 유도했던 〈월드 오브 워크래프트〉와 차별성을 가지고자 하는 〈아이온〉 디지털 스토리텔링의 새로운 시도라는 측면에서 주목해 볼만하다. 이와 같은 PvPvE 환경이 조성되게 하기 위해 〈아이온〉이 선택한 시도는 변형된 능동형 NPC(Non Player Character)의 적극적 활용이다.

MMORPG 게임에서는 내가 움직이는 캐릭터뿐만 아니라 게임에 등장하는 캐릭터 대부분이 플레이 캐릭터(PC: Player Character)다. 하지만 〈아이온〉의 제 3세력인 용족의 경우는 천족과 마족이라는 플레이 캐릭터들의 세력 이상의 NPC 세력집단으로서 MMORPG 게임에서 단순히 수동적으로 보조적 기능만을 담당했던 NPC의 일반 특징의 범주를 벗어나 있다. 한예원은 「MMORPG의 NPC유형에 따른 서사적 기능 분류」[35]에서 NPC를 플레이어와 캐릭터와의 관계축, 행동의 태도축에 따라서 크게 소극적 조력자, 적극적 조력자, 소극적 적대자, 적극적 적대자로 분류하였다. 이러한 분류에 따르면 용족의 경우 적극적 적대자형에 가깝다. 하지만 단순히 공간에 배치되어 있지 않고 세력을 가진 집단으로 지휘관의 통제를 받으며 특정 목적을 완수하기 위해 세력화하여 능동적, 우발적으로 공간에 난입해온다는 점에서 단순 공간투사를 유도하는 측면을 담당하고 있는 적극적 적대자로 분류하기에는 어려움이 있다. 상황에 따른 게임 운영자들의 컴퓨터 프로그램적 제어를 통해 전체의 흐름에 끼어들어 특정 행동을 강제하거나 특정한 이야기를 생성하도록 유도하는 역할 역시 담당하고 있는 것이다. 이것은 〈아이온〉의 세계에서 한 축을 담당하고 있는 능동형 NPC 세력인 용족이 프로타고니스트인 플레이어 캐릭터에 반하는 안타고니스트로서 플레이어 캐릭터와의 대립을 통해 서사를 확장하도록 하는 원동력이라는 것을 보여준다.

이것은 또한 선택·행동을 통해 아이온의 세계를 변화시키고 그 힘에 의해 변환된 세계가 다시 플레이어들에게 영향을 미치게 유도한다는 〈아이온〉 기획의도의 발현이기도 하다.

---

35  한예원·손형전, 「MMORPG의 NPC유형에 따른 서사적 기능 분류」, 『한국게임학회 논문지』 제9권 제3호, 2009, 53~66쪽.

〈드레드기온〉

1. '용족'의 거대한 생체 전함

2. 불시에 플레이어들이 점령하고 있는 주요 거점에 용족을 낙하시켜 공격해 온다.(능동형 NPC)

3. 천족과 마족 간의 세력을 조절하는 기능으로 활용됨.(우세한 세력의 요새를 공격함)

② 소셜 네트워크 활성화를 통한 스토리텔링 유도

〈리니지2〉에 혈맹이 있었다면 〈아이온〉에는 레기온이 있다. 게임상에서 친목을 다지거나 같은 목적을 가진 플레이어들이 모여 길드를 조직한 것을 〈아이온〉에서는 레기온이라고 부른다. 클랜(Clan)이나 길드(Guild), 혈맹과 같은 의미 사용되는 레기온은 일정 조건만 갖추면 누구라도 만들 수 있다. 레기온은 상대 종족과 싸우기 위한 군대의 형태를 의미하며 성장의 단계를 따라 레기온 구성원 간의 친목의 확장을 도모한다. 게임상의 콘텐츠(요새전, RvR, 레이드)를 즐기기 위한 기본 단위로 집단을 모집하기 위한 플레이어 규합의 구심점이기도 하다.

## 5. 결론

이상에서 〈아이온〉의 스토리텔링 구조 분석을 통해서 중심 스토리라인의 스토리텔링, 미션/퀘스트를 통한 서사의 확장, 패턴 지연의 서사, 응용형 스토리텔링 등 다양한 서사구조적 층위를 살펴보았다. 이전의 한국 게임 스토리텔링을 충실히 따라가면서도 특히 재미라는 측면을 강조하기 위한 〈아이온〉만의 노력, 즉 스토리텔링의 유연화와 다각화를 시도하고 있음을 알 수 있었다. 이는 사용자 사이의 상호작용성의 강화와 중심 스토리라인의 다각화를 통해 재미를 포함해서 사용자의 몰입까지 유도하고 있는데, 바로 〈아이온〉이 한국 온라인게임의 대표적 MMORPG로 자리매김하고 있는 이유라고 할 수 있다. 이에 더하여 높은 수준의 사실적 공간 구현은 사용자가 가지는 상호작용성과 경험을 통해 만들어 가는 서사의 측면을 더욱 강화해 주고 있다는 것을 알 수 있는데, 능동형 NPC를 활용한 스토리텔링 유도나 소셜 네트워크 활성화를 통한 스토리텔링의 유도 같은 방향성은 향후 서사성의 중요성이 강조되는 MMORPG 게임의 서사 구조와 상호작용성의 관계 형성에 매우 중요한 요소로 작용할 것으로 기대한다.

다만 본 연구는 〈아이온〉의 스토리텔링에 한정된 연구로 인해 다른 MMORPG의 스토리텔링과의 비교를 적극적으로 하지 못한 한계를 가지고 있다. 본 연구가 〈리니지〉의 스토리텔링으로부터 시작해서 〈아이온〉, 〈월드 오브 워크래프트〉로 이어지는 대표적 MMORPG 게임의 스토리텔링 연구로 이어진다는 점에서 금번 연구의 한계는 다음 연구를 통해 극복해 나갈 것이다. 아울러 실제 게임 사용자들의 경험까지도 살펴볼 수 있다면 기본적인 MMORPG의 스토리텔링 구조와 원리를 찾는 데 도움이 될 것으로 기대한다.

# :: 일본 비디오게임(Video Game)에 나타나는 일본 전통 놀이와 애니미즘(Animism) 문화의 특징

오 동 일

# 1. 서론

2010년 한국콘텐츠진흥원에서 작성한 한·일 게임 이용자 조사보고서에 의하면 이용자들이 주로 이용하는 게임분야에서 한·일 양국은 확연한 차이를 보이고 있다. 한국의 경우는 전체 응답자의 72.9%가 선택한 '온라인 게임'이 압도적인 1위를 차지하였으며, 'PC 게임'(8.8%)과 '모바일 게임'(8.4%)이 그 뒤를 이었다. 반면에 일본은 '휴대용 게임'(예를 들어, 닌텐도 DS, PSP 등)이 39.0%로 1위를 기록하였으며, '비디오 게임'(25.5%), '모바일 게임'(12.9%) 등이 뒤를 이었다.

조사보고서 내용 중에서 본 연구 주제와 관련하여 우리가 주목해야 할 사실은 한·일 게임 이용자들의 주요 게임 플랫폼(Platform)별 이용특성에 대한 비교 분석의 결과이다. 먼저, 온라인 게임의 경우 한국에서는 게임 이용자 중 70% 이상이 이용하는 게임 산업의 주요 플랫폼이지만, 일본에서는 온라인 게임에 대한 기본적인 인지도에서 37.3%가 알지 못한다고 응답하였으며 84.8%는 지금까지 단 한 번도 온라인 게임을 경험한 적이 없다고 대답하였다. 또한, 콘솔 게임으로도 불리는 비디오 게임은 일본의 경우 오랜 시간 동안 큰 사랑을 받아왔지만, 한국에서는 아직까지 대중적으로 크게 확산되지 않은 장르라고 할 수 있다. 이를 입증하듯이 한국에서는 비디오 게임 이용자 중 콘솔이나 게임 DVD를 구입하지 않은 사람의 비율이 53.7%나 되었지만, 일본의 경우는 전체 응답자 중 비디오 게임을 경험했거나 현재 하고 있는 사람이 58.2%였으며, 이들 중 가정용 콘솔을 보유하고 있는 비율도 75.2%를 기록하였다. 특히, 일본의 경우 10~14세 사이의 응답자들이 88.4%로 가장 높은 게임 이용 비율을 보여주고 있음에도 불구하고 온라인 게임이 강세를 보이는 한국과는 달리 비디오 게임 분야가 강세를 보이고 있다는 점은 주목할 만한 사실이다.[1] 그들은 디지털 기술을 공기처럼 흡입하고 디지털 환경의 직접적인 영향을 받으며 성장한 '디지털 네이티브(Digital Native)'라고 할 수 있다.[2] 그리고 인터넷이 만들어 내는 글로벌 네트워크의 진화와 발전을 주도하는 중심적인 축이기도 하다. 그럼에도 불구하고 이미 익숙한 환경인 온라인 게임보다는 비디오 게임을 선호한다는 사실은 게임 이용자 행태에 있어서 일본만의 독특한 특성이 존재하고 있다는 점을 시사하고 있는 것이다. 또한, 그러한 사실은 그들이 게임 속에서 중요시 여기는 소통의 대상이 다른 국가 더 나아가 다른 문화권의 이용자들과 차이가 있다는 점을 말해주는 것이다.

본 연구에서는 일본 이용자들의 특징을 보다 깊이 있게 이해하기 위하여 일본 비디오 게임 이면에 존재하는 일본 전통 놀이와 애니미즘 문화의 특징적 요소들을 살펴보고 있으며, 그것은 일본의 비디오 게임과 전통 놀이가 특징과 배경을 공유할 수 있다는 가능성으로부터 출발하는 것이

---

1  한국콘텐츠진흥원 연구보고서, 「2010 한 · 일 게임 이용자 조사보고서」, 2010.10.26.
2  돈 탭스콧(Don Tapscott), 이진원 역, 『디지털 네이티브(Digital Native)』, 비즈니스북스, 2009, 153~200쪽.

다. 그러므로 연구의 내용은 크게 두 부분으로 나누어진다. 첫 번째, 이론적 배경으로서 놀이와 비디오 게임 각각의 특성과 연관성을 문헌 연구를 토대로 접근하고 있다. 특히, 기본적으로 비디오 게임을 놀이적 측면에서 접근하고 있는 게임학의 관점을 바탕으로 이론적 논의를 선행함으로써 본 연구의 방향을 구체적으로 보여주고 있다. 두 번째, 일본의 놀이 문화는 장소와 도구, 형식과 목적에 따라 그 종류가 매우 다양하며 가까운 한국을 비롯한 다른 국가, 지역의 놀이 문화와 유사한 점을 갖고 있는 것도 사실이다. 그럼에도 불구하고, 일본만의 전통 놀이 문화가 존재한다는 사실은 부정할 수 없다. 그러므로 본고에서는 그러한 일본 전통 놀이의 토대를 일본 고유의 애니미즘 문화와 연결하여 살펴보고 있다. 그리고 이것을 바탕으로 하여 일본의 비디오 게임과 전통 놀이가 공유하는 특징과 배경을 '공간적' 측면, 게임 캐릭터의 '정체성' 측면, 게임을 하기 위한 '동기'의 측면에서 논의하고 있다.

그러나 일본의 전통 놀이와 현대의 일본 비디오 게임 사이에 존재하는 특징적인 연관성을 찾는다는 것이 다소 무리가 있어 보일 수도 있다. 왜냐하면, 일본의 전통 놀이들이 명절이나 축제 등 특정기간이나 장소에서 주로 행해지고 있으며, 일상적인 생활에서는 그 모습이 점차 사라지고 있는 경향을 보이고 있기 때문이다. 이러한 현상은 다른 국가에서도 흔히 볼 수 있는 것이지만, 동시대에 일본의 비디오 게임과 전통 놀이가 완전하게 공존하지 않는다는 점은 본 연구 결과의 보편적 가치를 다소 위협하는 것이기도 하다. 그러므로 본고에서는 이러한 문제점을 해결하기 위하여 일본 문화 속에 존재하고 있는 일본 전통 놀이의 유 · 무형적 특징 전반을 포괄적으로 접근하고 있다.

이와 관련하여 일본의 민속 · 놀이 · 게임 분야의 권위자라고 할 수 있는 카나가와대학교(Kanagawa University) 역사민속자료학 연구과의 사노 켄지(Sano Kenji) 교수와 일본 청소년 우호 협회(Japan Youth Friendship Association)의 협회장인 모리타 유조(Morita Yuzo) 박사, 오사카 상업대학(Osaka University of Commerce) 어뮤즈먼트 산업 연구소의 히로노리 타카하시(Hironori Takahashi) 연구원과 가진 인터뷰 자료들은 일본 비디오 게임에 나타나는 일본 전통 놀이와 애니미즘 문화에 대한 다각적인 접근에 소중하게 활용되었다.

## 2. 비디오 게임과 놀이

비디오 게임에 대한 가장 일반적이며 보편적인 정의를 살펴보면, 비디오 게임이란 특정의 도구나 장치에서 시각적 반응을 일으키기 위한 사용자 인터페이스(Interface)로 상호작용을 수반하는 전자적 게임을 의미한다. 그러나 이것은 어디까지나 비디오 게임의 기술적인 측면만을 피상적으로 고려한 설명에 불과하다. 비디오 게임은 함께 하는 사람이 없어도 컴퓨터가 적절한 상대를 제공해주기 때문에 게임으로서는 드물게 혼자서 하는 게임 형태가 많다. 혼자서 하는 게임은 컴퓨터가 모든 것을 처리하고 제공한다는 사실 때문에 서사적 특징을 강하게 나타내기도 한다. 다른 참여자와의 상호작용에 크게 의지하는 다른 게임들과는 달리, 다른 참여자가 없는 비디오 게임에서는 게임이 제공하는 내용이 그 경험 수준을 크게 좌우하기 때문이다. 그러므로 비디오 게임에 내재되어 있는 대표적인 서사적 특징은 게임의 주체적인 주인공과 밀접한 관련이 있다. 보통의 게임은 여러 이용자들이 참여하고 함께 게임을 전개시키기 때문에 특별한 주인공이 존재하지 않는다. 반면에, 혼자 하는 비디오 게임에서는 유일한 인간 이용자에 그 비중과 중심이 맞추어진다. 그렇기 때문에 모든 게임 환경과 컴퓨터가 제공하는 참여적 상대들은 주인공인 인간 이용자의 행동에 맞추어 작용함으로써 의도된 경험을 제공하기도 한다. 나아가 컴퓨터가 더 이상 참여적 상대를 제공하지 않고 모든 것이 인간 이용자 개인에 맞추어지는 환경을 제공하는 비디오 게임도 많다. 이러한 비디오 게임들은 영화와 소설 등 다른 서사 매체의 문법을 빌려와 게임 이용자에게 높은 수준의 경험을 제공하기도 한다. 그러므로 비디오 게임에 관한 대부분의 연구는 서사와 게임 플레이(Game Play)에 관해 접근하는 경우가 많다.[3] 특히, 게임 플레이는 비디오 게임과 밀접한 관련이 있으며 이용자가 게임과 상호작용하는 특정의 방식을 의미하기도 한다. 그리고 게임 규칙, 이용자와 게임의 관계, 도전하고 극복하는 과정 등 여러 측면에서 게임 플레이에 대해 접근할 수 있다.

게임 분야는 현재 다양한 관점에서 연구가 진행되고 있으며, 그 중에서 가장 대표적인 것이 게임학(Ludology)과 서사학(Narratology)적 관점이다. 게임학의 개념은 1999년 곤잘로 프라스카(Gonzalo Frasca)가 제안한 것으

---

3  Mark J. P. Wolf, "Abstraction in the Video Game," in *The Video Game Theory Reader*, eds. Mark J. P. Wolf and Bernard Perron, NewYork: Routledge, 2003, p.47.

로써, 실제 사람들이 플레이하는 게임을 파악하는 데 사용되기보다는 경제학이나 정치학 분야에서 주로 사용되는 기존의 게임 이론과 구분하기 위해서였다. 그러므로 '게임'이라는 의미를 가진 라틴어인 '루두스(Ludus)'로부터 '게임학(Ludology)'이라는 용어를 제안하였다. 그리고 프라스카는 자신이 창안한 게임학적 논의를 로제 카이와(Roger Caillois)와 앙드레 랄랑드(Andre Lalande)의 게임과 놀이 사이의 구분으로부터 시작하고 있다. 카이와는 놀이를 '파이디아(Paidea)', 즉 보다 자유롭고 즉흥적인 성격의 것으로, 게임은 보다 규칙성을 강조하는 '루두스'적인 것으로 구분하여 파악할 것을 제안하였다. 여기에 랄랑드는 게임은 규칙의 유무가 아닌 승자와 패자라는 결과가 발생하는 반면 놀이는 그렇지 않다는 점을 명시하여 보다 명확한 구분을 제시하였다. 프라스카는 이와 같은 카이와와 랄랑드의 견해를 바탕으로 하여 비디오 게임이 승리와 패배를 결정짓는 법칙구조에 의한 루두스를 갖는 놀이라는 것을 주장하였다.[4] 이렇듯 비디오 게임의 놀이적 기원을 주장하는 프라스카와 입장을 같이 하는 학자들은 비디오 게임을 플레이하는 경험은 이야기를 읽는 경험과 분명히 다르기 때문에 비디오 게임이 이야기를 위한 매체라고 보는 서사학적 관점에 반대한다. 또한, 비디오 게임을 서사적 매체라고 정의할 때 적용되는 서사의 개념이 너무 방대하고, 비디오 게임에는 분명 배경스토리와 같은 서사적 속성이 존재하기는 하지만 이용자와 게임 세계의 관계는 독자와

---

4  Gonzalo Frasca, "Ludology Meets Narratology: Similitude and difference between(video)games and narrative" in 〈http://www.ludology.org/articles/ludology.htm〉

소설 속 세계가 가지는 관계와 다르다는 점에서 비디오 게임이 소설이나 영화와 같은 스토리텔링 매체라는 관점에 반발한다.[5] 그들의 주장에 의하면 기존 서사학의 잣대로 게임을 분석할 경우 '표현(representation)'에 초점을 맞추기 때문에 정작 비디오 게임에서 중요한 '시뮬레이션(Simulation)'의 특징을 간과하게 되고 결국에는 천편일률적인 결론, 즉 비디오 게임에도 플롯, 인물, 배경이 있다 혹은 게임은 이용자의 부분적 선택가능성을 갖는 텍스트(Text)이다와 같은 논의만을 할 수 밖에 없다는 것이다. 그럼에도 불구하고 비디오 게임을 어떠한 시각에서 보는 것이 옳은 것인가라는 논의의 결론을 극단적으로 내리는 것은 쉬운 일이 아니다. 그러나 에스펜 아세스(Espen Aarseth)가 자신의 책에서 언급하는 것처럼, "게임과 이야기 사이에 아무런 차이가 없다고 주장하는 것은 두 범주의 본질적인 특성을 무시하는 것이다."[6] 아세스와 같은 게임학자는 게임이 분명 전통적인 서사양식의 측면을 갖고는 있지만, 결국 그 모든 것들은 게임 플레이의 부수적인 것들이라고 주장한다.

일반적으로 비디오 게임에서의 시뮬레이션은 조건들에 따라 일정의 자극(데이터 입력, 버튼 누르기, 조이스틱 움직임)들에 반응하는 방식과 밀접한 관련이 있다.[7] 그러므로 시뮬레이션에 초점을 맞추어 비디오 게임에

---

5 Jesper Juul, "Game telling stories?" in ⟨http://www.gamestudies.org/0101/juul-gts/#1⟩

6 Espen Aarseth, *Cybertext: Perspectives on Ergodic Literature*, Baltimore and London: Johns Hopkins University, 1997.

7 Gonzalo Frasca, "Simulation versus Narrative: Introduction to Ludology," in *The Video Game Theory Reader*, eds. Mark J. P. Wolf and Bernard Perron, New York: Routledge, 2003, pp.222~223.

대해 논의한다면 비디오 게임의 본질이란 참여적인 행동으로 놀이를 하는 것이다. 특히, 앞에서 프라스카가 비디오 게임에 대해 논의하였던 시기와 비교해볼 때, 최근 비디오 게임의 환경은 기술의 발전과 진화에 따라 다양한 경험을 이용자에게 제공함으로써, 그에 따라 일반적인 놀이 영역에서만 존재하던 파이디아의 특성이 루두스적인 비디오 게임의 규칙과 공존하게 되었다. 그러므로 지금의 비디오 게임은 보다 자유롭고 즉흥적인 놀이의 형태로 진화하고 발전한다. 실제로 비디오 게임에 접근할 수 있는 여러 유형의 도구와 장치가 우리 주변에 산재해 있으며, 이용자가 플레이하기 용이하도록 유저 인터페이스의 편의성이 상당한 수준으로 발전하였다. 특히, 디지털 세대의 성장은 놀이로서의 비디오 게임이 가지고 있는 규칙을 공기처럼 흡수하며 즐기고 있다. 그렇기 때문에 비디오 게임을 하나의 놀이로 접근하는 것에 더 이상 주저할 필요가 없으며, 그것은 비디오 게임의 특징을 놀이적 관점에서 접근할 수 있다는 것을 의미하는 것이다.

요한 호이징가(Johan Huizinga)는 그의 저서 『유희의 인간(Homo Ludens)』에서 모든 문화가 놀이에서 발생했다고 상정하고, 문화현상으로서 놀이의 본질과 의미에 대해 다각적인 사례 연구를 통해 논의하였다. 즉, 호이징가는 인간 사회의 중요한 원형적 행위에는 처음부터 놀이적 특성을 내포하고 있다고 보았으며, 그것들을 하나하나 설명함으로써 놀이를 문화현상으로 이해하려고 시도하였다. 그러므로 그의 관점에서 보면 놀이를 단지 동물이나 어린이의 생활에 나타나는 현상으로서만이 아니라 엄밀한 의미에서 문화의 한 기능으로 접근함으로써 우리는 생물학이나 심리학에서 손대지 못한 부분을 다룰 수가 있을 것이다. 더욱이 놀이는 문화 그 자체가 존재하기 이전부터 존재해 왔으며, 태초부터 현재 우리가 살고 있는 문명기에 이르기까지 항상 문화현상 속에 함께 있었고 그 속에 충만해 왔음을 우리의 문화 속에서 발견할 수 있다. 다시 말하면, 놀이는 '일상적인(ordinary)' 생활과 구별되는 일정한 특징을 가진 행위로서 거의 모든 곳에 존재한다.[8] 그러므로 놀이의 영역은 우리의 일상생활 전반에 걸쳐 있으며 단순히 놀이 도구나 놀이 주체를 중심으로 놀이에 접근하는 것은 놀이가 가지고 있는 의미적 가치를 축소시키는 것이다.

　카이와도 놀이가 자유롭고 자발적인 활동이며, 즐거움과 재미의 원천이라는 점에 있어서 호이징가와 의견을 같이 하면서도 다른 한편으로는 놀이에 대한 그러한 정의가 너무 폭넓은 동시에 너무 협소하다고 지적한다. 즉, 그에 따르면 놀이와 비밀 또는 놀이와 신비 사이에 존재하는 친근성을 파악한 것은 칭송할 만하며 시사하는 바가 많지만, 그것들을 은밀히 결합시켜 놀이의 정의 속에 넣는 것은 적당하지 않다는 것이다. 카이와의 관점에서 보면 의심할 여지가 없이 비밀, 신비, 가장이 놀이 활동으로 변형될 수 있으나, 놀이는 필연적으로 비밀과 가장을 드러내고, 공표하고, 어떻게 보면 소비하는 것이다. 그러므로 놀이 활동은 비밀과 신비로움의 성질을 없애는 경향이 강하게 나타난다. 다른 한편으로는, 비밀, 가면, 복장이 성사(聖事)의 기능을 행할 때, 그것은 놀이가 아니라 제도라고 확신할 수 있다. 본래 신비롭거나 사실인 것처럼 상상하는 모든 것들은 놀이에 가깝다. 단, 놀이에서는 허구와 기분전환의 역할이 우선되지 않으면 안 된다.

---

8　J. Huizinga, *Homo Ludens*, Boston: The Beacon Press, 1955, pp.1~27.

즉, 신비가 존중되어서는 안 되며, 모의가 변신과 홀림의 시작이나 징후여서는 안 된다.[9] 그러나 카이와의 논의는 일정부분 논쟁의 소지를 가지고 있다. 비밀과 신비는 놀이의 개념적 관점이 아닌 놀이 활동에 접근하는 형식적 차원 혹은 특정 놀이의 존재적 차원에서 우선적으로 논의되는 것이 바람직할 것이며, 그러한 경우 비밀과 신비는 오히려 더욱 존중될 수도 있다. 주로 게임 속 캐릭터를 통해 자아를 구현하는 비디오 게임은 시작부터 자신을 대신하는 캐릭터를 통해 허구와 기분전환에 깊이 빠져들게 된다. 이러한 경우 비밀과 신비는 비디오 게임이라는 거대한 장르의 놀이를 지탱하는 우선적인 전제조건이자 기본적인 성질이라고 할 수 있다. 이와 같은 경우 카이와가 강조한 놀이의 허구와 기분전환의 역할은 비밀과 신비를 보장하고 존중하여야 비로소 온전히 행해질 수 있는 것이다. 또한, 소꿉장난이나 동물놀이와 같이 신비나 모의(模擬)의 성질을 지니는 전통적인 놀이들은 쉽게 찾아볼 수 있으며, 그러한 놀이들은 비디오 게임과 마찬가지로 그러한 성질을 존중하고 우선할 때 비로소 놀이적 기능을 수행하게 된다.

놀이와 비디오 게임이 공유하고 있는 특징을 설명하는 데에 있어서 카이와가 제시한 놀이 활동의 정의는 상당히 유용한 선행 연구 자료라고 할 수 있다. 그는 다음과 같이 크게 여섯 가지 특성들을 통해 놀이 활동을 정의하고 있다.

1. 자유로운 활동: 놀이하는 자가 강요당하지 않는다. 만일 강요당하면, 곧바

---

**9** 로제 카이와(Roger Caillois), 이상률 역, 『놀이와 인간(Man, Play and Games)』, 문예출판사, 1994, 26~27쪽.

로 놀이는 마음을 끄는 유쾌한 즐거움이라는 성질을 잃어버린다.

2. 분리된 활동: 처음부터 정해진 명확한 공간과 시간의 범위 내에 한정되어 있다.

3. 확정되어 있지 않은 활동: 개인의 전개가 결정되어 있지도 않으며, 결과가 미리 주어져 있지도 않다. 생각해낼 필요가 있기 때문에, 어느 정도의 자유가 놀이하는 자에게 반드시 남겨져 있어야 한다.

4. 비생산적인 활동: 재화도 부도 어떠한 새로운 요소도 만들어내지 않는다. 놀이하는 자들 간의 소유권의 이동을 제외하면, 게임시작 때와 똑같은 상태에 이른다.

5. 규칙이 있는 활동: 약속에 따르는 활동이다. 이 약속은 일상의 법규를 정지시키고, 일시적으로 새로운 법을 확립하며, 이 법만이 통용된다.

6. 허구적인 활동: 현실 생활에 비하면, 이차적인 현실 또는 명백히 비현실이라는 특수한 의식(意識)을 수반한다.[10]

이러한 놀이 활동의 특성들은 형식적인 것으로서 놀이나 비디오 게임의 내용을 예측하게 하는 것은 아니다. 또한, 마지막 특성인 허구적인 활동은 앞에 다섯 가지 특성들이 조건적으로 충족되고 기능적으로 역할을 다할 때 비로소 참여자가 최종적으로 가질 수 있는 의식적인 활동이며, 이러한 이차적인 현실은 정신적·심리적으로 기존의 현실과 분리된 가상현실로 볼 수 있다. 그러므로 전통적인 놀이나 비디오 게임은 공통적으로 규칙이 허용하는 범위 내에서 다각적이며 다변적인 스토리텔링이 가능하다. 그것은 확정되어 있지 않은 활동이라는 놀이 활동의 세 번째 특성과도 밀접한 관련이 있으며, 이용자의 의지에 따른 다양한 전개를 통해

---

10  위의 책, 34쪽.

다양한 결과를 도출시킬 수 있는 것이다. 특히, 앞에서 언급하였던 비디오 게임에 존재하는 게임 플레이는 위에서 언급하고 있는 놀이 활동의 특성들이 게임 속에서 구현 가능하도록 하는 형식적·기능적 시스템이라고 할 수 있다. 그러므로 놀이와 비디오 게임은 특성적으로 많은 부분을 공유하고 있으며, 좀 더 넓은 관점에서 본다면 비디오 게임은 놀이의 범주에 포함되는 수많은 형태의 놀이들 중 하나라고 볼 수도 있다.

## 3. 일본 전통 놀이의 토대: 애니미즘(Animism) 문화

본래 농경민족인 일본인은 자연과 공존하고 자연과 일체가 되는 것을 바라는 문화사회적 경향을 가지고 있다. 이러한 문화사회적 풍토로부터 창조되는 대부분의 일본 콘텐츠들은 주제적 혹은 형식적으로 자연과의 융합을 중요시한다. 그리고 여기서 애니미즘은 핵심적인 요소이자 토대라고 할 수 있다.

일본은 전통적으로 애니미즘이 하나의 신앙 형태로 남아있다. 그리고 그것은 토착신앙의 한 형태인 신도(神道)로 전해져 왔으며, 신도는 일본에 불교가 전해지기 전부터 존재하였던 유일한 신앙이다. 신도는 다른 종교와 달리 특정한 종교적 체계가 없으며 만물에 영혼에 깃들어 있다는 즉 카미(神)를 숭배하는 종교라고 정의할 수 있다. 카미는 신에 대한 서구권의 생각이나 의식과는 전혀 다른 차원의 것이다. 카미는 경외심을 갖게 하는 대상의 본질과 영혼이다. 강한 인상을 주는 산이나 아름다운 폭포, 오래된 나무, 기묘하게 생긴 바위, 그리고 거의 모든 동물들은 카미가 될 수 있다. 그리고 노여움, 질투, 환희와 같은 인간의 감정들도 카미가 될 수 있으며, 전쟁, 비옥함, 자비와 같은 추상적인 특성들과 인간까지도 물론 카미가 될 수 있다.

이러한 애니미즘적 토착신앙의 특징은 일본의 대표적인 전통 놀이 문화 중 하나인 마츠리(まつり) 속에서 쉽게 찾아 볼 수 있다. 마츠리는 본래 '신을 맞아들여 공물을 바쳐 기원하고, 신과 인간의 향연을 마친 뒤에 신을 돌려보내는 일련의 행사'를 의미한다. 영어로는 '축제(Festival)', '의식(Ceremony)', '제례의식(Rite)'으로 번역될 수 있으며, 한국어로는 제례, 제사 등의 의미와 축제, 잔치, 또는 굿거리, 민속놀이 등의 의미를 복합적으로 가진 애니미즘적, 토속적, 그리고 주술적 행사를 지칭한다. 그러므로 마츠리는 일반적으로 신사의 제례를 의미하지만, 각 가정에서 행하는 소규모 행사에서부터 마을, 지역, 국가 행사에 이르기까지 매우 광범위한 범위에서 의미적으로 수용될 수 있다. 특히, 마츠리는 호이징가와 카이와가 설명한 놀이 활동의 특성들을 형식적 · 기능적으로 가지고 있다. 그러므로 마츠리는 애니미즘적 토착신앙인 신도의 영향에 의해 자신들이 숭배하는 카미와 즐길 수 있는 공간적 · 시간적 환경을 자발적으로 조성하고 즐기는 놀이의 한 형태로 받아들여질 수 있다. 이와 관련하여 비디오 게임과의 연관성을 중심으로 계속해서 논의하도록 하겠다.

## 4. 게임을 하는 동기(Motive)적 측면

일본 전통 놀이에 나타나는 애니미즘 문화의 특징이 놀이적 속성을 지니고 있는 일본의 다른 엔터테인먼트 분야에 충분히 영향을 미쳤을 것이라는 사실에 대해 그 누구도 쉽게 부정할 수 없을 것이다. 서구의 일본 문화 연구가인 안토니아 레비(Antonia Levi)는 일본의 이러한 토착신앙 중심의 문화, 특히 일본 토착신앙의 토대이며 특징이라고 할 수 있는 애니미즘 중심의 문화적 전통에서 끌어낸 그들만의 소재를 작품에 응용하기 때문에 일본인들이 만들어내는 창작물이 해외 관객에게 생소하게 보이는 것이라고 분석하였다.[11] 실제로, 비디오 게임이나 애니메이션 등과 같은 일본 판타지물의 내용적 기원을 신도로 대표되는 일본 토착 신앙이나 혹은 민담에 두는 경우가 많으며 그 바탕에는 정령 신앙의 형식이 깊게 자리하고 있다. 나무를 주요 소재로 하고 있는 미야자키 하야오(Miyazaki Hayao)의 〈이웃집 토토로(My Neighbor Totoro)〉(1988)나 〈천공의 성: 라퓨타(Laputa: Castle in the Sky)〉(1986), 그리고 숲 속의 정령을 다루고 있는 타카하타 이사오(Takahata Isao)의 〈폼포코 너구리 대작전(Heisei Tanuki Gassen Pompoko)〉(1994)은 본 논의와 관련된 대표적인 애니메이션 작품들이라고 할 수 있다. 이러한 작품들은 앞에서도 언급하였듯이 일본 사회 속에 깊이 자리하고 있는 애니미즘적 사고, 즉 인간과 공존하는 모든 것들에 대해 생명의 존재성을 부여하는 것을 토대로 하고 있다.[12] 그리고 본

---

11  Antonia Levi, *Samurai from Outer Space: Understanding Japanese Animation*, Chicago: Open Court, 1996, pp. 33~65.

12  사노 켄지(Sano Kenji) 교수는 일본 문화콘텐츠의 내용과 형식에서 볼 수 있는 애니미즘적 특징들을 다양한 사례들을 통해 설명하였다. 특히 그는 일본 전통놀이의 내용과 형식에서 상징적·은유적으로 나타나는 자연과 인간과 카미의 관계성을 중요하게 언급하였다. 그의 연구실에서 인터뷰(2010.4.19)를 하였다.

연구의 중심적인 논의 대상인 일본의 비디오 게임에서도 애니미즘적인 신도의 영향을 쉽게 찾아볼 수가 있다. 예를 들어, 〈슈퍼 마리오 브라더스(Super Mario Bros)〉(1985), 〈젤다의 전설(the Legend of Zelda)〉(1988)과 같은 비디오 게임으로 유명한 닌텐도(Nintendo)의 개발자이며 디자이너인 미야모토 시게루(Miyamoto Shigeru)는 공인된 신도주의자이다. 그러므로 그가 개발한 비디오 게임에서 신도의 토대가 되는 애니미즘 문화의 영향을 쉽게 찾아볼 수가 있다.

〈젤다의 전설〉은 닌텐도에서 1986년 발매한 최초의 액션 어드벤처 게임이다. 발매 이후 〈젤다의 전설〉은 큰 인기를 얻었으며, 그 뒤에 〈젤다의 전설〉 시리즈로 이어지게 되었다. 그리고 1년 5개월이 지나 미국에서도 발매가 되었다. 이 게임의 내용은 다음과 같다. 암흑의 시기에 하이랄(Hyrule) 왕국에서 여행을 하고 있던 소년 링크(Link)는 마귀에게 습격을 당하고 있는 노파를 구해낸다. 노파는 이 왕국의 공주 젤다(Zelda)의 유모이다. 유모에 의하면 대마왕 가논(Ganon)의 군대가 하이랄 왕국에 쳐들어와 힘의 트라이포스(Triforce)를 강탈해간다. 그리고 공주 젤다는 잡히기 직전에 지혜의 트라이포스를 8개로 나누어 각지에 숨겼다고 한다. 유모의 얘기를 들은 링크는 8개로 나눠진 지혜의 트라이포스를 찾아내어 대마왕 가논을 타도하고 공주를 구출하기로 결심한다. 그러므로 게임의 기본적인 형식은 8개의 조각으로 나누어진 지혜의 트라이포스를 완성시키지 못하면, 힘의 트라이포스를 가진 가논에게 맞설 수가 없게 된다. 그렇기 때문에 이용자는 미궁의 문을 찾아 트라이포스 조각들을 모으기 위해 다양한 숲, 묘지, 평야, 사막들을 지나서 가야만 한다. 모든 조각들이 결합되면 이용자(링크)는 젤다 공주의 감옥이며 가논이 있는 죽음의 산으로 들어갈 수 있게 된다. 그러므로 주제적인 관점에서 〈젤다의 전설〉은 이용자에게 평행적인 세계관을 경험하게 하는 최초의 주류 게임들 중 하나라고 말할 수 있다. 이것은 미야모토의 상상력에 의한 허구라기보다는 애니미즘을 바탕으로 하는 신도로부터 비롯된 개념이다.

신도에서는 합법적인 통치자가 되기 위하여 반드시 권력의 미덕, 지혜, 자비심을 가져야 한다. 마찬가지로, 미야모토는 〈젤다의 전설〉에서 이러한 것들을 상징화하기 위하여 각각의 것을 표현하는 세 개의 작은 삼각형들로 구성된 신성한 삼각형을 선택하였다. 트라이포스라고 불리는 이 대상은 신성의 상징으로 신성한 영역에서 창조의 신들에 의해 위치를 하며, 따라서 세계를 통치하고자 하는 이들에 의해 크게 추구된다. 게임에서 트라이포스는 신성한 영역에 존재하고 그것을 소유하는 자는 그 영역을 통치할 수 있게 된다고 말할 수 있다. 이것은 트라이포스를 소유하기 위해 죽음을 무릅쓰고 싸우는 사람들을 신성한 영역으로 몰아간다. 여기서 우리가 반드시 주목해야 할 사실은 신도에서의 카미는 다른 차원의 영역에 존재한다. 그러므로 이용자의 관점에서 〈젤다의 전설〉에 나타나는 트라이포스는 권력을 향한 수단이나 도구의 상징물이 아니라 신성한 존재 즉 카미와 같은 것이라고 볼 수 있다. 또한, 트라이포스를 소유하게 된다는 것은 다른 차원의 영역에 존재하는 카미와의 성스러운 소통을 의미하는 것이다. 즉, 애니미즘적 토착 신앙인 신도가 일본 문화에 미치고 있는 영향을 감안해 볼 때, 일본인들에게 있어서 게임을 통해 다른 차원의 영역에 존재하는 카미와 소통할 수 있다는 가능성만으로도 게임을 하기 위한 충분한 동기가 되는 것이다.

이러한 일본 비디오 게임의 특징은 닌텐도의 또 다른 히트작인 〈슈퍼 마리오 브라더스〉에서도 찾아 볼 수 있다. 마리오(Mario)는 닌텐도의 마스코트와 같은 캐릭터이며, 1985년 닌텐도가 발매한 〈슈퍼 마리오 브라더스〉가 대히트를 기록한 것을 계기로 많은 사람들이 마리오의 모습과 이름을 알게 되었다. 이후 마리오가 주인공으로 등장하는 마리오 게임 시리즈들은 전 세계적으로 사랑을 받아왔으며, 마리오는 비디오 게임 역사상 가장 유명한 캐릭터들 중 하나로 언급되고 있다. 게임의 내용은 다음과 같다. 버섯 왕국이 쿠파가 지휘하는 거북이 일족에게 침략당하고 버섯 왕국의 공주인 피치는 쿠파에게 납치당한다. 배관공 형제인 마리오와 동생 루이지(Luigi)는 피치를 구하기 위해 쿠파가 이끄는 적들을 쓰러뜨리며 육해공을 건너 쿠파가 있는 섬으로 가서 피치를 구해낸다. 그러므로 〈슈퍼 마리오 브라더스〉의 경우 게임에 참여하는 동기는 게임 속 캐릭터가 되는 것이다. 즉, 일본의 이용자에게는 게임 속 공주가 카미와 같은 절대적 존재로서 인식될 수 있다.

큰 틀에서 〈젤다의 전설〉과 〈슈퍼 마리오 브라더스〉를 살펴보면, 두 콘텐츠 모두 이용자에게 자연스럽게 인식될 수 있는 카미와 같은 대상이 존재하고 있으며, 카미에게 다가서기 위해 어려움과 고난을 이겨나가는 형식과 환경을 공유하고 있다. 다시 말하면, 일본의 비디오 게임 이용자는 게임을 유·무형의 카미를 향한 과정과 환경으로 인식하고, 그들에게 있어서 게임이라는 다른 차원의 세계에서 카미와 직접적으로 소통할 수 있는 기대와 즐거움은 게임을 하기 위한 강력한 동기가 된다. 그러나 이러한 관점의 논의는 애니미즘이 바탕이 되는 일본의 신도에 대한 지식과 이해가 부족한 서구권의 이용자에게는 낯설게 들릴 수 있다.

## 5. 게임의 공간적(Spatial) 측면

일본의 전통 놀이를 애니미즘 문화의 관점에서 접근한다면, 우리들은 자연과 인간 그리고 초자연적인 카미의 관계성을 항상 고려하고 중요시해야 한다. 그러한 이유는 일본의 전통 놀이가 신과 인간의 관계, 인간과 인간의 관계, 자연과 인간의 관계처럼 세 가지 요소의 상호관계성 속에서 생성하고 발전하였기 때문이다. 예를 들면, 모든 문화권에서 흔히 볼 수 있는 형태의 놀이이기는 하지만, 풀의 줄기 등을 이용해서 만들어 노는 풀피리 놀이, 물속에서 물의 차가움을 느끼며 노는 물놀이는 자연과 인간의 놀이다. 또한, 카고메카고메(Kagomekagome) 같은 경우는 술래가 카미와 같은 존재가 되어 인간과의 관계를 보여준다. 한국의 수건돌리기와 비슷한 형태인 이 놀이의 과정에서 술래가 된다는 것은 바로 신이 내린다고 해석할 수가 있다. 즉, 참가자인 인간에게 신이 내려 술래가 되면서 신과 인간이 하나가 된다는 것이다. 혹은 일체가 된다고 볼 수도 있다. 이러한 점에서 볼 때, 일본 전통 놀이는 단순히 놀이로서 즐긴다는 의미도 있겠지만 카미를 모시는 어른들의 문화사회적 특징을 배워나가는 하나의 과정으로 볼 수도 있다. 이 외에도, 소꿉놀이는 인간과 인간의 관계를 토대로 하는 대표적인 전통 놀이이다. 이러한 전통 놀이들은 다양한 레벨에서 어린이들이 자연과 인간, 초자연적인 카미의 존재 등을 배워나갈 수 있도록 한다. 그리고 일본의 전통 놀이는 각 놀이 행위의 특징에 따라 공간적 환경이 다양하다. 예를 들어, 집안, 복도, 정원, 그리고 광장처럼 놀이 환경이 다양하며, 그러한 공간적 환경이 확장되면서 놀이를 통해 경험할 수 있는 사회성도 더욱 커지는 것이다.

위와 같은 논의에서 우리가 반드시 인식하여야 할 것은 일본 전통 놀이 속에서 자연과 인간, 그리고 초자연적인 카미의 관계성과 그리고 놀이 공간의 확장성 사이에는 상호연관적인 특징이 존재한다는 사실이다. 즉, 일본의 전통 놀이는 둘 이상의 요소를 조합한 관계성 구현과 경험을 놀이 행위의 주요 목적으로 하고 있다. 그리고 대개 각 놀이 행위는 그것이 가지고 있는 차별화된 관계성을 반영한 고유의 목적성을 구현할 수 있도록 최적화된 환경적 공간에서 벌어진다. 그러므로 고유의 관계성과 목적성을 반영하고 있는 각각의 놀이 행위가 공간의 구별 없이 여러 공간에서 중첩되어 벌어지는 경우는 쉽게 찾아볼 수가 없다. 일본의 전통 놀이가 가지고 있는 이러한 공간적 특징은 일본 비디오 게임에도 적용시켜 살펴볼 수 있다.

로우리 테일러(Laurie Taylor)는 비디오 게임의 공간적 특징을 1인칭 게임 〈엑스 파일 게임(The X-files Games)〉(1998)에 초점을 맞추어 접근하고 있다. 1인칭 시점의 어드벤처 게임이라고 할 수 있는 〈엑스 파일 게임〉의 공간은 한 지역에서 다른 지역으로 연속적인 장면을 만들어내기 위하여 디지털화된 비디오와 사진적인 정지화면들을 조밀하게 연결함으로써 시각적으로 유기적인 연관성을 보여준다. 그리고 대부분의 1인칭 게임들에서처럼 영화적인 일련의 연속적인 장면들이 특수요원 윌모어(Wilmore)의 눈을 통해 보이며 다른 캐릭터들은 스크린에 직접적으로 응답한다. 또한, 카메라는 월모어로서 실행되는 것처럼 보이기도 한다.[13] 그러므로 이용자는 일반적으로 이러한 유형의 게임 속에서 게임의 주동적인 인물로서 전체적인 게임을 이끌어가며 흥미와 재미를 느끼게 된다. 특히, 이용자가 느끼는 게임의 속도감과 사운드, 카메라 시점 등의 연출 요소를 통한 여러 유형의 사실적인 효과는 게임에 대한 이용자의 몰입감을 보다 배가시킨다.

그러나 일본 비디오 게임의 역사와 발전 과정을 살펴보면, 일본 비디오 게임은 공간적 연속성을 토대로 한 주동적인 게임 캐릭터 중심의 전개보다는 선택적, 결과론적 상황과 직선적, 비연속적 공간의 특성을 토대로 게임을 전개시킨다. 이러한 일본 비디오 게임의 특징은 이용자를 대신하는 아바타적인 게임 캐릭터를 통해 카미를 향해 점진적으로 다가서는 동기와 흥미를 이용자에게 주는 것이다.

일본은 상당히 원시적인 형태의 프로그래밍 게임으로부터 비디오 게임 산업이 시작되었다. 그러므로 초기에는 아주 간단한 형식과 환경의 1인용 게임만이 출시되었으며, 그러한 산업적 환경 속에서 게임 제작사들은 한 명의 이용자를 즐겁게 하기 위한 것을 만들기 위해 연구하고 노력하였다. 그러므로 단순한 형태의 게임에도 불구하고 초기의 비디오 게임 산업은 급속히 발전하였다. 일본의 초기 비디오 게임 산업의 발전에 대해

---

13  Laurie Taylor, "When Seams Fall Apart, Video Game Space and the Player," *Game Studies*, Volume 3, Issue 2, December 2003.

여러 관점에서 다각적으로 접근하여 설명할 수 있으나, 본 연구에서는 문화사회적 배경과 특징을 토대로 하는 전통 놀이의 측면에서 논의해보고자 한다. 실제로 일본의 초기 비디오 게임 산업에서 일본 사회 전반에 퍼져있는 문화사회적 경향과 코드가 반영되었을 수도 있다는 사실을 완전히 부정하기는 어려울 것이다. 이와 같은 논의와 관련하여 오사카 상업대학 어뮤즈먼트 산업 연구소의 히로노리 타카하시는, "전통 놀이와 근본적으로 완전히 다른 것들을 비디오 게임에서 이용자에게 제공한다면, 그것에 적응하는 데에 어려움이 있을 수 있다. 그러므로 전통 놀이와 성공적인 비디오 게임 사이에는 어느 정도 연관성을 찾아 볼 수 있다"라고 말한다.[14] 이 논의는 일상과 비일상을 경험하는 마츠리와의 상호연관적 관점에서 좀 더 접근해 볼 수 있다. 마츠리라고 하는 것은 비일상적인 공간과 시간이며, 특히 마츠리라는 비일상적인 공간을 통해 평소에는 불가능한 것들이 가능하다. 예를 들어, 남자가 여자 옷을 입어 본다거나 혹은 그 반대의 경우도 가능하다. 그것은 더욱이 카미와 함께 한다는 의식이 저변에 깔려있기 때문에 더욱 긴장되고 흥분하게 되는 것이다.[15] 그러므로 만약 이러한 전통 놀이의 특징이 초기 일본 비디오 게임에 반영되었다고 본다면, 일본의 이용자에게 공간적 연속성을 통한 게임의 주동적인 전개는 크

---

**14** 히로노리 타카하시(Hironori Takahashi) 연구원은 본고에서 논의하고 있는 일본의 전통 놀이 문화와 비디오게임이 가질 수 있는 연관성에 대해 실제적인 가능성을 설명하였다. 그는 특히 일본 비디오게임에서 나타나는 전통 놀이의 형식적 영향에 대하여 보다 심도 있게 설명하였다. 그의 연구실에서 인터뷰(2010.4.20)를 하였다.

**15** 사노 켄지 교수와의 인터뷰.

게 중요한 것이 아니었을 것이다. 이용자는 카미라는 존재와 공존하고 있는 게임 세계에서 완전한 몰입을 통한 카미에 대한 망각보다는 스테이지 형식의 공간적 전개 속에서 카미의 존재를 지속적으로 의식할 수 있다는 것이 보다 더 큰 즐거움이 되었을 것이다. 여기에 일본 비디오 게임이 가지고 있는 세련된 스토리는 게임의 비연속적 공간 전개에서 이용자의 몰입을 극대화하는 효과를 주었을 것이다. 그리고 지금까지 일본 비디오 게임에서 경험할 수 있는 그러한 특징들은 대중적 호응과 상업적 성공을 가능하게 하는 강력한 힘이라고 할 수 있다.

## 6. 게임 캐릭터의 정체성(Identity) 측면

한국에서는 흥겨운 공연을 보거나, 축제에 참여를 하거나, 놀이를 하면서 '신명나게 놀아보자'라는 표현을 자주 한다. 이것을 '신명풀이'라고 하는데 신명풀이는 문헌에 올라 있지 않고 구두로 전해온 말이다. 오늘날의 연구자들은 한국 전통극의 특징을 논하면서 신명풀이를 중요시하게 되었다. 신명풀이는 그 자체로 이해되는 말이므로 한자어로 옮길 필요가 없으나, 구태여 가까운 것을 찾으면 '흥취(興趣)'와 유사하다고 할 수 있다. 즉, 관객이 극에 참여해 마음속에 간직했던 바를 풀어내어 흥겨움을 누리는 것이 신명풀이인 것이다.[16] 그러므로 신명풀이가 중요한 미학이 되는 한국 전통극의 경우에는 미완성의 열린 구조로 이루어져 관객이 참여하여

---

[16] 조동일, 『카타르시스 라사 신명풀이』, 지식산업사, 1997, 56~59쪽.

흥겨움을 누릴 때 비로소 완전한 콘텐츠로 만들어지는 것이다. 이러한 신명풀이를 일본 전통 놀이의 원리와 비교해보면 흥미로운 점을 발견할 수가 있다. 신명풀이의 경우는 신이 인간 속에 들어와 신과 인간, 신과 나 자신이 합일되는 것으로서, 여기서 신이란 놀이 자체 혹은 놀이의 중심에 서 있는 주요 인물과 사물 등을 의미하게 된다. 그러므로 '신명이 나는' 것은 결국 자아를 망각하고 새로운 존재로 태어나는 것을 의미하며, 그때야 비로소 콘텐츠가 완성되는 것이다.

일본의 경우도 신이 존재하지 않는 마츠리는 있을 수가 없다. 그래서 현대 젊은이들의 대학 축제를 보더라도 역시 신의 상징인 오미코시(Omikoshi)를 준비한다. 그리고 오미코시를 준비하지 않더라도 나무통 같은 것으로 대체하기도 하며, 오미코시는 '신이 와 있다'라는 것을 상징화하여 보여주는 것이다. 오미코시를 어깨에 짊어지고 구호를 외치며 걸어가는데 이것은 신과 함께 하는 상황이 되는 것이며, 신이 공존하지 않는 마츠리는 성립되지 않는 것이다.[17] 즉, 인간과 신의 관계에서 볼 때, 한국의 신명풀이는 합일성을 강조하는 반면, 애니미즘적 문화를 토대로 하는 일본의 전통 놀이는 신과의 공존을 특징으로 하는 것이다.

일본 전통 놀이에 나타나는 문화적 특징은 게임의 인접분야 중 하나라고 할 수 있는 드라마에까지 확장하여 설명할 수 있다. 전통적인 서구의 드라마는 관객이 보는 것이 실제로 일어나는 것으로 설득하며, 현실과 허구 사이에서 창조된 감정이입을 일시적으로 잊도록 한다. 반면에, 일본

---

17  사노 켄지 교수와의 인터뷰.

드라마는 그들이 보고 있는 것이 실재하지 않는 것이라는 점을 작품 속에서 관객이 생각하도록 한다.[18] 일본 드라마에서 보이는 이러한 특징을 '심미적 거리(Aesthetic Distance)'라고 부를 수 있다. 그리고 이와 같은 맥락에서 일본 비디오 게임 속에 내재되어 있는 일본 드라마의 특징과 유사한 점을 쉽게 발견할 수 있다. 일본 비디오 게임은 이용자가 게임 캐릭터에 몰입하여 이용자의 자아가 주동적인 인물로 일체화하기보다는 카미를 향한 게임의 전체적인 주제와 스토리를 반복적으로 생각하게 함으로써 지속적으로 게임 동기와 흥미를 불러일으키는 경향이 강하다. 그것은 앞에서 논의하였던 일본 비디오 게임 공간의 비연속적 특징에서 충분히 그러한 점을 연관 지어 이해할 수 있을 것이다. 실제로, 공간의 비연속성은 비디오 게임에서 이용자로 하여금 의식적 현실과 허구적 현실 사이의 차이를 인식하게 하는데, 그것은 곧 이용자 의식의 환기라고도 볼 수 있다.

서구의 이용자는 일본 비디오 게임의 공간적 비연속성과 그로 인해 나타나는 심미적 거리를 인지하기보다는 게임의 기술과 도전이 일정 수준 이상에서 균형을 이루는 상태일 때 큰 무리 없이 게임 캐릭터에 몰입하고 일체화한다. 반면에, 일본의 이용자는 게임의 스토리가 만들어 주는 카미와의 공존적인 기대감과 공간의 비연속적 환경에서 부딪히는 도전적 행위를 지속하며, 자아를 망각하고 게임 캐릭터에 몰입하기보다는 카미를 향해 나아가기 위한 자신을 대신하는 하나의 도구로 인식하는 경향이 강하다고 볼 수 있다. 그것은 앞에서도 언급하였듯이 애니미즘 문화에 익숙

---

18  Antonia Levi, *Ibid*, pp. 22~23.

한 일본의 이용자에게는 게임에 대한 완전한 몰입보다는, 유무형의 카미를 대상으로 하는 스토리를 즐기는 것과 동시에 현실 속 자아를 유지하면서 그러한 카미와 공존하는 것에 더욱 흥미를 느끼기 때문이다.

## 7. 결론

본고는 일본 비디오 게임 고유의 특징을 일본 전통 놀이 문화와의 연관성으로부터 접근하였다. 그것은 비디오 게임이 가지고 있는 놀이적 속성을 전제로 양자가 공유할 수 있는 연관성을 살펴보는 것이기도 하였다. 그러므로 먼저 일본 전통 놀이 문화의 배경을 살펴보았으며, 그 결과로서 일본 전통 놀이의 문화적 토대를 이루고 있는 애니미즘적 요소를 발견할 수 있었다. 그리고 일본인들의 전통 놀이 문화 속에는 카미라는 초자연적 대상이 이용자와 공존한다는 의식적 경향이 강하게 나타나며, 그러한 특징적 토대를 바탕으로 하여 이용자는 놀이 행위에 대한 동기와 재미를 얻게 된다. 일본 전통 놀이의 이러한 문화적 특징을 다른 문화권에서는 쉽게 찾아볼 수 없지만, 같은 문화권의 일본 비디오 게임은 게임을 하는 동기적 측면, 게임의 공간적 측면, 게임 캐릭터의 정체성 측면에서 공유하고 있다는 사실을 알 수 있었다.

# :: 국내 대중음악의 장르 편중, 그리고 대중성에 관한 소고(小考)

이 규 탁

# 1. 새로운 흐름

2, 3년 전부터 국내 대중음악계에는 오토-튠(auto-tune, 기계로 사람의 음성을 변조하여 마치 기계음처럼 나오게 하는 녹음 기술)으로 뒤덮인 가볍고 빠른 비트의 댄스 음악이나, 힙합(hip-hop), 그리고 알앤비(R&B) 음악의 물결에 밀려 어딘가 구석으로 밀려나 버렸던 '다른 감수성'이 슬슬 부활의 조짐을 보이기 시작했다. 필자가 이야기하고자 하는 '다른 감수성'은 곧 몇 년 전부터 가요계를 거의 지배하다시피 하고 있는 아이돌 댄스 음악과는 다른, 예전 같으면 '라디오 친화적', 혹은 '대중적'과 같은 수식어로 표현되었던 일반적인 발라드(ballad)나 가벼운 록(rock)음악 및 전자 음악 등을 이야기한다. 즉, (음악적인 측면으로만 보면 논란의 여지는 있지만) 적어도 상업적인 측면에서만큼은 최고의 전성기를 구가하던 80, 90년대의 가요계를 온 몸과 마음으로 즐겼던 지금의 20대 후반~30대 후반 사이의 세대들이 그 시절 그 음악에 대한 향수를 본격적으로 드러내기 시작했다고 해야겠다. 마치 70년대 초중반 통기타 음악을 즐겼던 40, 50대들이 10여 년 정도 전쯤부터 '7080세대'라는 이름 아래에 자신들의 문화에 대한 향수를 본격적인 소비 행위를 통해 드러내기 시작했던 것처럼 말이다. 이런 방식으로 표현을 하자면, 최근의 새로운 흐름을 만들고 있

는 세대는 '90세대'라고 표현할 수 있을 것 같다.

소녀시대나 카라(Kara)에 열광하며 '삼촌팬'이라는 신조어를 만들어내기도 하고, 투피엠(2pm)과 비스트(BEAST)를 아끼며 '누나팬'이라는 이름으로 활약하기도 하지만, 기본적으로 그들이 가지고 있는 일반적인 '대중적 음악'에 대한 감수성은 쉽게 변할 수 있는 것이 아니다. 그것은 그 시대의 음악이 지금의 음악보다 우월해서가 아니라, 이 세대는 90년대 중반에서 2000년대 초반, 지금과는 사뭇 다른 대중음악 환경에서 청소년기와 20대를 보내면서 그 문화의 세례를 받았던 사람들이기 때문이다. 게다가, 현재의 10대, 20대들에 비해 이 세대에게 있어서 음악이 삶에 차지하고 있던 비중이나 진지함의 정도 자체가 엄청나게 높았던 것도 이들을 다른 세대들과 구분 짓는 중요한 요인이기도 하다. 90년대 후반만 해도 지금의 케이블 텔레비전처럼 수많은 채널을 볼 수도 없었고, 인터넷도 활성화되어 있지 않았던 시절이었다. 스마트 폰은커녕 휴대폰을 가지고 있는 사람도 극소수에 불과했으며, 온라인 게임은 고사하고 PC방, 게임방이라는 것조차 구경하기 힘들었던 시절인 것이다. 그런 시절에 대중음악이 당시의 10대, 20대들의 여가 생활에서 차지하는 비중은 지금과는 비교도 할 수 없을 만큼 엄청나게 높았다. 사실, 그런 식으로밖에 입시 스트레스와 학업 스트레스를 풀 수 없었던 당시의 청소년의 생활은 어떻게 보면 조금은 불행한 일이기도 하다. 하지만 한 가지 확실한 것은, 당시에 10대~20대 시절을 보낸 이들은 지금의 10대, 20대들보다 대중음악에 더욱 깊고 진지하게 자신을 투영하며 거기서 행복도 느끼고 슬픔도 느꼈던 경험을 공유하고 있으며, 자신들의 그러한 경험에 대해 깊은 향수를 느끼고 있다는 것이다. 그리고 그들이 점차 사회에 자리 잡기 시작하고 있는 2000년 대 후반부터 그들의 향수는 당시 자신들이 좋아했던 뮤지션들에 대한 새로운 관심, 혹은 비슷한 음악을 하는 사람들에 대한 공감으로 나타나고 있는 것이다. 일상의 무게와 거센 사회의 풍파에 잠시 잊고 살았던 그 시절에 대한 그리움이 바깥으로 표출되고 있는 것이다.

의외로 엄청난 앨범 판매고를 올렸던 김동률과 토이(Toy)의 오랜만에 발매된 신작들, 80, 90년대 노래를 멋지게 소화하는 아이유(IU)에 대한 폭발적인 호응, 그리고 '윤상과 토이를 절반쯤 섞어 놓은 듯하다'는, 90년대 감수성의 음악을 2000년대 후반의 톤으로 재현한 듯한 에피톤 프로젝트(Epitone Project)나 전자 음악으로 채색되어 있지만 그 안에 담긴 곡의 전개 방식이 정말로 90년대 가요와 비슷한 에니악(Eniac) 같은 가수들이 점차 주목 받고 있는 것 역시 이러한 '90세대'의 향수와 분리해서 생각할 수 없다. 아이돌 가수의 인기만큼 폭발적이거나 눈에 띄게 두드러지는 현상은 아니지만, 분명 조금씩 새로운 흐름이 국내 대중음악계에서 그 힘을 얻고 있는 것이다. 특히 '90세대'가 좋아했던 음악의 상징적인 존재들 중 하나인 이소라나 박정현, 김건모, 김연우, 임재범 같은 가수들이 대거 출연한 MBC의 〈나는 가수다〉(이하 〈나가수〉)에 대한 커다란 관심이나 경연 대회 방식의 프로그램인 동 방송사의 〈위대한 탄생〉(이하 〈위탄〉), 그리고 이러한 경연 대회 방식의 서바이벌 프로그램 인기에 본격적으로 불을 붙인 프로그램인 Mnet의 〈슈퍼스타 K〉(이하 〈슈스케〉)의 인기는 '90세대'의 대두와 90년대 감수성의 부활이 무시 못할 흐름으로 자리 잡았음을 보여주는 한 예시인 동시에, 현재 대중음악계에 새로운 흐름을 상징적으로 보여주는 사례이다.

## 2. 장르 편중 현상과 대중적인 음악에 대한 정의

대중음악 음반 리뷰 관련 전문 블로그를 운영하고 있으며 이런저런 매체에도 종종 국내외 대중음악에 관련된 글을 기고하고 있는, 일반적인 대중음악 수용자보다는 조금 더 대중음악에 깊이 매몰되어 있는 필자이긴 하지만, 그렇다고 해서 국내 대중음악을 들을 때 군이 주류 음악, 인기 차트에서 높은 순위에 있는 음악을 의식적으로 거부하고 인디(indie) 음악, 혹은 숨겨진 멋진 옛날 음악만을 찾아서 듣는 방식으로 음악을 만나려 하지는 않는다. 그러나 최근의 국내 대중음악 환경에서는, 개인의 노력과 수고를 들여 일부러 여러 가지 다양한 음악을 찾아다니지 않는 이상 인기 순위에 의존하여 음악을 듣고 각종 매체에 자주 나오는 음악을 자연스럽게 접하는 방식으로 대중음악을 즐기고 소비하는 일반적인 대중음악 수용자들은 아이돌 댄스 음악에 심하게 편중된 소비 패턴을 보일 수밖에 없다.

사실 90년대 '서태지와 아이들'의 등장 이후로 지속되고 있는 국내 대중음악 시장의 이러한 장르 편중 현상은 분명 새로운 일이 아니다. 하지만 90년대 중후반 에이치오티(H.O.T.)와 젝스키스(Seches Kies)로 대표되는 소위 '1세대 아이돌 그룹'들이 시장을 휘어잡았을 때도, 혹은 2000년대 초반 조성모와 이수영을 위시한 발라드 가수들이 시장의 전면에 나섰을 때도, 그리고 에스지 워너비(SG Wanna Be)와 박효신으로 대표되는, 속칭 '소몰이 창법'으로 폄하되곤 하는 대중적인 알앤비 음악이 최고 인기를 누리던 2000년대 중반만 해도 그런 최고 인기 장르 밑으로 다른 장르의 음악들 역시 부족하나마 그럭저럭 같이 공존하며 자기 나름의 지분을 가지고 있었다. 1세대 아이돌 그룹들이 전성기를 누리던 시절은 델리 스파이스(Deli Spice)나 언니네 이발관으로 대표되는 '한국의 모던록 1세대', 그리고 그와 맞물린 '홍대 인디 밴드' 문화가 만들어진 시기이기도 하며, 발라드와 알앤비가 전성기를 맞이하던 2000년대 초중반은 한국의 힙합 음악이 자신의 정체성을 확립하며 주류 시장으로 진입하던 시기인 동시에 월드컵을 전후로 한 '한국 록의 르네상스'가 일어났던 시기이기도 하다. 과거를 굳이 미화할 필요는 없겠지만, 그래도 우리 음악계는 아이돌 댄스 그룹 룰라(Roo' La)와 헤비메틀/하드록 그룹 넥스트(N.EX.T), 역시 아이돌 댄스 그룹인 에이치오티와 인디와 메이저를 교묘하게 오가던 록 그룹 자우림, 그리고 발라드 음악을 만들고 부르는 싱어-송라이터(singer-songwriter) 김동률과 전형적인 아이돌 댄스 그룹 코요태(Koyote)가 그런대로 사이좋게 공존할 수 있었던 그런 시장이었다. 그러나 2000년대 후반 이후 국내 대중음악 시장의 장르 편중화 현상은 그 어느 때보다도 심한 듯 보인다. 남녀와 노소를 막론하고, 초등학생부터 40대, 50대 아저씨, 아줌마까지 모두 집어 삼켜버린 이 아이돌 댄스 음악 열풍은 다른 많은 음악들이 설 자리마저 다 먹어 치우는 괴물과 같은 식욕을 자랑하고 있다.

필자는 일부 과격한 대중음악·문화 비평가들이 주장하는 것처럼, 아이돌 댄스 음악 자체가 질이 나쁜 음악이라거나 반드시 사라져야 할 무가치한 음악이라고 생각해 본 적은 없다. 다만 이렇게 한 장르가 국내 대중

미디어와 문화

음악 시장의 지분을 전부 독식하다 보니 다른 종류의 음악이 들어설 여지가 없어진다는 것, 그리고 그 덕분에(분명히 많이 존재하고 있을) 다양한 장르의 음악을 듣고 싶어 하는, 혹은 자기는 미처 인식하지 못하고 있더라도 만일 다른 장르의 음악을 듣게 된다면 지금의 아이돌 댄스 음악보다 분명히 그것을 더 좋아할, 즉 잠재적인 다양한 취향을 가진 수용자들이 여러 가지 스타일의 음악을 듣고 즐길 기회 자체를 원천봉쇄 당하고 있다는 점, 그리고 아이돌 댄스 음악을 제외한 다른 장르의 대중음악을 만드는 창작자와 생산자들이 자신들의 가치를 인정하고 소비해 줄 수용자에게 접근하는 길이 거의 막혀 있다는 점은 분명 고려해야 할 부분이다.

여기서 우리는 '대중적인 음악'에 대한 정의를 잠시 생각해 볼 필요가 있다. 이미 영역의 이름자체에 '대중'이라는 말이 들어 있는 대중음악에서 '대중적인'이라는 수식어를 한 번 더 붙인다는 것이 좀 아이러니한 일이긴 하지만, 그래도 일반적인 경우 '대중적인 음악'이라는 말이 의미하는 것은 비교적 다수의 수용자들이 거부감 없이 받아들이고 좋아하는, 혹은 좋아할 가능성이 있는 음악을 의미하는 것이 사실이다. 대중음악 평론가들이 '이 음반은 전작에 비해 대중성을 강화했다'라고 한다면 이전 음반에 비해 이 음반에 실린 노래들은 '좀 더 많은' 대중들이 좋아할 만한 스타일의 음악이라는 것을 의미하며, 반대로 '이 밴드의 음악은 대중성은 부족하지만…'이라는 수식어가 붙을 경우 그들의 음악은 시장에서 잘 팔리기 힘든 스타일의 음악임을 암시한다. 이렇듯, 이 '대중성'이라는 말은 주로 주류 시장에서 불특정 다수의 많은 수용자들에게 어렵지 않게 받아들여지는 음악에 대해 이야기할 때 주로 사용되는 용어이다. '어떤 스타일의 음악이 이러한 대중성을 가진 음악인가?'에 대한 의문에 대해 한 마디로 답하기는 어렵지만, 보통 많은 수용자들과 생산자, 창작자들은 어떠한 멜로디, 어떠한 리듬, 어떠한 가창 방식, 어떠한 연주 기법, 어떠한 방식의 악기 사용 및 편곡이 좀 더 많은 수용자들에게 다가갈 수 있을 것인지에 대한 기준을 암묵적으로 공유하고 있다. 외국 음악의 예를 들면, 비슷한 시기에 인기를 얻었던 록음악 밴드인 'Bon Jovi'와 'Metallica'를 비교할 경우 거의 대부분의 사람들은 'Bon Jovi'가 더 대중적이라고 답할 것이다. 그리고 그 이유에 대해 '접근하기 쉽고 밝은 멜로디를 지녔다'라든지, '악기 연주가 덜 무겁고 전체적으로 부드러운 느낌이 강하다' 등의 이유를 말할 것이다. 이렇듯 '밝고 경쾌한 멜로디', 혹은 '지나치게 날카롭거나 시끄럽지 않고 적당한 강도로 조절되어 있는 악기 음색' 등은 그 음악이 대중성을 지니게 하는 한 요소가 된다. 즉 록음악도 대중적일 수 있으며 힙합 음악도 대중적일 수 있고, 또한 알앤비 음악도 대중적일 수 있지만 장르적인 차이에도 불구하고 '대중성'이라는 말로 표현되는 몇 가지 공유되는 스타일이 있다는 것이다.

비단 우리나라뿐만 아니라, 전 세계적으로 대중적인 음악은 '주류 음악'이라는 말과 동일시되며, 반면 대중성이 부족한 음악은 '비주류 음악', 혹은 '인디(indie) 음악'이라는 말과 동일시된다. 원래 '인디 음악'이라는 말은 '주류 대형 음반사(혹은 기획사)의 생산 시스템에서 제작된 것이 아닌, 소규모의 레이블에서 독립적인 방식으로 제작된 음악'이라는 의미를 담고 있었지만, 언제부터인가 그런 원론적인 의미와 더불어 '대중적이기보다는 거칠고 실험적이며 개성이 강한 음악', 즉 '주류 음악 시장에서 큰 성공을 담보하지는 못하는 음악'이라는 의미 역시 담고 있는 경우가 많아졌다. 불특정 다수의 대중이 좋아하기보다는 좀 더 마니아적이고 소수의 팬을 대상으로 하는 음악을 하는 창작자들이 메이저 회사보다는 마이너 회사에 속해 있는 경우가 많기 때문에 이러한 두 가지 의미가 겹쳐서 쓰이게 된 것인데, 이러다 보니 종종 재미있는 경우도 발생한다. 한 음악 시장에서는 '주류'인데 반해 다른 곳에서는 '인디'로 취급 받거나, 혹은 음악적으로는 극히 대중적인 스타일을 가지고 있음에도 메이저 회사에 속해 있지 않고 단지 마이너 회사에 속해 있다는 이유만으로 비 대중적인 다른 인디 음악들과 같이 묶여 버리는 경우가 생기는 것이다. 일례로 영국과 유럽, 동아시아 지역에서는 굉장한 유명세를 떨치며 엄청난 판매고를 올린 인기 가수가 미국 시장에 처음 진출할 때는 종종 인디 음악으로 소개되곤 하는데, 비단 음악뿐만 아니라 국내에서는 수백만 관객을 동원한 대중적인 영화가 미국 및 유럽의 영화 시장에서는 소규모의 예술 영화 전용 상영관에서 상영되는 것도 이와 비슷한 경우이다. 특히 음악 시장이 음반사보다는 기획사 위주로 돌아가며 음악의 장르적인 편중이 굉장히 심한 우리나라의 경우는 사실 후자, 즉 실험성이나 마이너적인 취향과는 거리가 멀지만 음악적인 특징과는 별개로 그저 작은 회사에 속해 있다는 이유 하나만으로 인디 음악으로 구분되는 경우가 음악 특성에 의한 구분보다 훨씬 많다.

사실, 지드래곤(G.Dragon)이나 투애니원(2ne1), 포미닛(4Minute) 혹은 샤이니(Shinee)나 에프엑스(f(x)) 등의 음악이 대중적인 인기를 누리며 각종 음원 판매 순위 및 방송사의 인기 순위를 석권하고 있는 최근의 국내 대중음악계를 보면, 필자는 '내가 알고 있는 대중적인 음악에 대한 개념이 이제는 더 이상 적용될 수 없는 것인가?'라는 의심이 종종 들곤 한다. 물론 전부 그런 것은 아니지만, 1세대 아이돌 댄스 음악과는 달리 2세대 아이돌 댄스 음악은 대체로 대중성의 가장 중요한 조건이라고 할 수 있는 '쉽게 따라 부를 수 있고 기억하기 쉬운 멜로디'와는 거리가 먼, 귀에 쉽게 들어오지 않는 산만한 느낌의 멜로디 진행과 더불어 과도한 전자 악기 효과음과 오토 튠의 삽입, 그리고 산산이 부서지고 쪼개진 비트가 끊임없이 흘러가는 방식으로 구성되어 있는 경우가 많다. 그래서 때로는 이들의 음악이 아이돌 댄스 음악이 맞나 싶을 정도로 실험적이고 난해한 느낌마저 줄 때도 있다. 그럼에도 불구하고 이런 음악들이 이렇게 국내 대중음악 시장에서 큰 성공을 거두고 있는 것을 보면, 이 인기의 원인을 단지 '외모와 몸매, 화려한 춤, 그리고 노출 의상으로 승부하는 아이돌 그룹과 그들의 뒤에 있는 거대한 자금력의 기획사와 미디어의 결탁 때문이다'라고 해석하는 것이 과연 옳은 일일까 하는 생각이 드는 것이다.

대중음악의 주 수용자(소비자) 층의 취향이 예전의 대중적인 음악에 더 이상 대중성을 느끼지 못한다면, 그것을 '대중적이다'라고 부를 수는 없는 것이 아닐까. 1930년대 미국 최고의 인기 대중음악은 스윙 재즈(swing jazz)였다(Stowe, 1994). 많은 사람들이 모이는 클럽이나 연회장, 술집에서, 그리고 가정집의 라디오에서, 각종 공연장에서, 심지어는 제2차 세계대전에 참전하고 있던 미군 병사들 사이에서도 큰 인기를 누리며 당시 남녀노소를 불문한 미국 대중들의 큰 사랑을 받았던 스윙 재즈는 사실 당시 미국 대중음악의 전부였으며, 아도르노(Adorno)와 같은 학자들의 '대중음악에 대한 비판'도 사실은 이 스윙 재즈 음악을 바탕으로 이루어진 것일 정도였다. 즉 당시의 대표적인 음악가인 듀크 엘링튼(Duke Ellington)이나 글렌 밀러(Glenn Miller)같은 사람들의 음악이야말로 '대중성을 갖춘' 음악이었던 것이다. 그러나 지금 미국에서의 스윙 재즈는 더 이상 적극적으로 대중성을 갖춘 음악이라고는 말하기 어렵다. 즉, '대중적인 음악'이나 '미디어 친화적인 음악'의 개념 역시 시대의 흐름에 따라 꾸준히 변하는 것이다. 대중성이라는 말 자체가 수용자의 취향에 기초를 두고 있는 개념임을 생각해보면, 이것은 사실 당연한 말일 지도 모르겠다. 그래서 몇몇 사람들은 현 국내 대중음악계의 장르 편중 현상에 대한 비판에 대해서, '대중들이 선택했기 때문에 아이돌 댄스 음악이 시장을 지배하고 있는 것이다. 다른 좋은 음악이 있으면 왜 대중들이 그 음악을 선택하지 않을 것인가?'와 같은 논리를 펴기도 한다. 즉, 문제는 좋은 음악을 만들지 못하는 창작자 쪽에 있는 것이지 아이돌 댄스 음악만을 좋아하는 수용자 쪽에 있는 것이 아니라는 논리이다.

## 3. 미디어와 시장의 결합: 접근성의 문제

그러나 대중성의 유무와는 별개로, 대중음악 산업에서 '무엇이 대중에게 인기가 있는가'를 이야기할 때, 이러한 '음악만 좋으면 되지' 류의 주장은 문화 산업의 특성, 즉 '문화', 혹은 '예술'이라는 이름 아래에 숨어 있는 자본의 논리를 보지 못한 채 상황을 파악하고 재단해 버리는 '장님 코끼리 만지기'나 다름없다. 일단, 현재 국내 대중음악 산업에서 음악을 제작하고 유통시키는 거대 기획사와 그 음악을 대중에게 널리 알리는 역할을 하는 각종 주요 방송 매체는 서로 독립적인 관계가 아니다. 일례로, 방송국 측에서는 드러내놓고 말을 하지는 않았지만 한동안 엠비씨(MBC)는 거대 기획사 에스엠 엔터테인먼트(SM Entertainment)와 가까운 거리를 유지한 반면 〈슈스케〉를 방송했던 케이블 방송국인 엠넷(Mnet)은 또 다른 유력 기획사 와이지 엔터테인먼트(YG Entertainment)와 친밀한 관계를 유지했음은 거의 공공연한 사실이나 다름없었다. 일례로 한동안 와이지 엔터테인먼트 소속의 가수들은 다른 방송국 프로그램에는 계속 나오면서도 엠비씨의 여러 프로그램에는 거의 출연을 하지 못했고, 반면 엠넷에서 방송하는 순위 프로그램에는 에스엠 엔터테인먼트 소속 가수들의 노래가 다른 방송국의 순위 프로그램과 비교하면 그다지 좋은 대접을 받지 못했다. 그리고 자신들의 소속사였던 에스엠 엔터테인먼트와 공개적으로 분쟁을 벌이며 그들과 결별한, 아이돌 그룹 동방신기 출신의 세 멤버로 이루어진 그룹 제이와이제이(JYJ)가 지상파 방송국 및 몇몇 케이블 텔레비전 방송국의 예능 프로그램에서 철저하게 외면당하고 있는 것 역시 이러한 미디어-기획사의 결합과 무관하지 않다고 보는 시각도 많은데, 에스엠 엔터테인먼트에서는 만일 제이와이제이를 출연시킬 경우 자신의 회사에 속한 아이돌 스타들의 출연을 불허하겠다는 입장을 고수하고 있다는 이야기가 끊임없이 흘러나오고 있다. 또한 엠넷의 〈슈스케〉에 출연하여 입상한 가수들의 경우 각종 인터넷 음원 판매 사이트에서 높은 판매고를 올리며 그 인기와 상품 가치를 이미 증명했음에도 불구하고 엠넷과 경쟁 관계에 있는 주요 지상파 및 다른 방송사, 특히 〈슈스케〉와 비슷한 포맷의 프로그램인 〈위탄〉을 방영했던 엠비씨의 프로그램에 출연 기회를 쉽게 얻지 못하고 있는 것이 사실이다. 케이비에스(KBS)의 가요 순위 프로그램에 〈슈스케〉 입상자 출신 가수들이 종종 얼굴을 비추는 반면 〈위탄〉 입상자들이 거의 보이지 않는 것 역시, 가수와 노래의 순수한 인기 정도와는 큰 관련이 없는 일이라고 할 수 있겠다.

그나마 대형 기획사에 소속되어 있거나 방송국이 주관하는 콘테스트 프로그램에서 입상해서 수용자들에게 자신의 음악과 이름을 알릴 기회를 얻을 수 있는 가수들은 사정이 나은 편에 속한다. 현재 여러 소규모 레코드사에서 창작자로, 소속 가수로, 혹은 기획자로 일하고 있는 필자의 많은 지인들은 '분명 좋은 음악을 만들었고 대중성 역시 부족하지 않다고 느끼는데, 음악과 가수를 많은 사람들에게 알리려면 어떻게 해야 할 지 막막하기만 하다. 현실적으로, 대형 기획사 소속이 아닌 이상 매체에서는 자신들에게 관심을 주지 않고, 공연 문화가 활성화되어 있지도 않은 우리나라의 대중음악계 현실상 매체에 노출되지 않으면 폭넓은 대중에게 음악과 이름을 알릴 수 있는 방법이 거의 없다'라는 이야기를 하곤 한다. 음악이나 가수 자체의 대중성 여부와는 관계없이, 자본과 산업의 논리가 대중성을 결정하는 가장 중요한 요소로 자리 잡고 있는 것이다. 그러므로 '음악 자체의 차이가 주류 음악과 비주류 음악을 가르는 기준 아니냐? 대중성 있는 음악이 주류 음악, 그리고 대중성이 없는 난해하거나 실험적인 음악, 혹은 일부 마니아들이나 좋아하는 음악이 비주류·인디 음악이다'라는 명제는, 30% 정도만 맞고 70% 정도는 틀린 말이다. 필자가 종종 예시로 들곤 하는 사례인데, 2009년 상반기 최대 히트곡 중 하나인 〈쏘리 쏘리〈Sorry Sorry〉의 경우도 대형 기획사 소속의 아이돌인 슈퍼 주니어(Super Junior)가 불렀기 때문에 '신나는 아이돌 댄스 음악'이 된 것이지, 만일 소규모 레이블에 속한 인디 뮤지션이 이 음악을 취입했으면 '하우스(House) 리듬이 중심이 되는 세련된 일렉트로니카(electronica)'가 되어 마니아 음악 취급을 받았을 것이다. 마찬가지로, 대형 기획사에 속한 잘생긴 아이돌 밴드 씨엔블루(CN Blue)가 부른 〈외톨이〉는 대중적인 음악이 되지만, 비슷한 멜로디와 곡 구조를 지닌 인디 밴드 와이낫(YNot)이 부른 〈파랑새〉는 마니아들이 즐기는 인디 록음악 취급을 받았다. 즉 최근 가요계의 장르 편중 현상은 '대중성'이라고 하는 개념 자체의 변화도 있지만 그보다도 대형 기획사와 미디어의 결합이 더욱 공고해진 현재 가요계의 상황을 반영하는 것이라고 보는 것이 더 타당할 것이다. 창작자와 생산자, 그리고 수용자 모두 다양한 내용의 콘텐츠에 접근할 기회가 거의 원천봉쇄 당하고 있는 것이다. 마치 외식을 하러 나갔는데 눈에 띄는 좋은 자리에 있는 가게들에서는 이 집도 자장면, 저 집도 자장면만 팔고 있고, 불고기나 스파게티를 파는 가게를 찾으려면 골목 사이사이를 한참 들어가야 하는 격이다.

## 4. 대중음악의 디지털화와 시장의 세분화

하지만 이러한 상황 속에서도 우리나라 대중음악계가 아이돌 댄스 음악으로 완벽하게 천하통일 되어 버린 것은 아니다. 물론 시장의 규모는 비교도 할 수 없을 정도로 작고, 그래서 그 장르에 종사하는 음악인들 및 산업 관계자들이 경제적으로 어려워하고 있는 것은 사실이지만, 여전히 록음악이나 힙합 음악, 재즈 음악, 전자 음악 등 다양한 장르의 음악이 생산되고 있으며 또한 소비되고 있다. 그리고 음악 시장의 디지털화는 음악 시장의 세분화가 좀 더 효율적으로 이루어지게 하는 데 큰 역할을 하고 있다.

헤스먼달(Hesmondhalgh, 2007)은 흔히 '뉴미디어(New Media)'라는 이름으로 통칭되는 대중문화 산업의 디지털화(digitalization)가 기존 대중문화 산업을 지배하고 있던 거대 기업들의 지배력을 강화시키는 데에도 일조하고 있지만, 그러한 거대 기업의 지배에 가려져 보이지 않던 틈새시장 속의 문화 창작자와 수용자들이 서로 만나게 되는 기회가 되기도 함을 지적하고 있다. 그러한 현상에 대한 예시로 그는 할리우드(Hollywood) 영화, 즉 거대 자본에 의해 만들어진 미국산(産) 상업 영화의 지배로 대표되는 현재 세계 영화 시장에서 디지털 기술과 기기를 사용하여 적은 자본으로 제작된 소위 '독립 영화'들이 가장 중요한 디지털 기술 중 하나라고 할 수 있는 인터넷을 통해서 소수의 팬과 꾸준히 만나고 있는 현상을 지적한다.

그중에서도 대중음악은 대중문화 디지털화의 영향을 가장 먼저, 그리고 가장 깊게 받은 영역이라고 할 수 있다. 대중음악 생산과 유통의 디지털화가 수용자의 소비 행위에 직간접적으로 끼친 영향에 대해서는 이미 많은 학자들이 연구를 한 바 있다(Frith and Marshall, 2004; Katz, 2004; Lessig, 2005; 2008; Benkler, 2007; Goldsmith and Wu, 2008). 그 중에서도 레식(Lessig, 2008)은 디지털 기술을 통해 새로운 장르의 음악을 만든 미국의 음악인 Girl Talk의 사례 및 디지털 기술을 통해서 거대 기업들이 지배하고 있는 대중음악 유통 체계에 변혁을 꾀한 몇몇 개인 및 인터넷 기업들의 사례를 언급하며 디지털화가 만든 대중음악 산업의 새로운 환경에 대해 지적하고 있다. 또한 프리스와 마샬, 그리고 골드스미스와 우(Frith and Marshall, 2004; Goldsmith and Wu, 2008)는 기존의 산업 체계와 생산 체제에 만족하고 그것을 유지하려고 하는 구(舊) 기득권층과 새로운 디지털 기술을 적극적으로 활용하면서 기존 체제에 변화를 꾀하는 일부 새로운 창작자, 생산자 및 소비자들의 갈등에 대한 분석, 그리고 앞으로의 미래에 대한 조심스러운 예측을 다루고 있다.

이들의 분석 방향과 해석, 주장하는 바는 각기 다르지만, 다양한 문헌들 속에서 이들이 공통적으로 지적하는 것이 하나 있는데, 그것은 대중음악의 디지털화가 대중음악 시장의 세분화를 가속화시키고 있다는 점이다. 사실 90년대 말까지만 하더라도 한 시대의 지배적인 경향이라고 부를 수 있는 음악이 늘 존재했다. 예를 들어, 다양한 장르 음악의 공존 속에서도 60년대 세계 대중음악계는 '록큰롤(rock 'n' roll)의 시대'라고 부를 수 있었으며 70년대는 '거대 록그룹의 시대', 80년대는 '대형 팝스타의 시대', 90년대는 '힙합과 그런지 록(grunge rock) 음악, 그리고 브릿팝(Britpop)의 시대'라는 말로 얼추 정리할 수 있었다. 그러나 대중음악 산업 전반의 디지털화가 이루어진 2000년대는 위의 시대들과는 달리 딱히 '00 음악의 시대'라고 부르기가 쉽지 않다. 물론 전자 음악이나 알앤비(R&B) 음악이 여타 장르에 비해 인기를 얻은 것은 사실이지만 다른 장르들에 비해서 가시적으로 압도적인 지배력을 행사했다고 보기는 어렵고, 록음악이 퇴조한 것은 사실이지만 완전히 주류 시장 바깥으로 밀려나기보다는 오히려 여전히 강한 생명력을 보여주었으며, 힙합 음악 역시 꾸준히 인기를 얻었던 것이다. 그리고 그 속에서 장르의 혼합과 변종을 통한 다양하고 새로운 음악들이 무시 못할 지지 기반을 확보하기도 했다. 즉 2000년대는 'OO 음악의 시대'라고 부르기보다는 '다양성의 시대'라는 모호한 말로 부르는 것이 더욱 타당한 시대 규정이 될 수 있을 것이다. 이러한 다양성이 가능하게 된 것은 한두 장르의 음악이 대부분의 미디어와 시장을 장악할 수 있었던 이전 시대들과는 달리 디지털 제작 및 유통, 소비가 전 세계적으로 보편화되었기 때문이라고 할 수 있는데, 생산과 소비 방식이 세분화되다 보니 완벽하게 시장을 장악하기가 그만큼 어려워졌다고 볼 수 있는 것이다.

사실, 대중음악 시장의 경우 이러한 틈새시장은 다른 대중문화 영역에 비해서 좀 더 폭넓게 자리해 왔다. 대중음악 장르 형성 및 수용 방식에 관한 연구에서 네거스(Negus, 1999)는 '대부분의 대중음악 장르는 처음 출발할 때는 소수의 수용자들을 상대로 생산·유통되는 것으로 시작하며, 또한 만일 주류 시장의 한 장르가 된다고 해도 주류의 흐름과는 다른 이질적인 형태의 하위 장르를 가지고 있다. 이 이질적인 하위 장르는 틈새시장을 형성하며 주류 시장의 음악에 만족을 느끼지 못하는 수용자들을 끌어 안는다'라고 지적하고 있다. 이러한 하위 장르 및 틈새시장은 다른 많은 대중문화 영역도 공통적으로 가지고 있는 부분이지만, 대중음악은 다른 장르에 비해서 틈새시장 공략에 유리한 점이 있다. 그것은 영화나 텔레비전의 경우 주류 미디어에 대한 의존도(상영관 및 방송국의 확보 등)가 높은 반면 대중음악의 경우 공연이라는 방식을 통해서 대중과 만날 수 있는 기회가 있고 또한 주요 미디어인 음반 제작이 다른 영역에 비해 비용이 적게 든다는 점이다. 하지만 2000년대 디지털화가 이루어지기 전까지 주류 대중음악 시장에서 틈새시장이 차지하는 비중은 새로운 창작력을 보여준다는 관점에서는 중요했을지 모르지만 상업적인 관점에서는 그리 크지 않았던 것 역시 사실인데, 그것은 음반의 배급과 판매, 즉 유통이 거대 음반사들의 손에 장악되어 있었기 때문이다.

그러나 디지털화로 인해서 2000년대 이후 대중음악의 제작과 유통 비용이 크게 줄어들었다. 디지털 제작 방식으로 음악을 만들 경우 제작비 절감에 큰 효과를 볼 수 있다. 사람의 손으로 직접 악기를 연주하고 사람의 목소리로 직접 노래를 불러서 만드는 것이었던 음악이 컴퓨터와 연계된 각종 디지털 기기 및 프로그램들로 제작이 가능해지면서 대중음악 제작의 상징이었던 세션(session) 연주자들이나 커다란 녹음 스튜디오가 더 이상 필수요소가 아니게 된 것이다. 이것은 디지털 기술을 통해서 프로듀서들 및 음반 제작사에서 각종 비용 절감의 효과를 가져 오게 되었다는 것을 의미한다. 게다가 90년대 초반부터 주요 디지털 기기들—디지털 녹음기(digital audiotape recorder [DAT]), 다중 트랙 녹음기(multi track recorder [MTR]), 디지털 시퀀서(digital sequencer), 샘플러(sampling synthesizer [sampler]), 미디(musical instrument digital interface [MIDI]) 등—및 그 기기들의 운용에 사용되는 개인 컴퓨터의 가격이 대폭 낮아진 동시에 구현할 수 있는 기능과 음악의 질은 오히려 향상되었는데, 이는 미국뿐만 아니라 전 세계 다른 국가에도 디지털 기기 및 그로 인한 음악 제작 기술이 널리 보급될 수 있는 환경이 마련되었다는 것을 의미한다(이규탁, 2011). 유통 과정 역시 디지털화로 인해서 간소화되었고 비용도 절감되었다. 제작된 음반을 도매점과 소매점을 통해 수용자에게 배급할 때, 주류 시장에서 통하지 않는 음반들은 일부 대형 소매점을 제외하고는 거의 외면 받는 경우가 대부분이었던 과거와는 달리, 음악을 소비하는 방식이 CD에서 mp3로 바뀐 최근에는 mp3 음원을 구입하고 다운로드 할 수 있는 사이트가 CD 시절의 소매점들과는 달리 몇 개의 대형 사이트로 통합되어 있다. 즉 예전에는 동네마다 있던 레코드 가게가 사라진 대신, 굳이 시내의 대형 음반점까지 나가지 않아도 어디에서든 인터넷을 통해서 현재 국내에 정식 발매되어 있는 거의 대부분의 음반과 노래를 구할 수 있는 초대형 음원 사이트들을 이용할 수 있게 된 것이다. 앞서 대형기획사에 소속되어 있지 않은 음악인들과 제작자들이 소비자들과 만나지 못하는 현재 국내 음악계의 환경에 대해 언급한 바 있는데, 사실은 현재의 대중음악 환경의 변화는 오히려 수용자들의 선택의 폭이 더 넓어지게 되는 기회를 제공하였음을 의미할 수도 있다는 것이다.

최근 국내 대중음악계 및 대중문화계 전반에 걸쳐서 큰 화제가 된 바 있는 〈나가수〉나 〈슈스케〉는 아이돌 댄스 음악이 지배하고 있던 국내 대중음악계에 암암리에 불어오고 있던 새로운 흐름과 더불어, 대중음악 산업의 디지털화와 그로 인한 대중음악 시장의 세분화와 틈새시장의 영역 확장 및 전면적인 대두를 상징적으로 보여주는 중요한 현상 중 하나라고 할 수 있다.

## 5. 〈나가수〉, 〈위탄〉, 〈슈스케〉에 대한 환상

2009년 후반기 방송계를 강타한 〈슈스케〉에 대한 대중음악 수용자들의 예상외의 갑작스러운 호응은, 이런 장르 편중 및 몇몇 대형 기획사의 시장 지배에 가려져 잘 보이지 않던 '다른 목소리'들이 수면 위로 올라오기 시작한 것이라고 할 수 있다. 지상파가 아닌 케이블 텔레비전 프로그램임에도 불구하고 케이블 텔레비전 방송 사상 최고라고 하는 20%에 가까운 시청률을 기록했던 이 〈슈스케〉의 열풍은 이후 지상파 방송인 MBC의 〈위탄〉의 제작으로 이어졌으며, 아마추어 가수가 아닌 실력파 중견 가수들이 출연하는 〈나가수〉 역시 노래를 듣고 점수를 매겨 탈락자를 선정하는 경연 대회 방식으로 이루어진, 〈슈스케〉 열풍의 직접적인 영향력 아래에서 제작된 프로그램이라고 볼 수 있다. 물론 현재 대중음악의 주 수용자들 중에서는 아이돌 댄스 음악을 좋아하면서도 〈슈스케〉나 〈나가수〉의 음악도 좋아하는 사람들이 아이돌 댄스 음악을 버리고 이 음악들을 선택한 사람들보다 압도적으로 많을 것이다. 하지만 한 가지 확실한 것은, 신곡이 나와서 홍보를 하러 버라이어티 쇼에 나온 가수들이 노래를 직접 부르면서 홍보를 하는 것이 아니라 AR(악기 반주뿐 만이 아니라 가수들의 노래하는 목소리까지 전부 녹음되어 있는 반주 음원)을 틀어놓고 립싱크만 하며 홍보를 하고, 가끔은 입 모양만 맞추면 되는 립싱크 절차조차 생략하면서 춤추고 몸매 과시하는 것에만 열중하는 우스꽝스러운 현실에 슬슬 지쳐가고 있던 많은 대중음악 수용자들이, 적어도 '노래를 잘 한다'라는 기본적인 요건 정도는 만족시키는 아마추어 뮤지션들 및 노래 실력

미디어와 문화

에 있어서는 검증이 이미 끝난 중견 가수들의 새로운 곡 해석에 감탄하고 감동을 느끼고 있다는 것이다. '그래, 바로 이것이 진정한 가수지!'라고 감탄하면서 말이다. 아이돌 댄스 음악의 지배에 가려져 있던 '90세대'의 감수성이 드디어 수면 위로 올라오기 시작한 것이다.

이들은 스스로 작곡과 편곡까지도 도맡아 하는 싱어—송라이터(singer-songwriter)까지는 아니지만, 적어도 노래 하나만큼은 정말 잘 부른다. 사실 가수라고 하면 '노래를 잘하는 것'이라는 덕목은 당연히 갖추고 있어야 하는 것이다. 그러나 노래도 제대로 할 줄 모르는 친구들이 춤만 잘 추는 덕분에, 영어를 좀 잘하는 재미교포라는 것 덕분에, 얼굴이 잘 생기고 예쁜 것 덕분에, 몸에 '식스팩'이 있거나 '꿀벅지', '명품 가슴'을 가졌다는 것 덕분에, 혹은 집에 재력이 좀 있어서(즉 속된 말로 '빽'이 있어서) 대형 기획사나 미디어에 영향력을 미칠 수 있다는 것 덕분에 가수가 되어 인기를 누리고 있다는 부조리한 현실은 아무리 아이돌 댄스 음악을 좋아하는 팬들이라고 할지라도 대부분 인정하고 있는 부분이다. 에스엠 엔터테인먼트건, 제이와이피 엔터테인먼트(JYP Entertainment)건, 와이지 엔터테인먼트건 간에, 어떤 대형 기획사라고 하더라도 이러한 음악 외적인 요소들이 가장 기본적인 덕목인 '노래 실력'보다 우선되고 있는 것은 다 똑같기 때문이다. 그런데 〈슈스케〉의 아마추어 출연자들이나 〈나가수〉의 중견급 가수들은, 적어도 프로그램 내적으로만 보기에는 외모와 몸매, '빽'과는 상관없이 노래 실력과 음악이라는 가장 기본적이고 필수적인 요소 하나만으로 경쟁한다. 물론 이들 프로그램 안에서도 시청자들이 보기에 종종 조금은 억지스럽거나 의문스러운 일들이 가끔 일어나곤 하지만, 기본적으로 여기에는 어떠한 말도 안 되는 외모적인 기준이나 돈·권력에 의해 발생하는 부조리, 즉 불합리한 것이 승리와 성공의 필수 요소가 되는 답답하고 짜증나는 현실의 모습이 없다. 탈락하게 되는 사람들이 조금은 아쉽고 안타깝기는 하지만 적어도 살아남은 사람들이 부적절한 방법과 기준에 의해서 살아남은 것 같지는 않기에, 시청자들은 그 결과에 아쉬움은 표할지언정 대체로 납득한다. 탈락한 이들도 노래를 잘하지만, 어쨌든 살아남은 사람들은 그만큼, 혹은 그 이상으로 노래를 잘한다고 느끼기 때문이다. 〈슈스케 시즌 2〉의 예를 들어보자. 만일 최후의 우승자였던 허각이 먼저 떨어졌다면? 최후의 승자가 되지 못하고 중도에 탈락했던 장재인, 김그림, 김지수 같은 참가자들이 더 오래 살아남았다면? 물론 모두를 만족시키는 결과는 없기에 뒷말은 조금 있었겠지만, 그 결과 자체를 아예 납득할 수 없다는 반응은 거의 없었을 것이다. 어쨌든 그들을 선발하는 과정과 기준 자체가 방송으로 비교적 투명하게 공개되기 때문이다. 공정한 경쟁과 아쉬운 탈락자. 적어도 노래 실력(혹은 포괄적으로 말해서 음악 실력)으로 결정된 것이지 아이돌 가수들처럼 외모와 춤 실력, '빽'으로 가수가 된 것은 아니라는 믿음. 그리고 마니아나 좋아할 것 같은 인디 음악처럼 대중과 괴리된 듯한 느낌이 없는 미디어 친화적인 요소. 여기에 리얼리티 프로그램 특유의 극적이고 쇼(show)적인 요소가 섞이면서 〈슈스케〉와 〈나가수〉는 엄청난 호응을 받을 수 있었던 것이다.

그리고 앞서 살펴본 바와 같이, 대중음악의 디지털화는 〈슈스케〉와 〈나가수〉를 통해 탄생한 음악인과 노래들이 주류 소비자라고 할 수 있는 아이돌 댄스 음악 팬이 아닌 다른 소비자들, 즉 틈새시장으로 진출하는 데 큰 역할을 하고 있다. 이 두 프로그램이 방송된 직후 출연자들의 공연 및 노래 영상만을 따로 편집한 동영상은 유튜브(youtube)등 각종 동영상 공유 및 재생 전문 인터넷 사이트에 바로바로 올라오며, 이 영상들은 즉시 블로그나 미니 홈피, 페이스북(facebook) 및 트위터(twitter) 등 각종 SNS(Social Network Service)들을 통해 재생산되고 전파되며 빠른 시간 안에 인터넷 세상의 큰 화제로 떠오른다. 또한 각종 공식적인 mp3 유료 다운로드 사이트에 스튜디오 버전으로 녹음된 노래들의 음원도 바로 게시된다. 요즘도 라이브 공연장에 가면 해당 음악인의 음반들을 현장에서 판매하는 경우가 많은데, 그것은 라이브 공연에서 노래와 음악을 듣고 느낀 감동과 감성이 공연을 본 수용자들을 자연스럽게 음반 구매로 이끄는 효과가 있기 때문이다. 수용자들은 자신들이 느낀 감정에 의해 한껏 고조되어 있고, 그로 인해 공연이 끝난 직후에는 잠시나마 그 음악인의 열성적인 팬이 되는 경우가 많다. 따라서 미처 음반을 구매하지 못한 수용자라면 그 여운으로 바로 음반을 구매하게 되는 것이다. 〈슈스케〉와 〈나가수〉 방송이 끝난 직후 각종 mp3 음원 판매 사이트에 바로 올라오는 해당 음악인들의 음악은 바로 이렇게 '콘서트장 출구에서 팔고 있는 음반'과 같은 방식의 소비 유도 장치이다. 평소에는 음원을 유료로 구입하여 다운로드하는 것에 큰 관심도 취미도 없던 잠재된 수용자들이, 방송에서 자신들이 보고 들었던 노래를 찾는 방법을 모색하게 되는 것이다. 이렇듯 텔레비전을 통해 방송된 이 프로그램들은 대중음악 유통의 디지털화 및 대중문화 전반의 디지털화의 도움을 받아 틈새시장 공략에 성공할 수 있었고, 또한 그 시장을 쉽게 확대할 수 있었다.

그러나 결국 이들 프로그램 역시 시장의 편중에서 자유로울 수 없다. '출연자들의 음악적 실력이 생각보다 별로 뛰어나지 않다'라는 비판이나 '각기 색깔이 다른 종류의 음악을 하는 사람들을 순위를 매겨 일렬로 세운다는 것이 과연 의미 있는 일인가'라는 비판도 일리 있고 중요한 지적이다. 그러나 일단 이 프로그램들, 특히 〈슈스케〉라는 프로그램의 목적 자체가 '노래(만이라도) 잘하는 사람' 중 스타가 될 만한 사람을 뽑아 '슈퍼스타'로 만드는 것임을 생각해서 음악성에 대한 비판은 잠시 보류해보기로 한다. 그러나 앞서 이야기했듯이 '지상파 방송 쪽에서 〈슈스케〉 출연자들이나 우승자들을 출연시키는 일을 탐탁지 않게 생각한다'라고 하는 말들이 몇몇 매체에서 기사화될 정도로, 미디어와 대형 기획사 간의 담합과 대립에 따른 영향력에서 이들 역시 자유로울 수 없다. 게다가, 중견 가수들로 이루어진 〈나가수〉의 출연진들과는 달리 〈슈스케〉나 〈위탄〉의 출연자들은 더욱 더 복잡한 문제들을 가지고 있다. 이들이 이후 음악적인 활동을 이어 나가는 데 있어서 과연 어떤 길을 취할 것인지를 생각해보자. 인기 작곡가나 유명 프로듀서들마저도 대형 기획사에 소속되어 있는 경우가 대부분인 현 국내 대중음악계의 현실 속에서, 이들은 과연 누구에게 노래를 받을 것이며, 어떤 식으로 자신의 이름을 알릴 것인가? 대형 기획사에 들어가서 그 철저한 구조적 담합과 결속에 적극적으로 참여할 것인가, 아니면 그런 시스템에 들어가지 않고 자기가 하고 싶은 다양한 종류의 음악을 선택하는 동시에 대중적인 큰 성공은 포기할 것인가? 안타깝게도, 현재 국내 대중음악계의 상황에서 이런 거친 이분법은 너무나 강력하게 실재(實在)하고 있다. 즉, 현재 국내 대중음악의 흐름에 대한 반발심과 대안을 찾는 사람들에 의해 스타가 된 이들이지만, 결국 현재의 시스템 안으로 들어가지 않을 경우 시야 바깥으로 밀려나 흔적도 없이 사라지는 일회성 이벤트의 희생양이 될 가능성이 높다는 것이다.

그렇다면, 그 담합 속에 뛰어들지 않으면서 '슈퍼스타'가 되는 방법은? 현재 대중음악계의 슈퍼스타들 중 그 담합에서 비교적 자유로운 사람이 누구인가를 생각해보면 답은 뻔하다. 지금과는 다른 음악 산업 환경에서 이미 스타가 되었던 사람이든지(예를 들면 이적, 김동률, 토이(Toy)와 같은 중견급 가수들), 아니면 음악과는 관련 없는 각종 버라이어티 쇼 프로그램에 나가서 수다를 떨거나 사람들을 웃겨서 지명도를 올린(예를 들면 그룹 부활의 기타리스트 김태원이나 힙합 그룹 슈프림 팀(Supreme Team)의 멤버인 사이먼 디(Simon D), 그리고 그룹 뜨거운 감자의 보컬리스트 김C 등) 경우가 대부분이다. 그 외에는 슈퍼스타로 자리하고 있는 사람이 거의 없다. 그저 마니아들이나 좋아하는 음악이거나 잘 안 팔리는 음악을 만드는 가수들일 뿐. 과연 누가 이 굴레를 깨고 슈퍼스타가 될 수 있을 것인가?

## 6. 장르 편중에 대한 대안?

그럼 이런 장르 편중 현상을 해결할 수 있는 방법은 없는 것인가? 필자 나름대로 생각해 본 해결책과 더불어 그 한계를 제시해본다.

① 자금력과 영향력에는 그것으로 맞불을 놓는다. 즉 아이돌 스타에 의존하는 댄스 음악 외에 좀 더 다양한 음악적 장르도 취급하는 대형 기획사나 음반사가 나온다. 이것은 미국과 서구 스타일의 음악 시장이다. 대형 음반 레

이블들은 소규모 음반 레이블들을 자회사 형식으로 거느리고 있고, 이 소규모 레이블들에서 나오는 다양한 장르의 음악과 가수들을 자신들의 자금력과 유통망을 이용하여 시장에 알리고 배급한다. 물론 이 체제 안에서도 일부는 선택되고 일부는 배제되지만, 적어도 국내 음악계 보다는 창작자와 소비자에게 모두 더 많은 기회가 부여될뿐더러, 소위 말하는 '틈새시장', 즉 숨겨져 있는 작고 다양한 시장에서의 비교적 효율적인 배급과 유통, 소비가 가능해진다.

그런데, 이런 시스템이 자리 잡기 위해서는 일단 음악 시장의 파이가 지금보다 커서 대형 기획사나 음반사들이 더 다양한 콘텐츠를 만들고 유통시키고 싶은 욕구를 느껴야 한다. 즉 창작자나 소비자가 아닌 공급자의 손에 전적으로 모든 것을 의존해야 된다는 것. 그러나 문화 산업의 종사자들, 특히 경제성과 상업성을 전면적으로 다루는 측면에 종사하는 사람들이 대중문화의 다양성을 배려할 만큼 그렇게 배려심이 깊지는 않음을 우리는 경험적으로 알고 있다. 현재 아이돌 댄스 음악만 만들어서 유통, 판매해도 이윤을 남기는데, 기획사나 음반사에서 굳이 더 다양한 음악을 만들 필요성을 느낄 이유가 없는 것이다. 결국, '열린 생각'을 가진 동시에 자금력과 미디어 영향력을 가진 회사를 기대해야 한다는 것인데, 이것이 어렵다는 것은 현대 자본주의 사회를 살아가는 사람이라면 누구나 알 것이다.

② 수용자들이 더 다양한 음악을 찾아서 듣는 노력을 한다. 앞서 언급한 것처럼, 사실 예전과는 달리 음반보다는 음원이 음악 향유 매체의 중심이 되는 최근의 대중음악 환경에서는 몇몇 대형 음원 판매 사이트들의 '새로 나온

음반' 섹션만 잘 봐도 다양한 종류의 음악을 만나는 것은 훨씬 용이해졌다. 대형 음반 판매점에 가야지 다양한 음악을 구할 수 있던 예전과는 달리, 이제는 대부분의 마이너 레이블들도 주류 회사들과 마찬가지로 대형 음원 판매 사이트들에서 그들과 같이 음원을 판매하고 있기 때문이다. 다양한 음악에 대한 수요가 늘어나면, 기업에서는 하지 말라고 해도 다양한 음악을 취급하기 위해서 노력할 것이다. 이것은 규모로 따지면 미국에 이어 부동의 세계 제 2위의 음악 시장인 일본 스타일의 음악 시장이다. 영화나 책과 비교하면 음악은 금방 그 내용을 파악할 수가 있기 때문에, 요즘과 같은 디지털 음원 시대에는 음악에 대한 '시식'이 가능하다는 것도 소비자들의 이러한 노력을 꽤 효과적으로 만들어 주는 요소이다.

그런데, 대부분의 일반적인 음악 소비자들이 이런 방식으로 적극적으로 음악을 찾아다니는 것을 매우 번거롭게 생각한다. 그냥 '금주의 판매량 top 100'과 같은 순위를 자동 재생시켜 놓고 '요즘 뭐가 인기 있나' 정도에만 관심이 있는 것이 대부분 수용자들의 소비 성향이다. 그러면 결국 자금력과 영향력 있는 쪽이 그 힘을 발휘하기가 쉬워진다. 얼마 전 논란이 되었던 가수 이루의 '음반 자체 대량 구매 의혹' 사건에서 볼 수 있는 것처럼, 그냥 기획사에서 자기들의 돈으로 음원을 대량 구매하거나 미디어에 영향력을 행사해서 여러 번 출연시킨 후 그 실적을 바탕으로 해서 일단 순위를 올리고 나면, 그 다음부터는 그 순위가 계속 확대 재생산된다. 즉, 소비자의 '의식 개혁'에도 지나치게 큰 기대를 하기 어렵다는 것인데, 이것 역시 현대 자본주의 사회를 살아가는 사람이라면 누구나 인지하고 있는 것이다.

그렇다면, 과연 다양한 음악의 공존을 위해서 무엇부터 해야 할 것인가? 답은 위의 둘 다가 될 수도 있고, 둘 다 아닐 수도 있고, 또 다른 무엇이 될 수도 있다. 하지만 적어도 '많은 사람들'의 노력 없이는 달라질 수 있는 것은 아무 것도 없다. 아이돌 댄스 음악밖에 없다고, 요즘은 왜 들을 만한 노래가 없냐고 투덜거리기만 하면 달라질 것은 아무 것도 없다는 이야기다. 〈슈스케〉와 〈나가수〉에 대한 대중들의 호응이 우리 대중음악계에 새로운 바람을 몰고 오는 계기가 될 지, 단지 일회성 이벤트로 끝날 것인지 역시 결국은 창작자, 생산자, 수용자 모두의 몫일 수밖에 없는 이유이다.

미디어와 문화

# :: 닮은 꼴의 서사
## – 부재와 상실의 초상

영화 〈환상의 빛〉 〈사랑의 추억〉 〈세 가지 색, 블루〉

임 영 석

"보아라, 여기 새로운 것이 있구나 ! " 하더라도 믿지 마라.

그런 일은 우리가 나기 오래 전에 이미 있었던 것이다.

– 「전도서」 1:10

# 1. 한 개의 질문과 두 개 혹은 세 개의 대답

처음 접하는 소설이나 영화에서 기시감을 느낄 때가 있다. 언젠가 읽은 듯한 소설, 어디에선가 본 듯한 영화와 닮아 있는 것이다. 표절은 아니다. 패러디나 오마주와도 거리가 멀다. 시공간의 배경이 다르고 인물들도 낯설지만 익숙하게 느껴진다. 무엇인가 반복되었고, 그것이 닮은 것이다.

세계의 동화(童話)들을 보면 서로 닮은 이야기가 적지 않다. 그림형제의 「빨간모자」는 독일산(產)이지만 프랑스산도 있다. 「장미 아가씨」는 이탈리아 동화에도 있고, 「개구리왕」은 러시아 아이들도 아는 이야기다.[1] 그림형제의 동화는 전래의 민담들을 윤색한 것으로 유명하다. 다른 나라의 동화들도 사정은 비슷하다. 각국의 닮은 동화들은 닮은 민담들에 기인한 것이다.

민담은 화자가 처한 지역과 시대의 정서, 일상의 사건과 개성 등을 반

---

1  손은주, 「민담에서 동화로–유럽 민담의 변화 과정」, 『목원저널』 40호, 목원대, 2002, 17쪽.

영하며 전승되지만, 달라지지 않는 보편성을 유지한다. 이른바 규범형식(規範形式)이라고 부르는 보편성은 인류가 추구하는 일반적인 가치나 욕망을 반영한다. 선악이나 호오(好惡) 간의 대립, 성(性)과 모험 등의 소재는 인간의 본성에 기초한 것들로, 시간과 공간, 개인의 개성 등에 구애받지 않고 대중의 공감을 얻을 수 있다. 먹고 자고 사랑하는 일상에 기초한 사건들은 넓게 보면 어디에서나 누구에게나 별 다를 바가 없기 때문이다. 세계의 민담이나 동화가 서로 닮은 것도 그 같은 보편성을 띤 규범형식을 공유하고 있기 때문이다.

처음 접하는 소설이나 영화에서 느낀 기시감의 정체도 마찬가지라고 할 수 있다. 익숙하게 느껴지는 대목이 있다면 그것은 이미 다른 소설이나 영화에서 체험한 보편적 규범형식과 재회했기 때문이다. 그럼에도 모방이나 표절이 아닌 새로운 이야기라고 할 수 있는 것은 서술의 방식이 선행 작품들과 다르기 때문이다. 마치 누구에게나 이목구비가 있지만 조금씩 그 모양과 위치가 달라 똑같은 얼굴이 없는 것처럼.

이처럼 소설이나 영화에서 기시감을 유발하는 규범형식을 모티프라고 한다면, 그것을 매번 새롭게 보이도록 만드는 서술 방식은 플롯이라고 할 수 있다. 플롯은 이야기의 자연발생적인 구조가 아니다. 기승전결의 틀 속에 들어가려면 내용과 형식이 조정되어야 하기 때문이다. 즉 플롯은 일련의 조작과 변조의 성질을 띠게 되는데, 이 같은 과정은 작가의 작의(作意)를 좇아 이루어진다. 작가는 단순한 스토리텔러가 아니다. 그는 이야기를 자신의 의도와 목표에 따라 전략적으로 전달하는 사람이다. 그러므로 플롯은 작가의 의도와 목표를 달성하기 위한 서사적 기법이라고 할 수 있다.[2] 따라서 두 명의 작가가 하나의 모티프를 가지고 각자 이야기를 짓더라도 그것의 내용과 의미는 다를 수밖에 없다. 플롯을 어떻게 짜느냐 하는 문제는 세상을 어떻게 보느냐 하는 문제와 같기 때문이다. 즉 모티프가 삶에 대한 질문이라면 플롯은 그 질문의 답을 구하는 과정이자 작가의 세계관을 드러내는 방식인 것이다. 따라서 개성적이고 독창적인 플롯은 삶에 대한 오랜 질문에 새로운 답을 제시하려는 시도라고 할 수 있다.

## 2. 대답의 방식(들)

고레에다 히로카즈(是技裕和, 1962~) 감독의 〈환상의 빛(幻の光)〉(1995)[3]과 프랑소와 오종(François Ozon, 1967~) 감독의 〈사랑의 추억(Sous le sable)〉(2000)은 모두 '남편의 죽음'이라는 모티프를 가지고 만들어진 영화이다.

〈환상의 빛〉에서 유미코는 남편 이쿠오와 함께 생후 3개월 된 아들 유이치와 행복하게 살아간다. 잔정은 없지만 타인에 대한 배려심이 깊은 남편이 유미코에게는 각별한 존재이다. 영화의 전반부는 이들 부부의 소소하지만 애정 어린 일상을 보여주는데 집중한다. 미구에 닥칠 이쿠오의 죽음과 관련된 어떤 전조나 기미는 보이지 않는다. 비오는 어느 날 밤, 이쿠오는 철길 한가운데를 걷다 기차에 받혀 죽는다. 그는 기차가 가는 방향으로 걷고 있었는데, 경적과 브레이크 소리에도 뒤돌아보지 않은 것이다.

---

2 한용환, 『소설학 사전』, 고려원, 1992, 455쪽.
3 미야모토 테루(宮本輝)가 1979년에 출간한 동명의 소설집에 실려 있는 중편을 원작으로 하고 있다. 국내에서도 같은 제목으로 번역·출간되었다.

〈사랑의 추억〉에서의 남편의 죽음도 자살처럼 보인다. 주인공 쟝과 마리는 중년의 부부이다. 두 사람은 교외 별장으로 휴가를 가 일박을 하고 난 다음 날 아침 바닷가로 향한다. 아내 마리가 일광욕을 하다 잠든 사이 수영을 하겠다던 남편 쟝은 어디론가 사라져버린다. 수영 중 익사한 것이 아닐까 싶어 경찰이 수색을 하지만 쟝의 시신은 한참 동안 찾지 못한다. 영화의 후반부에서 경찰이 쟝의 시신을 찾아내 유전자 검사로 신원을 확인해 주지만, 마리는 쟝의 시신이 아니라고만 한다.

이처럼 두 편의 영화 모두 '남편의 죽음'이 작품의 핵심 모티프이지만, 그것을 수용하고 해석하는데 있어서는 서로 다른 양상을 보인다. 〈환상의 빛〉에서 유미코는 남편의 죽음을 의심하지 않는다. 그의 시신은 기차에 받혀 신원을 알아볼 수 없을 만큼 크게 훼손되었지만, 현장에 있던 자전거 열쇠와 구두 한 짝을 통해 남편의 죽음을 사실로 받아들인다. 유미코는 남편의 죽음을 의심하기보다 그가 왜 죽음을 선택(자살)했는지에 의문을 가진다. 누구든 철로를 걸을 수는 있지만, 달려오는 기차를 피하지 않고 걷기란 모종의 결단이 필요한 것이라고 믿기 때문이다. 그러나 앞서 말했듯 남편이 죽기까지의 신(scene)들 중 그의 죽음을 암시하는 장면은 없었기 때문에 유미코 역시 남편이 자살을 감행한 이유를 짐작조차 할 수 없다.

반면, 〈사랑의 추억〉에서 마리는 남편이 죽었다는 사실 자체를 부정한다. 아니 망각한다. 그녀는 친구들과의 식사 자리에서 공공연히 남편과 휴가지에서 함께 돌아온 양 말한다. 쟝이 바닷가에서 실종되고 시신조차 발견되지 않고 있다는 것을 아는 친구들은 마리를 근심 어린 눈빛으로 쳐다본다. 그런데 마리가 귀가하자 방 안에서 쟝이 걸어 나온다. 휴가지에서의 모습과 조금도 다르지 않다. 그들은 여느 때처럼 자연스럽게 대화를 나눈다. 그러나 관객들은 그가 마리에 의해 호출된 유령에 지나지 않음을 금방 알 수 있다. 이것은 마리가 유미코와는 달리 남편의 죽음을 인정하지 않는다는 뜻이면서 일종의 자기기만이기도 하다. 환상을 통해 죽은 남편의 육체를 불러오는 것은 단순히 죽음을 인정하지 않는다는 차원을 넘어 죽음에 동반되는 슬픔과 불안을 회피하겠다는 의지가 서려 있기 때문이다.

스위스 태생의 심리학자 베레나 카스트(Verena Kast)는 애도(哀悼)가, 그 것과 연결된 다양한 감정의 허용이, 무의미함·불안·분노에 자기를 내던져버리는 것이 새로운 자기 체험을 가능하게 한다면서 애도는 충격을 받은 사람의 삶에 새로운 질서를 부여하고 새로운 자기와 세계에 대한 체험을 이루게 하는 감정이라고 말한다.[4] 즉, 제대로 슬퍼하지 않거나 마리의 경우처럼 슬픔을 아예 회피하는 태도로는 결코 슬픔에서 벗어날 수도, 정상적인 일상으로 돌아갈 수도 없다는 것이다.

그런 의미에서, 사별 후 7년 만에 재혼을 한 유미코는 온전한 애도의 과정을 통해 일상으로의 복귀에 성공한 듯 보인다. 유미코가 보여준 애도의 방식은 진지한 상념 혹은 사유의 자세이다(이 같은 애도 방식의 의미에 대해서는 뒤에서 다시 논의할 것이다). 그녀는 죽은 남편이 즐겨 타던 자전거를 끌고 산책을 하며 깊은 상념에 빠지거나 그와 함께 찍었던 사진들을 꺼내 한참을 보기도 한다. 재혼 후에도 부엌에서 혼자 이따금 밖을 내다보거나 걸레질을 하다 문득 손을 멈추고, 친정을 방문해서도 죽은 남편

---

4  베레나 카스트, 채기화 역, 『애도』, 궁리, 2007, 22쪽.

이 일했던 공장을 찾아가 보기도 한다. 그녀는 여전히 남편이 죽은 이유를 짐작조차 못하면서도 죽었다는 사실 자체는 순순히 인정하며 그 이유를 알아내고자 끊임없이 죽은 그를 떠올린다.

반면에, 남편의 죽음을 인정하지 않는 마리는 애도의 절차를 끊임없이 지연시킨다. 애도가 지연되는 상황에서 그녀의 일상은 정상적으로 영위되지 못한다. 행불 상태인 남편의 계좌는 지급 정지 상태에 놓여 있지만 그녀는 계속해서 값비싼 옷들을 사들이고, 친구를 통해 소개받은 출판업자 뱅상과는 잠자리를 같이 한다. 그녀는 뱅상에게 미망인이 아닌 유부녀로서의 외도임을 강조하며 남편이 살아 있다고 생각함을 드러낸다. 유미코의 애도의 방식이 상념과 사유의 자세라면 마리의 (지연되고 있는) 애도의 방식은 현실 도피인 셈이다.

이 같은 인물의 태도의 차이는 신의 설정과 숏의 구성에서도 드러난다. 107분 길이의 〈환상의 빛〉은 전체 28신 225숏으로 구성되어 있는데, 그보다 길이가 짧은 88분 길이의 〈사랑의 추억〉은 총 52신 405숏으로 이루어져 있다. 〈환상의 빛〉에서의 카메라는 사유에 잠겨 가만히 있는 유미코를 따라 거의 고정되어 있고, 숏의 지속 시간도 길다. 반면에 〈사랑의 추억〉에서의 카메라는 도피 심리와 불안감에 빠진 마리의 호흡을 좇아 잦은 이동과 짧은 길이의 숏으로 분절되어 있다. 〈환상의 빛〉에서 유미코가 시장통의 토메노 할머니를 만나 나누는 대화 신은 1분 16초 길이에 4개의 숏으로 이루어져 있다. 토메노는 이쿠오가 죽었을 때 유이치가 생후 3개월이었다는 말을 듣고는 아이가 아버지의 얼굴을 기억하지 못하는 편이 더 낫다고 위로해 준다. 이 중 하나의 숏은 자전거포에서 이쿠오가 타던 것

| 〈장면 1〉 | 〈장면 2〉 | 〈장면 3〉 |
| 〈장면 4〉 | 〈장면 5〉 | 〈장면 6〉 |

과 닮은 녹색 자전거를 탐내는 유이치의 숏이다. 토메노−유미코−유이
치로 이루어진 이 숏들은 자연스럽게 죽은 이쿠오를 환기시키고 그가 자
살한 이유가 무엇일까를 다시 한 번 질문하게 만든다. 이어지는 유미코의
귀가한 뒤의 실내 신에서 그녀가 이쿠오의 유품을 꺼내보는 숏은 그 같은
질문이 성립되었음을 증명해 준다(장면 1~6 참조).

　〈사랑의 추억〉의 경우, 마리는 강의 중 휴가지에서 남편을 찾는데 도
움을 주었던 학생과 눈이 마주치자 서둘러 강의를 마치는데, 이 학생이
다가와 자기를 몰라보겠느냐고 하자 바닷가에 간 일조차 없다고 시치미
를 뗀다. 이 신은 불과 1분 3초의 길이지만 숏의 수는 10개이다. 또한 강
의실 안에서 강의실 밖 복도로, 다시 자판기 앞으로 카메라가 빈번히 이

〈장면 7〉 〈장면 8〉 〈장면 9〉 〈장면 10〉 〈장면 11〉 〈장면 12〉 〈장면 13〉 〈장면 14〉 〈장면 15〉 〈장면 16〉

동한다. 이 같은 잦은 이동과 빠른 장면 전환은 남편이 실종되었다는 사
실을 인정하지 않으려는 마리의 회피 심리를 반영한다.[5] (장면 7~16 참

---

5 무엇인가를 회피한다는 것은 역설적으로 그것의 존재나 사실을 인정한다는 뜻이다. 회피

조)

이어지는 신에서 친구인 아만다가 뱅상과의 교제를 제안할 때도 마리는 남편이 있는 양 거절을 하고, 상점에 가서는 장에게 줄 넥타이를 고른다(그녀는 점원이 묻지도 않았는데 남편에게 줄 것이라고 말한다). 즉, 마리는 자기기만을 통해 남편이 죽은 현실로부터 계속 도망치며 애도의 절차를 끝없이 지연시키는 것이다.

이처럼 두 영화는 똑같은 모티프를 가지고 있으면서도 서로 다른 플롯에 의해 그에 대한 상반된 태도를 보여준다. 그것은 앞서 말했듯 플롯이 작가(감독)가 세상의 질문(모티프)에 자기만의 방식으로 대답하는 형식이기 때문이다. 그러므로 거기에 모범답안이란 있을 수 없다. 강조될 부분이 있다면 '자기만의' 방식쯤이 될 것이다. 플롯의 가치는 그것의 정치적 · 도덕적 · 윤리적 함의를 따져 우열을 판가름하는 데 있기보다, 얼마나 새롭고 설득력 있게 직조(織造)되었느냐에 달려 있기 때문이다.

## 3. 〈환상의 빛〉 — 삶의 역설과 불가해성에 대한 수긍

그렇다면, 두 영화에서의 플롯의 개성이란 무엇일까. 먼저 〈환상의 빛〉을 보자. 유미코는 남편이 죽었다는 사실을 순순히 받아들인다. 마리와

---

는 존재 유무나 사실 여부에 대한 부정과 반대의 견해가 아니라, 그로부터 생성되는 자기 감정에 대한 눈감음이다. 마리도 남편의 오랜 실종이 곧 죽음을 의미한다는 것을 알고 있지만, 그것을 인정할 경우 자기가 느낄 슬픔과 불안의 감정이 두려운 것이다. 마리는 유미코와는 달리 남편의 시신을 확인하지 못하고 있기 때문에 가능한 태도이기도 하다.

〈장면 17〉　　　　　　　〈장면 18〉　　　　　　　〈장면 19〉

는 달리 심하게 훼손된 남편의 시신을 굳이 보겠다고 하지도 않고, 남겨진 유품만으로도 그의 죽음을 인정한다(반면에 마리는 유전자 검사와 치아 기록도 부정한다). 7년 후 재혼을 위해 집을 떠나는 장면에서 알 수 있듯이 그녀는 남편이 죽고 난 뒤에도 거처를 옮기지 않고 살아간다. 그녀는 남편이 죽은 '사실'을 부정하거나 회피하지 않는다. 앞에서 언급했듯 오히려 여러 방식으로 생전의 남편을 기억한다. 그런데 이것이 과연 보편적인 애도의 자세일까. 죽은 남편의 사인(死因)에 대해 골똘히 생각만 하는 태도가 일반적인 애도의 모습일까. 의아스럽게도 그녀는 남편의 죽음과 관련해 우는 모습을 보이지 않는다[후반부에 단 한 번, 재혼한 남편 앞에서 이쿠오의 자살 동기를 모르겠다고 울먹일 뿐이다. 게다가 이 신은 풀 숏 사이즈에 실루엣 기법과 롱 테이크 방식으로 찍혔기 때문에 여전히 유미코의 우는 얼굴이나 눈물은 볼 수 없다(장면 17). 또한 이 울먹임은 애도의 시작이 아니라 애도의 마감을 의미하는 것이다. 왜냐하면 그 다음 신에서 유미코는 처음으로 밝은 유채색의 옷을 입고(장면 18)―이때까지 유미코의 의상은 언제나 회색 혹은 검은 색의 무채색이었다―재혼한 남편과 아이들(유이치와 토모코―재혼한 남편의 딸)과 '함께' 산책을 나서기 때문이다(장면 19)]. 과연 슬픔을 드러내지 않아도 애도한다고 할 수 있을까. 어째서 유미코는 슬퍼하는 모습을 보이지 않은 것일까. 다시 말해 감독이 유미코의 슬픔을 보여주지 않은 이유는 무엇일까. 유미코는 남편이 죽었다는 사실만큼이나 그 사인이 자살이라는 데 큰 충격을 받았다. 자살은 병사(病死)나 사고사(事故死)와는 달리 사인이 사자(死者)의 의지에서 비롯된 것이기 때문에 그 이유를 사후에 정확하게 알 수 없다(유서를 남겼다고 한들 그 문장을 과연 오해 없이 읽어낼 수 있을까). 자살의 이유에 대한 여러 연구 방법—생물학적·병리학적·심리학적·사회학적—도 그저 경우의 수를 제공해 주는 것일 뿐, 실제 일어난 개별 사건으로서의 자살의 이유를 정확하게 짚어주는지는 못한다.[6] 이유를 알 수 없는 자살은 미제(未濟)의 살인 사건과 다를 바 없다. 범인을 모르면 망자(亡者)의 한(恨)이 깊어지지만, 자살한 이유를 알지 못하면 유족의 의문이 깊어진다. 자살한 동기가 무엇인지, 자살의 원인이 누구에게 있는지를 알아야 반성과 이해의 과정을 거쳐 애도에 이를 수 있기 때문이다. 유미코가 눈물을 보이지 않고 줄곧 무언가를 골똘히 생각하는 표정을 짓고 있거나 남편이 남긴 생전의 흔적들을 찾아다니는 것도 바로 그 때문이다. 그녀는 사고 현장인 철로나 남편의 묘지를 찾지 않고 그가 일하던 공장이나 출퇴근길을 따라 걷는다. 함께 가던 카페에 들러 주인에게 사건 당일 남편의 행적에 관한 증언도 듣는다. 마치 증거를 찾아다니는 수사관처럼 그녀는 남편의 자살 동기를 찾아다닌다. 그녀는 남편이 자살한 이유를 알아야만 온전히

---

6  김충렬, 「자살의 원인」, 『자살과 목회상담』, 학지사, 2010 참조.

미디어와 문화

그를 애도할 수 있고 그래야만 자신도 일상으로 복귀할 수 있다고 생각하는 것이다.[7]

그런데, 유미코에게는 죽음과 관련해 또 다른 잊기 어려운 기억이 있다. 〈환상의 빛〉 도입부는 유미코의 꿈 장면으로 시작되는데, 꿈속에서 소녀로 나오는 그녀는 식구들 모르게 가출하는 할머니와 실랑이를 한다.

> 유미코: 아빠한테 혼난단 말이에요. 집으로 돌아가요.
> 할머니: 할미는 고향에서 죽고 싶단다. 그래서 시코쿠로 돌아가는 거야.
> 유미코: 아직 돌아가시면 안 돼요. 게다가 거길 가려면 배를 타야하는데 돈도
> 없잖아요.
> 할머니: 수쿠모에서 죽을래. 시코쿠에 돌아갈 거다.

수구초심(首丘初心)이라는 말을 떠올리게 하는 이 장면은 유미코에게 죽음과 관련해 일종의 원형 이미지로 각인되어 있다. 시코쿠의 고향 집은 예전에 없어졌지만 할머니는 집으로 돌아오지 않았고, 3년 넘게 행불자로 남아 호적에서 사망 처리되었다.[8] 할머니의 가출 신에 이어지는 장면은 그것이 꿈이라는 것을 알려주는 유미코와 이쿠오의 침실 신이다. 검은색 무지화면(無地畵面)에서 두 사람의 대화만으로 이루어진 이 장면은 식구 중 할머니를 마지막으로 보고도 붙잡지 못했던 유미코가 시신도 확인

---

7 대단원에 이르러 유미코는 재혼한 남편에게 이렇게 말한다. "난… 난 정말 모르겠어, 그 사람이 왜 자살했는지. 왜 기찻길을 따라 걸었는지. 한 번 생각하면 멈출 수가 없어요. 그 사람이 왜 그랬을까요?"

8 영화에서는 생략되었지만, 원작에는 이 사실이 자세하게 언급되어 있다. 미야모토 테루, 송태욱 역,『환상의 빛』, 서커스, 2010, 37~38쪽.

하지 못한 채 죽은 사람이 되어버린 할머니에 대해 죄책감과 의문을 가지고 있어왔음을 보여준다.

> 유미코: 여보, 나 있지, 그 꿈 또 꿨어. 최근에 자주 꾸게 돼. 왜 그런 걸까?
> 이쿠오: 내가 그걸 어떻게 알겠어? 어서 자. 꿈속에서 할머니가 돌아오실지도 모르잖아.
> 유미코: 그런가. 하지만 왜 그 때 할머니를 말리지 못했을까.

유미코는 자신이 왜 그때 할머니를 말리지 못했는지 모르겠다고 하지만, 정작 그녀가 모르고 있는 것은 당시 자신이 직관적으로 할머니의 마음을 헤아려 놓아드릴 수밖에 없겠구나 하고 판단했었다는 사실이다. 그녀는 그 점을 모르고 있기 때문에 ─ 혹은 잊었기 때문에 ─ 할머니를 떠나보냈던 자신의 행동에 의구심을 가지는 것이다. 그리고 할머니처럼 훌쩍 죽음의 편으로 넘어가버린 남편의 결정도 헤아리지 못하게 된 것이다.

할머니를 놓아드릴 수밖에 없겠다고 판단한 유미코의 직관은 할머니의 단호하고 엄중한 결단에서 비롯된 것이다. 그래서 인간의 본능이라 할 만한 귀향에의 의지와 죽음에의 예감을 제 3자가 가로막을 수 있는 명분이나 힘은 없겠다는 판단이 들었던 것이다. 또한 죽음은 그 앞에 서 있는 당사자조차 어찌하지 못하게 만드는 힘을 지닌 것인데 어떻게 자신이 개입할 수 있겠는가 하고 느꼈던 것이다. 그런데 이쿠오가 자살한 이유를 알 수 없어 괴롭다고 하는 유미코에게 재혼한 남편이 들려준 다음의 일화는 바로 그때의 직관을 일깨워주고 있다.

"바다가 부른다고 그랬어. 아버지가 전에는 배를 탔는데, 홀로 바다 위에 있으면 저편에 예쁜 빛이 보인댔어. 깜빡깜빡 거리면서 당신을 끌어당겼다는 거야. 누구나 그런 게 있지 않을까?"

인력(引力)의 빛이란 사람이 어떻게 해볼 수 없는 불가항력적인 기운을 가리키는 것이다. 그것은 자연의 힘일 수도 있고, 우연하거나 운명적인 사건일 수도 있다. 그리고 어느 날 갑자기 자살한 사람의 알 수 없는 마음일 수도 있다. 그것이 무엇이든 불가항력적인 기운은 그 의미를 또렷이 알 수 없는 불가해성(不可解性)을 띠기도 한다. 알 수 없는 질문과 이해할 수 없는 대답에도 존립 가치가 있는 것일까. 감독은 그렇다고 말한다. 그는 우리가 받은 질문 중에는 애초에 답이 없는 것도 있다고, 그 사실을 안다면 답을 찾지 못해 괴로워할 일은 없다고 말한다. 유미코가 시아버지의 일화에서 깨달은 것은 바로 그런 삶의 역설, 불가해성에 대한 이해이다. 남편이 자살한 이유는 알 수 없다는 것이 답이라는 것. 그것을 깨달을 때에야 비로소 애도를 끝내고 일상으로 돌아올 수 있다는 것이다. 시아버지의 일화를 듣고 난 유미코가 바로 다음 신에서 처음으로 밝은 색의 옷을 입고 날씨 이야기를 주고받으며 식구들과 산책을 하는 것은 바로 그런 의미인 것이다.

〈환상의 빛〉은 '남편의 죽음'이라는 상투적인 모티프를 가지고도 미망인의 슬픔이나 방황 같은 통속화에 빠지지 않고, 생사의 의미를 통찰하는 플롯으로 발전시킨 미덕을 지닌 영화이다.

## 4. 〈사랑의 추억〉 — 애도의 지연과 자기반성의 포즈

〈사랑의 추억〉에는 '남편의 죽음'이라는 모티프에 '실종'의 모티프가 겹쳐 있다. 영화의 후반부에서 시신이 발견될 때까지(그나마도 마리에 의해 부정됨으로써 다시 모호해지는) 이 영화의 모티프는 '죽음'보다는 '실종'에 더 기울어져 있다. 그러나 일반적인 실종 모티프의 작품에서와는 달리이 영화의 플롯에는 수색이나 탐문의 장면이 나오지 않는다. 그것은 당연히 마리가 남편이 실종됐다고 생각하지 않기 때문이다. 마리는 남편의 사체를 찾았다는 경찰의 전화를 받고, 병원에서 밀린 진료비를 정산해달라는 말을 들었을 때에야(쟝은 마리가 모르게 정신과 치료를 받아왔다) 비로소 남편이 실종된 사실에 대한 현실 감각을 되찾는다. 그제서야 남편의 서재 문을 열어보고 서랍을 뒤져 처방전을 찾는 것이다. 마리가 남편의 실종을 애써 부정해온 까닭은 남편이 자신을 피해 도망친 것은 아닐까하는 두려움이 있었기 때문이다. 경찰의 전화를 받고난 후 남편의 시신을 확인하러 가기 직전 만난 시어머니와의 대화 신을 보자.

> 마 리: 제 생각엔 쟝이 자살을 한 것 같아요.
>
>   (…중략…)
>
> 시 모: 난 쟝이 자살했다고는 절대 생각하지 않는다. 또 물에 빠졌다고도. 진실은 더 잔인해. 사라진 거야. 아주 단순하게. 왜냐면 지겹기 때문에. 좀 더 정확히는 네가 그를 지루하게 했지. 새로운 인생을 원했어, 새로운 시작. 이해가 가지 않니? 많은 남자들이 그걸 꿈꾸니까. 넌 그가 고통 받고 있었다는 건 몰랐지. 넌 그에게 가정을 선사할 능력도 없었어.

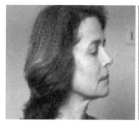  

〈장면 20〉　　　　　　　〈장면 21〉　　　　　　　〈장면 22〉

쟝의 어머니, 곧 마리의 시어머니는 며느리가 애써 피해왔던 생각의 정곡을 찔러 말해준다. 〈환상의 빛〉에서 유미코가 남편의 자살 이유를 알수 없어 괴로워했다면, 마리는 남편의 자살 이유를 짐작할 수 있었기 때문에 괴로워했던 것이다. 그 괴로움으로부터의 도피가 남편의 실종을 부인하는 태도로 이어진 것이고 결국 그를 유령으로 부른 것이다. 유령으로 나타난 쟝이 여느 영화에서의 유령과는 다르게 생전의 모습대로 말을 하고 잠을 자는 것도 그가 마리에 의해 호출된 존재이기 때문이다. 예를 들어, 마리는 부엌 찬장 앞에 서 있다가 잠시 눈을 감고 작정한 듯 빠르게 몸을 돌려 식탁을 쳐다본다. 그러면 그곳에 그녀의 희망대로 남편이 앉아 있다(장면 20~22).

또 뱅상을 집으로 초대해 정사를 나눌 때에도 마리는 남편에게 그 모습을 보여준다. 이 장면은 언뜻 죽음으로 자신을 배신한 남편을 향해 벌이는 아내의 복수처럼 비치기도 한다. 그러나 쟝과 마리가 서로에게 미소를 짓는 숏-역숏이 있어 이 장면은 오히려 두 사람이 화해를 하는 것처럼 보여진다(장면 23~24).

여기서 '실종' 모티프와 관련해 이 영화의 또 다른 흥미로운 점들이 있

〈장면 23〉 〈장면 24〉

다. 우선, 대개 '실종' 모티프의 작품들은 플롯상 '수색(탐문)-발견'의 구조를 띠는데, 앞서 보았듯 〈사랑의 추억〉에는 '실종'의 모티프만이 있을 뿐 플롯상의 '수색(탐문)'의 과정이 거의 없고, 그 과정을 최대한 지연시켰는데도 대단원에서의 '발견'은 결국 이루어졌다는 점이다. 그러나 그 "발견'된 대상≠'실종'된 대상'이다. 미아(迷兒)의 서사는 부모를 찾았을 때 완성되고 아서 왕 기사들의 서사는 성배(聖杯)를 찾았을 때 완성된다면, 마리의 서사는 남편(의 시신)을 찾거나 그가 사라진 이유를 알게 되었을 때 완성된다고 할 수 있다. 그러나 마리는 남편을 찾지도 못하고 그가 사라진 이유도 끝내 알지 못한다. 그렇게 무력한 순간에 이르러서야 마리는 처음으로 울음을 터뜨리는데(장소는 그가 실종된 바닷가 백사장이다), 이 장면은 마치 〈환상의 빛〉에서 유미코가 처음으로 울먹이며 자신의 답답한 마음을 하소연하는 신과 닮아있다. 유미코가 이 신을 통해 삶의 역설과 불가해성을 수긍함으로써 본연의 자신으로 복귀할 수 있었다면, 마리는 이 신에서 보인 회한과 자성(自省)의 눈물을 통해 남편에게 잘못했던 자신을 '발견'할 수 있었던 것이다.[9]

---

9 영화에서 장과 마리의 관계는 '표면적으로는' 별 문제가 없어 보인다. 이따금 장이 단독 숏에서 무엇인가에 몰두해 있는 듯한 표정을 짓고 있는데, 그것을 자살의 전조처럼 이해할 수도 있겠지만, 그 표정이 정확히 무엇을 의미하는지는 알기 힘들다. 다만 휴가지에서

미디어와 문화

⟨장면 25⟩                    ⟨장면 26⟩

⟨장면 27⟩                    ⟨장면 28⟩

유미코에게 본연의 자신으로의 복귀가 가족과 함께 평범한 일상을 영위하는 것이라면, 마리에게 있어 자신의 잘못을 깨달은 일은 용서를 구할 어떤 대상을 필요로 하는 것이다. 그러므로 이 영화의 마지막 신, 백사장 저편에 신원을 알아볼 수 없는 어떤 남자가 서 있는 것을 '발견'하고 그를 향해 달려가는 장면은 자신의 깨달음을 사면(赦免)을 통해 완성하려는 그녀 의지의 소산인 것이다. 그것은 또한 마리가 저 신기루 같은 사내를 남편으로 믿고 달려갈 수밖에 없는 이유이기도 하다(장면 25~28).

---

쟝을 대하는 마리의 태도가 이따금 사무적이라는 느낌을 갖게 하는데, 위에서 인용했듯이 쟝의 어머니가 마리에게 한 말을 짚어보면 그녀가 쟝에게 있어 다분히 이기적인 사람이었으리라는 짐작을 가능하게 한다. 쟝이 고통 받고 있었다는 사실(우울증)을 몰랐다는 점과 가정을 선사할 능력이 없었다는 점(불임 혹은 피임)이 그 예라고 할 수 있다.

배우자의 부재 혹은 상실을 모티프로 삼고 있는 이 두 편의 영화는 삶과 죽음의 의미를 고구(考究)하거나 자기반성의 포즈를 취하고 있다. 두 주인공 모두 내향적인 성격을 보이는 것도 그런 연유에서라고 볼 수 있겠는데, 이는 서사적 갈등—해소의 양상 또한 내향적인 면모를 띠게 만드는 요인으로 이어진다. 유미코가 일찌감치 더 많은 주위 사람들에게 자신의 속마음을 토로했다면 어땠을까. 마리가 일찍부터 남편의 실종을 자살로 예단하고, 발견된 시신 또한 선선히 남편의 그것이라고 인정했다면 어땠을까. 유미코와 마리는 죽음이라는 사건에 대해 인정(認定)과 부정(否定)의 상반된 태도를 보이고는 있지만, 그 사건이 준 충격으로부터는 모두 쉽게 벗어나지 못하고 있다는 데서 서로 닮아 있다. 그 같은 내향적인 심리 또는 소극적인 태도는 극의 서사 역시 주인공 한 사람의 내면을 묘사하는 데 치중하게 만든다. 그것은 삶의 질문(모티프)에 대한 작가의 대답(플롯)을 소극적인 성격의 것으로 한정짓게 만들 수 있다. '서사적 갈등—해소의 양상', '삶의 질문—작가의 대답'의 성격이 세계 내 타자들과의 소통보다 주인공 한 사람의 내면에 기초한다면, 플롯은 인물의 구체적인 행동보다는 주관적인 심리의 묘사를 위주로 전개되기 쉬우며 그것은 위의 영화에서 보듯 모호해 보이는 결말로 이어질 가능성이 높다. 이 같은 측면에서 배우자 상실이라는 동일한 모티프를 가지고 보다 역동적인 서사를 보여주는 또 한 편의 작품을 살펴보고자 한다.

# 5. 〈세 가지 색, 블루〉-능동적 저항과 진취적 출발

크지슈토프 키에슬로프스키(Krzysztof Kieślowski, 1941~1996) 감독의 영화 〈세 가지 색, 블루(Trois Couleurs Bleu)〉(1993, 이하 〈블루〉)에서 극중 인물의 첫 대사는 영화가 시작된 지 3분 30초가 지나서야 들을 수 있다. 그것도 단역인 의사의 입에서. 주인공인 줄리의 대사는 4분 10초 후에야 흐른다. 러닝 타임이 98분인 이 영화에서 침묵의 장면은 의외로 많고 길다. 그 많은 침묵의 장면들 속엔 아예 말을 할 수 없는 무생물들이 주인공처럼 화면의 중심에 놓여있다. 〈블루〉의 도입부는 달리는 자동차 바퀴의 클로즈업이다. 다음은 줄리의 딸 안나가 차창 밖으로 내민 호일로 된 사탕봉지 컷. 그리고 어두운 터널 속을 달리는 자동차들과 기름이 새고 있는 차축이 다시 클로즈업으로 제시된다(장면 29~32).

마치 무성영화의 전통을 계승한 듯한 이 일련의 숏들은, 그러나 〈블루〉의 주제를 설명하는 오브제들로 기능한다. 줄리는 불의의 교통사고로 남편과 아이를 잃고 자살을 기도하지만 이내 단념한다. 그녀가 자살을 기도한 것은 갑작스레 경험한 비극에서 어떠한 교훈도 얻지 못했기 때문일 것이고, 이내 단념한 것은 비극의 불가항력성을 순순히 받아들였기 때문일 것이다. 그러나 앞서 지적한 숏들에서 알 수 있듯 감독은 우연처럼 보이는 비극도 인과율의 법칙 아래 놓여 있는 운명의 결과라고 말하는 듯하다. 예고 없는 비극이란 다만 우리의 눈과 귀가 닫혀 있었다는 뜻일 뿐이라는 것이다.

무생물을 주인공으로 삼는 미장센에는 극중 인물의 심리를 대변하는

〈장면 29〉 〈장면 30〉 〈장면 31〉 〈장면 32〉 〈장면 33〉 〈장면 34〉 〈장면 35〉 〈장면 36〉 〈장면 37〉 〈장면 38〉

기능도 있을 수 있다. 남편의 유산을 정리하고 다시 독신 생활을 시작하게 된 줄리는 카페에 들어가 아포가토(affogato)를 주문해 아이스크림과 커피를 섞어 먹는다. 뜨거운 것과 찬 것, 쓴 것과 단 것을 섞는 태도는 그녀가 감정의 양 극단—가족의 해체에서 온 상실감과 독신으로의 복귀에서

온 해방감-의 조화를 기획하는 것과 어울린다. 때마침 거리의 악사는 죽은 남편의 곡을 배경음처럼 연주하고-사실 그녀는 남편과 공동으로 작곡을 해왔다-카메라는 커피 잔에 드리워진 그림자를 통해 햇살의 움직임을 묵묵히 좇는다(장면 33~38).

이처럼 도저한 침묵 가운데 사물의 표면만을 훑는 카메라는 그 말없음과 외연을 통해 오히려 수다한 전언과 복잡한 내면을 사유하게 만든다. 이와 같은 방식은 극중 인물을 대상으로 할 때도 마찬가지이다. 줄리의 자살 미수 시퀀스는 그녀가 남편과 아이의 죽음을 알고 난 직후 바로 제시되지만, 그래서 그 이전에 그녀가 취했을 슬픔의 자세가 생략되어 있지만, 관객이 줄리의 심정에 공감하는 것이 어려워 보이지는 않는다.

〈블루〉에는 눈에 보이지 않는 (장면의) 주인도 있다. 영화에서 음악은 대개 비디제시스적(non-diegetic)[10] 요소이다. 영화 속 서사에 묘사된 허구의 세계 바깥, 즉 관객의 세계에서 존재하기 때문이다. 그래서 극중 인물은 영화음악을 결코 들을 수 없다. 그러나 〈블루〉에서 줄리는 그런 음악을 듣는다. 퇴원 후 집에 돌아와 발코니에 혼자 앉아 있을 때, 어디선가 푸른빛이 스며들며 갑자기 음악이 흘러나온다. 언뜻 보기에 줄리의 환청처럼 제시된 그 음악은 줄리의 시선이 팬(pan)하는 카메라를 좇음으로써

---

10 "디제시스는 스토리 내부에서 모사된 허구의 세계를 가리킨다. 영화에서 그것은 스크린 위에서 실제로 전개되는 모든 것, 즉 허구적인 실재를 지칭한다. 등장 인물들의 말이나 몸짓, 스크린 위에서 행해지는 모든 연기들이 디제시스를 형성한다. 따라서, 비디제시스적 사운드란 스크린 내의 공간에서 발생하지 않는 소리를 가리킨다(예를 들면 보이스오버나 첨가된 영화 음악)." 수잔 헤이워드, 이영기 역, 『영화 사전』, 한나래, 1997, 74쪽.

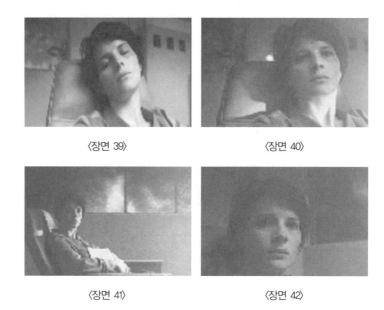

〈장면 39〉         〈장면 40〉

〈장면 41〉         〈장면 42〉

디제시스의 영역 안에서도 흐르고 있음을 확인시켜준다(장면 39～42).

왜냐하면 카메라는 디제시스 안에 있으면서도 비디제시스적인 기능을 담당하고 있는 것인데, 음악이 흘러나오자 배우가 의식적으로 카메라를 응시한다는 것은 그 순간만큼은 잠시 비디제시스의 영역으로 빠져나와 (관객과 같은 음악을 듣고) 있음을 드러내 보이는 것이기 때문이다(픽션에서 극중 인물이 카메라의 존재를 의식하며 쳐다보는 것은 일종의 금기다). 이와 같은 장면은 오직 줄리가 혼자 있을 때만 제시된다. 똑같은 음악일지라도 다른 사람과 함께 있을 때면 줄리는 그 음악을 듣지 못한다(당연히 카메라를 응시하는 일도 없다). 남편의 유고(遺稿) 악보를 쓰레기차에 버릴 때에도 (남편이 작곡한) 음악이 흐르지만 그녀는 듣지 못하(는 것처럼 보이)고, 남편의 친구(이자 자신을 연모하는 작곡가)인 올리비에와의 정사 직전의 화면에서 흐르는 음악에도 반응하지 않는다. 그러나 현관문이 잠겨 복도에서 새우잠을 잘 때라든가, 수영장에서 혼자 헤엄을 칠 때에는 갑자기 귓전을 때리는 음악에 돌처럼 굳어버리는 모습을 보여준다.

이처럼 디제시스의 영역 안으로 들어온 음악은 그녀가 다시 예전처럼 정상적인 삶을 살 수 있을 것인가를 묻고 시험한다. 앞에서 언급했듯 그녀는 남편과 함께 작곡을 한 음악적 파트너이기도 하다. 그러나 사고 이후 남편의 유작을 애써 외면하고 떠오르는 악상마저도 억지로 지워버린다. 새집을 얻기 위해 만난 중개업자에게 말했듯 그녀는 직업도 없이 결혼 전의 성(姓)으로 살아가고자 한다. 노동할 수 있는 자가 노동을 거부하고 혼전의 성(姓)을 되찾겠다는 것은 불모의 삶을 기획하면서 가족과 함께했던 기억마저 지우겠다는 결심일 것이다. 올리비에와의 첫 정사도 관계의 맺음이 아닌 관계의 끊음을 목적으로 한 것이었다.[11] 이 같은 줄리의 자학 혹은 자기 방기(放棄)의 태도는 남편과 자식을 잃게 한 사고의 의미를 알 수 없다는 데 기인한다. 다시 말해 그 사고에 어떤 의미만 부여된다면 그녀는 자신이 겪은 비극을 수용하고 그 상처로부터 벗어나 다시 정상을 찾을 수 있는 것이다. 그런데 그 의미의 단서는 올리비에가 공개한 빠뜨리스 생전의 사진 속에 이미 들어 있었다.

줄리의 남편 빠뜨리스에게는 정부(情婦)가 있었고, 그녀는 줄리와 비교할 때 많은 부분에서 대척점에 서 있는 인물이었다. 줄리가 감성이 요구

---

[11] 정사를 나눈 다음 날 아침, 줄리는 올리비에에게 이렇게 말한다. "어젯밤엔 고마웠어요. 저도 별다를 게 없는 여자예요. 울기도 하고, 웃기도 하고. 가끔 히스테리도 부리죠. 저를 잊어주세요. 이해하리라 믿어요."

되는 작곡가라면, 정부는 이성이 요구되는 변호사이다. 줄리는 딸을 잃었지만, 정부는 아들을 임신하고 있다(아들은 아버지의 성과 이름을 물려받을 수 있고, 실제로 줄리는 정부에게 그렇게 해줄 것을 제안한다). 줄리는 남편의 진심 어린 사랑을 잃었지만, 정부는 그 사랑을 간직하고 있다(줄리는 사고로 남편이 준 십자가 목걸이를 잃어버렸지만―그리고 되찾은 뒤에도 소유하기를 거부하지만―, 정부는 똑같은 목걸이를 걸고 있다). 줄리는 비로소 사고의 의미를 나름대로 이해한다. 그녀에게 교통사고는 남편의 거짓된 사랑을 발견하고 자신의 참된 사랑을 찾는 계기가 된 셈이다. 줄리가 남편의 정부에게 집을 내주고 유복자에게 남편의 이름을 붙이라고 제안하는 것은 정부의 말처럼 그녀가 착하고 어질기 때문이라기보다는 죽은 남편과의 보다 분명한 절연(絕緣)을 통해 그를 단죄하고 자신의 새로운 삶을 개척하고자 했기 때문일 것이다. 이제 줄리에게 남편의 죽음은 외도 때문에 받게 된 천벌쯤으로 여겨지게 된 것이다.

이제 줄리의 새로운 삶은 낯선 터전에서 만나는 소박한 이웃들을 향한 배려와 관심에서 출발한다. 그들은 한결같이 가난하고 고된 삶을 살아가면서도 순수해 보이는 인물들이다. 그들은 또 줄리의 남편과 여러 모로 대척점에 서 있다. 새로운 출발을 꿈꾸며 찾아든 아파트촌에서 그녀는 잠든 거리의 악사에게 베개를 베준다. 주민들에 의해 쫓겨날 처지에 놓인 아래층 창녀를 도와주고 그녀가 스트립쇼를 하는 술집까지 찾아가 신세타령을 들어준다. 양로원에 들러서는 치매를 앓고 있는 어머니를 위로하고 자신 또한 위로받는다. TV만 보고 있으면 세상을 다 알 수 있다는 어머니의 말에 따라 장면화된 브라운관 안에서는 아흔도 넘어 보이는 노인이 번지점프를 하고 있다. 줄리는 삶이란 함정이라고 중얼거린다. 그녀가 빠졌던 함정은 거짓된 사랑과 거기에 속박된 자신이었다. 그렇다면 새로운 삶 앞에서 줄리는 과연 얼마나 주체적일 수 있을까. 돌이켜보면 줄리가 사고의 충격으로부터 벗어나고자 애쓰던 일련의 행동부터가 유미코와 마리의 그것에 비하면 대단히 주체적이었음을 알 수 있다. 남편의 배신을 알기 전이었는데도 줄리는 남편에 대한 기억을 지우고자 무던히도 애를 썼다. 가족과 함께 살던 집을 나와 작은 아파트로 이사를 하고, 남편이 남긴 악보도 미련 없이 내다버렸다. 그녀는 무엇보다도 돌이킬 수 없는 과거의 시간에 붙들려 현재와 미래를 낭비하고 싶어 하지 않는 진취적인 인물인 것이다.

〈블루〉의 대단원은 올리비에의 마음을 받아들인 줄리가 그와 다시 정사를 나누는 장면으로 시작된다. 그러나 미장센의 주인은 유리창에 얼굴을 대고 있는 줄리 뿐이다(장면 43). 화면은 점차 어두워지면서 창밖의 네온 불빛이 마치 별무리처럼 그녀의 얼굴 주위에 후광인 양 가득 찬다. 이어지는 숏은 이런저런 사연으로 그녀와 엮였던 사람들의 초상이다. 흡사 파노라마처럼 펼쳐지는 이 숏들은 마치 줄리가 회상하는 사람들을 카메라가 찾아가 보여주는 듯하다. 사고 현장에서 줄리의 목걸이를 발견하고 돌려주었던 청년부터(장면 44)—그러나 줄리는 청년에게 목걸이를 도로 주었다—요양원에서 홀로 숨을 거두는 줄리의 어머니(장면 45), 스트립쇼를 보러온 아버지 때문에 망연자실한 창녀 루씰(장면 46~47)과 빠뜨리스의 유복자를 초음파를 통해 보고 있는 정부(장면 48~49)까지. 줄리는 마치 방관자처럼 혹은 신(神)의 시선인 듯한 눈빛으로 창밖 세상을 내다보며

〈장면 43〉　〈장면 44〉
〈장면 45〉　〈장면 46〉
〈장면 47〉　〈장면 48〉
〈장면 49〉　〈장면 50〉

삶의 우연과 운명, 슬픔과 기쁨을 마주한 가족과 이웃들을 향해 눈물을 보인다(장면 50). 망부(亡夫) 앞에서도 보이지 않던 눈물을. 순간, 그때껏 한두 소절만 연주되던 줄리의 환청 속 협주곡이 엔딩 타이틀과 함께 비로소 끝까지 연주된다. 미완성의, 자신이 한때 내버렸던 곡을 다시 살려내 완성했다는 것은 그녀가 사고 후 보였던 무기력한 삶으로부터 이제 온전히 벗어났음을 웅변하는 것이다. 이것은 앞서 유미코와 마리가 취했던 삶의 태도와는 분명 다른 모습이다. 배우자의 예상하지 못한 부재와 상실이라는 충격적인 운명의 모티프를 가지고 능동적인 저항과 새로운 출발을

미디어와 문화

모색하는 진취적인 인물을 창조해낸 이 영화의 플롯은 그러므로 서사적 구성의 다양성을 증명해주는 좋은 예일 것이다.[12]

　지금까지 살펴본 세 편의 영화는 유사한 모티프를 가지고 만들어졌지만, 각각의 플롯을 통해 서로 다른 해석의 면모를 보여주었다. 우연히 닮은 모티프를 가져오게 되는 것은 동시대를 살아가는 작가들의 공통 감각에 따른 것이라고 할 수 있을 것이다. 그러나 그것을 어떤 구성 속에 어떤 의미로 해석하는가는 작가의 개인적인 체험과 가치관에 따라 결정되는 것이다. 아울러 이 세 작품처럼 동양(일본)과 서양(프랑스 · 폴란드)[13] 감독의 영화라는 차이점 또한 작품의 국가 간 혹은 민족 간의 변별적 특성을 드러내는 한 요인으로 작용할 수 있을 것이다.

---

**12**　올리비에는 줄리에 의해 완성된 빠뜨리스의 미완성 협주곡이 유럽연합(EU)으로부터 의뢰받은 것이라고 말한다. 그러니까 이 곡의 주제 역시 (93년 창설 당시) 유럽연합에 참여한 12개 국가의 '새로운 출발'을 의미하는 것이다.

**13**　〈블루〉의 무대와 인물은 프랑스이지만, 감독 키에슬로프스키의 국적은 폴란드이다.

# :: 문화적 트랜스내셔널리즘

## 재미한인 1세대와 2세대의 경우

정 영 아

# 1. 트랜스내셔널 미디어 콘텐츠

글로벌라이제이션이 한 국가의 미디어 상품을 전 세계적으로 유포 가능하게 함으로써 세계 시민이 저가의 비용으로 다양한 콘텐츠의 미디어 상품을 소비할 수 있게 되리라는 일부 학자들의 낙관적인 전망[1]과는 달리, 다국적 미디어 기업이 유통시키는 트랜스내셔널 미디어 상품은 국가 간의 이익과 지역적 이데올로기, 문화적 차이와 경제적 차이에 기반한 접근성의 차이 등으로 인해 불균등한 소비 형태를 나타낸다. 2차 세계대전 이후 변화하기 시작한 세계 경제의 동력은 자국 내 생산과 소비 형태를 벗어나 국제적 자유 시장을 겨냥한 다국적 기업(multinational corporation)에 의해 유지되었다. 1960년대와 1970년대까지 통용되던 '다국적 기업'이라는 용어는 1980년대 말부터 "트랜스내셔널 기업(Transnational Corporations: TNC)"이라고 불리기 시작했다. '다국적 기업'과 '트랜스내셔널 기업'이라는 용어는 어느새 별다른 구분과 정의 없이 동의어로 사용

---

1  예를 들자면, Vernon과 Wells는 다국적 기업이 공동소유관계를 연결하여 관리능력, 재정, 정보시스템 등 거의 모든 자원에 관해 공동의 시스템을 구축할 수 있다고 보았다. R. Vernon and L. Wells, *Manger in the International Economy*, 4th ed. Eaglewood Cliffs, NJ: Prentice-Hall, 1981, p.4

되기 시작했는데, '트랜스내셔널'이라는 수식어는 '다국적'이라는 수식어가 내포하는 제국주의적, 혹은 식민주의적 함의를 빗겨갈 수 있다는 점에서 보다 더 선호되는 듯하다. 더군다나 '트랜스내셔널 기업'이라고 할 때는 기업체의 이익을 극대화하기 위해서 국가적 경계를 벗어나는 일이 다반사인데다가 모(母)기업이 어느 국가의 소속인지 대중에게 알려지지 않는 경우가 대부분이다. 이는 대부분의 트랜스내셔널 기업이 지역 국가의 문화적 특수성과 역사적 배경을 고려하여 현지화 전략을 구사하기 때문인데, 현지의 문화적 배경을 담은 광고내용과 현지인의 취향에 맞게 변형된 상품이 대표적인 예다.

"트랜스내셔널 미디어 기업(Transnational Media Corporations:TNMC)" 역시 트랜스내셔널 기업의 특징을 대부분 공유하고 있는데, 다만 TNMC의 경우에는 일반적인 TNC와는 달리 국가적 경계를 넘어 소비·유통되는 것이 구체적인 상품이 아니라 정보와 오락물이라는 점이 특징적이다.[2]

'정보와 오락물'이라는 문화적 상품은 트랜스내셔널 미디어 기업이 현지화 전략을 적극적으로 구사한다고 해도 완전히 변형되기 어려운 속성을 지니고 있다. 현지어로 번역하여 전달한다거나 현지의 사회문화적 배경을 고려한 편집 등이 현지화 전략의 구체적 방법이 되겠으나, 원래의 문화적 상품이 지니고 있던 내용과 기획의도 자체를 현지화화는 데

---

**2** Richard A. Gershon, *The Transnational Media Corporation: Global Messages and Free Market Competition*, Mahwah, New Jersey: Lawrence Erlbaum Associates, Publishers, 1997, pp.3~5. Amos Owen Thomas, *Transnational Media and Contoured Markets: Redefining Asian Television and Advertising*, New Delhi, Thousand Oaks, London: Sage Publications, 2006, pp.15~7.

에는 어려움이 따른다. 이러한 이유로 대부분의 트랜스내셔널 미디어 기업들은 모회사 소비자들의 소비 취향과 유사한 경향을 보이는 국가의 소비자들을 겨냥하여 광고와 판매 전략을 짠다. 중국의 CCTV나 인도의 Doordarshan이 타국에 살고 있는 화교나 인도인들을 겨냥하여 위성방송 채널을 편성하고 있는 것이 대표적인 예다. 이들 국영방송은 굳이 현지화 전략을 취하지 않고서도 자국의 방송 내용을 시청하기를 원하는 다수의 시청자를 거느리고 있는데다가 자국의 문화나 뉴스를 자국의 언어로 의도적으로 전달함으로써 국가주의라는 상품을 판매하는 효과마저 거두고 있다. 이에 비해, Time Warner사나 Sony, The Walt Disney Company 같은 트랜스내셔널 미디어 기업들은 지역적 색깔이 모호한 문화콘텐츠나 주로 서구권 문화와 정보 내용을 가공하여 판매함으로써 애초부터 현지화 전략과는 거리가 먼, 전 지구적인 소비패턴을 겨냥하여 문화 상품을 제작·유통시키고 있다. 그러나 이들 세계적인 트랜스내셔널 미디어 기업들의 문화상품 역시 지역 국가에 유통될 때에는 지역 국가의 케이블망을 통해 선택적으로 전달되는 경향이 있다. 따라서 이제 글로벌한 미디어냐, 지역적인 미디어냐 하는 구분, 심지어는 위성채널인가 혹은 지역 케이블 채널인가 하는 구분은 무의미한 경계 나누기가 되어버렸다.[3]

한국은 세계적인 소비 유통망을 거느린 트랜스내셔널 미디어 기업을 모회사로 거느리고 있지는 않지만, 최근 한국의 미디어 기업들이 아시아

---

3   Amos Owen Thomas, *Transnational Media and Contoured Markets: Redefining Asian Television and Advertising*, New Delhi, Thousand Oaks, London: Sage Publications, 2006, pp.15~7.

미디어와 문화

권역과 북남미, 유럽 등지에 유통판매하고 있는 미디어 콘텐츠 상품은 트랜스내셔널 미디어 기업(TNMC)의 새로운 가능성을 보여준다 할 수 있다. 즉, 한국이 세계 시장을 겨냥하여 생산하고 있는 트랜스내셔널 미디어는 글로벌 위성망과 유통망이라는 막대한 비용이 드는 체계를 구축하는 방식이 아니라, 재외 한인 교포를 포함한 해외 소비자들의 취향을 고려하여 제작하는 정보와 오락물의 트랜스내셔널 미디어 콘텐츠 사업방식이다. 아시아권과 북남미, 유럽 등지에서 소비되고 있는 한국의 미디어 콘텐츠가 이들 지역 소비자들의 어떠한 문화적 코드와 부합하고 있는지에 관한 부분은 보다 섬세하고 광범위한 분석이 필요하다. 이 글은 재미 한인 교포 사회에서 소비되고 있는 한국의 트랜스내셔널 미디어 콘텐츠가 재미 한인 1세대 이민자들과 2세대 이민자들의 어떠한 사회문화적 요구에 부합하는지 텔레비전 시청자 참여 관찰 및 인터뷰 분석(audience ethnography)을 통해 상론하고자 한다. 한국의 트랜스내셔널 미디어 콘텐츠를 소비하는 재미교포들의 주체적 향유와 선택적 취향이, 한인 이민자들을 미국의 다른 이민자 공동체와 구분 짓는, '문화적 트랜스내셔널리즘'을 구성한다는 것이 이 글의 주된 가정이다. 본문에서는 본격적인 트랜스내셔널 미디어 콘텐츠의 분석에 앞서, 트랜스내셔널리즘 이론이 생겨나게 된 역사적 배경과 담론의 진화과정 등을 살펴보고, '문화적 트랜스내셔널리즘'을 구축하는 연결고리로서 트랜스내셔널리즘과 동화 이론의 상관관계를 짚어보고자 한다.

## 2. 트랜스내셔널리즘[4] 이론의 생성과 진화

세계적으로 이민의 역사는 '글로벌라이제이션' 혹은 '세계화'라는 용어
가 생성되기 훨씬 이전부터 있어왔다. 광의의 글로벌라이제이션은 광범
위한 소비주의를 동반한 자본주의적 동질화와 문화적 제국주의를 의미
한다.[5] 이민현상을 설명하는 가장 보편적인 내러티브 중의 하나인 '글로
벌라이제이션'이라는 용어는 자본과 무역, 정보와 사람들의 세계적인 흐
름과 이동을 의미하는 상식적인 용어가 되었다. 예를 들자면, Yoko Sellek
의 *Migrant Labour in Japan*은 일본에 유입되는 외국인 불법노동자의 유입
을 설명하는 주요한 이론적 틀로 '글로벌라이제이션'을 사용하고 있다.[6]

---

**4** 한국에서 출판된 최근 학술서적이나 논문에서는 이를 초국주의, 탈국가주의 등으로 번
역하고 있다. 이 두 용어는 모두 내셔널리즘을 넘어서거나 초월, 혹은 탈피한다는 의미
를 내포하고 있기는 하나, 두 개 이상 국가를 자유롭게 연결한다는 의미는 띠고 있지 않
아서 정확한 번역용어라는 생각이 들지 않는다. 게다가 초국주의는 supranationalism의 번
역어로도 사용될 수 있어서 그 용어의 용례가 모호하다. 따라서, 잠정적으로 우선 "트랜
스내셔널리즘"이라는 영어표현을 그대로 사용해보기로 했다. 이에 비해 "transnational"
이라는 형용사는 이 수식어가 국가적 경계를 넘어 작용한다는 뜻을 지닐 때에 한에서
"초국적" 혹은 "초국가적"이라고 번역하여 사용하기로 한다. 더 정교하고 유용한, 다른
번역용어가 나올 때까지 이렇게 하는 편이 이 용어가 생성된 배경을 정확하게 반영하는
방법으로 보인다.

**5** 경제적 의미의 글로벌라이제이션은 Arif Dirlik의 *After the Revolution: Waking to Global
Capitalism*(Hanover, N.H.: Wesleyan University Press, 1994)을, 문화적 의미의 글로벌라이
제이션은 Jon Bird, Barry Curtis, Tim Putman, George Robertson and Lisa Tickner 등이 편집
한 *Mapping the Future: Local Cultures, Global Change*(London and new York: Routledge, 1993)
와 Jonathan Friedman의 "Being in the World: Globalization and Localization," *Theory, Culture &
Society* 7(1990), pp. 311~28을 참조하라.

**6** Yoko Sellek, *Migrant Labour in Japan*, New York: Palgrave, 2001.

Sellek은 글로벌라이제이션 이론틀의 가정을 자국 내의 농촌에서 도시로의 인구이동에까지 확대 사용한다. 일본의 경제발전이 거대한 노동시장을 창출하여 아시아 이주 노동자들을 유입했다는 Sellek의 논리를 따라가다 보면, 이러한 이론틀이 타당해보이기도 한다. 그러나 일본에서 일하고 있는 수많은 외국인 이주 노동자들을 설명하는데 과연 '글로벌라이제이션'이라는 이론틀이 가장 유효한 것인가 하는 질문에는 그렇다고만 답할 수 없는 부분이 있다. "지난 수십 년 동안 자본, 유통, 정보, 교통의 글로벌라이제이션이 세계의 거의 모든 지역에서 인구 이동을 촉발시켰고, 따라서 근대화된 공업국가에서는 이주문제가 가장 심각한 이슈가 되었다."라고 말하는 대목에서 Sellek이 어떻게 광의의 글로벌라이제이션이라는 개념틀을 끌어다 사용하고 있는지 엿볼 수 있다. 사실, Sellek은 많은 학자들이 그러하듯이, 국경을 넘나드는 어떤 종류의 움직임, 즉 넓은 의미의 글로벌라이제이션과 자본과 사람의 세계적인 흐름을 의미하는 좁은 의미의 글로벌라이제이션을 구분하지 않고 사용한다. Sellek의 논지를 뒷받침하는 대부분의 논증 부분은 일본 기업의 초국가적 확장과 그 결과에 대해 다루고 있다. 글로벌라이제이션은 일반적인 수준에서 세계적인 이주 현상을 설명하는 일반적인 이론틀로는 유효할 수 있다. 그러나 일부 지역의 이주 현상을 설명할 경우에는 한 지역의 역사 문화적 특수성을 간과할 수 있다는 맹점을 지니고 있다. 만약 Sellek의 '글로벌라이제이션'을 '국제화'나 '트랜스내셔널라이제이션'이라는 용어와 그대로 치환한다고 해도 Sellek의 논지에는 변함이 없다. 심지어 *To the Gulf and Back*은 Sellek의 예보다 훨씬 더 세계적인 현상을 분석하면서도 초국가적 자본의 흐름과 그로 인한 국제적 이주 노동자의 유입 현상을 설명하면서 '글로벌라이제이션'이라는 용어를 전혀 사용하고 있지 않다.[7]

David Harvey 역시 '글로벌라이제이션'이라는 용어가 그 광범위한 사용도에 비해서 개념적으로 아무런 새로운 틀을 제공하지 못하고 있다고 지적한다.[8] 동아시아에 글로벌라이제이션이 미치는 영향이라는 것이 분명 있기는 할 것이나, 이때의 글로벌라이제이션이라는 것은 동아시아적 특수성에 맞게 변형된 글로벌라이제이션이다. 또한, 이민과 경제 정책에 있어 정부가 강력한 조절 역할을 행사하는 대부분의 동아시아 국가에서는 자유로운 글로벌라이제이션의 흐름과 충돌할 때가 많다. 동아시아 국가들은 특수한 경제적 상황에 맞추어 글로벌라이제이션의 압력과 이민정책을 조정하고자 한다. 예를 들자면, 일본 정부가 "옆문(side door)"을 사용하여 비숙련공 외국인 노동자의 유입을 암묵적으로 허락하는 이유는, 글로벌라이제이션 때문이 아니라 외국인 노동자들이 제공하는 값싼 노동력을 활용하여 자본주의 일본 산업의 이익을 극대화하기 위한 것이다. 이러한 의미에서, 글로벌라이제이션의 시대에도 국가 시스템이 다국적 경제 제도와 여전히 관련이 있다는, Saskia Sassen의 주장에 귀 기울일 만하다. K. Anthony Appiah가 말했듯이, 국제통상법의 전반적인 틀은 국가법의 자의적인 판단에 의존하고 있는데, 이 국가법이라는 것은 국가의 의지와 자국의 이익을

---

7  Rashid Amjad, ed. *To the Gulf and Back: Studies on the Economic Impact of Asian Labour Migration*, New Delhi: Asian Employment Programme of International Labour Organization, 1989.

8  David Harvey, *Spaces of Hope*, Berkeley and Los Angeles: university of California Press, 2000, pp.11~3.

미디어와 문화

위해 의사결정을 내리기 때문에 국가적이기도 하고, 또 다른 국가법과 타협과 조정을 거쳐야 하므로 동시에 국제적이기도 하다.[9] 특히, Sassen의 이민 정책에 관한 주장은 트랜스내셔널리즘이라는 이론적 틀을 사용하여 세계와 지역(국가) 간의 균형 잡힌 전망을 보여 준다 할 수 있겠다.

> 나는 여기서 증가하는 이민 문제에 관하여 사실상 트랜스내셔널리즘이 어떻게 관여하고 있는지 초점을 맞추고자 한다. 트랜스내셔널리즘의 개입은 여러 가지 형태를 띨 수 있다. 예를 들자면, 이민정책의 어떤 부분이 유럽연합과 같은 초국가적 제도 속으로 이양되는 형태, 미국과 멕시코 양국 간 이민위원회에서 협력하여 처리하는 수많은 이민업무, 유럽과 미국에서 국제인권법이라는 틀을 사용하여 이민과 난민 문제에 관해 판결을 내리는 판사들, 국제 통상과 투자를 자유롭게 하자는 취지에서 만들어지는 자유무역협상권역 내에서 증가하는 서비스 노동자들의 사유화된 영역 등이 이에 해당한다.[10]

Sassen의 트랜스내셔널리즘은 이민정책을 조절하고 실시하는 국가의 변화하는 역할과 한 국가의 이익과 문화적 특수성에 맞추어 다국가적 협력체들이 대처하는 방식까지 다루고 있다는 점에서 균형 잡힌 안목을 보여준다 할 수 있겠다. 글로벌라이제이션과 국가주의를 동시에 비판하면서 균형 잡힌 전망을 제시한다는 점에서 트랜스내셔널즘은 특히 이주학에서 유용한 이론적 틀로 기능할 수 있다. 트랜스내셔널리즘은, 이주자들

---

**9** K. Anthony Appiah, "Forward" in *Saskia Sassen's Globalization and Its Discontents*, New York: New Press, 1998, p.XIII.

**10** Saskia Sassen, *Globalization and Its Discontents: Essays on the New Mobility of People and Money*, New York: New Press, 1998, p.6.

이 이주민 생성사회와 이주민 수용사회 사이에서 형성하고 유지하는 다자간 사회 영역과 전(全) 이주과정으로 정의할 수 있다. 트랜스내셔널리즘은 글로벌라이제이션이라는 담론이 지나치게 일반적인 틀이라는 비판과 국가적 접근방식이 다소 경직되고 협소한 시각이라는 비판을 동시에 지양한다. 많은 경우에 있어, 트랜스내셔널리즘 담론은 글로벌라이제이션학(globalization studies)과 이주학(migration studies)의 접점에서 생성된다.[11] 글로벌라이제이션학(globalization studies)은 전 지구적 자본주의의 구조적 재편에 초점을 맞추면서 지구적 자본의 흐름이 이주 현상에 미치는 영향에 집중해 왔다. 한편, 이주학(migration studies)은 국제적인 이민 현상이 단순한 선적(linear) 이동양상이 아니라 다중방향적(multidirectional) 이동양상을 나타내는 데에 초점을 맞추기 시작했다. 트랜스내셔널리즘 개념을 만들어낸 초기 공헌자들은 이전의 이주학이 근본적인 한계를 지니고 있다는 데에 의견을 같이 했다.[12]

즉, 과거의 이주학은 이주자가 이주민 생성사회에서 이주민 수용사회로 국경을 넘는 선적인 이동에만 관심을 가져왔다는 것이다. 이러한 시각

---

11  Peter Kivisto, "Theorizing transnational immigration: a critical review of current efforts", *Ethnic and Racial Studies* Vol. 24 No. 4, 2001), pp.549~77.

12  Linda Basch, Nina Glick Schiller, Cristina Szanton Blanc, *Nations Unbound: Transnational Projects, Postcolonial Predicaments, and Deterritorialized Nation-States*, Gordon and Breach Science Publishers, 1994 and Nina Glick Schiller, Linda Basch, Cristina Blanc-Szanton, "Transnationalism: A New Analytic Framework for Understanding Migration" in Nina Glick Schiller, Linda Basch, Cristina Blanc-Szanton, *Towards a Transnational Perspective on Migration: Race, Class, Ethnicity, and Nationalism Reconsidered*, New York: The New York Academy of Sciences, 1992, pp.1~24.

은 이주자가 이민사회에서 점진적으로 적응해나가는 과정, 즉 동화 이론 (assimilation theory)의 틀에 부합한다.

트랜스내셔널리즘이라는 개념틀은 이주자의 국가 간 이동과 이주자들이 이주민 생성사회와 수용사회에 미치는 영향을 포착하는 데에 유용하다. 이민이라는 현상은 이주민 생성사회에서 이주민 수용사회로의 선적인(linear) 적응과정을 따르지 않는다. 이주자들은 오히려 그들의 이익과 삶의 기회를 극대화하기 위하여 두 사회나 두 가지 사회 이상의 초국가적 연결망(transnational network)을 유지하면서 살아간다. 1990년대 초기부터 생성된 트랜스내셔널리즘이라는 담론의 역사는 아직도 현재진행형이다. 현재까지 진행된 트랜스내셔널리즘 이론의 역사를 네 가지 시기로 분류하자면, 초국적 사회 영역(transnational social field)에 관한 희망의 시기, 경쟁적 정의(定義)의 시기, 체계화의 시기, 구체화의 시기로 명명할 수 있겠다. 이 네 시기는 각 시기를 대표하는 이론가들, 즉 문화인류학자 그룹 Nina Glick Schiller와 Linda Basch와 Christina Blanc-Szanton, 사회학자 Alejandro Portes, 정치학자 Thomas Faist, 지리학자 Kevin Dunn과 Francis Leo Collins의 활약으로 요약된다.

초국적 사회 영역에 관한 희망의 시기는 Nina Glick Schiller와 그녀의 동료들이 기획한 *Towards a Transnational Perspective on Migration: Race, Class, Ethnicity, and Nationalism Reconsidered*(1992)와 Linda Basch와 Christina Blanc-Szanton이 공동 저술한 *Nations Unbound: Transnational Projects, Postcolonial Predicaments, and Deterritorialized Nation-States*(1994), 두 권의 저서로 대표된다. 이 두 권의 저서는 트랜스내셔널리즘의 기본적인 이론적 바탕을 마

련함과 동시에 향후 연구 방향에 대한 전망도 제시했다. 먼저, 이 시기의 학자들은 가장 흔하게 인용되는 트랜스내셔널리즘에 관한 정의를 내린 바 있다.

"우리는 '트랜스내셔널리즘'을 이민자들이 이민생성사회와 이민수용사회 사이에서 다층적인 사회관계를 형성하고 유지하는 과정이라고 정의한다. 우리는 이 과정을 오늘날 이민자들이 지역적, 문화적, 정치적 경계를 넘어 형성하고 있는 사회적 영역을 강조하기 위해 트랜스내셔널리즘이라고 부르기로 한다. 가족적, 경제적, 사회적, 단체별, 종교적, 정치적 영역 등에서 다중적 관계를 발전·유지하고 있는 이들 이민자들을 우리는 '트랜스이주자'라고 부른다."[13]

둘째, 초기 이론가들은 트랜스내셔널리즘이 주요 사회과학의 특정 담론, 즉 내셔널리즘, 인종, 민족성, 계급 등에 관해 재해석과 재개념화를 가능하게 할 것이라는 희망을 지니고 있었다. 이러한 희망은 트랜스내셔널리즘을 다국적 자본주의에 대항한 하나의 저항적 표현으로 인식한 일군의 문화학자들과도 맥을 같이 한다.[14] 셋째, 초기 이론가들은 트랜스내셔널

---

13 Linda Basch, Nina Glick Schiller, Cristina Szanton Blanc, *Nations Unbound: Transnational Projects, Postcolonial Predicaments, and Deterritorialized Nation-States*, Gordon and Breach Science Publishers, 1994, p.7.

14 Luis Eduardo Guarnizo and Michael Peter Smith, "The Locations of Transnatioanlsim" in Michael Peter Smith and Luis Eduardo Guarnizo edit. *Transnatioanalism from Below*, New Brunswick and London: Transaction Publishers, 1998, p.5. Guarnizo와 Smith는 주변적 타자들이 생성하는 문화적 혼성, 다중적 정체성, 경계 넘어서기, 이주자 기업가들이 실천하는 초국적 사업 등이 일반적인 사람들이 자본과 국가라는 "위로부터의" 조절과 통제를 넘어서고자 하는 의식적이고도 성공적인 노력을 보여준다고 평가한다.

이론의 기본적인 전제를 발전시켰을 뿐만 아니라, 그들의 이론이 이전의 국제 이주 패턴과는 질적으로 다른 이주 패턴에 관한 것이라고 주장한다.

트랜스내셔널리즘이 무엇인지 개념을 파악하고자 하는 많은 학자들의 노력이 경쟁적 정의, 반복적인 해석, 모호한 의미해석 등의 결과를 낳았다. 두 번째 경쟁적 정의의 시기는 Alejandro Portes가 포문을 열었는데, 그는 세 가지 유형화를 시도하여 트랜스내셔널리즘에 개념적 한계를 두고자 했다.[15]

이에 비해, Steven Vertovec은 트랜스내셔널리즘의 개념적 외연을 확장하여 여섯 가지 특징적인 전제로서의 트랜스내셔널리즘을 제안했다. 즉, 경계를 확장하는 활동적인 사회관계망으로서의 사회적 형태, 디아스포라 의식의 한 형태, 문화적 재생산의 한 형태, 트랜스내셔널 기업이 사용하는 자본의 한 경로, 정치적 개입의 장소, 장소와 지역성에 관한 재개념 등이 그것인데, 이들 여섯 가지 서로 다른 트랜스내셔널리즘은 트랜스내셔널리즘이라는 개념의 외연이 현대 사회의 전반적인 영역에 걸쳐져 있다는 사실을 예시한다.

체계화의 시기는 트랜스내셔널 사회 영역 개념이 정교화되는 시기이기도 하다. 원래 트랜스내셔널 사회 영역(transnational social field)은 Linda Basch와 Glick Schiller를 포함한 초기 이론가들에 의해 고안되어 이후 Peggy

---

15 Alejandro Portes, Luis E. Guarnizo and Patricia Landolt, "The study of transnationalism: pitfalls and promises of an emergent research field", *Ethnic and Racial Studies* Vol. 22 No. 2, pp. 217~37, 1999. Portes가 시도한 개념적 유형화에는 경제적 트랜스내셔널리즘, 정치적 트랜스내셔널리즘, 사회-문화적 트랜스내셔널리즘이 있다.

Levitt 등에 이해 발전되었다. 초기 이론가들은 트랜스내셔널 사회 영역을 가족관계, 경제적 관계, 트랜스내셔널 공동체 등을 통해 예시하였다 (Basch et al., pp.164~76). 이러한 하위 카테고리는 Faist가 분류한 사회 영역과도 유사하나, Faist의 사회 공간(social space) 개념이, 이 사회적 공간이 어떻게 유지되며 이 공간에서 누가 활동하고 있는가를 밝혀냈다는 점에서 보다 더 체계적이다. 초기 이론가들의 덜 세련된 트랜스내셔널 사회 영역에 관한 개념화에 비해, Levitt은 이주자들의 존재방식과 소속의 방식을 구분함으로써 트랜스내셔널 사회 영역을 세련화하였다.[16]

Levitt의 개념화는 일견 모순되어 보이는 이주자들의 이중적인 생활방식을 설명할 수 있는 틀을 제공한다. 즉, 트랜스내셔널 생활방식은 이민 수용사회에 잘 적응하는 나날의 현실과 이민생성사회와도 강하게 연결되어 있는 의식적 상태를 아우르는 생활방식이다.

가장 최근에 발달한 트랜스내셔널리즘 이론 가운데 하나의 경향으로 '구체화된 트랜스내셔널리즘'이 있다. 이 경향은 이주자의 공간적 이동과 새로운 공간에의 적응에 주목하는 지리학자들에 의해 주로 탐구되어졌다. 이전의 트랜스내셔널리즘 이론이 사회 영역과 사회 공간에 주목하였다면, 최근의 새로운 경향은 구체적인 몸의 움직임과 구체화된 장소에 연루된 몸의 변화 등에 관심을 갖기 시작했다. 구체화된 트랜스내셔널리즘은 초국적 운동이 경계 없는 사회적 영역을 구축하리라는 희망을 갖기보

---

**16** Peggy Levitt, "Conceptualizing Simultaniety: A Transnational Social Field Perspective on Society," *International Migration Review*, 38(3): 1002~39, 2004.

미디어와 문화

다는 초국적 연결망을 구성하는 물질적인 기반을 분석한다. 이러한 관점에 의하면, 트랜스내셔널 사회 영역은 갈등의 집합소일 수도 있으며, 구체화된 공간과 몸들이 맺는 관계방식에 따라 매우 긴장된 영역일 수도 있다. 구체화된 트랜스내셔널리즘 이론은 일반적인 트랜스내셔널 사회 영역 개념을 보다 구체적이고 맥락화 한다는 이점을 지닌다. 또한, 구체화된 트랜스내셔널리즘 시각은 개인 이주자들이 가족과 공동체 내에서 맺는 권력관계(power relations)를 조망할 수 있다는 장점도 지닌다.

## 3. 트랜스내셔널리즘과 동화 이론

트랜스내셔널리즘 이론과 동화 이론의 관계에 있어서, 트랜스내셔널 이론을 동화 이론의 한 대안으로 볼 것인가 아니면 동화 이론의 한 변형으로 볼 것인가는, 트랜스내셔널 이론을 이전의 이주 이론 가운데 맥락화 하는 작업에 있어 필수적인 질문이다. 초기 트랜스내셔널리즘 이론가들은 트랜스내셔널리즘이 이전의 동화 이론과는 질적으로 상이한, 새로운 이론이라고 보는 경향이 두드러졌으나, 최근 이주 이론가들은 초국적 활동 역시 동화의 가능한 패턴이라고 본다. 예를 들자면, Portes는 아직 탐구되지 않은 네 가지 가능성, 즉 역이민 사업가들, 이민수용사회에 완전히 동화함으로써 초국적 활동을 포기하는 단계, 1세대는 초국적 사회 영역을 유지하나 그들의 자녀세대는 이민수용사회에 완전히 동화하려고 추구하는 단계, 부모 세대의 트랜스내셔널 삶의 방식을 대대로 계승하여 세대를 이어 트랜스내셔널 사회 영역이 유지되는 단계 등을 제시함으로써 이들 네 가지 가능성이 정형화된 동화 이론을 변형시킬 수 있으리라고 보았다.[17] 1세대 이민자들의 트랜스내셔널 생활방식이 세대를 이어 계승될 것인가 하는 문제는 트랜스내셔널리즘 이론의 유효성과 향후 방향성에 결정적인 영향을 미칠 것이다. 만약 트랜스내셔널 활동이 1세대 이민자에게서만 발견되는 현상이라면, 트랜스내셔널리즘은 제한된 시기, 제한된 의미의 이주 현상만 의미하는 역할을 담당할 것이다. 이러한 의미에서, Robert Courtney Smith의 장기간 연구 프로젝트 결과, *Mexican New York*은 트랜스내셔널 생활방식이 세대를 넘어 어떻게 유지되는지, 또한 동화 이론과 트랜스내셔널리즘의 관계는 무엇인지에 대한 유용한 사례가 된다. Smith가 말했듯이, "미국 사회에서 긍정적인 동화의 가장 위험한 요소는 트랜스내셔널라이제이션이 아니라 부정적인 동화다. 트랜스내셔널 생활방식은 사실 긍정적인 동화를 촉진하는 역할을 한다."[18] 이민 1세대와 2세대에 걸친 트랜스내셔널 활동에 관한 장기간 연구에서 Smith는 초국적 사회연결망이 동화에 긍정적으로 작용할 수 있다는 사실을 발견해냈다. Smith의 트랜스내셔널 생활방식과 동화 이론에 관한 시각은 상층 계급이동과 하층 계급이동, 혹은 긍정적 동화와 부정적 동화라는 이분법적 틀에 기반하고 있기는 하나, 트랜스내셔널리즘을 동화 이론의 한 변형된 형태로 보고자 한 그의 노력은 두 가지 이론이 상충된 것이 아니라 상호보완적일 수 있다는 가능성을 제시했다는 점에서 의미가 있다.

---

17  Alejandro Portes *et al.*, *Ibid*, p.229.

18  Robert Courtney Smith, *Mexican New York: Transnational Lives of New Immigrants*, Berkeley, Los Angeles, London: University of California Press, 2006, p.8.

미디어와 문화

Thomas Faist의 접근방식 역시, "이민수용사회에 적응하고자 하는 노력과 이민생성사회와의 사회적, 종교적, 국가적, 인종적 연결을 지속하고자 하는 두 가지 상충된 노력을 어떻게 이해해야 하는가?"[19] 라는 질문에서 출발한다. Faist는 모순적으로 보이는 이 두 가지 노력을 이해하기 위해 사회연결망(social network)과 사회적 자본(social capital)이라는 틀을 분석한다. 사회연결망이 다양한 관계패턴과 사회적 지위를 구성하는 사회적 구조라면, 사회적 자본은 이 사회연결망을 통해 전달되는 내용에 해당한다.[20] Faist가 개념화한 '트랜스내셔널 사회 공간(transnational social space)'은 이러한 사회연결망과 사회적 자본으로 구성된다. 사회연결망 구조와 사회 자본을 구분하는 작업은 트랜스내셔널 사회 공간의 형식과 내용을 구분한다는 이점이 있다. Faist는 다시 트랜스내셔널 사회 공간을 트랜스내셔널 친족 그룹(transnational kinship group), 트랜스내셔널 순환 공간(transnational circuits), 트랜스내셔널 공동체(transnational communities)라는 구체적 사회 공간으로 분류한다.[21] 이 세 가지 공간은 모두 구조적 연결망과 사회 자본의 이동을 유지하고 있다. Faist는 지리적 근접성에 기반할 필

---

**19** Thomas Faist, *The Volume and Dynamics of International Migration and Transnational Social Spaces*, Oxford: Clarendon Press, 2000, p.10.

**20** Ewa Morawaska역시 유사한 개념틀을 제시하고 있는데, Morawaska의 개념틀은 구조와 기능을 사용하여 트랜스내셔널 사회연결망을 체계화한다. 보다 상세한 내용은 Ewa Morawska, "Disciplinary Agendas and Analytic Strategies of Research on Immigration and Transnationalism: Challenges of Interdisciplinary Knowledge," *International Migration Review*, 37(3)을 참조하라.

**21** Thomas Faist, *Ibid.*, pp.202~10.

요가 없는 근대적 사회 공간이라는 개념을 활용하여 보다 관계지향적인 시각을 확보할 수 있었고 동시에 초기 트랜스내셔널리즘 이론가들에 비해 사회적이면서도 상징적인 연결망까지 아우를 수 있었다.

트랜스내셔널리즘이 이민자 몇 세대만의 생활방식을 묘사할 수 있는 한시적인 이론틀이든 이민자의 세대를 이은 생활방식의 어떤 부분을 영구적으로 묘사할 수 있는 이론틀이든 더 이상 정형화된 동화 이론이 이주자의 생활양상을 설명하는 틀로는 적합하지 않다는 데에는 대부분의 이주학자들이 동의하는 듯하다. 1800년대 말부터 1900년대 초까지 신대륙에 이주한 유럽계 이민자들은 이미 3~4세대에 걸쳐 이민수용사회인 미국에 정착을 해온 셈이다. 이들이 정착하면서 살아온 과거의 생활방식에서 트랜스내셔널 생활패턴이나 트랜스내셔널 사회관계망이 전혀 발견되지 않았던 것은 아니다. 그들도 고향의 친지들에게 편지와 선물을 보냈고, 자주는 아닐지라도 가끔씩 고향에 두고 온 친척과 친구를 방문하거나 고향 공동체에 도움이 되는 프로젝트에 관여했을지도 모른다. 200여 년 전의 이주 패턴과 최근의 이주 패턴에 다른 점이 있다면, 최근에는 이민 생성사회와 이민수용사회를 연결해주는 교통과 정보통신의 발달 때문에 사회적 연결망 형성이 이전에 비해 훨씬 더 용이해졌다는 점이다. 따라서 트랜스내셔널 생활방식이 과거에 비해 가시적으로 두드러져보이게 되고 이 때문에 초기 트랜스내셔널리즘 이론가들이 이 이론을 전혀 다른 새로운 현상을 설명하는 이론이라고 주장했던 것이다. 이주와 이동이 보다 자유로워지는 미래의 이주학은 트랜스내셔널 생활방식이 이주 형태의 중요한 부분으로 다루어질 것이다.

미디어와 문화

특히, 정치적이거나 경제적인 트랜스내셔널리즘에 비해서 문화적인 트랜스내셔널리즘은 1세대 이주자들뿐만 아니라 2세대, 3세대에 걸쳐 트랜스내셔널 사회 영역을 장기적으로 형성할 수 있는 동력이다. 20세기 초에 유럽에서 건너온 이민자의 후손들이나 유태계 이민자의 후손들이 대대로 종교적 전통이나 식습관을 유지하듯이, 중국이나 인도에서 이민 온 이주자의 후손들도 민족적 의상과 명절을 즐겨 입으면서 동족집단과의 교류를 활발히 하고 있다. 문화적 트랜스내셔널리즘은 정치적이거나 경제적인 트랜스내셔널리즘에 비해 이민수용사회 주류 인종으로부터의 저항감이 적을 뿐만 아니라 오히려 이민수용사회의 민주화와 성숙도를 보여주는 척도로 이용되기 때문에 표피적으로는 장려되는 이민정책 중의 하나이기도 하다. 동화 이론을 옹호하는 미국의 이주학자들이 동화 이론의 큰 틀 안에서 트랜스내셔널리즘을 수용하듯이, 문화적 트랜스내셔널리즘은 긍정적인 동화와 적응과정을 촉진한다는 점에서 주류사회에서 인정받고 있는 문화적 실천 중의 하나다.

## 4. 한국 멜로드라마의 순치 기능-재미한인 1세대의 경우

재미교포 1세대 이민자 그룹에서 가장 광범위하게 유통·소비되고 있는 한국의 트랜스내셔널 미디어 콘텐츠는 아무래도 한국의 TV드라마일 것이다. 소위 교포 방송국이라고 하는 워싱턴 D.C. 근교의 일일 프로그램 편성표를 보더라도 KBS America나 MBC America와 같은 한국 방송국

의 자회사들이 수입 판매하는 텔레비전 드라마의 비중이 일반 교양 프로
그램이나 시사 프로그램보다 압도적으로 많다. 워싱턴 D.C. 근교에 거
주하는 재미교포들은 지역 케이블 방송 채널을 통해 한국 방송국의 본방
송보다 일주일가량 늦게 드라마 시청을 하고 있다. 이는 한국 방송국의
자회사들이 판매하는 비디오 판권을 보호하기 위한 것으로 보이는데, 최
근에는 드라마 비디오 사업 역시 인터넷을 이용한 드라마 시청률이 증가
함에 따라 사양사업으로 접어들었다. 교포 방송국 프로그램 편성 책임
자의 진술에 따르면, 재미교포 1세대가 거주하는 한인 이민자 가정의 대
부분이 지역 케이블 방송 채널을 구입하여 한국 방송을 시청하고 있다고
한다. 필자는 교포 방송국 관계자의 도움으로 한국 드라마를 지속적으
로 시청하고 있는 두 명의 재미교포 1세대를 참여관찰하고 인터뷰할 수
있는 기회를 얻었다. 김순주(가명, 여, 58세)는 재미교포 1세대 이민자들
이 가장 많이 종사하고 있는 업종 중의 하나인 편의점을 남편과 함께 운
영하고 있고 이민 온 지 18년째이다. 고지숙(가명, 여, 47세)은 역시 재미
교포 1세대 이민자로서 역시 한인 교포들이 가장 많이 종사하는 업종 중
의 하나인 세탁업에 종사하고 있으며 이민 온 지는 24년 되었다. 김순주
씨와의 인터뷰는 금요일 저녁 김순주 씨의 자택에서 두 시간 동안 진행
되었고, 김순주 씨가 퇴근하는 밤 11시부터 약 두 시간가량 참여관찰을
병행했다. 고지숙 씨와의 인터뷰는 고지숙 씨의 세탁소에서 토요일 저녁
업무시간이 끝난 후에 두 시간 동안 진행되었고 인터뷰 전 오후 시간을
참여관찰로 할애했다.

　김순주 씨의 자택은 한인 중산층 밀집지역으로 인도계 이민자들과 유

럽계 이민자들도 상당수 거주하고 있는 교외 주택가에 자리하고 있었다. 대부분의 주택 형태는 0.5에이커 이상의 뒷마당과 보안 시스템을 갖춘 독립 주택(single house)이고 주변의 차도와 산책로는 깨끗하고 쾌적했다. 매일 오후 4시에 남편과 함께 출근했다가 밤 11시가 다 되어 퇴근하는 김순주 씨의 밤 시간은 밤참 준비와 드라마 시청으로 이어진다. 밤참 준비와 식사는 30분 이내로 끝나지만, 이 신속한 주부의 일과를 진행하는 동안 김순주 씨의 남편은 아내의 드라마 시청을 위한 거실 정리를 끝내놓고 텔레비전 채널을 찾아놓는다. 아내가 즐겨보는 드라마 채널을 고정하기에 앞서 그는 교포방송국에서 전달해주는 한국의 뉴스 프로그램을 보며 고국의 뉴스를 10여 분간 시청한다. 채널 결정권이 남편이 아닌 아내에게 있는 것으로 보아 이들 부부의 젠더 관계는 평등하거나 적어도 남편이 아내의 의사결정권을 존중해주는 것으로 판단되었다.[22] 거의 매일 밤 드라마를 시청한다는 김순주 씨에게 왜 한국 드라마를 하루도 빠짐없이 시청하냐고 물었다.

---

22  텔레비전 시청을 둘러싼 가족 내 젠더 관계의 중요성을 연구한 David Morley의 견해에 따르면, 남자가 가족의 생계를 책임지고 있고 여자가 가사 일을 도맡아하고 있는 가족구조에서는 남자가 가정을 휴식의 공간으로 간주하고 여자는 가정을 일의 공간으로 인식한다. 따라서 이러한 가족 구조 내에서의 채널 결정권은 주로 남자가 갖게 된다. 그러나 여자가 경제 활동에 참여하는 경우에는 채널결정권도 함께 갖는 것으로 관찰되었다. David Morley, "Television and Gender," pp.474~97, in Horace Newcomb(ed.) *Television: The Critical View*, 1994. 재미교포 1세대 이민자 가정의 경우, 대부분의 한인 여성들은 남편과 함께 경제활동에 참여하고 있는데, 이들의 경제활동 참여가 텔레비전 시청 시 채널 결정권에도 영향을 미치는 것으로 판단된다.

다른 한국 사람들도 마찬가지겠지만, 편의점 운영이 좀 힘들어요? 주 7일 365일 하루도 빠짐없이 가게에 나가야 해요. 오전과 낮 동안에는 사람을 쓴다고 해도 요즘 같은 경제난에 하루 종일 남을 쓸 수도 없어요. 남편하고 제가 저녁 시간에 나가는데 낮 동안에는 집안일 해놓고 장도 봐놓고 하다 보면 별로 쉴 시간도 없어요. 그러니 뭐 낙이 있겠어요? 밤늦게 돌아와서 남편이랑 밤참 차려 먹으면서 드라마 보는 게 휴식이지요. 아, 요즘은 〈웃어라 동해야〉가 재미있어요. 우리 딸래미는 맨날 똑같은 얘기 뭐가 그리 재밌냐고 그러는데 난 얘기가 뻔해도 이런 게 좋아요. 있잖아요, 왜 신분이 미천해 보이는 주인공이 결국에는 비밀을 풀고 자기 자리로 돌아가는 이야기 같은 거 말이에요. '동해'도 그렇고 '안나'도 그렇고 결국에는 자신이 노력한 만큼 선하게 산 만큼 대가를 받잖아요. 난 그런 게 좋아요. 동해랑 안나랑 잘 되니까 얼마나 좋은지…… 뭐, 우리 사는 게 좀 고생스러워도 좋은 집 있겠다 자식들 다 좋은 대학 보냈겠다 고생 끝에 낙이 있겠지요. 지금도 이 정도면 괜찮은 거 같아요. 쉬는 날만 좀 더 있었으면 좋겠지만……

〈웃어라 동해야〉(2011)는 다른 한국 멜로드라마의 경우와 유사하게, 주인공 신분의 비밀이 밝혀지면서 적대세력 주인공으로부터 고난과 박해를 당하던 주인공의 신분이 결국 격상되고 자신에게 박해를 가하던 적대세력마저도 용서와 화해를 성취한다는 스토리라인을 보인다. 김순주 씨의 멜로드라마 시청에서는 적극적인 의미가 생성되고 있었는데, 주인공이 현재 처하고 있는 고난과 미래에 약속된 희망이 고스란히 시청자인 김순주 씨의 처지와 동일시되고 있었다. 중산층 주택가에 살고 있지만, 실제 생활방식은 휴식 없는 다수의 노동시간으로 노동자의 그것을 따르고 있는 김순주 씨의 의식은 이중적일 수밖에 없다. 김순주 씨는 실제 생활방식과 도달하고자 하는 계급의식과의 괴리를 트랜스내셔널 미디어 콘텐츠

중의 하나인 한국 텔레비전 멜로드라마 시청을 통해 합리화한다. 즉, 멜로드라마 시청 중에 행해지는 김순주 씨의 적극적인 의미생성 과정 속에서 멜로드라마 주인공이 현재에 처한 고난과 박해는 현재 이민 1세대 이민자로서 김순주 씨가 감내해야 하는 강도 높은 노동으로, 멜로드라마 주인공이 마침내 성취하기로 약속되어 있는 행복하고 유의미한 결말은, 김순주 씨가 보상받을 여유로운 노후와 자식세대의 성공으로 치환된다.

고지숙 씨와 남편이 함께 운영하는 세탁소는 한인 밀집 지역 상가 한가운데에 자리 잡고 있다. 세탁소를 이용하는 고객은 백인, 흑인, 아시안 등 인종구성이 다양해서 어느 특정 인종이 세탁소를 더 많이 이용한다고 말할 수 없었다. 토요일 오후 세탁소를 찾는 대부분의 고객은 셔츠나 양복바지를 맡기는 직장인과 자잘한 수선을 맡기러온 주부들이었다. 고지숙 씨 내외는 이 세탁소 말고도 교외의 한 쇼핑몰에서 동전 세탁소를 운영하고 있다고 한다. 마침, 고지숙 씨의 남편은 동전 세탁소의 기계가 고장 나 출장 중이었다. 남편 대신 금전출납기 앞에서 손님을 맞는 고지숙 씨의 표정은 여유로워 보였다. 세탁소 안쪽으로는 스팀 다림질을 하는 라티노 고용인 두 명과 세탁된 옷을 분류 정리하여 컨베이어 벨트와 유사한 기계에 거는 일을 하는 또 다른 라티노 고용인 한 명이 부지런히 손을 놀리고 있었다. 수천 벌이 넘어 보이는 세탁물 때문인지 세탁소 안쪽은 넓은 공간에도 불구하고 비좁아 보였다. 고지숙 씨가 수선작업을 한다는 작업대 위로는 24인치 크기의 텔레비전이 시종 켜져 있었다. 세탁소 일이 힘들지 않냐는 질문에 고지숙 씨는 다음과 같이 말했다.

뭐, 좀 힘들긴 해도 난 이 일이 좋아요. 나도 남편만큼 같이 일을 하고 돈을 벌고 하니까. 한국은 왜 여자들이 남편들 등골만 빼먹고 사치스럽고…. 왜 대학 나와서 다들 일은 안 하고 집안에 틀어박혀 있는지들 몰라. 난 남편하고 똑같이 나와서 일을 하니까 떳떳해서 좋아요. 아, 텔레비전은 그냥 심심해서 늘상 켜두는 거예요. 수선일이 보통은 간단하니까 바느질하면서 띄엄띄엄 건너다보기도 좋고. 드라마 같은 건 또 거반 다 스토리를 알만 하거든요. 요즘엔 〈동안미녀〉를 보고 있는데 소영이처럼 열심히 일하는 주인공이 좋아요. 예전에 봤던 〈역전의 여왕〉에서도 그렇고, 이제 한국 드라마도 일하는 여자들이 많이 나오는 것 같아요. 아직도 재벌남이 등장하고 신데렐라가 되기를 꿈꾸고 뭐 그런 스토리는 똑같긴 해도, 일단 여자들이 일을 하니까 훨씬 더 좋아 보여요. 이제 한국 여자들도 변하고 있나봐. 그렇지, 언제까지 남편만 바라보고 살겠어요. 자기 일이 있어야지.

고지숙 씨의 텔레비전 드라마 시청은 이전에 봤던 드라마와 맥락을 구성하여 여성주의적 비평을 시도할 수 있는 수준이었다. 멜로드라마에서 재현된 내용과 현실을 동일시하는 동일화가 보이긴 해도, 트랜스내셔널 미디어 드라마에서 시청한 내용을 토대로 자신의 젠더역할과 일반적인 한국 여성들의 젠더역할을 비교하여 현재 자신이 처한 위치와 노동 강도를 합리화하는 부분은 적극적인 의미생성의 결과라고 볼 수 있다. 〈동안미녀〉(2011)와 〈역전의 여왕〉(2011)은 모두 직장여성의 사주와의 로맨스와 삼각관계를 다루고 있는 전형적인 멜로드라마다. 고지숙씨는 〈동안미녀〉와 〈역전의 여왕〉을 시청하면서 신데렐라가 되고 싶다는 욕망을 자기화하기보다는 신데렐라 콤플렉스를 비판하면서 현재 자신이 감내하고 있는 강도 높은 노동의 일상을 합리화한다. 이런 식의 적극적인 의미생성(meaning-making)은 드라마 연출자가 의도했던 바와는 거리가 먼 이질적인 의미생성일 뿐만 아니라 드라마 시청자가 자신이 처한 위치와 상황에 따라 가변적으로 구축해내는 다의미적(polysemic) 텍스트 해석방법이다.[23]

## 5. 한국 역사드라마의 재배치 기능-재미한인 2세대 의 경우

재미교포 2세대 이민자 그룹에서 가장 광범위하게 소비되고 있는 트랜스내셔널 미디어 콘텐츠는 한국의 대중음악, K-pop이다. 1.5세대나 2세대 청소년들 사이에서 K-pop을 모른다면 또래 집단과 어울리지 못할 정도로 이제 K-pop은 재미교포 청소년들의 문화적 표지가 되어버렸다. K-pop만큼 다수의 팬을 거느리고 있지는 않지만 재미교포 2세대 사이에서 열광적인 소비층을 형성하고 있는 또 다른 장르는 K-drama, 한국의 텔레비전 드라마다. 재미교포 1세대들이 교포방송 채널을 통해 한국 드라마를 시청하고 있는 양상과는 달리 재미교포 2세대들은 대부분 한국 드라마를 영어자막과 함께 보여주는 인터넷 사이트를 이용한다. 영어권 시청자를 위한 이 사이트에 회원가입을 하면 장르별 최신 한국 드라마를 영어자막과 함께 시청할 수 있다. 또한, 이곳을 이용하는 드라마 시청자들은 수동적인 시청자의 역할에 그치지 않고 드라마 시놉시스나 드라마 비평을 사이트 게시판에 올려 익명의 다수 시청자들과 공유하기를 원한다.

---

23  시청자의 의미생성(meaning-making) 방식과 드라마 텍스트의 다의미적(polysemic) 성격에 관해서는 Bob Mullan, *Consuming Television*(Oxford and Cambridge: Blackwell Publishers, 1997), pp.16~19를 참조하라.

필자가 시청자 참여관찰 및 인터뷰(audience ethnography)를 행한 재미교포 2세 김진수(가명 25세) 군은 부모님 집에서는 일방향적 한국어 소통방식을, 이외의 장소에서는 영어를 사용하는 전형적인 2세의 의사소통 방식을 구사한다. 부모세대인 재미교포 1세대가 강요하거나 권장하여 한국어 사용을 생활화하지 않는 이상, 대부분의 재미교포 2세대는 부모의 한국어를 듣고 이해는 하나 간단한 답변 이외에는 영어로 답하는 '일방향적 의사소통' 패턴을 보인다. 이러한 일방향적 의사소통 방식은 부모와 유사한 재미교포 1세대 기성세대나 한국인과 의사소통할 때에도 그대로 나타난다. 김진수 군은 초등학교 때부터 부모의 강요로 한국 교회에서 운영하는 토요 한글학교를 다녔기 때문에 기본적인 한국어 의사소통 능력을 갖추고 있다. 그러나 중학교 시절부터는 자신이 좋아하는 야구를 하느라고 토요한글학교 출석을 그만두었다. 김진수 군이 현재 구사할 수 있는 한국어 능력은 한국의 초등학교 상급반 수준이다. 대학을 졸업하고 취직하여 부모와 떨어져 살면서 김진수 군은 다시 한국어를 배우고 싶어졌다고 한다. 김진수 군이 선택한 한국어 능력 되살리기의 방편은 일주일에 한 번 있는 대사관 소재 한국문화원의 한국어 중급반 수강이었다. 김진수 군과의 인터뷰는 한국어 중급반 수강일에 수업이 끝난 후 근처 식당에서 두 시간 동안 이루어졌다. 왜 다시 한국어를 배우려고 결심했느냐는 질문에 김진수 군은 다음과 같이 답했다.

대학교 다닐 때까지는 사실 한국어가 그다지 필요하지 않았어요. 대학 때 친하게 지내던 친구들도 한국계가 아니었거든요. 그런데, 대학을 졸업하고 공무원으로 취직하고 또 부모님으로부터 독립하고 나서부터는 생각이 달라졌어요. 직장에서도 제가 한국계 미국인이기 때문에 당연히 한국어를 잘 할 거라고 기대하고 있어요. 한국관련 일이나 한국계 커뮤니티를 상대해야 하는 일이 생기면 저한테 일을 맡기는데 제 한국어는 그다지 자유롭지 못하거든요. 태어나서 처음으로 한국어를 잘 못한다는 사실이 부끄러워졌어요. 제 부모님과 조상들이 사용하던 언어를 잘 모르면서 여태껏 그냥 미국인으로 살아갈 수 있다고 생각했던 건 순전히 제 착각이었어요. 부모님이 어떤 경로로 미국에 오셔서 저를 키우셨는지 또 한국에 계시는 할아버지, 삼촌, 이모, 고모들이 어떻게 살고 있는지도 더 알고 싶어졌구요. 열심히 해서 고급반까지 올라갈 거예요.[24]

김진수 군의 경우는 직장에서 한국계 미국인이라는 이유만으로 한국어를 잘할 거라는 기대를 했기 때문에 자신의 정체성에 대해 반성할 수 있는 기회를 얻었다. 한국계 미국인에게 한국어를 사용토록 하여 업무상의 효율을 높일 수 있을 것이라고 기대하는 직장의 논리는 별도의 이중 언어 구사자를 채용하지 않아도 기존의 인력을 이용하여 다인종 사회에 접근할 수 있도록 한다는 경제성의 논리이지만, 김진수 군 개인의 입장에서 보면 이러한 기대는 한국어나 한국인에 관해 보다 깊이 있게 생각해볼 수 있는 성찰의 기회를 제공했다. 한국어를 공부하면서 한국어 실력 향상을 위해 어떤 방법을 활용하고 있느냐는 질문에 김진수 군은 다음과 같이 답변했다.

---

[24] 김진수 군과의 인터뷰는 영어로 진행되었고 인용된 김진수 군의 진술은 필자가 직역한 것이다. 이후로 인용되는 김진수 군의 진술은 모두 필자가 가능한 직역의 형태로 번역한 것임을 밝혀둔다.

저는 아버지가 좋아하시는 한국 역사드라마를 많이 봐요. 아버지께서 예전에 한국 역사가 아주 재밌고 교훈적인 내용도 많다고 하셨거든요. 역사 드라마를 보면서 아버지하고도 대화 소재가 생겨서 좋아요. 저는 dramafever 사이트로 주로 보는데, 요즘은 〈동이〉를 보고 있어요. 동이는 숙종의 후첩인데 나중에 조선 왕조의 가장 훌륭한 왕 중의 한 분인 영조의 어머니가 되지요. 음, 왕이나 왕비가 나오는 역사 드라마를 보면 주로 멜로드라마적 성격이 강하긴 한데, 그래도 이 드라마에서는 민중을 보살피는 동이의 성격을 강조하려고 해서 맘에 들어요. 그런 점에서 사실 저는 〈동이〉같은 드라마보다는 〈짝패〉 같은 드라마가 더 좋아요. 〈짝패〉는 정말 특별해요. 출생의 비밀 같은 구조는 거의 다른 한국 드라마와 비슷하지만, 주인공이 신분상승을 꾀하지도 않고 민중을 위해 투쟁하다가 아름답게 희생한다는 스토리가 정말 맘에 들어요. 미국 헐리웃 영화에서 맨날 다루는 영웅 스토리는 사실 식상하거든요. 저는 〈짝패〉 같은 드라마야말로 현대 한국 사회를 잘 반영하는 작품이라고 생각해요. 보통 사람들의 진짜 이야기 같은 느낌을 주거든요. 스토리에 몰입하다보면 영어자막을 읽기 바쁘지만, 그래도 하도 봐서 그런지 이제 간단한 한국어 표현도 좀 들려요. 역사 드라마를 보다보면 제가 기나긴 역사를 지닌 한국인의 후손이라는 것이 자랑스럽게 여겨질 때가 많아요. 그렇지만, 역사 드라마를 제대로 보려면 한국 역사를 더 공부해야 할 거 같아요.

김진수 군의 한국 역사 드라마 시청은 분명한 자기 취향과 역사관을 바탕으로 한 선택적 맥락구성의 수준을 형성하고 있었다. 김진수 군은 영웅 스토리의 허구성보다는 민중사관에 바탕을 둔 현실적 스토리 전개를 선호한다는 입장과 함께 한국 드라마와 미국 헐리웃 영화를 아울러 비판하며 획득하게 된 나름의 가치관을 지니고 있었다. 뿐만 아니라, 김진수 군의 한국 역사 드라마 시청은 한국계 미국인이라는 자신의 정체성에 대해서도 재정립을 시도하는 과정인 동시에 아버지 세대인 재미교포 1세대와의 관계 재정립에도 도움을 주는 적극적인 의미생성의 역할을 한다. 트랜스내셔널 미디어 콘텐츠의 하나인 한국 드라마 중에서도 한국 역사 드라마는 한국계 미국인 2세들에게 자신의 정체성을 성찰하고 재구성할 수 있는 기회를 제공한다는 점에서 국내에서 소비되고 있는 역사 드라마와는 다른 문화적 역할을 수행한다 할 수 있겠다. 드라마 제작자의 의도와는 별도로 트랜스내셔널 미디어 콘텐츠로 유통 · 소비되는 한국 역사 드라마는 재미교포 2세의 가치관과 정체성을 재배치하는 이질적 의미생성 역할을 담당한다. 이런 점에서, 드라마의 의미와 가치는 드라마 시청자의 적극적인 해석과 의미구성의 과정에서 생성되는 가변적인 성격을 띤다 할 수 있다.

## 6. 문화적 트랜스내셔널리즘의 가능성

한 세기 전 신대륙으로 쇄도했던 이민의 역사는 동화와 통합의 틀로 구성되었다. 과거의 이주자들은 주류사회의 문화와 가치를 빠르게 흡수하여 차별의 벽을 극복하고 근면 성실한 이민자의 이미지를 미국 사회에 심어놓았다. 최근 미국 사회를 두드리는 이주자들은 미디어와 교통의 발달로 자신이 떠나온 고향과의 연관성을 지우지 않고도 주류사회에 적응하는 법을 안다. 한 세기 전 이주자들이 아메리칸 드림을 안고 신대륙에 정착하여 완전히 뿌리내리는 동화의 삶을 살았다면, 최근 이주자들은 미국 생활에 대한 환상에 기대기보다는 이주지의 터전과 떠나온 고향의 터전 사이에서 보다 나은 삶의 기회를 추구하고 타협하는 끊임없는 협상과 조율의 과정을 거친다. 이들은 굳이 새로운 뿌리를 내려 살려고 노력하기보다는 고향과 이주지 양쪽, 혹은 그 사이에 발을 디디고 서 있다. 이들이 포기하지 않고 추구하는, 일견 모순되어 보이기도 하는, 이 트랜스내셔널 생활방식은 주류사회의 다양성과 역동성을 풍부하게 하는 역할을 하는 동시에 주류사회의 전범과 내셔널리즘을 약화시키고 재정립하게 하는 긴장요소로서의 역할도 수행한다. 그러나 트랜스내셔널 생활방식이 주류사회에의 적응을 전제로 하는 한 이들이 제공하는 다양한 문화적 특징은 다문화사회로서의 민주사회를 성숙하게 만드는 요소로 기능할 것이다.

라틴계 이민자들이 주로 수행하고 있는 경제적 트랜스내셔널리즘이나 상당수의 라틴계와 아프리카계 이민자 디아스포라 커뮤니티가 실천하고 있는 정치적 트랜스내셔널리즘[25]은 보수적인 반이민 단체와 내셔널리스트들에게는 사실상 국가경제와 국가적 통합질서를 위협한다는 이유로 반이민 관련 법안을 기획·상정토록 하는 근거가 되고 있다. 특히, 건축업이나 일용직 노동에 종사하는 대부분의 저소득층 라틴계 이주자들은 고향에 두고 온 가족들에게 소득의 상당부분을 송금한다. 합법적인 체류관련 서류를 갖추지 않은 불법 이민자들은 소득세를 납부할 의무마저 면제받고 대신에 그들이 받는 일당이나 주급의 반 이상을 지역 송금서비스 업

---

**25** 엘살바도르계 미국인과 멕시코계 미국인들이 본국과 맺고 있는 정치적 연계와 이들이 형성하고 있는 트랜스내셔널 커뮤니티의 특성에 관해서는 Alejandro Portes and Ruben G. Rumbaut의 *Immigrant America: A Portrait*, 3rd edition,(Berkeley, Los Angeles, London: University of California Press, 2006), pp.130~7을 참조하라.

미디어와 문화

체를 통해 고향으로 보내고 있다. 엘살바도르의 한 지역 커뮤니티는 미국 뉴욕에 거주하는 엘살바도르계 이민자 디아스포라 커뮤니티 멤버가 지역 의원의 자격을 띠고 지역 행정과 건축 계획에 직접적으로 관여한다. 멕시코의 한 정치 단체는 지역 정당의 정치자금 후원회를 미국 워싱턴 D.C.에 거주하는 멕시코계 이민자 디아스포라 단체에 위임하여 결성토록 한다. 크고 작은 정치적 활동에 연루되어 있는 미국 거주 이민자 디아스포라 정치단체의 멤버들은 실제로는 전문직이나 사무직의 생업에 종사하면서 별도의 시간과 노력을 들여 고향 커뮤니티의 재건이나 민주화에 관여하는 경우가 많다. 이들이 세금납부의 업무나 시민으로서의 의무를 소홀히 하지 않음에도 불구하고 이들이 행하고 있는 이중적인 봉사와 충성 때문에 주류사회의 사회통합론을 주장하는 보수언론이나 백인우월주의자들은 반이민 정서와 여론을 환기하는데 촉각을 곤두세우고 있다.

정치적이거나 경제적인 트랜스내셔널리즘에 비해 문화적 트랜스내셔널리즘은 일단 주류사회에 부정적인 이미지나 반이민 정서를 불러일으키지 않는다는 점에서 주류사회에 별다른 저항 없이 수용되는 동시에 이주자들이 트랜스내셔널 생활방식을 유지하기가 수월하다. 거의 모든 이민자 그룹이 세대를 거듭하여 수행하고 있는 자민족 음식섭취는 미국 내에서 에스닉 레스토랑(ethnic restaurants)이라는 새로운 외식문화를 낳았다. 아프리카계 디아스포라가 주축이 되어 창조한 힙합음악과 패션은 이제 주류문화의 개성 있는 한 부분이 되었다. 문화적 트랜스내셔널리즘은 또한 전략적인 트랜스내셔널 생활방식으로서 이주자들이 자신의 정체성과 소속감을 유지하거나 재조정할 수 있는 완충지대(comfort zone)로서의 역할을 한다. 특히, 1세대 이주자처럼 새로운 생활환경에서 갑작스레 적응과 동화를 요구받는 경우, 자신이 이전에 지니고 있는 정체성과 소속감을 새로운 것으로 바꾸지 않고도 서서히 적응의 단계를 밟아나갈 수 있다.

주류사회의 입장에서 본다면, 문화적 트랜스내셔널리즘은 주류문화의 동일성을 약화시키는 이질성으로 작용하여 주류문화의 다양성과 포용적 생산력을 키우고 복합적인 문화적 형태를 생성토록 촉진한다. 문화적 재생산의 형식을 띠는 문화적 트랜스내셔널리즘은 그 표현양식으로서 혼합주의(syncretism), 혼합어사용(creolization), 브리콜라주(bricolage), 문화적 번역(cultural translation), 문화적 혼성(cultural hybridity) 등의 형태를 낳을 수 있다.[26] 이는 이주자가 주류문화의 생산지에서 이주자의 문화를 소비한다는 물질적 토대를 문화적 생산의 근거로 간주한다면 자연스러워 보이는 문화적 형태들이다. 자국의 문화를 자국에서 소비하는 형태와 자국의 문화를 문화적 트랜스내셔널리즘의 형태로 타국에서 소비하는 형태는 다를 수밖에 없다. 본문에서 살펴본 재미교포 1세와 2세의 트랜스내셔널 미디어 콘텐츠의 소비 양상은 다양한 문화적 트랜스내셔널리즘 형태 중에서 문화적 번역에 해당된다 할 수 있겠다. 원래의 드라마 내용을 그대로 수용하기보다는 이주자가 처한 상황과 위치에 따라 적극적인 해석과 의미 생성을 추구한다는 점에서 재미교포의 문화적 트랜스내셔널리즘 실천은 수동적 소비보다는 주체적이고도 선택적인 향유에 가깝다.

---

26  Steven Vertovec, "Conceiving and Researching Transnatinalism," *Ethnic and Racial Studies* Vol.22 No. 2, 1999, pp.447~62.

개인적 수준의 문화적 트랜스내셔널리즘 실천에 트랜스내셔널 미디어 콘텐츠의 주체적 향유나 적극적 해석이 해당된다면, 제도적 수준의 문화적 트랜스내셔널리즘 실천 항목으로는 교포 언론의 혼합주의 정책이나 문화적 번역이 있을 수 있다. 교포 신문이나 교포 방송이 정보전달의 역할에 그치지 않고 트랜스내셔널 미디어 콘텐츠를 재구성하여 교포사회에 전달하는 역할을 한다든가 교포사회의 문화적 요구에 부응하여 자체의 프로그램을 제작할 경우, 이들 작품은 주류사회의 문화에도, 한국 사회의 문화에도 속하지 않는 독특한 문화적 트랜스내셔널리즘을 반영할 것이다. 해외 각국의 문화원이나 개별 이벤트 업체에서 실시하고 있는 비정기적인 공연과 전시회도 해외 한인의 문화적 욕구를 충족시키는 동시에 한국 문화와 이주지 문화를 연결하는 가교의 역할을 할 수 있다.

세계적으로, 문화적 시민권(cultural citizenship)의 등장은 증가하는 중산층 유동인구와 노동보다는 자본을, 남반부보다는 북반부를 선호하는 문화산업 노동력의 요구에 부응한 것이다.[27] 오늘날은 정치적인 시민권의 실효성이 의문시되는 경우가 많아지고 대신에 문화적 시민권의 초국적 역할이 강조되는 경우가 많다. 중산층 유동인구뿐만 아니라 노동시장의 개편과 임금 조건의 가변성에 따라 노동자층 유동인구도 앞으로 더욱더 증가할 것이다. 이들 유동인구(mobile population)가 추구하고 실천하는 문화적 트랜스내셔널리즘은 국민문화(national culture)를 약화시키고 통일된

---

27  Toby Miller, *Cultural Citizenship: Cosmopolitanism, Consumerism, and Television in a Neoliberal Age*, Philadelphia: Temple University Press, 2007, pp.50~65.

소속감과 정체성에 의문을 제시하면서 지속적인 문화적 게릴라로서의 기능을 할 수 있다. 동시에, 이주자의 문화적 트랜스내셔널리즘은 이주지의 문화와 상호 소통하면서 이주지의 전범문화(canonical culture)를 재해석하고 재평가하는 기능도 담당할 수 있다.

# :: 장자 '호접몽'과 서양 영화의 만남

### 영화 〈매트릭스〉와 〈오픈 유어 아이즈〉를 중심으로

정 재 림

도대체 장주가 꿈에 나비가 되었을까?

아니면 나비가 꿈에 장주가 된 것일까?

— 『장자』 내물편 중

# 1. 왜 '호접몽'인가

장자의 나비 꿈 이야기는 『장자(莊子)』에서 가장 유명한 이야기일 것이다. '호접몽'이라 불리는 이 우화는 간명하면서도 문학적인 방식으로 장자 철학의 심오한 내용을 제시해 준다. 즉 현대의 독자는 이 짧은 이야기 속에서 '나비와 장주가 다르지 않다' 혹은 '나비와 장주를 분별하지 말라'는 장자 철학의 교훈을 즉각적으로 간취해낼 수 있다. 이처럼 우리가 '호접몽'을 경유하여 장자 철학의 핵심 가까이에 신속하게 도착할 수 있는 이유는 일차적으로 텍스트 자체의 탁월함에서 찾아야 할 것이다. 즉 호접몽 우화의 내적인 매력이라고 할 수 있다. 하지만 독자들이 각종 매체와 문화를 통해 호접몽 모티프를 빈번하게 접촉하였다는 점 또한 무시하기는 어려울 듯하다. 호접몽 모티프는, 우리가 접하는 상업광고로부터 대중문화, 철학과 문학 담론에 대단히 빈번하게 활용되고 있기 때문이다. 다시 말하면, 호접몽의 매력은 텍스트의 내적인 깊이에서 비롯된 것일 뿐만 아니라 다양한 매체에서의 전유라는 외적 현실에 의해 생겨난 것일 수 있다.

특히 서양 영화들이 호접몽 모티프를 적극적으로 활용하고 있다는 점에 주목할 필요가 있다. 〈블레이드 러너〉(리들리 스콧, 1982), 〈토탈리콜〉(폴 버호벤, 1990), 〈13층〉(조세프 루스넥, 1999), 〈오픈 유어 아이즈〉(알레한드로 아메나바르, 1999), 〈매트릭스〉(앤디 워쇼스키, 1999), 〈아바타〉(제임스 캐머런, 2009), 〈인셉션〉(크리스토퍼 놀란, 2010) 등의 영화를 보자. 어딘가 닮아있는 이 영화들의 기본적인 상상력은 현실보다 더 생생한 꿈, 실재보다 더 실재적인 가상을 경험하며 시작된다. 꿈과 현실 사이에서, 혹은 가상과 실재 사이에서 혼란을 겪는 영화 속 주인공의 상황은, 자신이 장주인지 나비인지를 묻고 있는 장주의 처지와 크게 달라 보이지 않는다. 이 글은 호접몽 모티프가 서양 영화에 자주 활용되어 왔다는 전제에서 출발하여, 두 영화의 분석을 통해 호접몽 모티프가 서양 영화에 활용될 때 어떤 특징을 띠게 되는지를 살펴보고자 한다. 대상으로 삼은 영화는 비슷한 시기에 대중적 인기를 끌었던 〈오픈 유어 아이즈〉와 〈매트릭스〉이다.

호접몽 모티프가 전유되는 양상을 고찰하기 위해 먼저 『장자』의 원텍스트와 그 해석을 간략히 검토하고자 한다. 특히 동양권의 해석과 서양권의 해석이 어떤 차이점을 가지며 그것이 갖는 의미가 무엇인지를 살펴보고자 한다. 더불어 장자의 호접몽이 서양 철학의 맥락에서 어떻게 의미화될 수 있는지 간략히 살펴보며 장자 철학이 서양에서 인기를 누리는 원인을 짚어보고자 한다. 다음으로 두 편의 영화를 분석하는 과정을 통해 호접몽 모티프가 어떤 방식으로 활용·변용되는지, 그리고 그것이 갖는 의미가 무엇인지를 살펴보고자 한다.

## 2. 열린 텍스트로서의 '호접몽'

### 1) '호접몽'에 대한 두 개의 해석

'호접몽' 혹은 '장자몽'이라 불리는 장주의 꿈 이야기는 『장자』에서 가장 유명한 이야기 중 하나이다. 이 우화는 『장자』 33편 가운데 가장 중요하고도 난해하다고 알려진 「제물론」의 맨 마지막에 실려 있다.

> 昔者. 莊周夢爲蝴蝶. 栩栩然蝴蝶也. 自喩適志與. 不知周也. 俄然覺. 則蘧蘧
> 然周也. 不知周之夢爲胡蝶與. 胡蝶之夢爲周與. 周與胡蝶 則必有分矣. 此之爲
> 物化.

> 언제인가 장주(莊周)는 나비가 된 꿈을 꾸었다. 훨훨 날아다니는 나비가 된 채 유쾌하게 즐기면서도 자기가 장주라는 것을 깨닫지 못했다. [그러나] 문득 깨어나 보니 틀림없이 장주가 아닌가. 도대체 장주가 꿈에 나비가 되었을까? 아니면 나비가 꿈에 장주가 된 것일까? 장주와 나비는 [겉보기에] 반드시 구별이 있[기는 하지만 결코 절대적인 변화는 아니]다. 이러한 변화를 물화(物化; 만물의 변화)라고 한다.[1]

장자 철학은 "인간의 심지의 분별을 실재의 하나로 혼돈화"하는 특징

---

1 안동림, 『장자』, 현암사, 1993, 86~87쪽.

을 보인다. 즉 여타의 철학이 대상을 "시(是)와 비(非), 미(美)와 추(醜), 대(大)와 소(小)", "꿈과 현실"로 구별하는 지향을 보인다면, 장자 철학은 분별된 두 항이 서로 다른 것이 아님을 역설한다는 것이다. 또한 장자 철학은 모든 사상을 "원인과 결과"로 이루어진 것이 아니라, "만상이 저절로 생기고 저절로 변화하며 어디에도 의지하지 않"기 때문에 만상이 인과관계로 얽혀 있는 것이 아니라고 강조한다.[2] 장자 철학의 핵심적 사유를 담고 있는 내물편은 특히, "현실 세계의 갖가지 현상, 시비(是非), 선악(善惡), 미추(美醜), 정사(正邪), 화복(禍福), 길흉(吉凶), 각몽(覺夢), 생사(生死) 등을 명확히 구분하려는 상대적 가치 판단이 얼마나 어리석고 무의미 한가"를 뚜렷하게 보여준다고 평가된다.[3]

하지만 이 우화가 뿜어내는 매력이 그 철학적 내용에서만 비롯되었다고 간주해서는 안 될 듯하다. "우언과 비유와 상징의 기법"[4]을 활용하고 있는 장자의 이 우화는 문학적으로도 충분히 주목할 만한 가치를 지니기 때문이다. '나비'는 "아름다움의 이미지인 동시에 변화의 이미지"로서 문학의 중요한 주제인 "변신(metamorphosis)의 상징"을 탁월하게 형상화하는 소재이다.[5] 또한 '꿈'은 현실과 환상, 실재와 비실재의 경계와 넘나듦이라는 흥미로운 주제를 성공적으로 담아내는 모티프로 활용되곤 하였다. 동서양의 고전에서 '환몽구조'를 취하고 있는 작품이 많은 것도 '꿈'이 갖는

---

2  위의 책, 16쪽.

3  위의 책, 45쪽.

4  이선순, 「莊子의 '나비'와 '꿈'에 관한 硏究」, 『중어중문학』 제20집, 1997, 168쪽.

5  로버트 앨린슨, 김경희 역, 『장자, 영혼의 변화를 위한 철학』, 그린비, 2004, 151쪽.

상징성 때문일 것이다.

　그런데 서사의 측면에서 본다면, 이 우화의 사건은 대단히 간단하다. 서사적 사건은 다음과 같이 정리될 수 있다.

　① 장주가 나비가 되는 꿈을 꾸고 있다. 그런데 이때 그는 자신이 장주라는
　　　사실을 알지 못한다.
　② 그가 잠에서 깨어난다.
　③ 장주가 나비 꿈을 꾼 것인지, 나비가 장주 꿈을 꾼 것인지 알 수 없다.
　④ 장주와 나비는 구별이 있다. 이러한 변화를 물화(物化)라고 한다.

　①~③까지가 서사적 사건이다. 이 일련의 사건에서 '꿈' 혹은 '꿈에서 깨어남'은 중요한 위상을 갖는다. 이 우화 속에는 현상적 차원에서 두 개의 세계가 존재하는 것처럼 보인다. '꿈속의 세계'가 하나이고, '꿈 바깥의 세계'가 다른 하나이다. 세계가 두 개이므로 주체도 둘이라고 추정할 수 있다. 즉 '꿈속'의 주체는 '나비'이고, '꿈 바깥'의 주체는 '장주'라고 볼 수 있다. 그런데 흥미로운 점은 두 세계가 '꿈에서 깨어나는 행위[覺]'에 의해 연결된다는 것이다.[6] 즉 꿈을 매개로 해서 장주가 나비가 되고 나비가 장주가 되는 논리가 만들어진다. 이 우화의 핵심은 '장주'와 '나비'를 하나로 볼 것인가 말 것인가, 즉 꿈속의 세계와 꿈 바깥의 세계를 다르게 볼 것인가 말 것인가에 있다. 왜냐하면 어떤 견해를 취하느냐에 따라, 주제를 암

---

**6** 물론 두 세계는 覺에 의해서만 연결되는 것이 아니다. 왜냐하면 覺이 존재하기 위해서는 그 이전의 夢을 상정해야 하기 때문이다. 즉 두 세계는 夢과 覺에 의해 연결된다는 말하는 것이 옳겠다.

시하고 있는 ④의 '물화(物化)'가 다르게 해석되기 때문이다.

대부분의 전통적 해석은, '물화의 세계', '만물의 변화'가 인과의 논리나 피상적인 분별이 없는 경지를 의미한다고 본다. 즉 장주와 나비의 차이라는 것은 피상적인 구별일 뿐이며 그들 사이에 절대적인 차이가 없다는 것이다. 그러므로 '물화의 세계'는 "장주가 나비이고, 나비가 곧 장주"인 세계이며, 이 "상대가 없는 경지, 차별이 없는 세계"가 바로 장자가 보여주는 "유토피아"라는 것이다.[7] 이러한 입장에 의하면, 나비가 되는 꿈을 통해 장주는 물화를 체험하는 것이다. 즉 나비가 되는 물화의 체험을 통해 장자는 "더 이상 꿈속이 아니어도, 현실 속으로 꿈의 세계를 가져와 체험하는 경계"에 이르고 그때 "비로소 현실의 속박과 굴레를 벗어 던지고 자유롭고 해방된 진정한 생명의 정신을 실현"하게 된다.[8] 나아가 이런 입장은 세계와 주체를 나누어 이해하려는 구별 자체에 의문을 제기한다. 왜냐하면 이들은 장자 철학의 궁극적 지향을 나비와 장주, 꿈과 현실을 분별하려는 인식 자체에 대한 부정에서 찾기 때문이다.

반면 명료하고 엄정한 논리로 장자 철학의 신비주의적 요소를 제거하려는 일련의 해석들이 존재한다. 이들은 전통적 해석들이 장자 철학을 속류 상대주의나 회의주의로 전락시키고 있다는 점에 우려를 표한다. 앨린슨의 경우, 장자 철학을 신비주의와 상대주의의 유혹으로부터 건져내기 위해 텍스트의 재구성을 시도한다.[9] 그는 기존의 판본을 '미숙한 판본'이

---

7 안동림 역, 앞의 책, 87쪽.
8 이선순, 앞의 논문, 188쪽.
9 로버트 앨린슨, 앞의 책, 164~197쪽.

라고 부르며 판본의 재배열을 요청하는데, 그가 기존 판본의 배열에서 의심스러워하는 것은 ②와 ③의 순서이다. '논증의 정합성', '이치'를 강조하는 그에 따르면, 이미 꿈에서 깨어난 장주가 ③과 같은 의문을 갖는다는 것이 비논리적이라는 것이다. 비몽사몽의 꿈속에서라면 장주인 자신이 나비가 되는 꿈을 꾸는지, 나비가 장주인 꿈을 꾸는 것인지가 헷갈릴 수 있다. 하지만 이미 잠에서 깬 상태라면, 그래서 자신이 장주라는 사실을 인식한 이후라면, ③과 같은 회의가 불가능하다는 것이다. 그래서 그는 ②와 ③의 순서를 바꾸어 다음과 같은 새로운 판본을 제안한다.

① 장주가 나비가 되는 꿈을 꾸고 있다. 그런데 이때 그는 자신이 장주라는 사실을 알지 못한다.
② 장주가 나비 꿈을 꾼 것인지, 나비가 장주 꿈을 꾼 것인지 알 수 없다.
③ 그가 잠에서 깨어난다.
④ 장주와 나비는 구별이 있다. 이러한 변화가 물화이다.

위와 같은 재배열은 논리의 애매한 틈새들을 매끈하게 봉합해 주는 역할을 한다. 앨린슨은 "무엇이 실재이고 무엇이 환영인지" 혹은 "실재와 비실재 사이"를 구분할 수 없는 상태를 '무지상태'로 정의한다. '깨어남'은 그 무지상태에서의 깨어남이고, 이 깨어남이야말로 '변화'를 구성한다고 본다. 여기서의 깨어남은 당연히 의식 수준의 깨어남이며, '깨어남'의 변화를 통해 '환영'은 '실재'로 바뀌게 된다는 것이다. 새로운 판본에 의하면, '물화'는 "의식 속에서 일어나는 변화로서, 실재와 환영의 구분이 결여된 무자각적 상태로부터 명확한 구분을 할 수 있는 자각적 상태, 즉 깨어

있는 상태로 변화하는 것"을 의미하게 된다.[10]

'호접몽'의 해석에 대한 위의 두 해석은 여러 가지 면에서 대조적이다. 전자가 나비와 장자가 다르지 않다는 입장을 고수한다면, 후자는 나비와 장자가 다르다는 입장을 취한다. 전자가 주체/타자, 현실/가상의 경계를 넘어서는 데서 초월의 가능성을 모색한다면, 후자는 두 세계가 여전히 구별가능하며 주체의 각성을 통해서 자유와 해방이 가능하다고 주장한다. 달리 말한다면, 전자가 장자인지 나비인지를 회의하는 주체를 옹호한다면, 후자는 자신이 장주임을 확실하게 인식하는 주체를 긍정한다. 그러므로 두 주체에게 깨어남은 전혀 다른 의미를 가질 것이다. 후자는 계속해서 꿈에서 깨어날 것을 강조하지만, 전자는 깨어났다는 인식조차 또 하나의 미망임을 깨달아야 한다고 역설하기 때문이다.

## 2) 낯설면서도 친숙한 텍스트

장자의 철학은 동양뿐만 아니라 서양에서도 큰 관심의 대상이 되어 왔다. 한 연구자는 장자 철학의 연구경향을 정리하며 장자에 대한 연구가 동양권의 연구와 서양권의 연구로 대별가능하다고 말한다.[11] 그러면서 동양의 연구경향이 '존재론적 관점'에 입각해서 장자에 접근하는 경향을 띠는 반면, 서양의 연구는 '인식론적 맥락'에서 장자에 접근하는 특징을 보인다고 덧붙인다. 장자에 대한 서양 연구자들의 관심이 『장자』 도처에 흩

---

10  위의 책, 177쪽.
11  강신주, 『장자의 철학』, 태학사, 2004, 389~416쪽.

어져 있는 '회의주의적'이거나 '상대주의적'인 주장들에 대한 관심으로부터 시작되었던 것도 이러한 맥락에 놓여 있다는 것이다. 따라서 그는 서양권의 장자 연구의 쟁점이 장자가 '근본적인 회의주의자'인가, 아니면 '방법적 회의주의자'인가라는 문제로 요약될 수 있다고 지적한다.

하지만 장자 철학에 대한 서양권의 관심이 지속된다는 것은, 장자 사상이 동서양을 아우를 만큼 포괄적이라는 하나의 반증이 아닐까 생각된다. 장자에 대한 관심이 동양에 대한 호기심이나 경이에서 비롯된 것은 사실일 터이나, 장자 철학이 서양적 사유를 되비춰주는 훌륭한 거울의 역할을 해낼 힘을 갖고 있기 때문에 그 관심이 일시적인 것으로 그치지 않고 지속되고 있는 것이 아닌가 싶다. 예컨대 '호접몽' 우화에는 서양 철학의 중심 주제들이 고스란히 담겨 있다. '이데아'와 '모방'이라는 플라톤 철학으로부터 '주체'와 '실재'에 대한 회의라는 포스트모더니즘의 주제까지, 서양 철학의 주관심사가 호접몽에 집약되어 있다고 해도 과언이 아니다.[12]

서양의 인식론은 '진짜/가짜', '현실/허구(가상)'의 이분법 위에 정초해 있다고 해도 과장이 아니다. 가령, 플라톤 철학은 '이데아/모사물'의 위계로부터 시작된다. 잘 알려진 바와 같이, 플라톤의 유일한 목적지는 이데아(동일성)이다. 현상계의 모사물들은 그림자와 같이 헛된 것, 열등한 것으로 폄하된다. 서양 철학은 '동일성의 철학'이라고 불릴 만큼 플라톤적

---

12  위의 서양적 해석과도 차별되는 독특하고도 흥미로운 또 다른 해석으로 다음을 참고할 것.
자크-알랭 밀레 편, 맹정현·이수련 역, 『정신분석의 네 가지 근본 개념』, 새물결, 2008, 107~123쪽 참고.
슬라보예 지젝, 이수련 역, 『이데올로기라는 숭고한 대상』, 인간사랑, 2001, 85~95쪽 참고.

미디어와 문화

사유로부터 벗어나지 못해온 것이 사실이다. 하지만 각종 포스트(post) 이론들은 '이데아/모사물'의 차이에 의문을 제기하는 데서 출발한다. 포스트 이론들은 이데아와 호환가능한 '주체', '남성', '이성'에 의문을 제기하며, 주체중심적, 이성중심적, 서양중심적 사고에 균열을 내왔다.

　이러한 맥락에서 보자면, 서양권이 장자 철학에 관심을 갖는 현상에는 수긍이 가는 대목이 있다. 동일성 철학의 자장에 속해 있는 서양적 사유, 아니 더 정확히 말해서 이데아 철학의 자장에 놓여 있으면서도 그 그늘에서 벗어나려는 욕망을 가진 서구인들에게 『장자』는 경이롭고도 흥미로운 텍스트로 보일 것이다. 장자 철학은 이데아를 추종하며 모방에 혐오를 드러내는 이데아 철학을 훌쩍 뛰어넘는 지점을 보여줄 뿐만 아니라, 이데아와 모사물은 구분할 수 있느냐고 혹은 그 구분이야말로 폭력이자 미몽이 아니냐고 반문하기 때문이다. 그렇다면 서구인들에게 '호접몽'은 한편으로는 낯설지만, 다른 한편으로는 대단히 익숙한 텍스트가 아닐까.

## 3. '호접몽' 모티프의 영화적 전유

　호접몽 모티프의 핵심적 요소로 다음을 지적할 수 있다. '꿈'과 '깨어남', '꿈속의 현실'과 '꿈밖의 현실', 그리고 변신 모티프의 상징으로서의 '나비', 주제적 측면에서는 '주체'의 위상과 '현실/가상'의 경계에 천착한다는 점을 꼽을 수 있다. 본 장에서 살펴볼 〈매트릭스〉와 〈오픈 유어 아이즈〉 두 영화에서도 이러한 핵심적 요소들을 확인해 볼 수 있다. 그런데 두 영화는 유사한 소재를 활용하면서도 주체의 위상이나 현실/가상의 경계에 대해 약간 다른 입장을 취하고 있어 흥미를 끈다. 이 차이는 '호접몽'을 해석하는 방식의 차이를 보여줄 뿐만 아니라, 호접몽을 서양적으로 전유하는 과정에서 발생하는 흥미로운 지점들을 암시해 주는 듯하다.

### 1) 빨간약인가 파란약인가: 〈매트릭스〉(1999)

〈매트릭스〉의 초반부에서 강조되는 것은 주인공 네오가 경험하는 혼란스러움이다. 낮에는 컴퓨터 회사의 프로그래머로, 밤에는 인터넷 세상의 해커로 살아가는 그는 '꿈과 현실', '환상과 현실' 사이에서 혼란을 경험한다. 그래서 그는 "꿈인지 생시인지 구분이 안 갈 때가 있어"라고 중얼거리곤 한다. 영화 초반부에는 그가 악몽에서 깨어나는 장면이 여러 차례 반복된다. 가령, 그는 기관 요원들에게 붙잡혀 가서 폭행을 당하고 그들이 그의 몸에 도청 장치를 삽입하는 꿈을 꾼다. 하지만 소스라치게 놀라며 깨어나는 다음 장면은 일련의 경험이 하나의 악몽이었음을 말해주는 듯하다.

이처럼 영화 초반의 '꿈'과 '깨어남'은 네오의 정신적 혼란을 보여주는 장치로 기능한다. 그는 공포스런 현실과 조우하고 깨어나며 그것이 악몽이었음을 안다. 하지만 이 악몽의 반복성은 악몽에서의 깨어남조차 또 다른 꿈의 일부가 아닌지를 의심하게 만든다. 하지만 '꿈과 현실', '허구와 실제' 사이의 혼란이 영화의 끝까지 지속되는 것은 아니다. 즉 영화는 주인공이 허구와 실제 사이에서 갈팡질팡하도록 내버려두지 않고, 어느 순간 그가 거짓의 꿈, 가짜의 허상에서 깨어나도록 인도한다. 가령, 트리니티 일행이 네오의 몸에서 도청 장치를 찾아 제거함으로써 악몽이 진짜 현실이었음을 증명하는 식이다. 이러한 서사의 방향성은 네오의 컴퓨

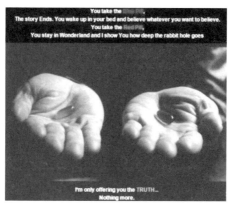

영화 〈매트릭스〉

터 화면에 떴던 메시지에 상징적으로 드러난다. 네오가 컴퓨터 모니터 앞에 엎드려 잠들어 있을 때, 누군가가 보낸 메시지가 도착한다. "Wake up, Neo……."

다시 정리해 보자. 네오는 꿈과 현실 사이의 균열을 어렴풋하게 감지한다. 누군가에게 쫓기는 두려운 상황에 처하고 거기서 깨어나고, 다시 그 꿈이 변형되어 반복된다. 현실인지 아닌지가 불투명한 것이다. 다음날 침대에서 깨어나더라도 그 꿈이 다시 반복되기 때문에, 깨어남은 진정한 각성이 되어 주지 못한다. 진짜 깨어남은 침대 위에서 이루어지지 않고, 네오가 모피어스를 만나면서 가능해진다. 트리니티와 모피어스의 존재는 네오가 침대에서 깨어나는 방식으로 '각성'할 수 없음을 말해준다. 네오의 삶에 침입한 그들은 네오가 현실이라고 믿었던 것들이 꿈이며, 오히려 악몽이라고 믿었던 것들이 진실의 편린임을 증명해준다. 진실의 수호자를 자처하는 모피어스는, 그래서 네오가 선택을 해야만 한다고 말한다.

네오 앞에는 두 개의 선택지가 놓여 있다. 파란약을 선택하면 아무 일도 없었다는 듯이 다음날 침대에서 깨어나게 된다. '노예의 삶' 운운하던 모피어스와의 만남조차 한바탕이 꿈이 될 것이다. 반면 빨간약을 먹으면 그는 '이상한 나라'로 가게 된다. 네오는 빨간약을 선택한다.

그런데 이 선택은 과연 무엇에 대한 선택일까? 이 선택은 영화에서 반복적으로 등장하는 '진리(truth)'에 대한 선택이라고 할 수 있다. 그런데 과연 진리의 내용은 무엇일까? 〈매트릭스〉가 추구하는 진리는 빨간약과 파란약의 '선택'을 기점으로 해서 그 의미가 교묘하게 변하는 듯하다. 빨간약의 작용으로 네오가 매트릭스 내부에서 깨어나기 전까지의 부분에서 강조되는 것은 꿈과 현실을 구분하는 것이 불가능하거나 무의미하다는 점이다. 특히 빨간약을 삼키고 네오가 거울을 들여다보는 장면은 꿈/현실, 환상/현실의 무너짐을 인상적으로 보여준다.[13] 빨간약을 삼키기 전까지 네오는 꿈과 현실의 경계에서 혼란스러워 하기는 하지만 꿈과 현실을 근원적으로 혼동하지는 않는다. 꿈은 꿈이고 현실은 현실이라고, 악몽에서 깨어나면 현실이 시작된다고 믿기 때문이다. 꿈과 현실이 완전히 다르다고 보는 네오에게, 그렇다면 거울은 현실을 비춰주는 도구이다. 달리 말한다면, 거울과 현실이 다르듯, 꿈과 현실이 다른 것이다. 하지만 빨간약을 먹고 거울을 보자, 거울/현실, 거울/나의 경계가 무화되며 그는 마침

---

[13] 불교 철학의 입장에서 〈매트릭스〉에 접근한 마이클 브래니건은 영화에 등장하는 '거울 이미지'에 주목하였으며 반성의 거울을 통해 진실과 대면하게 된다고 분석한다(마이클 브래니건, 이운경 역, 「숟가락은 없다: 불교의 거울에 비춰 본 〈매트릭스〉」, 『매트릭스로 철학하기』, 한문화멀티미디어, 2003, 132~146쪽 참고).

미디어와 문화

내 거울이 된다.

모피어스: 진짜 현실 같은 꿈을 꿔 본 적 있나?
　　　　　그런 꿈에서 깨어난다면 그것이 꿈인지 생시인지 어떻게 알 수 있지?
네　　오: 이건 불가능해?
모피어스: 뭐가?
　　　　　진짜란 게?

이 대화에서 강조되는 것도 꿈/생시, 가짜/진짜 사이의 구별이 어렵다는 점이다. 이와 같은 회의주의적 태도는 결국 '진짜'에 대한 재정의를 요청하게 될 것이다. 하지만 빨간약의 인도로 네오가 매트릭스에서 깨어나게 되면서 진리가 의미하는 바가 변한다. 모피어스의 말대로, 그곳이 '진짜 세상'이기 때문이다. 또한 〈매트릭스〉는 선택의 문제를 기점을 해서 현실/꿈, 실제/환상의 이분법을 진실/매트릭스의 대립항으로 전환한다. 그 이전까지 화두가 꿈과 현실, 가짜와 진짜 사이의 인식적인 문제로 요약된다면, 쟁점은 진실을 선택하고 수호해야 한다는 윤리적 결단으로 변환된다.

즉 진짜일까 가짜일까의 혼란이 진짜에 대한 확신으로 바뀐다. 이제 두 개의 세상이 존재한다. 진짜 세상과 가짜 세상. 진짜 세계의 시간적 배경은 2199년, 놀라운 발전을 거듭한 인공지능이 인간을 지배하는 세상이다. 기계가 지배하는 이 세계에서 인간은 하나의 에너지원으로 활용될 뿐이다. 기계문명은 인간의 에너지를 효율적으로 착취하기 위해 인간 개체가 환영 속에서 살아가도록 조작한다. 즉 주체가 1999년을 살고 있다고 믿는

영화 〈매트릭스〉

것 자체가 거대한 착각인 셈이다. 기계가 주입한 기억을 자신의 것으로 믿으며 완벽한 통제 속에 살아가는 삶은 분명 가짜의 삶이다. 도처에 존재하는 매트릭스란 '진실을 못 보도록 눈을 가리는 세계', '노예란 사실을 감추고 있는 세계'로 정의되며, 미몽에서 깨어나 본질로서의 '인간성'을 회복하는 것은 엄연한 당위로 자리잡는다. 진짜와 가짜의 문제는, 그러므로 쉽게 선과 악의 문제로 이동하게 된다. 진짜 삶을 본 자들은 선의 입장에 서게 되고 그들은 진실을 숨기고 있는 악과 싸워야만 하기 때문이다.

〈매트릭스〉는 '호접몽' 모티프를 가장 서양적인 방식으로 전유한 사례로 보인다. 이 영화는 가상/실재, 꿈/현실의 혼란에서 출발하여 그것이 무화되는 지점까지 나아갔다가, 결국 진짜 현실의 세계로 돌아온다. 그리고 진짜 현실은 '진리'와 등가적 의미를 갖기 때문에 결코 부인될 수 없다. 호접몽 식으로 설명하자면, 영화는 장자가 나비이고 나비가 장자인 혼란스러움에서 출발한다. 초반부의 네오는 분명 꿈/현실, 가상/현실의 경계 어디에선가 헤매고 있는 듯하다. 하지만 그가 진리(모피어스 일행)와 조우하면서 그는 장주는 장주이고 나비는 나비인 세계로 황급히 돌아간다. 진실을 수호하는 전사로 변신한 그에게서는 어떤 주저함이나 흔들림도 발견할 수 없다. 꿈은 허상이고 나비는 거짓 이미지라고 단언할 수 있는 세계, 주체의 존재를 의심할 여지가 없는 세계로 이미 그가 귀환했기 때문이 아닐까.

## 2) 가면 뒤에는 무엇이 있을까: 〈오픈 유어 아이즈〉(1999)

이 영화에는 수차례에 걸쳐 녹음된 여성의 목소리가 울려 퍼진다. "Aber los ojos." 'Aber los ojos(오픈 유어 아이즈)'라는 이 음성, 이 명령은 '꿈'을 '현실'로 넘어가게 하는 역할을 한다. 영화의 인상적인 첫 장면 역시 'Aber los ojos'라는 목소리와 함께 시작된다. 주인공 세자르는 잠에서 깨어나 욕실 거울에 자신의 잘 생긴 외모를 비춰본다. 그리고 평상시처럼 자동차를 운전해 시내로 나가는데 이때 이상한 점이 발견된다. 세상이 정지해 있고 자기 외에 어느 누구도 존재하지 않는 것이다. 그때 다시 'Aber los ojos'라는 알람소리가 들린다. 이 모든 상황이 꿈이었던 것이다.

그런데 흥미로운 점은 꿈에서 깨어난 현실의 그가 꿈에서의 그를 반복한다는 것이다. 꿈에서처럼 그는 욕실로 걸어가서 자신의 얼굴을 거울에 비춰보고 자동차를 타고 시내로 나간다. 물론 꿈과 다르게 세계는 정지해 있지 않다. 꿈이 현실을 모방하는 것이 정상일 터인데, 이 영화에서는 현실이 꿈을 반복하는 기이한 장면이 연출된다. 이와 같은 꿈과 현실의 전도된 양상은 〈오픈 유어 아이즈〉에서의 꿈과 현실의 경계를 더욱 모호하게 만드는 역할을 한다. 왜냐하면 아무리 현실처럼 보일지라도, 'Aber los ojos'라는

영화 〈오픈 유어 아이즈〉

명령에 의해 모든 것이 꿈으로 즉시 기각될 가능성이 상존하기 때문이다. 즉 다른 선택이 불가능하다는 것이다. 비교하자면 〈매트릭스〉에서의 꿈과 현실은 한 겹만 존재하지만, 〈오픈 유어 아이즈〉의 꿈과 현실은 여러 겹 존재한다. 'Aber los ojos'라는 주문에 의해 언제든 현실이 꿈으로 증명되는 방식이기 때문이다. 즉 'Aber los ojos'라는 명령은 꿈에서 현실로 인도하는 주문임에 틀림없지만, 이 명령이 무한반복 가능하다는 전제는 언제든 꿈과 현실이 전도될 가능성을 열어 놓는 것이다. 그렇다면 'Aber los ojos'라는 몽환적인 목소리는 주체의 각성을 인도하는 명령일 뿐만 아니라, 역설적으로 주체를 다시 꿈속으로 빠져들게 하는 주문인 것이다.

미디어와 문화

영화에서 서사는 크게 두 축으로 나뉘어 진행된다. 회상된 과거가 한 축인데, 이 서사는 시간의 순서에 따라 세자르의 몰락 과정을 보여준다. 다른 축을 이루는 것은 현재의 서사이다. 이 현재의 서사에서 세자르는 여자 친구를 살해한 혐의로 수감되어 정신과 의사와 상담을 하고 있는 중이다. 두 서사는 병렬적으로 진행되다가 두 사람이 '생명연장회사'에 가는 부분에서 하나로 합쳐지게 된다. 그 회사에 의해 비밀이 밝혀지기 전까지 영화의 두 서사는 둘 다, 혹은 적어도 하나는 현실로 간주된다. 즉 과거 회상의 축을 정신병자 세자르의 환상으로 보더라도, 정신과 의사와 상담을 하는 현실은 의심될 수 없는 것이다. 영화의 서사를 따라가는 관객은 꿈과 현실 사이에서 혼란을 느끼는 세자르가 정신이상자인지, 아니면 그의 말대로 정말 꿈과 현실이 무화되는 지점이 있는 것인지를 판단하는 역할을 맡게 된다.

하지만 이 영화의 매력은 이 판단이 용이하지 않다는 점에 있는 듯하다. 달리 말하면 관객은 세자르가 쓰고 있는 가면 뒤에 무엇이 있는지를 판단하기 쉽지 않으며, 그 가면으로 인해 세자르의 불안을 공유하게 된다는 것이다. 즉 "가면은 현실과 꿈의 모호한 경계에 걸쳐 있는, 알 수 없는 세계에 대한 묘한 느낌"[14]을 만들어 내며 주인공의 불안이 관객의 불안으로 전이되도록 한다. 얼굴을 가린 가면은 적어도 다음의 세 가지를 상상하게 한다.[15] 첫째, 가면 뒤에 일그러진 얼굴이 있다. 둘째, 가면 뒤에 온

---

[14] 문선영, 「달콤하고도 끔찍한 도피, 루시드 드림」, 『기억의 여신 므네모시네, 영화관에 들어서다』, 푸른사상, 2011, 234쪽.

[15] 이는 보드리야르가 '이미지'의 단계를 구분한 것을 변용해 본 것이다. 그는 이미지를 다

전한 얼굴이 있다. 셋째, 가면 뒤에는 아무것도 없다. 현상적으로는 반대지만 앞의 두 가면은 '有(본질, 진실)'를 가리는 가면이라는 점에서 동일하다. 반면 셋째 가면은 '無(본질의 부재)'를 숨기는 역할을 한다. 즉 앞의 두 가면이 무언가 존재하는 것을 감추는 데 본질이 있다면, 셋째 가면의 본질은 없는 것을 있는 것으로 위장하게 하는 데 있다. 즉 세자르가 벗지 못하는 가면은 멀쩡한 얼굴인가 일그러진 얼굴인가라는 궁금증뿐만 아니라, 그 뒤에 얼굴이 정말로 존재하는가라는 의문을 갖도록 유도한다.

마임 연기자인 소피아의 분장 또한 〈오픈 유어 아이즈〉의 현실/환상, 현실/꿈의 다층적인 양상을 보여주는 장치이다. 소피아의 분장 역시 가면처럼 얼굴을 가려주는 기능을 한다. 가면처럼 보이는 그녀의 짙은 분장은 얼굴에 드러난 감정을 과장하거나 가려주는 역할을 하고 있음에 틀림없기 때문이다. 하지만 마임 분장이 가면과 다른 점은, 가면이 얼굴/가면의 이질성만을 드러내는 데 반해 마임 분장은 가면/얼굴의 이질성뿐만 아니라 동일성까지도 암시한다는 것이다. 이는 소피아가 연기를 하고 있을 때 갑작스레 비가 쏟아지는 장면에 암시되어 있다. 비에 의해 지워진 분장은 얼굴과 가면이 다른 것이 아님, 결국 가면 자체가 하나의 얼굴임을 상징적으로 보여준다.[16] 소피아의 가면은 이처럼 가면과 얼굴, 가짜와 진짜의

---

음의 네 단계로 나눈다. 첫째, 이미지는 깊은 사실성의 반영이다. 둘째, 이미지는 깊은 사실성을 감추고 변질시킨다. 셋째, 이미지는 깊은 사실성의 부재를 감춘다. 넷째, 이미지는 그것이 무엇이건간에 어떠한 사실성과도 무관하다: 이미지는 자기자신의 순수한 시뮬라크르이다(장 보드리야르, 하태환 역, 『시뮬라시옹』, 민음사, 2001, 27쪽).

16  소피아의 분장까지 고려한다면 가면의 넷째 의미가 추가될 수 있다. 넷째, 가면이 곧 얼굴이다.

영화 〈오픈 유어 아이즈〉

경계가 무화되는 지점을 보여준다.

클럽에서 춤을 추는 세자르의 모습 또한 진짜/가짜, 현실/꿈의 경계가 흐려지는 지점을 상징적으로 보여준다. 술에 취한 그는 자신의 가면을 벗어서 얼굴 반대편에 쓰고 춤을 추는데, 클럽의 어두운 조명은 그가 마치 두 개의 얼굴을 가진 존재처럼 보이도록 한다. 한쪽에는 일그러진 얼굴이 있고, 반대편에는 가면이 존재한다. 얼굴과 가면의 공존은 가면 뒤에 진짜 얼굴이 존재하는 것이 아님을, 혹은 두 얼굴(가면) 모두가 진짜임을 상징적으로 보여준다. 달리 말한다면, 악몽과 현실 가운데 어느 것도 진짜라고 단정할 수 없다는 사실, 아니면 둘 다를 진짜 현실로 받아들여야 함을 강조한다는 것이다.

물론 '생명연장회사' 직원의 설명으로 진짜/가짜, 현실/꿈 사이의 혼란은 어느 정도 잠재워지는 듯하다. 그의 설명에 따르면, 세자르가 교통사고로 얼굴에 큰 상처를 입고 실의에 찬 부분까지가 진짜 현실이다. 이후 그는 생명연장회사와 계약을 하고 자살을 한다. 계약 내용은 세자르를 냉

동시키고 그에게 가상의 꿈을 주입해 준다는 것이다. 꿈속에서 세자르는 사랑스런 여인 소피아와 연인이 되고 악몽을 꾸게 되었던 것이다. 즉 소피아를 사랑하고 그녀를 죽이는 것뿐만 아니라 살해 혐의로 수감되어 정신과 치료를 받는 것조차 꿈의 일부였던 것이다. 하지만 생명연장회사 직원의 출현과 함께 이 영화는 〈매트릭스〉와 같은 진짜/가짜의 도식적 이분법의 세계로 봉합되는 듯하다. 꿈인지 생시인지, 진짜인지 가짜인지를 다층적인 방식으로 교란하다가 안정적인 이분법의 세계로 안착하는 듯하다는 것이다.

특히 세자르의 상담을 맡은 의사는, 마치 〈매트릭스〉의 모피어스와 같이 세자르에게 가면을 벗을 것을 요구하고 있어서 주목을 끈다. 정신과 의사는 시종일관 그에게 가면을 벗으라고 충고하는데, 가면을 벗는다는 것은 현실을 직시한다는 말과 다르지 않다. 즉 잔인하고 두렵지만 그것이 현실이고 진실이라면 직시하고 수용해야 한다고 주장한다는 점에서 의사와 모피어스는 동일한 입장에 서 있다. 하지만 〈오픈 유어 아이즈〉의 서사는 진짜를 선택해야 하는 윤리적 결단으로 마무리되지 않는다. 아이러니한 점은 현실을 직시하도록 충고했던 정신과 의사 역시 프로그램의 일부, 즉 허상이라는 것이다. 가짜 세계에 속한 존재가 현실을 받아들이라는 권면은, 그래서 희극적이다.

오히려 생명연장회사 직원의 요청이 더 진지해 보인다. 그는 세자르에게 다시 꿈을 꾸게 해줄 수도 있고 깨어나도록 할 수도 있다고 말한다. 일그러진 얼굴로 현실을 살아가고자 결심한 세자르가 옥상에서 떨어지는 장면은, 이 영화가 현실이 꿈보다 우월하다는 플라톤의 이데아론으로 회귀한 것이 아닌가 의심이 들게 한다.[17] 하지만 눈여겨 볼 점은 세자르가 떨어지는 장면 바로 다음, 'Aber los ojos'라는 몽환적 음성이 다시 울려 퍼진다는 것이다. 이 목소리는 영화의 전체 서사가 또 다른 꿈일 수 있음을 강렬하게 암시해준다. 그러므로 꿈과 현실의 경계는 다시 불완전하게 흔들리고 만다.[18]

---

**17** 톰 크루즈가 리메이크한 〈바닐라 스카이〉(2001)는 이 점에서 〈오픈 유어 아이즈〉와 차별되는 지점을 갖는다. 〈오픈 유어 아이즈〉가 꿈/현실의 경계를 확정짓지 않으려 한 반면, 〈바닐라 스카이〉는 현실이 꿈보다 우월하고 가치있음을 보여주는 방식을 취하기 때문이다.

**18** 지면상 다루지 못했지만 〈인셉션〉(2009)은 '호접몽'을 독특한 방식으로 전유하는 하나의 사례라 할 수 있다. 이 영화는 꿈속의 꿈, 다시 그 꿈속으로의 침입이 가능하다는 상상에서 출발하기 때문에 꿈/현실의 경계가 더욱 모호해진다. 특히 이 영화는 인물들이 자신의 동일성을 확인하는 사물로 '토템'을 끌어들이고 있어서 눈길을 끈다. 토템은 "개개인의 내밀한 꿈을 지탱해주는 가장 '사적인 차원'에 속하는 사물로 변형"되는데, "복층 구조 속에서도 자신이 꿈속에 있는지 현실에 있는지를 판단하기 위한 일종의 기준점"으로 작용한다(선민서, 「나는 회전한다, 고로 나는 존재한다」, 『기억의 여신 므네모시네, 영화관에 들어서다』, 푸른사상, 2011, 239~248쪽 참고). 가령, 토템이 돌고 있으면 꿈이고 멈추면 생시인 식이다. 그런 점에서 이 영화의 마지막 장면, 그리고 그에 대한 네티즌의 반응은 대단히 인상적이다. 영화가 끝나기까지 관객은 지금까지의 서사가 꿈인지 생시인지를 판단하지 못한다. 그런데 주인공의 토템이 계속 회전하는 장면 바로 다음에 엔딩 크레딧이 올라가기 때문에 관객은 서사가 꿈이라는 쪽에 무게를 싣게 된다. 하지만 캄캄한 어둠 속에서 토템이 넘어지는 소리가 난다. 즉 시각은 꿈이라고 말하고, 청각은 현실이라고 말하는 모순된 장면이 연출되는 것이다. 더 흥미로운 점은 이 마지막 장면에 대하여 인터넷 상에서 수많은 네티즌이 토템이 멈추었는가 아닌가에 관하여 논쟁을 벌였다는 것이다. 네티즌의 폭발적 반응이야말로 꿈과 현실을 분별해야 하고 주체의 확고한 지위를 확인하려는 다분히 서양적인 반응이 아닐까 생각된다.

# 4. 글을 마치며

호접몽에 대한 해석의 차이는 장주와 나비의 관계를 어떻게 보느냐는 문제에서 출발한다고 해도 과언이 아니다. 장주와 나비가 같은가 다른가, 둘의 세계는 같은가 다른가. 상반된 두 견해는 다음과 같이 간략하게 정리될 수 있다.

## 1) 장자와 나비는 다르지 않다

꿈속 세계와 꿈 바깥의 세계가 다르지 않다. 아니 구별할 수 없다는 입장이다. 주체의 위치도 결정불가능하다. 장주에서 나비로, 나비에서 장주로 변화하는 그것이 바로 주체이기 때문이다. 이 입장에서 진짜/실제, 장주/나비, 현실/꿈의 경계를 논하는 것은 무의미하며, 꿈과 현실의 경계는 결국에는 무화되고 만다.

## 2) 장자와 나비는 다르다

이 입장에 의하면, 꿈속 세계와 꿈 바깥 세계는 서로 다르다. 꿈속의 세계는 현실의 모사에 불과하며 이는 현실보다 열등한 것이다. 주체는 꿈속과 꿈 바깥 모두에 존재하는 것이 아니라, 현실 세계에만 존재하는 것이다. 그러므로 주체는 환영적인 꿈에서 깨어나야 한다. 가면/얼굴의 관계로 말해본다면, 가면 뒤에는 진짜 얼굴이 존재하며 가면은 진짜 현실을 가리는 역할을 한다. 주체는 가면을 벗고, 비록 그것이 고통스러운 현실일지라도 그것과 대면해야 한다.

1)의 입장은 호접몽에 대한 동양권의 전통적 해석이라고 볼 수 있다. 반면 2)의 입장은 전통적 해석에 대한 새로운 해석이자, 다분히 서양 철학적 견해들이 투사된 결과인 것으로 보인다. 살펴본 두 영화 〈매트릭스〉와 〈오픈 유어 아이즈〉 역시 나름의 방식으로 '호접몽' 모티프를 전유한다. 흥미로운 것은 두 영화가 동일하게 1)의 입장에서 출발하지만, 서사가 전개됨에 따라 그 향방이 갈린다는 점이다. 〈매트릭스〉가 꿈과 현실이 다르다는 입장으로 귀결되는 양상을 보이는 반면, 〈오픈 유어 아이즈〉는 꿈과 현실이 다르지 않다는 영화 초반의 입장을 어느 정도 유지한다. 또한 두 영화가 주체(동일성)를 규정하는 방식 또한 다르다. 〈매트릭스〉에서 네오를 비롯한 인물들은 어느 순간부터인가 자신의 정체성에 대해서 어떤 혼란도 보이지 않는다. 이는 그들이 현실과 꿈을 판별하고 진실을 사유하는 주체에 대해 의심하지 않는 태도와 관련될 것이다. 반면 〈오픈 유어 아이즈〉의 주인공은 영화가 끝나기까지 계속해서 타인의 동일성뿐만 아니라 자신의 동일성을 의심하는 모습을 보인다.

　필자는 두 영화의 사례를 통하여, 잘 알려진 동양의 '호접몽' 모티프가 서양 영화에서 어떻게 전유되는지를 밝히고자 하였다. 그런데 서양과 동양은 본질적으로 다르다거나, 어느 것이 우월하다는 점을 주장하려는 데 이 글의 목적이 있지는 않다. 오히려 호접몽이 동서양을 넘나드는 탁월한 모티프로 활용되어 왔으며, 그 요인이 어디 있는지를 추론하고자 하였다. 앞서 말했듯, 호접몽은 서양인들에게 새롭게 보일 뿐만 아니라 동시에 친숙한 것으로 다가설 수 있다는 장점을 가졌다. 또한 호접몽에 내포된 고도의 문학성이 해석의 다양성을 개방하며 적극적인 활용을 끌어내는 듯

했다. 영화에서 나타나는 전유의 방식들은 단점이거나 장점일 수 있겠지만, 그보다 중요한 점은 호접몽이 열린 텍스트로서 작용하고 있다는 점이다. 호접몽의 전유에서 확인되는 이와 같은 텍스트의 개방성은 문화콘텐츠 개발자에게도 시사하는 바가 적지 않은 듯하다.

## ■ 잉여 미학: 뉴미디어 정치경제학 비판을 위한 노트

남재량, 「신규 대졸자의 주요 집단별 고용 특성」, 『월간 노동리뷰』, 한국노동연구원, 2011. 5.

박슬기, 「폴리에틱스(polietics), 잉여들의 정치학 혹은 시학」, 『세계의 문학』, 2010 겨울.

박태훈, 「국내 인터넷 이용자수 급증 요인 분석」, 한국인터넷정보센터, 2000. (http://isis.kisa.or.kr/board/fileDown.jsp?pageId=040000&bbsId=7&itemId=739&athSeq=1)

엄기호, 『이것은 왜 청춘이 아니란 말인가』, 푸른숲, 2010.

우석훈, 『88만원 세대: 절망의 시대에 쓰는 희망의 경제학』, 레디앙, 2007.

_____, 『혁명은 이렇게 조용히』, 레디앙, 2009.

프레시안 특별취재팀, 『한국의 워킹푸어』, 책으로 보는 세상, 2010.

한국콘텐츠진흥원, 『2010 대한민국 게임 백서』(요약문). 2010. (http://www.kocca.kr/knowledge/report/kocca_1304465_2974.html)

Beller, Jonathan, *The Cinematic Mode of Production: Attention Economy and the Society of the Spectacle*, Darthmouth College Press, 2006.

Benjamin, Walter, "The Work of Art i the Age of Its Technological Reproducibility: Second Version.", *The Work of Art in The Age of Its Technological Reproducibility and Other Writings on Media*, The Belknap Press of Harvard University Press, 2008.

Buck-Morss, Susan, "Aesthetics and Anaesthetics: Walter Benjamin's Artwork Essay Reconsidered.", *October* 62(Fall 1992).

Carr, Nicholas, *The Shallows: What the Internet is Doing to Our Brains*, W. W. Norton & Company, 2010.(최지향 옮김, 『생각하지 않는 사람들』, 청림출판, 2011).

Castronova, Edward, *Synthetic Worlds: The Business and Culture of Online Games*, The University of Chicago Press, 2005.

Davis, Mike, *Planet of Slums*, Verso, 2006.(김정아 옮김, 『슬럼, 지구를 뒤덮다』, 돌베개, 2007).

Debord, Guy, *The Society of the Spectacle*, Zone Books, 1994.

Dibbell, Julian, *Play Money: Or, How I Quit My Day Job and Made Millions Trading Virtual Loot*, Basic Books, 2006.

Dyer-Witheford, Nick and Grieg de Peuter, *Games of Empire: Global Capitalism and Video Games*, University of Minnesota Press, 2009.

Hayles, N. Katherine, "Hyper and Deep Attention: The Generational Divide in Cognitive Mode.", *Profession*, 2007.

Horkheimer, Max and Theodor W. Adorno, *Dialectic of Enlightenment*, Stanford University Press, 2002.

Kant, Immanuel, "Answer to the Question: What is Enlightenment?", *Basic Writings of Kant*, Random House, 2001.

Lazzarato, Maurizio, "Immaterial Labour.", *Radical Thought in Italy: A Potential Politics*, University of Minnesota Press, 1996.

Marx, Karl, *Capital* Vol. 3, Penguin Books, 1981.

Hardt, Michael and Antonio Negri, *Multitude: War and Democracy in the Age of Empire*, The Penguin Press, 2004.

Paulré, Bernard, "Introduction au capitalisme cognitif.", 2009.(http://seminaire.samizdat. net/Introduction-au-capitalisme.html)

Shirky, Clay, *Cognitive Surplus: Creativity and Generosity in a Connected Age*, The Penguin Press, 2010.(이충호 옮김, 『많아지면 달라진다』, 갤리온, 2011).

Stiegler, Bernard, *For a New Critique of Political Economy*, Polity, 2010.

_____, *Taking Care of Youth and the Generations*, Stanford University Press, 2010.

Virno, Paolo, *A Grammar of the Multitude: For an Analysis of Contemporary Forms of Life*, Semiotext(e), 2004.

Wark, McKenzie, *A Hacker Manifesto*, Harvard University Press, 2004.

## ■ 한일 TV드라마에 나타난 극적 구조와 대인관계의 특징 연구
  : 〈白い巨塔〉과 〈하얀 거탑〉을 중심으로

길지혜, 『리메이크 드라마 〈하얀 거탑〉은 어떻게 한국화되었는가?』, 경희대 대학원
　　　석사학위논문, 2008.

박명진, 「TV드라마 〈하얀 거탑〉에 나타난 영상미학과 각색의 의미 연구」, 『한민족
　　　문화연구』 31, 한민족문화학회, 2009.

배선애, 「매체전환에 따른 TV드라마의 대중성 확보 방식 연구」, 『민족문학사연구』
　　　41, 민족문학사학회, 2009.

송호근, 『한국의 평등주의, 그 마음의 습관』, 삼성경제연구소, 2006.

정재혁, 「한국판으로 부활한 일본 원작 드라마 〈하얀 거탑〉의 모든 것」, 『씨네21』,
　　　씨네21, 2007.1.

주창윤 · 최명길, 『텔레비전 드라마 수용자의 품질평가에 관한 연구』, 방송문화진흥
　　　회, 2007.

笠井哲, 「医療倫理から見た『白い巨塔』の意義について」, 『研究紀要』 48, 福島工業
　　　高等専門学校, 2007.

머리 크리거, 김미예 옮김, 「비극과 비극적 비전」, 『비극과 희극 그 의미와 형식』, 고
　　　려대 출판부, 1995.

시미즈 미즈히사, 임명신 번역, 「〈하얀 거탑〉과 시대의 리얼리티」, 『플랫폼』 3, 인천
　　　문화재단, 2007.

알버트 까뮈, 김화영 역, 『시지프 신화』, 책세상, 1997.

로널드 B. 토비아스, 김석만 역, 『인간의 마음을 사로잡는 스무 가지 플롯』, 풀빛,
　　　2007(개정판).

D 하워드 · E 마블리, 심산 옮김, 『시나리오 가이드』, 한겨레신문사, 1999.

http://www.videor.co.jp/data/ratedata/04best30.htm

http://www.imbc.com/broad/tv/drama/whitepower/concept/index.html

■ 동북아 다층 정체성을 위한 문화, 그리고 미디어 전략

구자순, 「디지털융합 환경에서 문화정책과 미디어정책의 융합에 관한 연구」, 『문화
　　　경제연구』 제12권 제1호, 한국문화경제학회, 2009.

金貞培, 『韓國民族文化의 起源』, 高麗大學校出版部, 1973.

김성재, 「이명박 정부의 미디어 정책: 권위주의적 시장주의」, 『서석사회과학논총』
　　　Vol.1 No.2, 조선대 사회과학연구원, 2008.

김성해 · 심두보, 『동아연구』 58권, 서강대 동아연구소, 2010

세키네 히데유키, 「오카 마사오(岡正雄) 일본 민족문화 기원론의 성립과 그 특징
　　　'민족이동'의 관점에서」, 『日本文化硏究』, 동아시아일본학회, 2011.

　　　　　　　　, 「한국인과 일본인의 계통연구의 패러다임」, 『민족문화연구』 47호,
　　　고려대 민족문화연구원, 2007.

青木保, 「新社会像を語る：青木保氏　有史以来初の日中韓"相互的"交流の時代~
　　　東アジア共同体のために東アジア大学創設を」, 『三菱総研倶楽部』, 三菱総
　　　合研究所, 2007.

阿部望, 「東アジア共同体構築に向けての基礎作業 EUの教訓から 学ぶ地域アイデ
　　　ンティティー形成の重要性」, PRIME(24), 明治学院 大学国際平和研究所,
　　　2006.

大野俊, 「越境するポップカルチャーと『東アジア人』アイデンティティ 九州大学
　　　での日中韓シンポジウムと中韓でのフィールドワークを通して考える」,
　　　『九州大学アジア総合政策センター紀要』 第2号, 九州大学アジア総合政策
　　　センター, 2007.

大林太良, 「文化圏 · 文化圏説」, 石川栄吉 外編, 『文化人類学事典 縮刷版』 弘文堂,
　　　1984.

梶田孝道, 『統合と分裂のヨーロッパ EC · 国家 · 民族』, 岩波書店, 1993.

川本忠雄, 「東アジアにおける連携とアイデンティティの多重構造21世紀東 アジ
　　　アにおける統合と都市コミュニケーションの予備的考察」, 『下関私立大
　　　学論集』 第47巻 第2号, 下関私立大学.

小阪井敏昌, 『民族という虚構』, 東京大学出版会, 2002.

ジョセフ · S · ナイ, 山岡洋一郎訳, 『ソフトパワー21世紀の国際政 治を制する
　　　見えざる力』, 日本経済新聞社, 2004.(Joseph S. Nye, Jr., *Soft Power The means*

*to Success in World Politics*, New York: Public Affairs, 2004)

新藤榮一,『東アジア共同体をどうつくるか』, ちくま書房, 2007.

張元碩,「東アジア共同体の探求とア イデンティティ－アジア的価値を 中心として
－」,『Peace research』, 特別号, Soka University, 2004.

舒旻,「国民アイデンティティと地域統合 －ヨーロッパと東アジア の比較－」,『学
問の動向』第14巻 第5号, 財団法人 日本学術協力財団, 2005. 5.

戴智軻,「21世紀の中国国家文化戦略とメディア. 国家文化戦略とメディアの対外的
展開－ソフトパワーの視点からの解読」,『神戸夙川学院大学 観光文化学部
紀要』第1号, 2010.

古田博司,『東アジア「反日トライアングル」』, 文春新書, 2005.

ベネディクト・アンダーソン, 白石さや・白石隆訳,『想像の共同体: ナショナリズ
ムの起源と流行』増補, NTT出版, 1997. (Benedict Anderson(1983), Imagined
Communities: Reflections on the Origin and Spread of Nationalism, Verso, Rev.
ed., 1991).

卞惟行,「中国の言論統制に対する一考察(続)」,『福井工業大学紀要』第41号, 福井工
業大学, 2011.

由谷裕哉,「民俗調査と地域」,『CASニューズレター』100号, 慶応義塾大学地域研究セ
ンター, 2000.

Sibert, F., Peterson, T. and Schramm, W., *Four theories of the press*. Urbana, IL: University
of Illinois Press, 1956.

『大公報』, 2006.5.31.

http://www.youtube.com/watch?v=zqR-AQoxji8

http://sankei.jp.msn.com/politics/news/110803/plc11080302580001-n1.htm

https://www.asiabarometer.org/en/findings/General%20findings/2003/Q16/Q16_1

http://blog.naver.com/dryuan/50080682497

http://ja.wikipedia.org/wiki/%E3%83%95%E3%83%AC%E3%83%B3%E3%82%BA_
(2002%E5%B9%B4%E3%81%AE%E3%83%86%E3%83%AC%E3%83%93%E3%
83%89%E3%83%A9%E3%83%9E)

http://media.daum.net/culture/book/view.html?cateid=1022&newsid=200604240944129
65&p=tvreport

http://ja.wikipedia.org/wiki/%E6%B0%91%E4%BF%97%E5%AD%A6

http://ja.wikipedia.org/wiki/%E3%82%AB%E3%83%AC%E3%83%AF%E3%83%A9


## ■ 미국 속의 한류: 이해와 전망

Cai, Jian. The First Taste of Korean Wave in China.(http://journeyeast.tripod.com/korean_
    wave_in_china.html)

CNN.Com(2010).(http://articles.cnn.com/2010-12-31/world/korea.entertainment_1_
    korean-wave-exports- content?_s=PM:WORLD)

Dong A.com 시사용어 사전(http://www.donga.com/fbin/dict?n=sisa&a=v&d=8106)

『중도일보』(2011).(http://www.joongdo.co.kr/jsp/article/article_view.jsp?pq=201105170145)

TIME Magazine: Korean Pop-Show Me the Money.

Hellokpop(www.hellokpop.com)

Hopkins, Jim(October 11, 2006). "Surprise! There's a third YouTube co-founder". USA
    Today.

Huat, C.B, & Iwabuchi, K. (Eds.).(2008), *East Asian Pop Culture: Analyzing the Korean Wave*,
    Hong Kong: Hong Kong Unviersity Press.


## ■ 한국 전통굿의 문화콘텐츠적 특성 연구

국립문화재연구소 편, 『巫·굿과 음식』3, 국립문화재연구소, 2005.

_____, 『巫具』 서울시·경기도·강원도, 민속원, 2005.

_____, 『巫具』 경상도, 민속원, 2005.

권택영, 『소설을 어떻게 볼 것인가』, 동서문학사.

金善豊 外, 『江陵端午祭 實測調査報告書』, 文化財管理局, 1994.

金善豊, 『韓國口碑文學大系』 2-1, 江原道 江陵·溟洲篇, 韓國精神文化研究院, 1980.

金泰坤, 『韓國巫歌集』 I, 集文堂, 1971.

김학진 외, 『디지털 편! 재미가 가치를 창조한다』 SERI연구에세이 80, 삼성경제연구소, 2007.

김헌선, 『동해안 화랭이 김석출 오구굿 무가 사설집』, 월인, 2006.

루시 메이어, 최길성 역, 『사회인류학 입문』, 계명대 출판부, 1983.

문경일 · 배상빈, 『문화경제분석 I』, 홍릉과학출판사, 2006.

朴敬伸, 『東海岸別神굿 巫歌』1~5, 國學資料院, 1993.

_____, 『韓國의 別神굿 巫歌』1~12, 國學資料院, 1999.

박경신 · 장휘주, 『동해안별신굿』, 화산문화, 2002.

비에라인, 현준만 역, 『세계의 유사신화』, 종로서적, 1996.

빈순애 구술, 이균옥 채록, 「세존굿」, 『한국무속학』 2집, 한국무속학회, 2000.

서대석, 『한국무가의 연구』, 문학사상사, 1980.

孫晉泰, 『朝鮮神歌遺篇』, 鄕土硏究社, 1930.

신동흔, 「민간연희의 존재방식과 그 생명력」, 『구비문학연구』 10집, 한국구비문학회, 2000.

심상교 · 이철우, 「東海岸別神굿 중 거리굿의 演劇的 特徵考察」, 『韓民族文化學會』 8
    集, 韓民族文化學會, 2001.

沈雨晟, 「꽃일(紙花匠)」, 『無形文化財 調査報告書』第106號, 文化財管理局, 1973.

유인경, 「東海岸別神굿 거리굿의 祝祭劇的 性格」, 『國際語文』 22集, 國際語文學會, 2002.

윤동환, 『한국의 무가』 11, 민속원, 2007.

李均玉, 『동해안별신굿』, 박이정, 1998.

李杜鉉, 「東海岸別神굿」, 『韓國文化人類學』 13集, 韓國文化人類學會, 1981.

_____, 「東海岸別神굿」, 『無形文化財調査報告書』第162號, 文化財管理局, 1984.

任東權, 「江陵端午祭」, 『無形文化財 調査報告書』第9號, 文化財管理局, 1966.

장휘주, 「慶尙道 東海岸 別神굿의 演行構造」, 『韓國音樂史學報』 31集, 2003.

鄭昞浩, 『굿놀이』, 無形文化財 調査報告書 15, 文化財管理局 文化財硏究所, 1991.

_____, 『巫舞』, 無形文化財 調査報告書 8, 文化財管理局 文化財硏究所, 1987.

_____, 「東海岸 오기굿과 巫歌 硏究」, 關東大學校 碩士學位 論文, 1997.

조남현, 『소설원론』, 고려원, 1993.

村山智順, 『部落祭』, 朝鮮總督府, 1937.

최길성, 『한국무속지』, 아세아문화사, 1992.

崔吉城 · 李輔亨, 「巫俗」, 『韓國民俗綜合調査報告書』, 慶尙南道篇, 文化財管理局, 1972.

최성진, 「동해안별신굿의 계면굿 연구」, 대구대 대학원 석사학위논문, 2006.

최혜실, 『문화콘텐츠, 스토리텔링을 만나다』 SERI연구에세이 66, 삼성경제연구소,

  2006.

한전기, 「동해안별신굿의 공연특성 연구」, 청주대 대학원 석사학위논문, 1999.

심상교, 「동북아 전통연희에 나타난 문화적 감성과 문화콘텐츠적 요소」, 『한민족문화연구』 22집, 한민족문화학회, 2007.

_____, 「동해안별신굿 지화 연구 I 」, 『한국무속학』 6집, 한국무속학회, 2003.

_____, 「동해안별신굿에 나타난 연극적 연출의 축제성 의미 연구」, 『비교민속학』 33집, 2007.

_____, 「동해안별신굿의 문화콘텐츠화 가능성 연구」, 『한국학연구』 26집, 고려대 한국학연구소, 2007.

_____, 「동해안별신굿의 연극적 특성 연구」, 『강원민속학』 20집, 2006. 9. 30.

_____, 「동해안별신굿의 축제성」, 『한일 축제문화 비교』(2006년 한일국제학술발표회), 주최:비교민속학회 · 輪島文化協會, 장소: 輪島文化會館, 2006. 7. 29.

_____, 「영남동해안지역 동해안별신굿의 연행특성과 축제성」, 『한국무속학』 10집, 2005.

이광형, 「디지털 문화시대」, 『디지털 시대의 문화예술』, 문학과지성사, 1999.

趙東一 · 林在海, 『韓國口碑文學大系』 7-2, 慶尙北道 慶州 · 月城篇, 韓國精神文化研究院, 1980.

## ■ 〈아이온〉의 스토리텔링에 관한 연구

권영운, 「디지털 스토리텔링 특성의 광고 적용 가능성」, 『영산논총』 11, 2003.

김만수, 『문화콘텐츠 유형론』, 글누림, 2006.

모리노 다쿠미, 『고대유적』, 들녘, 2001.

배주영, 『디지털 애니메이션 스토리텔링』, 살림, 2005.

안남일 외, 『응용인문의 현장』, 푸른사상, 2009.

안진태, 『신화학 강의』, 열린책들, 2001.

윤지현, 「국내 온라인 게임 그래픽에 관한 연구」, 한양대 석사학위논문, 2004.

이용욱, 『온라인게임 스토리텔링의 서사시학』, 글누림, 2009.

이인화, 『한국형 디지털 스토리텔링』, 살림, 2005.

이정엽, 『디지털 게임 상상력의 새로운 영토』, 살림, 2005.

정경란, 『디지털 게임의 미학』, 살림, 2005.

정광흠, 『인도의 신화와 종교』, 살림, 2006.

정혜승, 「인터넷 환경에서의 디지털 스토리텔링에 관한 연구」, 『디자인포럼21』 제5
집, 2002.

조셉 캠벨, 『천의 얼굴을 가진 영웅』, 민음사, 2004.

조은하 · 이대범, 『스토리텔링』, 북스힐, 2006.

차종국, 『게임의 상호작용성과 서사 층위의 관계모델 개발』, 연세대 정보대학원 석
사학위논문, 2006.

최예정 · 김성룡, 『스토리텔링과 내러티브』, 글누림, 2005.

테리 브룩스, 『판타지 레퍼런스』, 들녘, 2002.

한예원 · 손형전, 「MMORPG의 NPC유형에 따른 서사적 기능 분류」, 『한국게임학
회 논문지』 제9권 제3호, 2009.

한예원, 『디지털 게임 스토리텔링』, 살림, 2005.

http://gamereport.netimo.com

http://cyberculture.re.kr

http://www.onplayer.co.kr

http://www.inms.umn.edu/Elements

http://www.gametrics.com

Britannica 백과사전.

plaync(아이온 공식 사이트)의 파워북, 2010년 4월 기준.

■ 일본 비디오게임(Video Game)에 나타나는 일본 전통 놀이와 애니
미즘(Animism) 문화의 특징

돈 탭스콧(Don Tapscott), 이진원 역, 『디지털 네이티브(Digital Native)』, 비즈니스북
스, 2009.

로제 카이와(Roger Caillois), 이상률 역, 『놀이와 인간(Man, Play and Games)』, 문예출
판사, 1994.

조동일, 『카타르시스 라사 신명풀이』, 지식산업사, 1997.

Antonia Levi, *Samurai from Outer Space: Understanding Japanese Animation*, Chicago: Open
Court, 1996.

Espen Aarseth, *Cybertext: Perspectives on Ergodic Literature*, Baltimore and London: Johns
Hopkins University, 1997.

Gonzalo Frasca, "Simulation versus Narrative: Introduction to Ludology," in *The Video
Game Theory Reader*, eds. Mark J.P. Wolf and Bernard Perron, NewYork:
Routledge, 2003.

_____, "Ludology Meets Narratology: Similitude and difference between(video)
games and narrative" in 〈http://www.ludology.org/articles/ludology.htm〉.

Jesper Juul, "Game telling stories?" in 〈http://www.gamestudies.org/0101/juul-gts/#1〉.

J. Huizinga, *Homo Ludens*, Boston: The Beacon Press, 1955.

Laurie Taylor, "When Seams Fall Apart, Video Game Space and the Player," *Game Studies*,
Volume 3, Issue 2, December 2003.

Mark J. P. Wolf, "Abstraction in the Video Game," in *The Video Game Theory Reader*, eds.
Mark J. P. Wolf and Bernard Perron, New York: Routledge, 2003.

## ■ 국대 대중음악의 장르 편중, 그리고 대중성에 관한 소고(小考)

Benkler, Yochai, *The Wealth of Networks: How social production transforms markets and freedom*,
New Haven: Yale University Press, 2007.

Frith, Simon & Marshall, Lee(eds.), *Music and Copyright*(2nd Edition), New York:
Routledge, 2004.

Goldsmith, Jack & Wu, Tim, *Who Controls the Internet?: Illusions of a borderless world*,
Oxford: Oxford University Press, 2008.

Hesmondhalgh, David, *The Cultural Industries*, London: Sage, 2007.

Katz, Mark, *Capturing Sound: How technology has changed music*, Berkeley and LA: University
of California Press, 2004.

Lessig, Lawrence, *Remix: Making art and commerce thrive in the hybrid economy*, New York:
Penguin, 2008.

Negus, Keith, *Music Genres and Corporate Cultures*, London: Routeldge, 1999.

Stowe, David W., *Swing Changes: Big-band jazz in new deal America*. Cambridge: Harvard University Press, 1994.

이규탁, 「한국 힙합 음악 장르의 형성을 통해 본 대중문화의 세계화와 토착화」, 『한국학연구』 36, 고려대 한국학연구소, 2011.


## ■ 닮은 꼴의 서사-부재와 상실의 초상
## : 영화 〈환상의 빛〉 〈사랑의 추억〉 〈세 가지 색, 블루〉

김충렬, 『자살과 목회상담』, 학지사, 2010.

미야모토 테루, 송태욱 옮김, 『환상의 빛』, 서커스, 2010.

베레나 카스트, 채기화 옮김, 『애도』, 궁리, 2007.

손은주, 「민담에서 동화로-유럽 민담의 변화 과정」, 『목원저널』 40호, 목원대, 2002.

수잔 헤이워드, 이영기 옮김, 『영화 사전』, 한나래, 1997.

한용환, 『소설학 사전』, 고려원, 1992.


## ■ 문화적 트랜스내셔널리즘: 재미한인 1세대와 2세대의 경우

Amjad, Rashid, *To the Gulf and Back: Studies on the Economic Impact of Asian Labour Migration*, ed., New Delhi: Asian Employment Programme of International Labour Organization, 1989.

Appiah, K. Anthony, "Forward" in *Saskia Sassen's Globalization and Its Discontents*, New York: New Press, 1998.

Basch, Linda, Nina Glick Schiller, Cristina Szanton Blanc, *Nations Unbound: Transnational Projects, Postcolonial Predicaments, and Deterritorialized Nation-States*, Gordon and Breach Science Publishers, 1994.

Bird, Jon, Barry Curtis, Tim Putman, George Robertson and Lisa Tickner, *Mapping the*

Future: Local Cultures, Global Change, eds., London and New York: Routledge, 1993.

Dirlik, Arif, After the Revolution: Waking to Global Capitalism, Hanover, N.H.: Wesleyan University Press, 1994.

Faist, Thomas, The Volume and Dynamics of International Migration and Transnational Social Spaces, Oxford: Clarendon Press, 2000.

Friedman, Jonathan, "Being in the World: Globalization and Localization," Theory, Culture & Society 7, 1990.

Gershon, Richard A, The Transnational Media Corporation: Global Messages and Free Market Competition, Mahwah, New Jersey: Lawrence Erlbaum Associates, Publishers, 1997.

Glick Schiller, Nina, Linda Basch, Cristina Blanc-Szanton, "Transnationalism: A New Analytic Framework for Understanding Migration" in Nina Glick Schiller, Linda Basch, Cristina Blanc-Szanton, Towards a Transnational Perspective on Migration: Race, Class, Ethnicity, and Nationalism Reconsidered, New York: The New York Academy of Sciences, 1992.

Guarnizo, Luis Eduardo and Michael Peter Smith, "The Locations of Transnatioanlsim" in Michael Peter Smith and Luis Eduardo Guarnizo, eds. Transnatioanalism from Below, New Brunswick and London: Transaction Publishers, 1998.

Harvey, David, Spaces of Hope, Berkeley and Los Angeles: University of California Press, 2000.

Kivisto, Peter, "Theorizing transnational immigration: a critical review of current efforts", Ethnic and Racial Studies Vol.24 No.4, 2001.

Levitt, Peggy, "Conceptualizing Simultaniety: A Transnational Social Field Perspective on Society", International Migration Review, 38(3): 1002-39, 2004.

Miller, Toby, Cultural Citizenship: Cosmopolitanism, Consumerism, and Television in a Neoliberal Age, Philadelphia: Temple University Press, 2007.

Morawska, Ewa, "Disciplinary Agendas and Analytic Strategies of Research on Immigration and Transnationalism: Challenges of Interdisciplinary Knowledge", International Migration Review, 37(3), 2003.

Morley, David, "Television and Gender", in Horace Newcomb(ed.) Television: The Critical

*View*, 5th edition, Oxford University Press, 1994.

Mullan, Bob, *Consuming Television*, Oxford and Cambridge: Blackwell Publishers, 1997.

Portes, Alejandero, Luis E. Guarnizo, and Patricia Landolt, "The study of transnationalism: pitfalls and promises of an emergent research field", *Ethnicand Racial Studies* Vol.22 No.2, 1999.

Portes, Alejandro and Ruben G. Rumbaut, *Immigrant America: A Portrait*, 3rd edition, Berkeley, Los Angeles, London: University of California Press, 2006.

Sassen, Saskia, *Globalization and Its Discontents: Essays on the New Mobility of People and Money*, New York: New Press, 1998.

Sellek, Yoko, *Migrant Labour in Japan*, New York: Palgrave, 2001.

Smith, Robert Courtney, *Mexican New York: Transnational Lives of New Immigrants*, Berkeley, Los Angeles, London: University of California Press, 2006.

Thomas, Amos Owen, *Transnational Media and Contoured Markets: Redefining Asian Television and Advertising*, New Delhi, Thousand Oaks, London: Sage Publications, 2006.

Vernon, R. and L. Wells, *Manager in the International Economy*, 4th ed. Eaglewood Cliffs, NJ: Presntice-Hall, 1981.

Vertovec, Steven, "Conceiving and Researching Transnatinalism,", *Ethnic and Racial Studies* Vol.22 No.2, 1999.

## ■ 장자 '호접몽'과 서양 영화의 만남
   : 영화 〈매트릭스〉와 〈오픈 유어 아이즈〉를 중심으로

강신주, 『장자의 철학』, 태학사, 2004.

문선영, 「달콤하고도 끔찍한 도피, 루시드 드림」, 『기억의 여신 므네모시네, 영화관에 들어서다』, 푸른사상, 2011.

선민서, 「나는 회전한다, 고로 나는 존재한다」, 『기억의 여신 므네모시네, 영화관에 들어서다』, 푸른사상, 2011.

안동림, 『장자』, 현암사, 1993.

이선순, 「莊子의 '나비'와 '꿈'에 관한 硏究」, 『중어중문학』 제20집, 1997.

로버트 앨린슨, 김경희 역, 『장자, 영혼의 변화를 위한 철학』, 그린비, 2004.

마이클 브래니건, 이운경 역, 「숟가락은 없다: 불교의 거울에 비춰 본 〈매트릭스〉」, 『매트릭스로 철학하기』, 한문화멀티미디어, 2003.

장 보드리야르, 하태환 역, 『시뮬라시옹』, 민음사, 2001.

ㅈ

미디어와 문화

:: 필자 소개

### 김상민

현 Cultural Studies Program Ph.D., George Mason University

Assistant Programmer of Washington D.C. Korean Film Festival, 2004
역서 『하이테크네』, 『디자인을 넘어선 디자인』, 『디자인 앤솔로지』 외 다수

### 김현철

현 東北大學校 전임강사

판소리학회 국제학술담당 이사
고려대학교, 한국예술종합학교 연극원, 한경대학교 강사
논문 「오태석 희곡에 나타난 전승연희 양식 연구」, 「1960년대 이근삼 희곡의 극작술
연구」, 「판소리 입창의 공연미학과 판소리사적 의의 연구」 외 다수

### 세키네 히데유키(関根英行)

현 가천대학교 일어일문학과 교수
   한국일본근대학회 회장

경원대학교 일어일문학과 교수
동의대학교 일어일문학과 부교수
한국사상사학회 부회장

동아시아일본학회 편집위원
저서 『한국인과 일본인 에토스의 연원에 관한 연구』, 역서 『일본도덕사상사』, 논문
「한국인과 일본인의 계통연구와 패러다임」 외 다수

### 신혜영

**현** Department of Education Ph.D., George Mason University

어메리칸대학교, 조지메이슨대학교, 노바대학교 강사
미국방부 ILR(Interagency Language Roundtable) 한국어평가시험관
논문 「미국 대중매체에 나타난 아시아 남성의 이미지」 외 다수

### 심상교

**현** 부산교육대학교 국어교육학과 교수

희곡작가
한민족문화학회, 비교민속학회 이사
한국어문교육학회 부회장
저서 『무구의 이해』, 『한국전통연희론』, 『한국희곡론』 외 다수

### 안남일

**현** 고려대학교 한국학연구소 연구교수

TOEWC(Test of English Writing for Global Communication) 운영위원
문화예술콘텐츠학회 이사

고려대학교 초빙전임강사

한성대학교 · 안양대학교 · 한림대학교 강사

논문 「장보고 관련 문화콘텐츠 자료 연구」, 「누가 커트코베인을 죽였는가에 대한 리터러시적 접근」, 저서 『기억과 공간의 소설현상학』, 『응용인문의 현장』, 『콘텐츠 개발의 현장』 외 다수

## 이용승

**현** 게임문화평론가

고려대학교 일반대학원 응용언어문화학협동과정 문화콘텐츠학 석사과정

문화예술콘텐츠학회 간사

서울애니메이션센터 문화콘텐츠 전문 웹진 "iMage", 매거진 '소리' 자유기고가

한국콘텐츠진흥원 상상발전소 기자

제2회 게임비평상 입상(한국콘텐츠진흥원, 2009)

게임문화 및 게임기반학습법 지도 강사

논문 「"마그나카르타2"의 매체변용과 스토리텔링의 분석심리학적 코드읽기」, 「"리니지2"의 스토리텔링에 관한 연구」, 「처용설화의 게임콘텐츠 개발 방안 연구」, 저서 『응용인문의 현장』, 『콘텐츠 개발의 현장』 외 다수

## 오동일

**현** 한성대학교 인터랙티브 엔터테인먼트 연계전공 초빙교수

(주)브로콜리엔터테인먼트 대표이사

영국 University of Glamorgan, Cardiff School of Creative & Cultural Industries, 박사과정

일본대학교 인문과학연구소 객원연구원

홍익대학교 산업대학원 겸임교수

한국애니메이션학회 학술이사

논문 「인터랙티브 엔터테인먼트로서의 플래시 애니메이션에 관한 연구」, 「일본 애니메이션의 미학적 배경에 관한 연구」, 「컴퓨터 게임에 관한 이론적 고찰」 외 다수


### 이규탁

**현** Cultural Studies Ph.D., George Mason University

   서울신문 NTN 음악 에디터

일본 東京大學校 情報文化學還 교환 연구원

KMDB(Korean Music Data Base) 프로젝트 Research Assistant

NHN Corp. (네이버) 뮤직 네티즌 선정 위원

Miller Brewing Korea Blog M 뮤직 에디터

Neowiz Internet (벅스뮤직) 뮤직 블로거 에디터


### 임영석

**현** 고려대학교 강사

논문 「한국 현대소설의 서사담론 연구」, 「오정희 소설에 나타난 존재론적 자아」 외 다수

**정영아**

현 Program Coordinator, Korean Studies Center at George Mason University

고려대학교, 미국 죠지타운대학교 강사

논문 「한국 영화 수용양식을 통해서 본 미국 대학생의 한국문화 인지태도」, 『춘향 이야기의 근대적 변용 양상 연구』 외 다수


**정재림**

현 고려대학교 한국어문교육연구소 연구교수

고려대학교, 한국항공대학교 강사

논문 『전쟁기억의 소설적 재현 양상 연구』, 저서 『기억의 고고학』, 『문학의 공명』, 『기억의 여신 므네모시네, 영화관에 들어서다』 외 다수

# 미디어와 문화

인쇄 · 2012년 2월 4일 | 발행 · 2012년 2월 11일

지은이 · 안남일 · 정영아 외
펴낸이 · 한봉숙
펴낸곳 · 푸른사상
주  간 · 맹문재
편  집 · 김재호

등록 · 1999년 7월 8일 제2-2876호
주소 · 서울시 중구 초동 42번지 아시아미디어타워 502호
대표전화 · 02) 2268-8706(7) | 팩시밀리 · 02) 2268-8708
이메일 · prun21c@hanmail.net / prun21c@yahoo.co.kr
홈페이지 · http://www.prun21c.com

ⓒ 2012, 안남일 · 정영아 외

ISBN 978-89-5640-893-4  93300
값 24,000원